苏珊·桑塔格全传

SUSAN SONTAG

THE MAKING OF AN ICON

〔美〕卡尔·罗利森 莉萨·帕多克 著 姚君伟 译

上海译文出版社

图森东德拉克曼街 2409 号（1943）：1943 年，米尔德丽德带着两个女儿搬进一栋清洁小巧的四居室灰泥粉刷的平房，位于东德拉克曼街 2409 号，当时的东德拉克曼街还是一条泥路。桑塔格将她在图森的早年生活称为"我荒漠中的童年"（亚利桑那史学会提供）

Sue Sontag
Fditor. Arcade W'49

《拱廊》编辑苏·桑塔格：北好莱坞中学毕业生年刊
（1949 年冬）（贾梅克·海沃特提供）

苏珊·桑塔格在巴黎（约 1958）（哈丽雅特·索姆斯提供）

苏珊·桑塔格与哈丽雅特·索姆斯在西班牙（1958）（哈丽雅特·索姆斯提供）

苏珊·桑塔格在希腊（约1958）（哈丽雅特·索姆斯提供）

菲利普·里夫（宾夕法尼亚大学档案馆提供）

巴黎大学（作者收藏）

阿尔弗雷德·切斯特（特拉华大学
图书馆特藏部提供）

罗杰·斯特劳斯与作者卡尔·罗利森（特德·克莱恩提供）

苏珊·桑塔格与戴维·里夫（《时尚》杂志提供）

《纽约书评》35 周年庆（1998 年 10 月 19 日）。图中站立者（从左到右）：罗伯特·西尔维斯、苏珊·桑塔格、琼·迪迪恩、达里尔·平克尼、乔纳森·米勒、詹姆斯·芬顿、出版家里·赫德曼、阿尔玛·吉列尔莫普里托；坐者：伊丽莎白·哈德威克和贾森·爱泼斯坦（南希·克兰普顿提供）

桑塔格在哥伦比亚大学米勒剧院朗读 （1999 年 2 月 24 日）（南希·克兰普顿提供）

安妮·莱博维茨（2005）（罗伯特·斯考比提供）

献给

卡萝尔·克莱因、玛丽昂·米德和安妮·沃尔德伦

你要我做什么？这便是我们现在的生活方式。^①

———西塞罗

目　录

前　言

　　1996年我们有了写这本传记的计划后，写信给苏珊·桑塔格，希望采访她，尽管她似乎不可能与我们合作。她一辈子都在创造她自己。旁人打算来讲述她的生平故事，这个想法本身就好像冒犯她了。事实上，正如本书后面有一章所陈述的那样，任何人未经允许就写她的传记，都会激怒她。更为糟糕的是，一部像样的书怎么可能出自于不了解她的人之手？而且，传主尚健在就为他/她立传，这种传记究竟有什么好处？

　　有些书评家也反对我们的传记的写法，指出我们缺少与桑塔格的接触，并指责我们不仅把桑塔格写成一个作家，还把她写成一个偶像。他们要么不能接受她的卓越来自她的写作以外的任何东西这种想法，要么他们以为她自己所进行的形象打造不重要。我们查阅了几家档案，特别是弗雷·斯特劳斯·吉劳出版社存放在纽约公共图书馆的档案，但是，这在他们看来无关紧要；我们采访过她生活中的关键人物，其中许多如今已离世，其他传记作家永远都不可能采访到他们了，但是，这在他们看来也无关紧要。我们非常清楚，桑塔格的文学地位的上升，足以让我们写这类传记——她的第一本传，即不管在她去世后有多少种出来，这一本都会是引人注目的。不过，话又说回来，传记每每为批评家所误读，也是无奈的事情，他们忙于小说和诗歌的研究，看不出传记与他们的研究之间具有的关联。

我们当时觉得，等我们的传主死了再动笔毫无道理，而希望不妨说给她一个冒险性的机会，来评论一下我们的著作。正如本书倒数第二章所表明的，我们感到失望，因为桑塔格所能想到去做的全部事情就是中伤她的传记作家，暴露出她在涉及理解传记作家如何以及为何写作时极其缺乏教养。那种对传记的粗鄙理解得到了她的友人的推波助澜，他们捏造出关于我们的著作的各种子虚乌有的故事，其中有些捏造收入了我们这个叙事作品，因为它们说明了桑塔格如何作茧自缚。

如今，接触到了桑塔格的书信和日记，我们有机会优化我们叙事的质感，加入一种直接性；这一直接性主要是因为不仅更加接近桑塔格本人的声音，而且更加接近她的友人的声音——包括在哈丽雅特·索姆斯·兹沃林非同寻常的日记和故事里听到的声音。但是，这一新证据也证实了我们对桑塔格的了解。桑塔格之子戴维·里夫在他给她的日记所写的前言里承认："做这件事，最令人进退两难的事之一，就是至少在她晚年，我母亲根本就不是个袒露自我的人。"我们在 20 世纪 90 年代就完全是这样看她的。我们那时就不相信她选择了少数几个人向他们——甚或对她自己，除非可能是在心理治疗时——袒露其内心隐藏的自我。她对自己也说不了实话。然而，她的戒备未必应该被视为欺骗。有些成功人士在他们不去追究自己动机的时候，日子好过多了；这也许能够解释他们受不了写自传的想法。因此，传记作家来替他们写。桑塔格自己发现阅读她偏爱的作家的传记是一种审判，她完全知道她为何不希望看到自己的生活被写出来出版。看完西蒙娜·佩特雷蒙特撰写的西蒙娜·韦伊这位法国哲学家的两卷本传记后，她在日记里写道："这本传记是对西〔蒙娜〕·韦〔伊〕的一次多么痛苦的去神秘化啊！"

桑塔格不想谈什么呢？一是其性事；二是其抱负。戴维·里夫再次证明了我们通过研究所获悉的东西："尤其是，她不否认，但尽其可能不讨论她自己的同性恋，也不承认她的抱负。"里夫接着说，他决定出版他母亲的日记是对她的隐私的一种侵犯。所以，20世纪90年代在一些人眼里似乎是那么糟糕的事情，不管多么遗憾，现在都被宣告为真相揭秘，这一点桑塔格的儿子无法避免。她的日记竟由他来编辑，这是可悲的，不过，考虑到他与他母亲之间的纽带，她渴望把他视为她一个个愿望与抱负的投射，他决定暴露她的隐私好像也是一件在所难免的事情。

事实上，尽管无法指望里夫承认，但是，只有在我们的传记出版之后，才有人向桑塔格问及她的性事。采访者想要就此话题问她，但谁问及个人问题，她都成功地给谁贴上标签，说他们粗俗。连最为大胆老脸的提问人都望而却步。对她而言，传记是粗俗的终极版，她有大量的朋友迎合她的偏见。

因为接触到幕后的桑塔格，我们能够听到她私下的声音。因此，本书现在是一本更为深刻的传记，但是，假如她当年和我们聊，直接跟我们叙述她和别人、和她自己讲的话，我们的传记也还会是这种模样。我们今天并没有觉得在这本传记的初版中我们曲解了桑塔格。接下来的便是一个偶像级、充满矛盾的人物的肖像更新及增订版；这个人物从未满足于只当一名作家，尽管她热切地希望被视为一个作家以及世界文学舞台上的表演者。

卡尔·罗利森

一、荒漠中的童年（1933—1945）

　　她最早的记忆之一是,她4岁左右在公园里,听到她的爱尔兰保姆罗茜在跟一个身穿浆过的白制服的大块头讲:"苏珊弦绷得紧紧的。"苏珊心想:"这可是个有趣的字眼。是真的吗?"

　　她"想起了"一件大约是发生在1937年的事。1995年,她在接受《巴黎评论》记者采访的时候描述过这件事。该公园坐落在纽约市,保姆名叫罗茜·麦克纳尔蒂,没什么文化。罗茜就"像一本书中的一个角色",一个观察者这么写道,"她是个大块头女人,皮肤上有雀斑,一头褪了色的红头发。她甚至穿了个披肩来配她那一身白制服。"在苏珊的印象中,罗茜当时对这个难带的孩子束手无策。后来,苏珊会这样描述罗茜:一头"长着雀斑的大象……每个星期天都带着我去做弥撒,还把晚报上关于车祸的故事大声念给我听"。

　　桑塔格5岁前和爷爷奶奶住在纽约,生活由亲戚照顾。她希望告诉我们的是,她小小年纪就感到了孤独,因为厌倦自己的生活环境,她的内心生活——这是她唯一能够掌控的生活——就变得至关重要。她自己说,即使只有4岁,她就开始作批评性分析了,因为她在琢磨"弦绷得紧紧的"是什么意思。桑塔格倒宁可用"静不下来"这样的字眼儿来描写孩提时代的自己,那是一个觉得"童年纯粹是在浪费时间"的孩子。

她父母当时在哪儿呢？他们大部分时间在中国。杰克·罗森布拉特开了家毛皮商行——功成毛皮公司。苏珊的父母富有而年轻，整天忙着他们的生意。苏珊出生时，杰克才28岁，妻子米尔德丽德（娘家姓雅各布森）26岁。在公司名册上，她是总裁兼财务主管。杰克，或者（像他出生证上写的）贾斯基，不远万里，从下曼哈顿东6街721号一路来到这儿。他父亲塞缪尔和母亲古茜（娘家姓凯斯勒）都是奥地利犹太人，他们做毛皮生意，生了五个孩子，三男二女。米尔德丽德娘家是被苏联占领的波兰的犹太人，经营服装生意。她父亲艾萨克是个裁缝，和母亲多拉（娘家姓格拉斯科维茨）共养育了七个孩子。米尔德丽德生在家中（库克街139号），排行倒数老二，是唯一的女孩。

1933年1月16日，苏珊在曼哈顿的妇女医院出生时，她父母住在西86街200号。她是他们的第一个孩子。米尔德丽德觉得自己要是在国外生孩子会紧张的，但是，平安生下苏珊后不久，她就重返中国，回到丈夫身边。等到再次怀孕，她又回到曼哈顿，1936年2月27日，在纽约医院生下次女——朱迪丝。罗茜陪着苏珊探望了她妈妈。这时候，她们家已搬到长岛的格雷特内克。苏珊记得家里的黑檀双开式弹簧门，这是她父母在中国生活的痕迹，还记得星期五会外出去罗森布拉特奶奶家喝鸡汤、吃炖鸡。还会去皇后大道其他犹太人最喜欢的桑尼中餐馆吃饭，苏珊在这儿学会了用筷子。苏珊看到她妈妈从纽约回来后光顾了绒线编织商店并且织起了绞花图案毛衣。

苏珊上的第一所学校是在皇后区的森林小丘。后来，她在68街乘公交车回托马斯·杰弗逊公寓。记忆的碎片将她带回到早期的这个阶段：走过皇后大道用木板隔开的房子；1939 年春天去世博会，（明显是第一次）看到了侏儒；上床睡觉前伏在妈妈"瘦骨嶙峋的胸口"啜泣；想"表现好些"，记得她妈妈曾如何掴她耳光。虽然她更喜欢回忆她父亲，那些令人伤感的、飘忽的记忆，但是，事实上，米尔德丽德·桑塔格将成为她女儿一生中受挫的爱的痴迷的对象。桑塔格会毫不厌倦地密切观察她妈妈的外表和行为举止：米尔德丽德把头发盘在头顶的方式；她是如何在妈妈的陪伴下在曼哈顿一家大剧院看电影《丧钟为谁而鸣》时哭了；还有苏珊 8 岁时，和她一起看《和父亲生活》这部戏。

1938 年 10 月 19 日，接近午夜时分，杰克·罗森布拉特因肺结核在中国天津一家德美合资医院去世，活了还不到 35 岁。米尔德丽德当时呆在天津的阿斯特商行旅社，翌日，她给杰克的父亲和兄弟阿伦拍电报，并作好安排，一周后启程返回纽约。桑塔格记得，过了几个月，母亲才告诉她父亲已去世，而且只是简单地说："爸爸死了。"还说他死于肺炎。接着，5 岁大的苏珊第一次犯哮喘。她用过一个雾化器，在她后来的日记中，列入了她最初的记忆的还有"棉花里的安息香［原文如此］酊"，一种吸入剂，常常用来治疗呼吸方面的毛病。

1939 年，为了给苏珊找到一个更适宜的气候环境，米尔德丽德决定将她的这个小家从纽约搬走，有位医生推荐了迈阿密。苏珊似乎不介意搬家，说她只是会想念她的"格兰普"，他和她玩金罗美纸牌。在去佛罗里达的火车上，苏珊问："妈妈，你怎么拼写'肺炎'这个词呀？"苏珊把她爸爸的戒指装在一个盒子里。时不时地她会梦到"老爸回来"。她会看到他打开公寓的门，但是，仅此而已。

桑塔格回忆起她们家在迈阿密居住过很短一段时间;她还讲述了这样的一些趣事:一栋四周有椰子树的房子。她在前院,手拿榔头和螺丝起子,想敲开椰子这种热带水果。一个肥胖的黑人厨子带苏珊上公园,她看到一张长凳上标了"只许白人坐"的标志。她转过身去,对厨子说:"我们坐那边去,你可以坐我腿上。"桑塔格对一位访谈者讲,那可真像是 19 世纪。迈阿密潮湿不堪,苏珊的病变得更加厉害。对所有人来讲,哮喘都是一种可怕的病,对孩子尤其恐怖。通常会在晚上发病,在凌晨 2: 00 到 6: 00 之间;孩子喘不过气来,有时还吐黏液。

　　佛罗里达对苏珊没有魔法,只在她的日记里留下一棵摆在桌子上的圣诞树的一闪而过的记忆,"银色的,有蓝灯"。她梦见独行侠骑马飘然而至带上她离去。不让听最喜欢的广播节目时,她哭了起来。没过几个月,她们家离开了迈阿密。米尔德丽德把家搬到图森的时候,才 31 岁。在后来的访谈中,桑塔格把她母亲讲成一个很自我的虚荣女人,不会做母亲,而总在担心自己容颜老去。米尔德丽德让苏珊别在外人面前叫她"妈妈",她不希望任何人知道她年纪都已经大到是一个孩子的母亲了。苏珊感到迷惑不解,她想知道母亲一天到晚都在干吗,因为甚至在杰克·罗森布拉特去世后,米尔德丽德仍然老不在家,而把苏珊和朱迪丝"托"给亲戚照看。

　　情况可能是,在苏珊整个童年时代,米尔德丽德都一直心情郁闷,委靡不振。对于喜欢东奔西跑的米尔德丽德来讲,可能非常不容易适应做母亲带来的巨变。她不仅没了丈夫,也没了生意上的收入,没了工作,没了独立性,也没了地位——取而代之的是两个年幼的孩子没完没了提出的要求。喝酒能缓解紧张,让她暂时放松,甚至她的情绪也许会变得高亢一些,但在苏珊的印象中,米尔德丽德是一个懒散的母亲,整天昏昏欲睡,要不就是百无聊赖,根本不可能翻阅或者评论一下孩子全优的成绩单。这种情形在许多自孩童时代就开始创作的作家的生活中屡见不鲜。

桑塔格极少谈及她在图森所受到的养育,当然,她记得自己小时候沿着古老的西班牙小径,朝坦凯弗德山麓丘陵走去;在那里,她仔细观察"可怕极了的树形仙人掌和仙人果"。她找箭头,找蛇,把漂亮的石头装进口袋。她将自己想象成最后的印第安人或独行侠。在20世纪30年代末期,图森占据了九平方英里开阔的荒谷,丘陵起伏,色彩斑斓,重峦叠嶂,山石嶙峋,令人望而生畏。沙漠并非是一望无际的沙丘,那里有带刺的灌木和杂草,多刺的树形仙人掌,还有挂满了鲜红果实、橘红色穗状花蕾的树。下雨的时候,沙漠上花儿盛开,天空展现出两道长长的彩虹,碧空如洗。英国作家J·B·普里斯特利1937年游览亚利桑那,比米尔德丽德和苏珊母女早两年。他来过之后,从此再也忘不了那萦绕心际的美:"一种种声音,一个个脸庞,蓝色的鸟和红色的鸟,仙人掌和松树,在晨曦中时隐时现、在落日里珠宝般闪耀的群山,甜甜的清新空气,午夜时分,繁星满天。"[1]

1939年秋天,米尔德丽德和苏珊到这儿时,沙漠带来的这些快乐在家门口就能找到。尽管这个城市作为旅游城市和军事基地当时正在迅速发展,但人口还不足四万。整个城市只有两家电台,居民沿街走过,几乎从每家每户开着的窗子里听到的都是同一个广播节目。让图森引以为豪的是,这里有五家影剧院,几家连锁书店和文具店,

---

[1]　普里斯特利关于亚利桑那的文章,见安妮·摩根等编《忆亚利桑那》。

还有一个交响乐队，一个小剧场，上演音乐和艺术节目，此外就是一个州博物馆和卡耐基图书馆。图森城悠闲的节奏对喜欢户外活动和希望身体健康的人来说颇具吸引力，因为这里有大约 30 家医院和疗养院为患有各种呼吸道疾病的病人提供医疗服务。在这里，苏珊的哮喘病情好转。

1939 年 9 月，苏珊的第一个完整的学年在尘土飞扬中开始。就在这片阴霾里，她开始上一年级。回头看看，苏珊觉得那简直是个笑话："当时，我 6 岁，星期一，我分在一年级 A 班；星期二，他们把我放在一年级 B 班；星期三，到了二年级 A 班，星期四转到二年级 B 班。一周下来，他们让我跳到三年级，因为功课我全会了。"当时，没有专门为特长生开设的班级。苏珊学的科目和其他孩子一样：作文、拼写、阅读、音乐、艺术、算术、社会科学、卫生体育和基础科学。大多数同学都接纳了她。"我生在一个文化上非常民主的环境之中。我没有想到我还会影响那些孩子的生活方式，"桑塔格后来才意识到。她们总能找到共同话题，比如说些"啊呀，今天你头发真漂亮！"或者"哎呀，那双休闲鞋真可爱！"诸如此类的话。不过，虽然才 6 岁大，为了引人注目，苏珊认为有必要夸大她与同学之间的差异，她对他们说自己是在中国出生的。她希望给人以印象，她与遥远的地方有联系，而中国，她后来说，似乎是"人能去的最远的地方了"。

桑塔格 7 岁已养成看完一个作家主要作品的习惯，这习惯伴随了她一生。首先是艾伯特·佩森·特休恩①的《铁路工凯莱布·康

---

① 原文为 Alfred Payson Terhune。经与作者核实，Alfred 系 Albert 之误。特休恩是美国作家，以写狗故事著称。

诺弗》(1907)、《一只名叫切普斯的狗》(1931)、《小动物与别的狗》(1936)。也许,特休恩最有名的系列集中在一条名为拉德的柯利牧羊犬及其在新泽西农村的英勇行为上。特休恩探讨的是对与错和滥用职权的主题,如在《拉德更多的冒险》(1922)这部作品中,一个无知无识却盛气凌人的县治安官扬言要毙了拉德;拉德的冒险行为一般都关涉正义的伸张。对成人世界的不公与麻木的愤怒常常刺激年轻作家和读者,也正是因为这种情绪使得9岁的苏珊去啃一部部鸿篇巨制,如维克多·雨果的《悲惨世界》。苏珊后来称,芳汀①卖发一节让她小小年纪就成了一名社会主义者。

不过,更为重要的是,苏珊发现了游记作家理查德·哈里伯顿。我们只消看看他作品的首页照片就会明白为什么:在《万里览胜》(1925)中,他站在泰姬陵前,包着头巾,双手叉腰,放松自在,一脸灿烂的笑容;在《飞毯》(1932)里,他坐在他那架双座飞机顶上,准备好了去冒险;在《理查德·哈里伯顿奇观全集》(1937)里,一封致读者的信旁边是作者的一张照片,他看上去30来岁,英俊潇洒。信里写的是,还是个孩子的时候,他就喜欢看上面全是"世界上最奇妙的城市、大山和寺庙"的图片的书。他爱看那本书,因为它把他带到了"陌生而浪漫的地方",让他留连忘返。后来,桑塔格在回答什么书改变了她的人生时,她说首先是哈里伯顿的书。

　　哈里伯顿,一位年轻的美国作家,写有最朴实的游记,
20世纪30年代的风格,是我最初设想中所认为的最有特权

---

① 芳汀为《悲惨世界》中被遗弃的不幸女子。

的生活：一种充满无尽的好奇心、精力和表达力，以及无比热情的生活。他曾登上埃特纳火山、波波卡特佩特火山、富士山和奥林匹斯山；他曾游历了大峡谷和金门桥（1938年，该书［《理查德·哈里伯顿奇观全集》］出版时，金门大桥尚位于世界奇观之列呢）。他排队参观了莫斯科的列宁墓，也曾登上中国长城，还划船进入蓝洞①；他还去过卡尔卡松②、巴勒贝克神庙、佩特拉古城、拉萨、沙特尔、特尔斐古城、阿尔罕布拉宫、马察达城堡、泰姬陵、庞贝城、维多利亚瀑布、耶路撒冷、里约、伊斯法罕和……哈里伯顿让我充满欲望地意识到，世界辽阔广袤、历史悠久，世界上可看的奇观、可听的故事不胜枚举；他让我意识到我自己也能看到这些奇观，听到与奇观有关的各种故事。《奇观全集》是我自己的热情与欲望美好部分最初的唤醒者。

这种往事令人回忆起桑塔格7岁时为之激动不已的一些事，她当时就意识到世界要比图森大得多，而她的玩伴、老师和其他成年人对外面更大的世界并没有憧憬，眼界未免太狭窄了！成人为何如此谨小慎微？苏珊想不明白。她想："等我长大成人，我得留心，可别让他们阻止我从敞开的门飞出去。"

　　阅读使苏珊身边的许多生活缩小了。她读关于战争的书并且想象一些场景，她在其中遭受纳粹或"日本鬼子"的拷打。她坚强不屈、

---

① 在意大利的卡普里岛。
② 在法国。

"勇敢",她"经受得了",当她"冒失无礼"时,忍受她妈妈的沉默不语和耳光。事实上,她后来的日记记录了母女间的一种被动性的/挑衅性的冲突,这次是这个人主/被动,下次又是另一个人主/被动,占了上风或表示害怕另外一个人。桑塔格眼里的童年常常局限到与她妈妈的争斗中——一次次冲突只有暂时的休战与和解,但没有解决方案。

在桑塔格的想象里,没有比如说图森的皮马人①的位置。她后来说:"西南地区的民间传说是静谧的,甚至对于生活在那里的人来说也是别有风味的。"

"假使你是个小孩,发现了乔治·艾略特、萨克雷、巴尔扎克或那些伟大的俄罗斯小说,那么,戴有绿松石珠子的小印第安人布娃娃肯定就无法与19世纪小说相媲美了——因为就算是一种阅读体验也能够打破你狭隘的框框。如果你在找一种东西能够带你到什么地方去,去拓展你的意识,那么,这东西肯定就是一种伟大的世界文化。"桑塔格爱读哈里伯顿,她提到他的口吻,一如出自一个看到了奇妙世界的热情满怀之人。她渴望的就是那种既是父母也是作家式的陪伴,但是,她妈妈却不符合这一标准。米尔德丽德对能说会道的女儿讲:"在中国,小孩子不讲话。"碰上心情好的时候,米尔德丽德会边回忆边对苏珊说,在中国,"在饭桌上打饱嗝是一种表示感激的礼貌方式",但那并不意味着她允许苏珊打饱嗝。

所以,苏珊的早年生活大多似乎是支离破碎的。在图森度过的头些年,桑塔格还不到10岁,米尔德丽德搬过几次家,苏珊转了几次

---

① 居住在亚利桑那州希拉河和索尔特河流域的北美印第安人。

学。过去的很快就过去了。苏珊从来不多谈她的妹妹朱迪丝——即使是在日记里也只是提到姐妹俩合用一个房间,苏珊在上铺,考她妹妹美国各州州府名称。朱迪丝在那儿——晕车——大发议论(不清楚什么时候)说苏珊感觉迟钝——不过,和苏珊一样,也成为妈妈抱怨的对象,说她的孩子不尊重她、不爱她。在苏珊看来,米尔德丽德说她家里人"得罪了"她。

1943 年,米尔德丽德带着两个女儿又搬家了。这次搬进的是一栋清洁小巧的四居室灰泥粉刷的平房,位于东德拉克曼街 2409 号,当时东德拉克曼街还是一条泥路。桑塔格的意思是,她妈妈缺钱,已经当掉了手头许多中国纪念品。这栋房子现在还在,就在亚利桑那大学边上,看上去就和 1943 年拍下的照片一模一样,当时房子是簇新的——除了一点不同:现在路新铺过了。苏珊和妈妈是这房子的第一批房客。米尔德丽德如何付房租,如何养活她们一家,家里有困难,请人帮忙后如何付费,这一切概不清楚。也许,杰克·罗森布拉特的公司留下的钱还没用光,而且,桑塔格讲过,她妈妈教书。现在,在图森公立学校找不到米尔德丽德教书的任何记录,不过,城里有无数所私立学校,哪所聘用过她也未可知。

在后院,苏珊挖了个长、宽、高几乎均是六英尺的洞,精确得令人难以置信。"你想干吗?"一个仆人问,"一路挖到中国吗?"不,苏珊回答说,她只想"有个地方进去坐坐"。她在洞口上面放了几块八英尺长的板子,挡住强烈的光线。房东抱怨说这会给经过后院的人造成危险。苏珊把板子拿开,让他看她差不多要拼命挤才进得去的洞口。洞内,她挖了个放蜡烛的凹处,但光线太暗,看不了书,她还吃了一嘴的泥,泥是从她搞出来的洞顶部的缝隙中掉下来的。房东告诉米尔德丽德必须在24小时内把洞填上。苏珊在女仆的帮助下,把洞填上。三个月后,她在原地又挖了个洞。苏珊受汤姆·索亚让邻家孩子粉刷篱笆的启发,她也忽悠了三个玩伴来帮忙,满口答应他们,只要她不在那儿,洞就归他们用。

苏珊挖的洞是她的藏身之处,她的微型世界。她后来在一篇论及岩洞的文章中说过,她粗糙的掩体也标出了"危险与安全"间的边界。她的洞穴等同于别处的世界,等同于她父亲的埋骨之地中国。她父亲留给她仅有的几件物品是一枚他的图章戒指、一条白色丝绸围巾(上面用黑丝线绣着他姓名的首字母)和一个印有杰克·罗森布拉特金色小字母的猪皮钱包。简单地说,他的生平还未写完,在她的想象中,是一种"未结束的痛苦"。这种痛苦,像哈里伯顿这样的外向型作家也无法医治。

幸运的是,桑塔格10岁前就早早地找到了她的第一个文学之父,即埃德加·爱伦·坡。像哈里伯顿一样,坡也构筑起了一个神奇的世界。他创作侦探小说,写月球之旅和其他不可思议的探索航程——如《阿瑟·戈登·皮姆的历险故事》。但是,坡也使苏珊有了"对内在性、忧郁、心理执著,对推理的刺激、变态,以及对不顾后果的自我意识的性情的最初了解——又一阶段存在的稚嫩的渴望"。坡的作品既是冒险的,又是知性的;故事的叙述者是羞怯的,包裹在自己的世界里。他笔下的人物就像桑塔格成年后一样,是洞穴——比喻意义上的——思想的洞穴的献身者。正如《贝蕾妮斯》的叙述者坦陈的那样,"我的激情总是思想的激情"。

像桑塔格一样,坡也是一个在欧洲、在文学本身中找寻灵感的美国作家;像桑塔格一样,他也着迷于销蚀性疾病和死亡。看坡的哥特式小说,你会紧张得大气不敢喘,因为其中的死亡感像它们的头韵那样向你步步逼近:"在这一年秋天阴沉、黑暗而无声的一整天里……"①《厄舍古厦的倒塌》中这些有力而迷惑人的字句不啻为一帖帖文学麻醉剂。图森具有疗效的气候想要否定一个事实,即死亡是无法逃脱的。坡的小说则证实了这一点。如果说,这似乎是一个可怖的发现,那么,对一个感觉到周围的东西在否认着什么的孩子来讲,这倒不失为一种天赐之物。如果说理查德·哈里伯顿追求的是游历世界并抓住其中你所喜爱的东西这一外在的愉悦,那么,坡追求的是同样的快乐,只不过方向相反,即内在的快乐,表明文学可以是驶向他乡的交通工具,而且——甚至更好——文学本身即可为目的地。坡教会她依靠自己的感受力,无视她遇到的所有非文学环境。

但是,无论是坡,还是哈里伯顿,都无法给桑塔格一种职业感,对一个独立思考并已逐渐认为自己的一切该由自己做主的孩子来说,这是一个重要的概念,对于遭受"父亲渴望"或曰"父亲饥饿"煎熬的孩子来讲,是一种相当普通的感觉。她却在两本令一代代少女感到兴奋的书里找到了自己的使命感,这两本书是《居里夫人传》和《小妇人》。

快 10 岁的时候,苏珊看了伊芙·居里为母亲写的动人的传记。传记介绍的第一句话就非常吸引人:"居里夫人的生活包含了太多的奇迹,所以,她的故事讲起来只能像传奇了。"伊芙这本令人心醉的传记叙述了一个完整的居里夫人,她这本传记为苏珊未来的生活描绘

---

① 原文为"During the whole of a dull, dark and soundless day in the autumn of the year …",爱伦·坡此处运用了头韵,见译者所标划线部分。

出一幅近乎完美的蓝图：年复一年，玛丽在死水般的波兰度过了一个个贫穷而孤独的日日夜夜。她有一种强烈的欲望，要去"爱某种极其崇高、极其伟大的东西"。伊芙问："人们该如何去想象这个 17 岁的女孩的热情呢？"玛丽参与了波兰民族主义和社会主义活动，渴望祖国从苏联占领中解放出来，去建设一个更美好、更公正的社会。她企盼着能够到法国这个学识和自由圣地接受教育。她给姐姐写信，说"我梦想巴黎，就像梦想救赎一样"。玛丽的机会到来的时候，伊芙评述道："人在巴黎，感觉是多么年轻、多么有力、多么激动！又是多么地满怀希望啊！"在巴黎，玛丽身居陋室，在钢铁般意志的引导下发奋读书，几乎到了筋疲力尽的程度。她在索邦大学获得两个硕士学位（正如桑塔格后来会声称她在哈佛大学也是这样）。她引起了大科学家皮埃尔·居里的注意。如同小说家那样，玛丽寻找着新的研究课题。她和皮埃尔共同创建出"一门新科学和一种新哲学"。他们成为"珠联璧合的创作者"，体现出"男女之间最高的结盟，[因此]交流是平等的"这一精神风貌。夫妇俩也有孩子，玛丽母性洋溢，一如她对科学满怀激情。丈夫死后，玛丽即致力于"一种永远的奉献"。她在一战期间，照料伤病员；她向全世界人民敞开怀抱。世界的奥秘和奇观让她激动不已，她立志要去探索。特别是玛丽有使命感。正如伊芙所说的那样："我们必须相信，我们有天赋去做某件事，那么，不管付出多少代价，这件事必须做成。"她以"一种超人的执著"坚持不懈。随着自己的逐渐成熟，玛丽发现有必要建设一种国际文化，并对自己"对一切低俗所持的那种与生俱来的排斥感"笃信不已。

居里夫人的故事也是一个高尚的故事，因为，用她女儿的话来说，玛丽是以"淡然的态度"，以"一种不可改变的性格结构和一种智慧的顽强努力"来对待荣誉的。伊芙引用了爱因斯坦的评价："在所有的名人中，玛丽·居里是唯一没有受到荣誉腐蚀的人。"桑塔格绝不愿被看成是一个野心家，她固执地否认自己追名逐利，这一想法的源头就在这里。野心既意味着动机，也意味着成就，若将两者分开来看待，那么，对于一个既希望仰慕人，又希望受人仰慕的年轻女子来说，那真是一件讨厌的事情。

这不是说，桑塔格希望像玛丽·居里；玛丽是闻名全球的一个女人，从一潭死水中摆脱出来，找到了她的皮埃尔和巴黎，并且把自己献给了崇高的事业。也不是说，桑塔格要在后院建个化学实验室，或者说她试图像契诃夫那样，既当作家，又做医生。对苏珊来说，想象自己发现种种治疗方法，发现一种像镭那样的可以用以治病的新元素，那不是她的发展方向。是伊芙唤起的对一种无私职业的思考——玛丽是无私至极，她甚至都不视之为一种职业，而是一种使命——这一点对桑塔格而言最为重要。在这一点上，玛丽·居里就像是女神，无懈可击的圣洁，"完整、自然，几乎丝毫没意识到她那令人震惊的命运"。早先，桑塔格视自己为二分法的产物。"我的职业是我的生活成为外在于我自己的某种东西，"她在日记里写道，"因此我也这样向他人报告我的生活。内里的是我的悲痛。"

苏珊竭力模仿完美的居里夫人，这位不辞辛苦、站在又热又重的大桶旁炼矿并取得突破而获得了诺贝尔奖的科学家。桑塔格日后谈起自己的创作，使用的字眼是令人痛苦的劳作，完全集中在工作上，而不是可能获得的荣誉，抑或她本来完全有权利用的自我炒作的机制；她对任何要她考虑自己的形象的低俗建议一概嗤之以鼻。

一直到上大学前，苏珊都没有完全放弃从事医学或者科学工作的念头,但是,文学创作的想法向她发出了召唤。她后来称:"我真正希望的是每种生活都经历一下,作家的生活似乎是最具包含性的。"作家可以使用一种科学家或医生无法使用的方式,去自由自在地创造和再创造自我。苏珊不仅酷爱阅读和写作,而且酷爱作家这一理念。不仅仅要写作,而是要被视为作家,这是她的自我意识工程的一部分:"我真的想过发表的事情。事实上,我当时真的认为当作家就是要发表作品。"写作的冲动是她对自己读过的伟大作家的一种效仿行为,也是一种敬意:"人们常说他们希望成为作家,表达自己的思想情感,或者因为他们有话要说。对我而言,它是一种生存方式,就好像是加入一群圣人的行列……我想我并非是在做什么自我表达,我觉得我正在成为什么,正在参与一项高尚的活动。"

10 岁的小女孩哪来的关于出版界的想法? 她的这些想法来自两部小说:《小妇人》和《马丁·伊登》。桑塔格认同路易莎·梅·奥尔科特笔下崭露头角的作家——乔,尽管她立即加了一句,说自己根本不喜欢写乔笔下的那些个多愁善感、耸人听闻的故事。是乔十足的劲头深深地感染了苏珊:"我要做一番轰轰烈烈的大事……一番英勇的、非凡的事业,我死后别人也不会忘却。我不清楚这是件什么事情。我全神贯注在寻找。总有一天,我要让你们所有人感到震撼。我说到做到!"特别有意义的是,乔对伟大的理解是与欧洲联系在一起的。"我多么想我到过那里啊!"乔喊道,"你去过巴黎吗?"乔拒绝了与她青梅竹马的伙伴劳里,而投入巴哈尔教授的怀抱;这位年龄更长的欧洲人欣赏乔的作品,认为这些作品不是什么"古怪的性格表征"。苏珊肯定注意到了乔与家人、与社区的疏远,尽管书里谈了诸如家庭和睦等话题。而且桑塔格很可能看过戴维·塞尔兹尼克制片的电影《小妇人》,在这部电影里,凯瑟琳·赫本把乔这一角色表现得魅力四射。成为乔,成为作家,就是成为明星。

《小妇人》讲述的并非只是年轻人狂热地希望当作家的故事。当乔糟蹋自己的才华,去为一些杂志写平庸作品时,她父亲便责备她:"你能写得更好的。朝最高的目标挺进,别在乎什么钱。"的确,奥尔科特也许是为所有艺术新蕾而写作的,展示了作家应该怎样找到自己的声音,并确立自己的品格。当乔为让家人满意按他们的建议开始改变故事时,她感到迷惑不解。希望讨好读者、期待读者意见一致是白费工夫,这在书评家对乔的作品所做出的矛盾反应中得到了强调。

甚至更为直接的是,杰克·伦敦的《马丁·伊登》呈现出作家生活的一个寓言。这是一个自然主义作家对个人抱负所做的虽无情却令人振奋的研究,这样的抱负对桑塔格那忧郁却坚定的感受力具有吸引力。伊登铸造自己的身份主要是通过读书这一途径,他把书籍几乎看作他确立个性的基石,它们对他而言是有形的,伸手可及,而且相当性感。他不仅仅是看书,他分明是爱抚它们。像马丁·伊登一样,苏珊也希望她的写作能给世人留下某种印象,不管它们看上去是多么冷漠。伦敦的小说迄今为止仍然是自由撰稿人的一本有价值的手册,一页页描写了马丁为了发表作品而做出的狂热的努力,他一次次用写上自己姓名地址的回信信封寄出手稿,又一次次收到退稿信,然后,他又不断寄出一个个短篇故事和一篇篇文章,直到最终有作品被录用为止。退稿信与用稿通知的数量之比高得吓人:一篇作品被录用,就有成打成打的作品被退稿,马丁坚持着,但最终放弃,自杀身亡。

1950年再次读这部小说时，桑塔格依然认为《马丁·伊登》是一部"令人觉醒的书"，"同时也是一大肯定"。但是，她在日记中坚持认为，这种肯定不是那种你可能从乔伊斯的《青年艺术家的肖像》中找到的"有希望的激情"。相反，杰克·伦敦的书灌输了"绝望+失败，所以，我在长大成人的过程中，真的是从来都不敢奢望得到幸福"，她如此断言。当然，她的日记也不是一种快乐的感受力的表达，然而，当她给自己写下这些文字时，她追求的深刻的自我反省似乎鼓励着她。

　　正如后来桑塔格对南卡罗来纳大学的学生所说的那样，她大概在九岁十岁的时候，写作已然成为她的支柱。她这个有抱负的作家在一台胶版誊写机上制作了她自己的四页版月报——《仙人掌报》："复制作品最便宜的方法是，准备一张刻有作品的蜡纸、一个浅盘和一些明胶。把墨抹在蜡纸上，然后蜡纸正面朝下放在明胶上。接着，明胶上可以放上大约20张纸，就能复制蜡纸上的文字了。这在小房间里弄，真是棒极了。10岁大，我就创办了一份自己的文学杂志，然后，以五美分的价格卖给邻居。"桑塔格一边面带微笑讲述这件事，一边回忆这一出版行为是如何使她获得自我解放的。她作诗，写小说，并至少创作了两个剧本，一个是从卡雷尔·恰佩克的《R. U. R.》①中得到的灵感，另一个剧本是受了埃德娜·圣文森特·米莱的《阿里亚·达·凯波》的启发。整个二战期间，她将自己看到的报道压缩，写出了关于中途岛战役、斯大林格勒保卫战等的文章。

---

① 捷克作家卡雷尔·恰佩克创作的荒诞剧《罗索姆万能机器人》，简称《R. U. R.》。

苏珊出落成了一个壮硕、特别擅长交际的姑娘，整日泡在"征服者"酒店；这个酒店1928年开业，由当地的商人和社区领袖资助，他们渴望给到访的北方人提供食宿和娱乐消遣。这是一座引人注目的低矮的使命派风格的"大厦"，有着一个个石拱；混合柱型的柱顶和柱子，上面有装饰性的老鹰，一个围成圈的连柱拱廊，还有一个看上去像是钟楼的主楼，有一个大游泳池，池子周围有大片草地供人们晒日光浴，因而很有特色，还有露台酒廊，帕拉第奥风格的窗子装饰着酒廊的入口。这种魅力十足的来自西南部的成就断断续续一幕幕在桑塔格的日记里飞速闪过，她记起酒店的人行道烫了她的双脚、她认出了泳池里的电影明星波莱特·戈达尔、在"征服者"酒店塔上看骑术表演、泳池边一名女子给了她一瓶啤酒、一个朋友在酒店的浴室里讲下流故事、在餐厅里觉得身体不舒服，以及在泳池边听自动点唱机播放的曲子。

　　12岁的时候，她似乎只是在等待时机，"服满"她在回忆文章《朝圣》中所说的童年的"刑期"。那是一种折磨，好在她是个好演员，会掩饰。在曼斯菲尔德初中，她忍受了那个折磨她的"胖男生"吉米，还有另外一个叫她"犹太佬"的人。上体育课时和一个叫乔迪的女生打架。代数给她带来烦恼。她开始记第一本日记，收集《经典连环漫画》，还成为校报《英才》的编辑。一名老师，卡利尔小姐借给她一本弗农·维纳布尔论马克思的著作。苏珊我行我素，赤脚乘开往市中心的大巴。后来，她称她在曼斯菲尔德的那段时间是一场"灾难"，她下定决心不会重新来过。

　　但是，苏珊一如既往地努力讨好她妈妈，给她写搞笑的信，她希望这种信会令一个禁止她看莉莲·史密斯的畅销书《奇怪的果实》的母亲开心;这是一部被认为是关于种族间恋爱的有争议的小说。接着,母亲改嫁了。米尔德丽德虽然还是阴郁,但她依然漂亮,吸引了一个新伴。苏珊心里排斥他,但他的到来给了她一个新的姓氏,适合其即将成为作家的身份;而且,他还带来了旅游的希望——离开她童年的荒漠,抵达她的梦幻之地——加利福尼亚。在那儿,她发誓:"我会受大家欢迎的。"

二、别处的一个世界(1945—1948)

这世上哪里没有我的安身之处?

——《科利奥兰纳斯》[①]第 3 幕第 3 场

1945 年,空军上尉内森·桑塔格在图森"休假"的时候,搬进了米尔德丽德·罗森布拉特和她两个女儿在德拉克曼街居住的那栋灰泥粉刷的小平房。纳特[②]·桑塔格是位战斗英雄、空军王牌飞行员,二战中盟军在诺曼底登陆后的第五天,他的飞机被击落。他被弹片击伤,在医院里住了一年后,被送到图森疗养康复。更可喜的是,纳特英俊潇洒,活泼开朗。这场婚姻得以维持下去。但是这一切对苏珊都无关紧要——不过,在她的日记里,她承认吹嘘她继父战时的英勇事迹。苏珊和妹妹都跟桑塔格姓了,朱迪丝后来说,真是如释重负,因为这个姓不再让她们被认定为犹太人。苏珊已经因为是个犹太人而遭人辱骂。

纳特为了当好苏珊的父亲,给她提出了诸如此类善意的建议:"别太聪明了,否则,你会永远嫁不出去的。"苏珊才刚刚 13 岁,听了继父的话,不禁大笑道:"我可不会嫁给不喜欢我这样的人的家伙。"苏珊倒没怎么生气,她只是觉得好笑,心想:"这个白痴不知道外面的世界里聪明的男人多的是,还以为别的男人都像他一样呢!"但是,他说的话无关紧要,她后来说:"我不受外界的影响,我有自己的乐子。"

纳特不是盛气凌人之辈。他看得出,苏珊在同龄人中可能要过一种孤独的生活了。他会为苏珊成为名作家而深感自豪。苏珊也很感谢她父母,"对待我的方式就好像我的生活完全是我自己的事情一样"。纳特有纳特的用处。他教她开车。当米尔德丽德严厉对待苏珊,他有时也介入到母女之间进行调解。她在日记里称他为"爸爸",这表明她终于有点接受他了。

除了文学抱负初露端倪,桑塔格对战后社会主张顺从、主张一种单调沉闷的团体思维的做法也在作出回应,这种思维方式她在"我的同学和老师傻呵呵的哗众取宠的废话以及在家里听到的令人发疯的庸俗的话语"中都领教过。她讨厌那些带有预先录制的笑声的每周广播节目,讨厌她和罗茜一起听的广播节目中"唱片流行榜单"上愚蠢而又感伤的曲目,讨厌周日夜晚和周末闯入她家的职业拳击赛和棒球赛讲解员的闹腾。她恨得咬牙切齿,揪自己的头发表示强烈的愤慨,但是,她没把这些想法讲出来。

1946年,桑塔格一家搬到加利福尼亚,住进一栋雅致的小屋,"这栋小屋带百叶窗,很舒适,周围是玫瑰丛树篱,门口还有三棵白桦树",位于圣费尔南多谷附近。纳特·桑塔格凭借其军事训练获得的干练,硬是搞起了露台烧烤,他采用的是南加州风格,这种越来越讲究的烧烤方式成为战后繁荣的一种标志。

---

① 莎士比亚创作的一部以罗马历史为题材的悲剧。
② 纳特系内森的昵称。

苏珊 1946 年至 1949 年住在加州。她在这里最初的发现之一就是一家"真正的书店"——匹克威克书店,她是在好莱坞林荫大道上"逮着"的。她 13 岁便"过了"看《星期六评论》这类期刊的年龄,而转向《党派评论》上的美文和雄辩"了。该杂志她每期从头看到尾,边看边"梦想着哪天去纽约为他们写稿"。

　　在家里,苏珊有自己的房间。大人让她上床睡觉、叫她熄灯后,她会打开手电筒看书。书是从她那喜剧类藏书丰富的书房里选出的,如《康普顿百科全书》、波布希双胞胎系列故事、传记、哈里伯顿的作品,以及各式各样的维多利亚时代的经典作品。她从洛杉矶的匹克威克书店买了一本二手书,是弗洛伊德的《文明及其不满》。她收藏图书,不去图书馆。书是她的"守护神、宇宙飞船"。苏珊欲罢不能,强烈地渴望占有文学,同时也被文学占有。她对这个阶段炽热的记忆,带着其中的独特感似乎令人窒息。在小苏珊激情的小屋里几乎没有可以呼吸的空间。她收藏文学作品的激情甚至让她犯罪,她偶尔也窃书,因为凭她那一点儿可怜的零花钱她根本买不起这些书。她在匹克威克书店偷一本托马斯·曼的《浮士德博士》时被当场抓住。

　　苏珊写故事、记日记,她也站在那儿放她收集的每分钟转数为 78 的唱片,边放音乐边指挥。她的中学同学梅尔·罗斯曼记得,他们会在她家听上好几个小时她最喜欢的唱片,尤其是莫扎特 D 小调弦乐四重奏。维瓦尔第的 B 小调钢琴协奏曲是另一个她最喜欢的。她在日记里写道:"音乐是最美妙、最富有生命力的。"她已然对艺术的形式而非内容更感兴趣,称音乐为"最纯粹……也最感官。我用我的身体聆听,是我的身体随着这段乐曲所表达的激情和悲怆一起疼痛"。

不是弗洛伊德主义者也能看出她对自己唱片收藏怀有的那种最初的性快感。拥有她想要的东西以及把艺术当作她自己的来掌控会成为她的使命。

13岁的时候,苏珊还发现了法国作家安德烈·纪德。他的日记英文版1947年出版,尽管苏珊也许看过一些原版。21岁的纪德写日记的形象魅力无限。1890年,他写道:"我始终隐约地感到我将自己的热情传给了他人,但是,他们缺少神圣的火花。"他还写道:"我必须学会保持沉默……我必须学会认真对待自己……眼睛要更多地观察,脸则要少动。我说笑话的时候要板着面孔。别人说笑话的时候,不要每次都喝彩。别千篇一律毫无特色地对所有人表现出和蔼可亲的态度。在合适的时候以脸上毫无表情的方式让别人感到窘迫。"

苏珊似乎对纪德这一时的念头有同感。苏珊有个北好莱坞中学的同学说:"她那么全神贯注——甚至一丝不苟,如果你可以说一个15岁的孩子一丝不苟的话。苏珊——当时没有人喊她苏茜——从不做无聊的事。她没有时间闲扯。"从苏珊高中拍的照片上几乎看不出什么来,摆姿势拍照的时候,她不去模仿南加州的那种友好的神情,她表情平静安定,但眼神十分机警。

纪德看起书来胃口很大,是个"孤寂忧郁童年"的产物,弦绷得紧紧的,喜怒无常:"我像一架音调得很准的竖琴,根据诗人一时的异想天开,演奏起一首快乐的谐谑曲,或者一曲忧伤的行板乐段。"坐拥书城,他经常同时拿起几本来看。看书、理书对他是一种感官的、舒服的体验。他信奉的理论是"艺术世界是超越时间的心境的安宁,一种人工的健康"。他为那些受命运摆布的人物所吸引,那些"土星照命下出生"的人物,比如俄瑞斯忒斯。对桑塔格和纪德来说,记日记(不仅是写日记而且是记)是对使命感的确认。他献身于戏剧、艺术、政治和音乐,成为一个十足的知识分子和艺术家。

苏珊·桑塔格后来回忆,14岁的时候,她的主要计划就是保护自己免受当代社会的愚蠢将其吞没的威胁。她四处觅友,希望他们与她志同道合,一起致力于纪德所谓的艺术崇拜。没有人完全达到苏珊特别的标准,但是,有两个男孩——彼得和梅里尔——对其美学激情产生了共鸣,而且他们俩也是孤独者。彼得是个难民,有匈牙利和法国血统;苏珊发现,他们不在"草地上打滚、拥抱"的时候,可以交流有关他们死得充满刺激性的父亲的轶事。他们一起骑自行车,看电影,在一起争论政治——尤其是关于亨利·华莱士第三党总统竞选活动。彼得个头很高,是个优点;对苏珊来讲,这是个先决条件,因为苏珊的个头通常高出大多数男孩许多;她中意的人,她需要仰视才行。

苏珊的另一个伙伴梅里尔是个金发碧眼雪肤的男孩,聪明伶俐,用当时的话来说,他是"理想中人"。她非常喜欢他,"想和他在一起,或者希望他和我在一起"。遗憾的是,他比苏珊矮,好在他们的激情都是知性的。梅里尔和苏珊一样狂热地崇拜托马斯·曼。二战期间和刚结束的时候,托马斯·曼在美国的名声已如日中天。他是诺奖得主、反法西斯主义重要人物,看上去威严、冷峻。他做客白宫,受到新闻界的热捧。谈起文学和政治来,他俨然是一个流亡的国家领导人。当曼作为一个平民,从洛杉矶飞往旧金山的时候,遇上一队骑摩托车巡逻的警察,他们把他一路护送到他在伯克利演讲的场馆。对于桑塔格,一如对于许许多多读者那样,《魔山》是一部"改变人的书,充满了新发现和新洞见"。这部小说中所有人物都是流亡者——

正如桑塔格自认为的那样——他们在销蚀自己，就像是夺走她父亲性命的"遥远的别处"一样。桑塔格的意思是，《魔山》使她不再相信母亲所说的肺结核是一种"羞耻的疾病"这种鬼话。在《魔山》里，"思想就是激情"，桑塔格如是说，这就为她自己将小说创作散文化找到了正当的理由，这种写法将在《火山情人》中随处可见。

桑塔格是个"得过哮喘病、现已康复的孩子"，是"半个孤儿"。她认同曼笔下的"孤儿主角"——汉斯·卡斯托普，"一名合我那没有保护的心灵之意的英雄"。如果说她不像汉斯那样"简单"或"平常"，那么她却有着他那认真和温顺的举止（她妈妈说她"真二"①）。他们都知道生活中如何以礼待人，同时又保留自己的一份孤独；他们均受到监护人的看管，而这些监护人都自以为知道什么东西对他们有益。但是，《魔山》最引人入胜之处在于那种在南加州——尤其在北好莱坞中学——很难听到的"自由而充满激情的谈话"。

北好莱坞中学漂亮的拱廊和院子有点大学校园的味道。1947年，苏珊入学时，全校有两千多名学生。苏珊当了一年校报——《拱廊》——编辑，同时也担任"出版总干事"。她以政治和校园生活为题撰写社论，同时写影评。她主张一种得到两党支持的外交政策，主张致力于发掘新成立的联合国的潜力，旨在避免"侵略与绥靖政策之极端"。有些人认为应当"在别人向我们扔炸弹之前，先将炸弹朝他们扔过去"。桑塔格痛斥这种心态。有人认为每个持不同政见者都

---

① 原文为 Goody Two Shoes，系英国作家哥尔斯密所写儿童故事中女主人公的名字。她是一个连鞋子也没有的穷孩子，当她终于有了一双鞋后，竟然高兴得逢人便说她有"两只鞋"，以致 Goody Two Shoes 成了她的名字。现为美国俚语，常指天真无邪、品行端正的年轻女子，但大多用来讽刺、嘲笑，说人假正经、假虔诚。

是"赤色分子",她对这一歇斯底里的反共表现表示痛心。她非常理解读者,向他们推荐奥立弗的《哈姆莱特》:"如果你们哪个人认为它令人感到厌倦,或者太学术,那么,你很可能会改变主意。……在这部片子里,有大量引人入胜的情节和动作,足以填满一百部好莱坞片子。"她也喜欢《红河》,说该片"展示了一个魅力无限的西部……有[蒙哥马利·]克利夫特和一万头牛的特写镜头"。她还发表了一首谜样的诗,令人想起她孤独的感受力:"凝眸静谧……再吸气呼气。"

但是,她别的投稿没有什么美学的或者土星式的特征,相反,它们是清醒、真诚、关心公益事业的。与桑塔格合编《拱廊》的琼·库兰记得和她合写过一篇社论,提议学校附近安装红绿灯,引起了地方当局的关注,后来采纳了她们的建议。罗伯特·洛记得,苏珊在第一节课后,会来他的教室,与她的导师、校报顾问、25岁的塞达·加拉佩迪安认真讨论很长时间。苏珊和加拉佩迪安小姐似乎忘了时间,一直讨论到第二节课——洛和他的一些同学开心死了,他们巴不得英语课推迟上。苏·桑塔格编辑在代表毕业生所作的告别辞中盛赞加拉佩迪安:"让我们将粉红色矮牵牛花献给加拉佩迪安小姐——我们那白里透红、光彩照人的师长。我们大家都极其粗心,都具有恶魔般的幽默感,她一一照单全收。"

苏珊知名度越来越高,使得她在总干事职位的竞选中胜出;她是三个候选人之一。这也让她在学生会有了一席之地,是范·赫斯特提的名,因为她注意到苏珊的功课是全优,而且《拱廊》记者的工作做得十分出色:"她愿意为你们的利益而辛勤工作,我相信,苏·桑塔格是这个工作的最佳人选。"她几乎一直被称作"苏·桑塔格",她写文章也是这样署名。

苏·桑塔格没有掀起什么波澜。她任期内的学生会主席——阿特·索尔——不记得她。其他同学只模糊地记得是有这么一个如果算不上特别友善,却也非常令人愉快的同学。梅尔·罗斯曼回忆说:"她是我的初恋情人,尽管我是单相思。"罗斯曼见到桑塔格的时候已是北好莱坞中学毕业班学生,他并不知道她比他小,她看上去是那么成熟。弗雷德·马戈林(除了校报上的文章,苏珊·桑塔格别的作品他一个字都没有读过)记得"好看的"桑塔格是学校少数几个犹太女孩之一,她这个人"总是独来独往,从不随大流"。当时,她常常见马戈林、梅尔·罗斯曼以及其他一些同学,包括一个马戈林记得是名共产党的非常直率的女孩。"不管是什么原因,"马戈林说,"我对苏珊的记忆一清二楚。苏珊笑的时候,那可是满屋生辉啊!"他记得,只要天气允许,她总是穿雨衣。"她会大步流星地走过,而不是漫步。她不需要趋附什么人,她非常自信。"她不打情骂俏,没有男朋友,不出去约会。用马戈林的话讲,她保持了"一种男性般的独立"。当问及是否见过桑塔格家别的什么人的时候,马戈林说没有,"认识苏就足够了"。

桑塔格是学校管弦乐队的小提琴手,是一个世界友谊协会和滑稽戏俱乐部的会员,15岁的时候,她就已经是一位出色的演讲者了。她发表过关于亚伯拉罕·林肯的演讲,参加过论题为"第三政党的必要性"的辩论。她代表学校参加了世界友谊演讲赛的半决赛,就"我的邻居是谁?"的主题发表演讲。不过,尽管她才华出众,倒没有哪个同学认为她是个怪人。大多数同学几乎就没有注意到她。她看上去傲慢吗?没有人记得有个叫苏珊·桑塔格的学生有一丁点讨嫌,除了体育老师——简·萨利文。简记得苏珊"狂妄自大",大部分时间都花在如何逃避体育锻炼上。桑塔格后来记得上体育课时她和一个同班同学打了一架，还记得她是怎样在体育课快下课时假装去冲淋。其实，她自己的保健在她的日记里是她焦虑的一个原因——仿佛照料她自己的身体是一种负担，而她要逃避这一责任，即便当她下决心要更勤快地去除自己身上的味道的时候，也是这样。

库兰、洛和其他人都记得这所进步学校里有一支生机勃勃、成员大多年轻的教师队伍。学生们享有充分的自由去选择课程和老师。他们记得当时不存在偏见，一次老同学聚会上一个墨西哥裔美国学生的话证明了这一点。她的一个老师在一张便笺上写道："你课上（或者我们该说'课下'？）真有趣。"桑塔格一直保留着这张便笺，并最终收藏在她的加州大学洛杉矶分校的档案里面。有一次的家庭作业，桑塔格写了《文明及其不满》一些章节的概要。对要求的"个人评价"，她指出："我没法不同意这第一章。在接下来的七章，尤其是本书最后几章中，有很多处我无法苟同弗洛伊德的逻辑……在以后某个时候，我会详细讨论这个，特别是关于伦理守则（无宗教）是不是一个虚幻的概念这个问题。"那个将在哥伦比亚大学教宗教哲学课的苏珊·桑塔格此时已初见端倪。桑塔格评价第二章时说："我再次重申我只能为弗洛伊德教授的智力和文学能力喝彩，他把一个哲学上的大问题化繁为简到抒情层面。"她的老师批阅说："苏，我也为你的文字天分喝彩。你可真是挥舞语言的鞭子，让文字鲜活起来了！"桑塔格为另外一门课写了整整一本书："苏联的传说"。"苏联"包括下面这些章节：历史与政府、国土与人民、苏联名人［政治人物、艺术家以及作家］、军事防御、二战中苏联的角色、参考书目［百科全书和报纸《PM》］、索引，还有字典［关键术语］。

在梅尔·罗斯曼的回忆里，"20世纪40年代青少年的世界完全不同于当今世界"，前者是一个让人感到孤独的世界。

> 当时没有青少年文化。我们每个人都生活在各自的地狱里。我们谈论许许多多让我们心驰神往的事情；我们讲到许多我们关心、恐惧和希望的事情；但是，我们不谈论与我们家庭的关系。那些事情，还有性，完全属于个人隐私，我们从来就不会考虑去讨论，连和我们最要好的朋友也不谈。那些话题完全是禁忌，我们自己也常常连想都不敢想。也许，我们因此才对我们看的书、听的音乐那样充满激情。

偶尔，老师也会闯进这个私密世界。对于罗斯曼和桑塔格来说，这个老师就是索菲娅·莱辛。苏珊听莱辛的英语课，莱辛曾邀请苏珊上她家做客。多年后，在桑塔格一次签名售书会上，莱辛向她作了自我介绍。"我无法告诉你那个时候她对我意味着什么，"桑塔格回忆道，"我们俩聊了很久，都哭了。我到现在还记得她的起居室的样子。壁炉上挂着一幅保罗·克勒①作品的复制品。"一封莱辛写给桑塔格的信（1968年3月22日）表明桑塔格某种程度上认为她自己高中时期一直是藏而不露的：

> 还有，你评价我允许你实话实说而且做你自己，这种回报是老师梦寐以求的……我曾经说过宗教是课堂上不能谈

---

① 瑞士表现派画家。

论的话题之一，但是，如果放学后能有时间就此和你进行谈论我会很开心。我不知道我们是否或者如何真的讨论过。也许你记得；但是我依然记得那件事对我而言是件伤心事，因为拒绝任何一个人诚实的问题对我而言都是在约束别人。

桑塔格保留了这封信，该信现在存在她的档案里，不过，没有留下她的回信。

弗朗西丝·加纳，一位受欢迎的英语和法语老师、戏剧指导，经常旅行，也是个老到的先锋文学读者，是她另一个重要的知性导师。她女儿琼·加纳·泰勒说："妈妈成了桑塔格的第二个母亲。她和苏珊一见如故。我是进了加州大学洛杉矶分校才听说的。妈妈一个劲地夸她，她们俩经常待在一起。"苏珊去加纳家拜访过，发现欢迎她的弗朗西丝是个为"非传统"所吸引的老太太。弗朗西丝·加纳曾对女儿讲过有个叫苏珊的有点儿反叛，她没什么朋友，她不是一个双手合叠、坐在课堂里机械地听着老师布置作业的女孩。平日里受到管束的桑塔格此时敞开心扉，加纳太太得知她与母亲的相处有问题，与家人并不亲近。加纳太太断定苏珊·桑塔格会取得巨大的成功。"苏珊在芝加哥的时候，她们俩通信，"琼·加纳·泰勒回忆道，"妈妈是芝加哥大学毕业生，这成为她们之间联系的纽带。"

苏完全有别于她的同班同学。她不是孩子般的娇小可爱，也不是传统意义上的漂亮。不是那样的。比桑塔格低两级的作家贾梅克·海沃特记得："她俊俏得令人赞叹：皮肤黝黑，表情严肃，眸子里流露出超常的智慧，一头乌黑浓密的头发比现在的短，更卷一些，精致的双唇随时准备张开，娓娓道出一套又一套思想，这既让我着迷，又让我愤慨。"苏的眼神表明她完全能将心比心，替人考虑，但是，海沃特在后来与已成为作家的苏珊·桑塔格几次紧张而又匆忙、有冲突的相遇中，再也找不到她的那种品质。多年后，海沃特曾与桑塔格一起担任笔会执委会成员，他发现桑塔格不友好，就像笔会执委会主任卡伦·肯纳利告诉海沃特的那样，苏珊经常对朋友大发脾气，"当着大家的面一甩手，'砰'的一声，将他们拒于她的生活大门之外"。在南希·凯茨的纪录片《关于苏珊·桑塔格》中，德国文学教授伊娃·科利施（她后来成为桑塔格的情人）承认："她从来无法了解另一个人心里想什么。我的意思是，（她没有）我们在日常生活中始终具有的敏感性，比如说，'你在想什么？你觉得怎么样？这件事你怎么看？'苏珊不是一个敏感的人。"

杰克①（·海沃特，当时，收养他的人家叫他杰克·马克斯）与苏有共同之处，即好争辩、爱思考。即使在那个时候，"她也很强硬"，崇尚理性。杰克是个浪漫主义者、非理性的辩护人。"苏想把我拉回到天真的现实主义世界中去。她偏爱莱昂内尔·特里林那种男性的、直率的风格。"她年长几岁，而且博览群书。她向他提出挑战，看他能否证实他的观点，能否找到更有说服力的观点——但一般总是她赢，总以一句类似"正如 T·S·艾略特所说的那样"的话来结束辩论。她激怒了杰克，但也迷住了他，坚持要他看"看不完的小说和文章"。她教导他，把他锻炼成更有力的对手。而他呢，反过来也给她介绍了一些作家，主要是费德里科·加西亚洛尔卡②和朱娜·巴恩斯③；他

---

① 贾梅克昵称。
② 西班牙诗人、剧作家。
③ 美国女作家，主要作品有《夜林》。

认为，这两人能够治好苏过分依赖逻辑的毛病。他也赢过几场辩论，他把T·S·艾略特写给他的信（同意杰克将一本书献给他）拿给她看的时候，她气疯了。这下，他真的是胜她一筹。

海沃特记得，社会研究系系主任哈利·谢普罗吸引了苏参加政治讨论。谢普罗让杰克感到恐怖。这位理性的老师让许多学生害怕，因为他放出话来，说自己曾经是一艘德国潜艇的指挥官。这种人物性格倒很适合凶狠的谢普罗先生。他大胆地讨论马克思主义基本原理，海沃特记得，苏"通过这些讨论似乎茁壮成长起来"。她给谢普罗的这门课写过一篇文章，谈论加利福尼亚州四个强盗大亨。戴维·里夫很清楚谢普罗是他母亲最喜欢的老师。

1983年，帕特里夏·罗加尔特-罗思致信《洛杉矶时报》，向谢普罗和他教的十一年级公民学课致意："他会向你提出一个问题，然后要求你做出符合宪法的辩护。如果哪个学生不明白宪法是人类设计出的最伟大的文件，那么，他可就要倒霉啦。"有一次，谢普罗布置作业，让学生写一个杰出的美国人。有个学生交上一篇论亨利·福特的文章。谢普罗，这个苏联犹太人，对他说他没有完成作业；要不然，他会发现，"福特身上有一些明显的非美国因素"。后来，众议院在调查非美活动时，曾传唤谢普罗，他求助于第一和第五修正案进行辩护，结果，他丢掉了他的终身职位，而且连教师也当不成了。

在学校，有个年轻貌美的教师与另一个教师约会，他们看上去就像是"模范夫妻"。然而，有一天，"T小姐"不经意之间对杰克和苏说她是女同性恋，公开的男同性恋海沃特回忆说："她明白我们是局外人，不会因此感到沮丧，也不会击垮她的自信心。也许她知道一些我们不知道的事情。"杰克和苏不讨论他们自己的性趣，也不琢磨人家的,但是,听了 T 小姐的自白,他们也并不感到非常吃惊,毕竟,大环境受电影的影响,而这类事情在电影里是司空见惯的。T 小姐解释说,装成浪漫的异性恋是他们对付世俗偏见的一种办法。她相信这两个学生才对他们讲,杰克因此激动不已。他认为这是对他们成熟的认可,"就像我们的社会学老师和我们讨论其激进的政治观点一样"。

1948 年秋季学期结束时,苏珊·桑塔格从北好莱坞中学毕业,她已经十年级,第三学期快结束时,校长跟她说学校已没什么东西好教她了。1949 年 1 月,北好莱坞中学校报一个栏目宣布了毕业生的去向。一些人要上加州大学洛杉矶分校,另一些人上南加州大学,还有一些人上奥克西登塔尔学院①。刚过 16 岁的苏打算到芝加哥大学注册入学。

---

① 系洛杉矶一所规模较小的大学。

三、迈向更美好的生活（1949—1953）

苏珊·桑塔格曾在一本全国性杂志上看过一篇介绍芝加哥大学的文章。校长是罗伯特·哈钦斯——一个英俊潇洒、能言善辩、生龙活虎的人物。他是一个"明星"，与当时的其他大学校长不同，他是一位激发公众想象力的教育家。20 世纪三四十年代，他先后做了八百多场公开演讲，为大学课程中经典作品的中心地位辩护，[①]为哲学至关重要的作用辩护。他认为，在一个专门化、学术训练加强化和分门别类化的时代，哲学已受到腐蚀。哈钦斯的理念是，大学应当成为那些在人文科学方面接受博雅训练的杰出思想家的家园。在一名把现代文库中的巨作一路读下来的年轻女子看来，芝加哥大学就是志同道合的人待的"别处的"那个世界。桑塔格后来说，她之所以选择芝加哥大学，原因就在于这所大学没有橄榄球队，学生在那里就是一门心思地读书。她最喜欢的一个教授——内德·罗森海姆——讲过，如果芝加哥大学在哈钦斯全盛时期有一支橄榄球队，那么，能当教练的也只能是亚里士多德了。

对所有北好莱坞中学的毕业生来说，芝加哥大学都是一个惊人的选择。在许多南加州人的眼里，芝加哥大学代表了差劲的中西部——一个充满暴力的城市，沦陷在贫民窟的校园，为激进分子所控制。要把从北好莱坞高中毕业的小苏珊一下子送到有着恶劣的仲冬的芝加哥,米尔德丽德似乎难受极了,到了最后一刻,她打退堂鼓了:"上芝加哥?在南边?那里,放眼望去都是共产党和黑人。"芝加哥大学有着学生运动和参与政治的传统,在这一点上,能与之相媲美的仅有(纽约城市大学)城市学院、哥伦比亚大学和哈佛大学了。

事实上,由于类似于米尔德丽德这样的忧虑,芝加哥大学要吸引并留住学生已经成问题。苏珊提出申请的时候,芝加哥大学已经遇到了注册量的严重滑坡。调查表明,有希望前来就读的学生担心每况愈下的周边环境,城市本身当然从未改变其糟糕的形象,但是,大学的维护者则欣然接受这种现状。"这是我们的城市,"内德·罗森海姆说道,"这座城市有一种倔强的品质,这一点在这所大学里同样存在。这是一座能有所成就的伟大城市,她活力四射……她已经将大量的活力输送给了这所大学。"

学生对这种激烈的城市竞争,还有被他们视作哈钦斯式的、狭隘的、专研精英的经典著作的做法产生了畏缩情绪。哈钦斯几乎不理睬这种牢骚,他像桑塔格一样,反对青少年的这种想法。他指出,只有在美国,高等学校才表示要塑造学生的性格和培养学生的社交技巧。美国人对教育太多愁善感,教育不应当娇宠学生,也不应当指望给他们提供家庭价值观。实际上,他当年被吸引到芝加哥大学来,就因为这是美国唯一一所有着欧洲气息的一流大学。

对这些天才青年——有些比苏珊还小——来讲,高要求的课程

---

① 哈钦斯在20世纪50年代初,曾与莫蒂默·阿德勒合编过《西方世界经典著作》,在西方产生了很大影响。这套书选收了自柏拉图、亚里士多德到弗洛伊德、威廉·詹姆斯等数十位西方经典作家的著作。

令他们心里产生了很大的焦虑,正如13岁就上芝加哥大学的厄尔·肖里斯所说:"得精神病的比例很高。"企图自杀的现象也时有发生,所有的大学校园——即使是大城市的——似乎都是一个独立的世界,都形成某种程度上的压力,让用功的青年学生感到紧张不安,芝加哥著名社会学家戴维·里斯曼却对"芝加哥大学的小世界里学术事务所拥有的霸权"表示感谢。

里斯曼的话说出了芝加哥大学对桑塔格所意味的东西。她希望拥有一个思想占据首要地位的世界。她小小年纪就不得不在那些思想中挣扎,这没有让她感到害怕,相反,这一挑战激发出她满腔的热情。她坦率地承认,现代文库中那些巨匠她并未都读懂,但是,成为思想巨人的想法却给她以动力。小世界的想法——许多学生视之为导致自闭症的原因——吸引住了一个孩子;这个孩子曾给自己挖过洞,希望有一方完全属于自己的小天地。

然而,离家并不是那么容易。"我感觉到自己是在开溜、动摇——在某些时候,甚至接受在家读大学的想法,"桑塔格在日记里承认。因为在公开场合桑塔格很少说母亲的好话,所以她私下的想法令人吃惊:"我能想的全都是母亲,她多么漂亮,她的皮肤多么光滑,她有多爱我。"米尔德丽德已经失控了一个晚上,痛哭着又要抑制着眼泪,好让纳特听不到她的哭声。桑塔格想要抵抗这种情感勒索,但她又自问:"她已经筋疲力尽了,我怎能再去伤她! 决不抵抗了?"最终,关于苏珊自己的计划,她会克服这种内疚。其实,在她日记里紧接着的一句话就折回到她自己身上:"我怎么才能帮我,让我变得残酷?"这句宿命的话是第一个例证,证明她后来会将自己的独立与必须变得残酷对待别人联系起来,那些人声称是她生活的一部分。

但为了让米尔德丽德高兴,苏珊同意 1949 年春季学期上加州大学伯克利分校,等到秋季再申请芝加哥大学。米尔德丽德希望伯克利校园会使女儿对芝加哥腐败而危险的世界不再痴迷,因为当时伯克利校园有着"晶莹的花岗岩和大理石光辉"的景观。

米尔德丽德没有搞错对象,伯克利的确值得她信赖。美国教育委员会 1937 年的一份报告显示,伯克利分校拥有 21 个名系,仅次于哈佛,哈佛多出两个。全美期刊杂志的调查表明,伯克利排在前五名。"嗯,我到啦,"苏珊在日记里宣告。"根本就没什么两样。"环境本身对她追求"自尊和人格的正直"不会有什么帮助。她在"这儿"并不比在家开心。她在考虑在大学教书的职业,她在 1949 年 2 月 19 日的日记里吐露了这个想法——她后来发现这一志向毫无价值,在这句话上面潦草地写了"天哪!"

1949 年春,桑塔格回家度周末,她在日记里兴高采烈地宣告,她已经解放自己,不再依赖母亲:"她没有在我身上激发起任何东西,连怜悯都没有——只有乏味。"与她自身的勃勃生机形成反差,他们家显得沉闷、琐碎。如果芝加哥不接受她,伯克利应该会录取她。那么她一个夏天就会在加州大学洛杉矶分校花八星期的时间选修几门课程,这样,她就可以避免又回一次家。她似乎比她最初印象显示的更喜欢伯克利了。她师从像马克·肖勒这样的一流评论家,并旁听研究生课程。她听阿娜伊斯·宁的讲座,"艺术与艺术家之作用",啧啧称赞这位作家娇小的身材、雅致的容貌,以及"一双探询的大眼睛",宁吐字华丽精准,产生一种气氛,苏珊想象,如果有人碰她一下,她就会碎掉。这种超凡魅力的仪态正是苏珊·桑塔格日后努力为她自己在公开场合打造的形象。

1949 年春的一天,哈丽雅特·索姆斯,当时是伯克利分校低年级学生,在一家书店打工,她看到绝色美女苏珊·桑塔格走进书店。书店的男工作人员,包括诗人罗伯特·邓肯,都是同性恋。他们瞧瞧靓丽的苏珊,然后看看哈丽雅特,对她说:"去撩她一下。"哈丽雅特朝苏珊走过去,拿起一本朱娜·巴恩斯的《夜林》问道:"看过这个吗?"这是女同性恋寻找猎物搭讪的经典开场白,当年,哈丽雅特在北卡罗来纳黑山学院时有人就是这样对她的。

哈丽雅特在曼哈顿的上西区长大,到 17 岁时,她已尝试过毒品和性放荡,在一帮朋友众目睽睽之下,同时和一男一女做爱。和苏珊不同,哈丽雅特对自己的性事和性话题都感到自在放松。1957 年,桑塔格在详细谈论她童年的记忆时,她记起曾当着她母亲和一个叔叔的面大发脾气,说她长大后不想当女孩。"我要割下我的乳房,"她宣称。

哈丽雅特·索姆斯则相反,她似乎毫无焦虑地顺利度过了青春期的焦虑和恐惧期。发生在她身上的"一夜外出"的故事用一句话就能总结她年轻的自我:"我天不怕地不怕。"在挨了她母亲一记耳光后(因为她正确地猜出她十几岁的女儿夜不归宿,在外吸毒),哈丽雅特冷静地坐在桌边开始写,描述她最近这一次吸毒过量的经历。在她的故事里,哈丽雅特——与桑塔格不同,从不觉得有必要脱离母亲来宣称独立——似乎未被困扰,还试着去拥抱母亲,而母亲后退回去了。镇定自若的女儿根本没把母亲的拒绝当回事儿,转身回去做自己的事情:"海洛因吸嗨了就是这个样子啊。"对哈丽雅特——她自己——轻而易举的事情,苏珊要通过努力才能做成。

苏珊当然看过《夜林》,而且,她还想象过自己是巴黎双性恋世界的一分子;朱娜·巴恩斯后来通过刻画令人捉摸不透的罗宾·沃特来描写这个世界,非常有名;男男女女都爱罗宾,但又都觉得她深不可测。该小说的叙述者能妙语说性事,是风格鉴赏家。有着坎普之风的奥康纳医生也是如此,他总能就一系列给人以深刻印象的话题,抛出颇有吸引力的见地,如关于女同性恋,他评论说:"女人爱女人,究竟是怎样的对极度的痛苦和母性的疯狂激情使人产生这种念头的?"

《夜林》已赢得如此忠实的读者,给文学新人留下如此深刻的印象,个中原因肯定是其坚持认为"人一旦创造了自己的生命,那么,它就是他自身所特有的"。这本书是女性读者得以观察女性发现自我的少数几部叙事作品之一。对于年轻人而言,这本小说尤其具有一种解放的作用,因为它破除了那些所谓明晰的分类和严格的区别等理论。奥康纳医生慷慨陈词:"我是上帝忘却的他者女人!"《夜林》是一本好书,完全是因为它的论述非常全面。

哈丽雅特在哪里出现都是发号施令、咄咄逼人的角色。她"酷似豪迈王子①,男孩气的端正的五官,褐色的披肩直发,留着刘海"。她六英尺高,走起路来大步流星,信心十足,根本不像一些高个子女性试图满足世人要求她们的低调而弄得含胸拱背曲肩。哈丽雅特欣赏"自己长相的戏剧性"。与苏珊一样的是,她知道自己长得具有戏剧性,引人注目;与苏珊不一样的是,她身上没有任何怯生生的成分。"她说话的声音也具有一种丰富而令人兴奋的质感,一开口,就溢满

① 美国漫画家哈罗德·鲁道夫·福斯特(笔名哈尔·福斯特)的漫画故事中的人物,亦译《华伦王子》。

每个角落。"苏珊很容易就被搭讪上了,她们开始了交谈,哈丽雅特推荐苏珊旁听布朗森教授的"约翰逊时代"这门课;他的博学、幽默,以及低沉、极富戏剧性的嗓音迷倒了桑塔格:"他认为,大多数人都把鲍斯威尔想得很坏,这简直是场灾难。"桑塔格的传记作者都会同意这一点的。

在日记里,桑塔格赞美哈丽雅特的笑靥如花,她似乎被这个活力四射的伴侣所激发。不过,哈丽雅特与那些伯克利波希米亚人聚会,而苏珊和他们玩不来。他们令人感到乏味,不过苏珊自己"讥刺的、自以为有学问的样子"的表现也好不到哪里去。这一抑制性的自觉意识是一个日后经常去看"事件剧"的作家的明显特征,就仿佛在找寻一种方法来诱发自我本能。苏珊爽快地承认,在和哈丽雅特的交往中,自己是个幼稚的人。当苏珊赞美旧金山酒吧一个貌美的金发女郎有力的歌喉时,哈丽雅特不得不告诉她表演者是个男的。她们跳舞的时候,苏珊渐渐地放松下来,不再踩哈丽雅特的脚。一晚上她们光顾了三家酒吧,包括一家女同性恋酒吧,这一家的女招待身穿男人的服装。凌晨 4:00 后苏珊和哈丽雅特上了床,聊了一会儿后,哈丽雅特吻了她。苏珊不知道如何行事,身体僵硬,但是锐不可当的哈丽雅特融化了那种矜持。她把整个身体的重量全压在苏珊身上,而苏珊则放松下来,享受着,宣称:"当时,一切我都清楚,现在我也没有忘记。"正如她后来会在日记里说的那样,她重生了。

如果说贾梅克·海沃特记忆中的苏珊是清心寡欲的,那么,哈丽雅特记得的则是一个孤独、脆弱、感性的苏珊。她的才思立即给哈丽雅特留下了深刻的印象,但苏珊还是个"孩子,小孩子"。如果苏珊是那个小孩子,某种程度上说,哈丽雅特就是一个代理妈妈——这不是一个她真正想要扮演的角色。在她们关系亲密的那些年,哈丽雅特常常会残忍地对待苏珊,这些令人想起苏珊自己的母亲。但似乎苏珊并不认为在某些方面她在复制与她母亲的关系,哈丽雅特对苏珊感到头疼的是她有时的所作所为像个不独立的人。而困扰苏珊的是,不管她有没有意识到,哈丽雅特都是她的解放者,同时也是征服者,是苏珊从中寻求爱情和认可的人。

苏珊聪明,却没有安全感。和哈丽雅特以及别的(大多比她年长的)朋友看完一部电影,她会克制自己,先听听别人有何评价。在所有的知性谈话中,她都能讲出有分量的观点,但她竭力要做大人,反倒不时暴露出一份紧张。她年纪小,但也勇敢。而且,哈丽雅特也给她打开了视野看世界。似乎一切均有可能。"我想干吗就干吗!"苏珊狂喜。即使她发誓决不陷入学术生涯之中,她还是把希望放在了芝加哥大学。她还没像拜伦那样,准备好摒弃她这个年纪的言不由衷之词、成为她纯粹的自己。她害怕她所说的"倒退"。

那个倒退一部分包括她自己的性事,正如她在日记里承认的那样,是指"我对自己的女同性恋关系一直就有的那种最初的内疚之情——让我面对自己时觉得丑陋"。但是,哈丽雅特比任何人都让苏珊感觉自己更加有活力。然而,女同性恋的生活似乎是无所寄托的、狂乱的,即使苏珊努力引用济慈的话来安慰自己,让自己冷静下来:"我什么都不确定,除了内心情感的神圣和想象的真实。"有个朋友建议她别再去女同性恋酒吧了,否则的话,她要过异性恋的生活就为时已晚了。当我们想起桑塔格随后仓促决定与菲利普·里夫的闪婚,这一警告浮上心头。

苏珊和蔼可亲,包容大度,不过,尽管这样的讨喜触动了哈丽雅特,让她非常喜欢苏珊,但苏珊的迟疑不决又让她恼火。如果说哈丽雅特对苏珊十分严厉,那么,别忘记她也鼓励苏珊:"我知道苏珊会与众不同的。"哈丽雅特回忆说,有一次她们一起乘火车外出,身边有这么个聪明的美少女做伴,又正好有去什么地方的契机,这一切让她转身对苏珊说:"你会做出一番事业的!"哈丽雅特不清楚苏珊会成为什么样的人,她当然知道苏珊爱好文学,她们谈过托马斯·曼,谈过苏珊与一个中学男生的友谊,后者有着类似的文学感受力,但是,那个时候,苏珊将来会成为作家这一点并不明显。和贾梅克·海沃特一样,哈丽雅特看到的苏珊大部分时间都在埋头读书,尽管她一直说要放弃学术研究。

苏珊有着照相机般的记忆力,她看什么书,什么书似乎就能锁进记忆。哈丽雅特认为她把整个图书馆都装进了脑子里。乍看起来,苏珊显得十分平静;实际上,她的平静中伴有知性的才华和优雅。看到这么小的女孩身上就有这样的结合,真叫人感到诧异。不过,哈丽雅特与苏珊走得很近,看得到这一形象偶尔也会破碎,苏珊毕竟阅历尚浅,不能在复杂的成人世界里保护自己。苏珊爱哭,要拿住她并不需要发生什么大事,哈丽雅特刁蛮起来就够她受的。

在伯克利的那学期结束后,哈丽雅特和苏珊就分开了,虽然还是朋友。她们会在巴黎续上在伯克利开始的交往,而且,苏珊动身去芝加哥之前至少还会有另外两个同性情人。她对自己的主动性感觉惊讶——虽然她自称在性事方面她喜欢成为被动的那一方。

"我被芝大录取了,奖学金765美元,"苏珊在日记里写道,仿佛是在写一篇报纸文章的标题。她认为,"在芝大将会更好"。9月初她乘火车出发,一路注意到亚利桑那州和新墨西哥州童话般的景色,

1949 年 9 月 4 日早上 7: 15 到达芝加哥。欣赏过西部的名胜后，她对芝加哥的贫民窟，包括大学周围的环境，感到惊恐：一条条丑陋、狭窄的街道，一个个醉醺醺、衣衫褴褛的老头——还有那味儿呀！她在州街的一个书店里找到了安慰，看威尔姆罕姆·斯塔科尔的书，作者认为只有希腊文化认识到人类生来就是双性恋。

桑塔格参加了新生编班考试，本科生 14 门学年课程她有 8 门得了好名次。这个结果意味着她可以选修研究生课程，而这类课程通常到大四才允许修读。虽然她没有时间专心于自己的写作，但她像很多有抱负的作家那样列单词表，积累词汇量。

从 1929 年起，哈钦斯就是校长。尽管他享有很高的声望，也很受公众欢迎，但是，他在学校是个有争议的人物。他轻视部门特权，维护推崇经典的莫蒂默·阿德勒，老师们对此一直持反对意见。但是，哈钦斯的个性对聪明绝顶、胸怀远大抱负的学生产生了很大的影响。批评家乔治·斯坦纳记得：

> 对于想勤奋读书的学生来说，这所大学极其开放；对于想偷懒的学生，则会很没劲儿的。这不是一个你可以只想舒舒服服过日子的地方。首先，气候恶劣；其次，学校鼓励你快马加鞭，砥砺前行。哈钦斯鄙视假期，鄙视休息。他是个工作狂，没有人会因为学他而感到羞愧。他憎恨做事马马虎虎，憎恨碌碌无为，憎恨胆小怯懦；他并不隐瞒自己的标准。因此，他树下许多仇敌。假使达不到要求，请你走人。别装样子。他对自己的要求也是严格至极，他看不出有任何理由可以不对别人有同样严格的要求。哈钦斯是个

偏激的柏拉图式的精英主义者——彻头彻尾的。

桑塔格也会成为"柏拉图式的"而且是"厉害的"人。

首先是致力于思想——哈钦斯从来都不主张大学去提高周边邻里的素质。他超越了那种想法,超越周边环境,与之保持距离。而且哈钦斯不赞同高等教育体制化,不赞同人们为了成为一个功成名就的知识分子而必须做的事情。他不喜欢考试等第和将课程分为一门门学科的想法。他标举精通——而非撰写论文和完成课堂作业这类苦差事。学年年终综合考试会展示学生所学到的东西。学生对所学知识精通与否一下子就能看出。对这一点的强调把一些学生逐出了大学,但也将另外一些学生(如乔治·斯坦纳和苏珊·桑塔格)吸引进来。斯坦纳一年就拿到了学位,桑塔格花了不到两年的时间。在芝大这个地方,你可以快马加鞭完成学业。

其他同学感到恐惧的东西——规定的课程,桑塔格却喜欢。芝加哥大学对求学有明确的规定,桑塔格一向遵守;毕业后她搬了 20 次家,但她的课程大纲却一直保存着。她撰写论文讨论亚里士多德、圣十字教堂、"诗学",以及《俄狄浦斯王》。她对《理想国》、波伊提乌、圣奥古斯丁以及康德做了大量的笔记。她以《夜林》为研究对象撰写了学士学位论文。她还阅读了博絮埃、孔多塞、赫尔德、兰克、布克哈特和卡西尔——并且一读再读纪德。

芝大没有教桑塔格如何成为专业作家。她没有花时间写故事和文章,而是埋头于课程,学习如何细读文本,花三个小时琢磨两三个句子,这样的课让她陶醉不已。她把哈钦斯的管理制度描写为一种"仁慈的独裁"。上课,听音乐会,听歌剧,看电影,她感到从来都没有这样幸福过。

桑塔格在芝加哥大学参加戏剧表演，由麦克·尼科尔为她导戏，获得了舞台经历。通过这些经历，她无疑变得沉着。在课堂上，学生不只是回答问题，而是要进行辩论。桑塔格后来对记者莫莉·麦奎德说，这样的知识咏叹调会"持续好几分钟"，就像柏拉图对话一样。桑塔格是从约瑟夫·施瓦布那里学到苏格拉底问答法①的；在她眼里，约瑟夫·施瓦布是芝加哥大学最牛的老师。大一的时候，她听他的哲学课，拿学分；到了大二，这同一门课程她又旁听了一年。他是个大表演家，可谓是"课堂上的博加特"。他的一个同事记得："他能一边讲，一边从烟盒里掏出一支烟来，他要让全班的学生绝对地沉迷，像被施了催眠术一样。"

桑塔格师从埃尔德·奥尔森研读柏拉图、亚里士多德、贺拉斯、西德尼、德莱顿、约翰逊以及文学批评史。她还和芝大其他几位名教授学习古典哲学文本，他们包括列奥·斯特劳斯和理查德·麦基翁——后者是个令人敬畏的人物。麦基翁讲究完美。差那么一丁点儿，他就会抛出"回答得太蠢了"这种让人感到惶恐不安的话来。麦基翁和哈钦斯一样，相信精神高于物质。在一个很冷的教室里，他会说了半句话突然打住，对一个学生说道："我要等你把外套脱掉再讲。"桑塔格对麦奎德说，她旁听他的课，但一声都未吭过。学生从来不喊教授的名字，教授称学生为"某某先生"或"某某小姐"。学校不允许藐视学术权威。麦基翁也许把苏珊·桑塔格吓倒了，她从未对他表现得像神一样的权威提出过挑战——这是她对她尊敬的老师的

---

① 即在教学和讨论中通过问答引出提问者预期的结论。

原话。关键是去学习。

桑塔格的另一个男神是列奥·斯特劳斯。他是欧洲犹太人，1932年离开德国，以逃离即将到来的种族灭绝大屠杀。他在法国和英国稍事逗留后，于1938年定居芝加哥。他表现出一个大师的风范与神秘，而这正是桑塔格日后在自己的学术生涯中极其夸张的仿效之处。斯特劳斯会宣布："女士们、先生们，早上好！在我的课堂上，[马丁·海德格尔]这个名字不会提到，他当然是绝对地无可比拟。现在，我们可以讲柏拉图的《理想国》了。"学问深奥的教授身边开始围起了崇拜者。他给哈钦斯的经典选读课程以其所能得到的最有力的哲学支持，从而给予学生们不断研读的深刻理由——不仅仅是掌握思想，而且要成为大师。

尽管桑塔格没有选修人文学课（Ⅰ）、人文学课（Ⅱ），但终究还是都旁听了。同时，她选了人文学课（Ⅲ）。讲这门课的教授将会对她的文学感受力留下不可磨灭的印记。第一天上课，他把自己的姓——"伯克"——写在黑板上，接着便开讲他分析文学文本的方法。他讲的内容桑塔格听来很熟悉。课后，这个腼腆的16岁的姑娘——她难得走近教授——小心翼翼地问他能否把名字告诉她。他问她为什么必须知道。她说因为她猜想他可能是肯尼思·伯克。大吃一惊的教授想弄明白她是怎么知道他是谁的。是这样，她已经看过他的著作，它们是《永恒与变化》（1935）、《文学形式的哲学》（1941）以及《动机的文法学》（1945）。"你真读过？"他显然就讲了这么一句话。伯克不是一个家喻户晓的名字，即使是芝加哥大学那些早熟的学生也没有多少人知道，而她竟然看过他的书，这对他们俩来说，都不啻是"一个奇迹"！

正如多年后伯克对文学评论家斯坦利·埃德加·海曼所解释的那样，他发现了一个成长中的天才。他为桑塔格感到自豪，其程度远远超过他在"他教过的最好的学生"身上发现的他本人的影响。回想伯克的课，苏珊会陶醉在回忆当中，她花了几乎整整一年的时间，给约瑟夫·康拉德的一部小说——《胜利》——做诠释，"逐字分析，逐个意象解释"。伯克送给她一本自己的小说——《迈向更美好的生活》。这部小说提出自我指涉的小说理念，是一部关于小说创作及其作家意识本身的小说。

但是，伯克不仅仅是教桑塔格，他还培养她对文学生活的设计。他告诉她"20 世纪 20 年代他在格林尼治村与哈特·克莱恩和朱娜·巴恩斯合住一栋公寓"。她后来说："你可以想象那对我有多大影响。"在她见到托马斯·曼之前，她与伯克的交往使得她头脑里的文学图书馆变得直接且触手可及。尽管伯克在芝加哥大学当老师，可实际上，他只是那里的一名客座老师，他没有那些必需的学位，属于十年后桑塔格渴望成为的那种知识分子自由撰稿人。他是那些创造了"纽约作为一个抒情现代性和行走的都市传奇之城市理念"的作家之一。而且，他打通了后来桑塔格也希望打通的领域："他既是政治的，又不太政治；他还热衷于欧洲最新的美学讨论。"他是桑塔格生活中第一个能平等地与女性生活和工作的男人，跟她讲自己如何与一战前盛行于格林尼治村艺术圈子中激进的女权主义人物轻轻松松打交道的过程。成为社会主义者、女权主义者和艺术家——这三者原来是可以合而为一的。然而，这种结合并非没有相互间的抵触。像伯克一样，桑塔格也寻找一种合成——即评论家克里斯蒂娜·斯坦塞尔所谓的"在为艺术而艺术与为政治而艺术之间，在现代主义运动制高点的美学主义与越发控制着那些仍旧是左派的作家的说教和意识形态诉求之间寻求着第三条路"。

因此,伯克是以一个经历了令人激动,然而也令人胆怯的职业生涯的令人敬畏的公共文学知识分子形象出现的。当然,作家桑塔格要运用斯特劳斯和伯克这样的教授所教的东西,为时尚早,更别提将自己塑造成独立自主的"文学发动机"了。像斯坦纳一样,桑塔格也发现芝加哥大学的学习让人忙到废寝忘食的程度。她没有时间创作,也没有什么论文可交。试题都是选择题,但是,每项选择都是最高级别的知识挑战。内德·罗森海姆——教桑塔格人文学课(Ⅲ)的一位 32 岁的教授、退伍军人——提供了一个例子:"以下关于奥斯丁《爱玛》的说法中,代表典型的柏拉图立场的是……"

内德·罗森海姆对苏珊个人也产生了兴趣。他问到她来听他的课时穿的军装。她告诉他那是她父亲的军装,懒得跟他解释她指的是继父。苏珊没指望她的教授对她热心,或者对她感兴趣,但是,罗森海姆的关心让她感动。他没有教授架子,她非常喜欢他。她在内德·罗森海姆身上看到了什么?他本人低调的反应是:"我们实话实说,我想那肯定是我们边谈许许多多别的东西的时候她和我一起读的书。"

和教过她的其他教授一样,罗森海姆也影响了她,因为他教会桑塔格如何珍视伟大的文本,尤其是休谟、佩特和克罗齐的著作,他们帮助她磨炼了她的美学感受力。罗森海姆是个很健谈的人,他激发起了桑塔格的渴望:钦佩她阅读的作品并由此感到获得拯救。正如罗森海姆以其典型的自贬态度所说的:"我们很可能都有点自以为是。"桑塔格在课堂上反应快,却决不炫耀。她一头乌黑的披肩发,漂亮的脸蛋,十分引人注目,但她似乎并不故作矜持。在罗森海姆的记忆里,她也没有引起什么特别的注意。倒是她课后和他进行的讨论展示出她给人深刻印象的一面,因为她不断地思考作业以外的东西。

但苏珊·桑塔格是一个现象。当时芝加哥大学男生比女生多一倍,芝加哥大学大多数女性和男性一样,长得都不迷人,而桑塔格长相出众。一个那时候留意桑塔格的人说,她长长的黑发勾勒出椭圆形的脸蛋,她会飘然而过,很少开口说话,一副神秘的样子。同时期另一个校友说她轻盈优雅,头发又黑又长,煞是可爱。在一个更日常的层面上,有个同学记得桑塔格是一个对别人有威慑力的女孩,她到哪个班级上课,都是穿同一套衣服,格子呢衬衫加蓝牛仔裤。

桑塔格上课来去自由,因为芝加哥大学不强调出勤率;她可以旁听,选择到不同班级听课;有时候,同一门人文学课(Ⅲ),她会听两个不同的老师讲,比如听一节罗森海姆上的,再听一节伯克上的。从这种意义上讲,看上去严格的、规定的课程其实还是以学生这个消费者为本的。罗森海姆记得当时他班上有一些"蹭课族",即那些即使没有正式注册也会出现在班上听课的学生。

芝大第一学期结束时,桑塔格回家质问上帝,她在日记里就是这么写的。这不是苏珊·桑塔格的《朝圣》,即桑塔格创作的那部追溯她1947年与托马斯·曼会面的短篇小说,正是这部小说令那个羽毛未丰的中学女生被一位著名作家吓坏的戏剧性事件名声大噪。正如她其他一些追溯性描述那样,她在《朝圣》中把自己描述成一个勉强的有抱负者。一天,苏珊的朋友梅里尔给她打电话,说他已经安排好与托马斯·曼的会面。苏珊认为联系曼的这一行为非常鲁莽,便反复盘问梅里尔曼一家对他的电话的反应。兴致勃勃的梅里尔声称没有任何问题。曼的电话号码就在电话簿上。但是,苏珊没有告诉任何人她的这次约会,心里对约会会有什么结果感到忐忑不安。

在《朝圣》中,拜访托马斯·曼的想法令人感到沮丧。她对文学的敬畏竟然沦落到两个功不成、名未就的高中生和这位神圣作家见面的地步,这让她感到羞辱。她不希望生活与艺术之间有此交易——众多文学爱好者都不想这样。这样的遭遇毁掉了一种理想,毁掉了阅读的纯粹性,是粗俗的。它暴露出对传记所怀有的一种低级趣味。对某些人来说,这是对书呆子实施的一种报复行为。

在桑塔格的回忆录里,她把曼描述成一位庄重的老文人。对苏珊来说,他和他摆拍的照片上很像(曼的传记中他那些不是摆拍的照片上,他微笑着,几乎像一个非常和气的普通人)。他非常严肃,而且说起话来比桑塔格听过的任何人都慢。谈话经常冷场,尽管梅里尔和苏珊有机会向曼表达对其作品的酷爱之情。苏珊担心他会问到她没看过的他的作品。好在他没有问。他谦和、得体但毫无情趣。桑塔格说,他讲话好像写书评。她更感兴趣的是他的书房,不是他这个人。他将话题转到苏珊和梅里尔的学习情况时,苏珊简直无法忍受了。这个身材高大威严的人对她那可怕的中学教育能够知道些什么呢?他知道驾驶员学习班吗?他知道老师布置学生阅读《读者文摘》吗?知道乱扔在学校草坪上的安全套吗?他知道躲在隐秘处卖大麻香烟的奇卡诺①男孩吗?他知道她的一个同学持枪抢劫加油站吗?

桑塔格 1949 年 12 月 29 日的日记讲述了一个不同的故事。她根本没写什么表明是别人安排了这次与曼的会面,或者表明她不情

①　指墨西哥裔美国人或在美国的讲西班牙语的拉丁美洲后裔。

愿去。很肯定的是,她敬畏这位说话慢吞吞但用词精准的文学巨匠。但他几乎不是《朝圣》中那个讨厌的人,而且,桑塔格并未害羞得不敢问他关于《魔山》的问题。当她开始谈论主人公汉斯·卡斯托普时,曼回应说这个人物的塑造与他个人的经历有关。她觉得他的话"平庸"。很难说她确切指望揭示什么,而且,在她的叙述中,曼似乎十分乐意谈论当代作家,比如乔伊斯和普鲁斯特,他对他们极为尊重。曼承认,用英语谈论重要的问题,他觉得有一点点不自在,不管怎么说,他可能对桑塔格说什么呢,对她而言,文学是一个自己的世界,一个别处的世界。"他[曼]在的地方,我都不在。我是指欧洲。"她在《朝圣》中这么说。她不愿意她的托马斯·曼成为她母亲收集早期美国家具、享受南加州阳光的世界中的一部分。于是,桑塔格回到仲冬阴沉沉的芝加哥,过起了她的茧式生活。

1950 年春,桑塔格那时候与哈丽雅特·索姆斯还有通信,她得知她这个前情人要乘船去法国,打算至少在巴黎待四个月。桑塔格于是去了纽约,和哈丽雅特待了一两天。哈丽雅特记得,她们做爱了,不过对 60 多年前有过的一次会面,她也记不起更多内容。哈丽雅特将要去的地方,已然对桑塔格意义重大——纪德和普鲁斯特的世界,但显然,对这个 17 岁的神童来说,似乎仍然遥不可及,她又一次回到芝加哥。

如果桑塔格听说哪个班或哪位教授的课听上去不错,那么,她就会去。她就是这样见到菲利普·里夫这位社会学讲师。彼得·哈伊杜是她的中学同学,也在芝加哥大学上学,他告诉她:"你得听听这个家伙的课。"哈伊杜对里夫把马克思和弗洛伊德放在一起讲解的方式大为推崇。1950 年 12 月的一天,在一个朋友的怂恿下,她出现在里夫的社会科学课（Ⅱ）课堂里；那时，她上大二。

菲利普·里夫是个土生土长的芝加哥人，他 1922 年在这个城市出生，并在这里上公立学校。里夫的父母，立陶宛来的移民，一开始和其他一些初来乍到美国艰难谋生的人一起在这个城市的西部安下家来，不过，当乔·里夫从一名肉贩学徒发展到拥有自己的店铺，就把家搬到相对富裕些的北部。还算事业有成了，这对夫妻请得起清洁女工阿达一周来一次。

1946 年，他从芝加哥大学取得学士学位；翌年，考取研究生，并当了讲师。他看上去比实际年龄大，他也不管，显老就显老吧。体格上，他不是个魁梧的人，但他自有一种让人敬畏、高人一等的气派。他的父辈中有一位著名的拉比。他讲课要求学生细读文本，就像读《塔木德经》①的注释篇一样。里夫可以和伯克同样深奥，和麦基翁同样让人感到惶恐不安。那些能够顶住压力、有不俗表现的研究生便成为其信徒，而其他研究生——被他吓趴下了，心里恨恨的——则记住了一个武断的独裁主义者。有时候，他会逮住一个学生逼问，他要搞清楚这个学生究竟弄懂了多少。他希望学生即兴发挥。有一次，一个学生——我们姑且称她为史密斯小姐——想把注解读一遍冒充即兴回答，里夫悄悄地对其他同学说："史密斯小姐现在要把她的眉批读给我们听啦！"

里夫是个刻板的人。去他家吃饭就意味着有个女仆身穿制服在门口迎接。他没有十分浓厚的宗教情怀。一个同事说，里夫这个犹

---

① 关于犹太人生活、宗教、道德的口传立法集，全书分为《密西拿》及其注释篇《革马拉》两部分，为犹太教仅次于《圣经》的主要经典。

太人能边吃威斯特伐利亚熏腿,边讨论犹太性的话题。里夫精通文学,执教一门以卡夫卡为中心的社会理论学期课程;卡夫卡是桑塔格的一个男神。有个学生后来把里夫称为"知识之父"。得到他的认可就意味着成为他的独门学科中的一员了;里夫日后扬言,全世界只有17个人看得懂他那本术语成堆、深奥艰涩的著作。桑塔格后来在日记里贬低他,说他"消瘦、腿粗",而且"开始秃顶"。他谈吐"势利、书呆子气,还叫我'宝贝'"。

1950年12月的那天,桑塔格听里夫的课迟到了。她只好穿过教室,朝唯一一个空座位走过去——这是一个看上去颇具戏剧性的人的一次戏剧性进场。下课后,她最后一个离开。里夫已经拦在门口。她出门时,他拽住她的膀子,问她叫什么名字。她开始道歉,说自己只是来旁听的。"不,我是问你叫什么?"他逼问,"你愿意和我一起吃午饭吗?"于是,她和他共进午餐,还在日记里记下了他要给她机会,为他做些社会学和宗教方面的研究工作。"机会终于来了,我能够在别人称职的指导下,将自己融入一个领域中了,"她在日记里吐露。12月2日,她在日记里宣布他们约会,没有任何评论。1950年1月3日,她宣称:"带着对自我毁灭意愿充分的意识+恐惧,我嫁给菲利普。"①他28岁,她17岁。

桑塔格经常重复她在遇到里夫十天后嫁给他的故事。她的日记记载了他们某种程度上不那么戏剧性的第一次邂逅而且矛盾的后续结局。克尔恺郭尔——尤其是在他具有开创意义的作品《恐惧和战

---

① 桑塔格的儿子戴维在《重生》这一则日记前加编者注,说明日期应为1951年的1月5日。

栗》中——似乎已经影响了她对人类的选择的观点,以及她自己的选择的观点。这个丹麦哲学家的书名源自保罗《腓立比书》①中的书信,其中他主张,"就当恐惧战兢,作成你们得救的工夫",桑塔格孤零零一句话表示决定嫁人,而前后则记满了阅读清单和对一些教授的赞美,比如 R·S·克兰和 E·K·布朗。桑塔格现存的日记表明她压抑地消极抵抗过,但最后面对这场婚姻时还是忧心忡忡,直到这对夫妻度过他们在芝大新婚燕尔的一段时间,从那里搬走。

在里夫的课堂上,桑塔格极少发言,她的沉默使她变得更为神秘莫测。里夫讲课精彩生动,他自身也很神秘,因此,牢牢地吸引住了全班 15 名学生的注意力。当然,桑塔格也知道周围有一些闲言碎语。"嗨,听说了吧您? 里夫娶了个 14 岁的印第安姑娘!"班上有个学生窃窃私语。桑塔格黑发披肩,举止不凡,又是西部人的性情,因此,看上去俨然是一个高贵的野蛮人。

里夫想独占这个漂亮女子,但是,他要的远远不只是一个情人和妻子。他求婚的时候,提出了他的婚姻计划的梗概:"我是以我们俩的孩子们的名义向苏珊求婚的。"桑塔格喜欢"认真的、劲头十足的人",她觉得他的求婚很诱人。15 年后,她承认,她第一次听到自己被称为女人,这激发她要被一个一听到她的声音就清楚自己想要她的男人来追求。当然,这种浪漫是新鲜的,与她遇到的女性情人迥然不同——尤其是对待她像是对待小孩子一样的哈丽雅特。当她建议他们俩睡一起时,这个老派的里夫回应说:"我们要先结婚。"朱迪丝是桑塔格家唯一出席那场"非常小型的婚礼"的,她回忆说:"我们后

---

① 基督教《圣经·新约》中的一卷。

来去了'大男孩餐厅'①吃汉堡。我和她咯咯咯地傻笑了一会儿。我们俩目光相遇对视,就是这个样子。"

一年后,她刚满18岁,她第一次读《米德尔马契》②时"突然啜泣起来","意识到不仅我就是多萝西娅,而且几个月前,我嫁给了卡索邦先生"。卡索邦在顽强地写《神话大全解答》,多萝西娅起初以为他是个天才,而实际上他是个极端保守的老夫子。正如许多婚姻中一方或双方意识到他们的婚姻是个错误那样,过了好多年,桑塔格才消除这阴差阳错的痛苦。桑塔格尽管忧心忡忡,还是继续把她丈夫称为她了不起的初恋。如果说他书呆子气且不谙世故,但他也激情洋溢——这一点与卡索邦不同。

桑塔格嫁给里夫后,两口子住在校外的英格尔赛德大街6227号。他们就像歌剧中的情人一样,一刻不停地交谈。即使她内急要上厕所,里夫也要跟过去接着谈。里夫享受这种排外的两人世界,只有少数人能被选中分享他们的世界。菲利普的弟媳多丽丝·里夫记得,"难得有一次来玩,我和我丈夫带着苏珊和菲利普一起出去吃饭。苏珊一袭黑衣,头发往后梳着,看上去真是绝色美人。席间他们相互聊着,后来两人合吸一支雪茄烟。我记得我当时感受到了他们那种旁若无人,我当时还想我一定不够'聪明'"。

桑塔格觉得里夫是第一个真正跟她讲话的人。她想,她会有一个合她心意的家庭。里夫考虑的是20世纪50年代一种传统的家庭结构,但是,桑塔格都没改用夫姓。在芝加哥令人兴奋的氛围

---

① Bob's Big Boy,也译为"鲍勃家大男孩餐厅"。
② 英国小说家乔治·艾略特的社会小说。

里,里夫那传统的求婚方式的种种涵义,她一概不放在心上。正如她后来婉转承认的那样,"当时,这个社会要求你别再认为自己是个小女孩,要开始想自己是个女人了,这种意义含糊、模棱两可得有点奇怪的方式,我年龄太小,没有注意到,即使注意到了,也搞不明白"。

不过,更成问题的不仅仅是像个女人一样行事。1951年2月,桑塔格写信给当时住在巴黎的哈丽雅特·索姆斯,向这个"重要的"人宣布婚讯,同时也声明她对哈丽雅特的爱。桑塔格宣称,"这是一个超验的事实",她告诉哈丽雅特他们夫妻俩将在7月去欧洲。到了7月份,桑塔格从巴黎给索姆斯写信,信上没留地址,但约哈丽雅特到巴黎圣母院附近去见她。桑塔格约定:"我不能让我丈夫知道我去见你。"哈丽雅特厌恶地在她的日记里写了这样的评论:"她显然愚蠢地告诉了他我们的关系、我对她的影响等等;因此,他当然再也不想听到我这个人了。"这次会面未能成行,不过,桑塔格心猿意马的感受力令她对里夫的忠诚度——无论多么热烈——都要打个问号。

1951年春,桑塔格获学士学位,里夫仍在写博士论文,他接受了布兰代斯大学1952至1953学年的助理教授职位。1月份,桑塔格怀孕了,她注册了康涅狄格大学1953年秋季的研究生课程。不清楚她为什么特别选了这样一所大学,尤其是从(小夫妻俩住的)坎布里奇到斯托斯的康涅狄格大学来回交通很不方便。哈佛——桑塔格后来拿硕士学位的学校——是个更好的选择。但是,芝加哥大学一些两年就获得学士学位的学生,要想被一流的研究生院录取是有困难的。康涅狄格大学培养计划没有哈佛那么有名,但他们给桑塔格提供了一个助教职位。

对这个阶段的里夫,桑塔格后来会说:"我们整天黏在一起。"这一切都是突然发生的——以他们希望的方式发生。

四、生活与事业(1953—1957)

戴维·里夫 1952 年 9 月 28 日在波士顿出生。是难产,桑塔格当时希望有人把她"打昏过去,就什么都不知道了"。她后来在日记里记下:"戴维生下来的时候很大(和我一样)。"她自己出生时也一样,而且她也像她妈妈一样,产后在床上躺了一个月。她没有给戴维喂母乳,就像她母亲没有给她喂母乳一样。回顾往事,桑塔格惊讶地说:"我从未想到要喂他奶。"

桑塔格自己的爱尔兰保姆罗丝·麦克纳尔蒂帮着带戴维。他们家住在哈佛园附近一栋很小的房子里。戴维这个名字是根据米开朗琪罗的雕塑作品①来起的——意味着将成为杰作。桑塔格对他极为宠爱。后来她说,她不想"错过做母亲的伟大经历"。但是,戴维 6 岁之前,罗茜是他生活中主要的父母角色。多丽丝·里夫回忆说:"偶尔,戴维和罗丝会来里夫父母家看爷爷奶奶。"

戴维长到一岁半的样子,米尔德丽德来他们家。她对女儿说:"哦,他很迷人。苏珊,你知道的,我不喜欢孩子。"妈妈的话让桑塔格回想起自己孤独的童年,她因此决心为戴维提供一个更温暖、更有利于他发展的环境。在怀孕期间,桑塔格看西蒙娜·波伏瓦的《第二性》,当然认真思考她的那些话:"每个孩子天生都是上帝……每个母亲都望子成龙。"从小，戴维就接触到一些思想家，比如赫伯特·马尔库塞，他会到里夫-桑塔格家做客。桑塔格记得戴维两三岁的时候，有一天，他绕着餐桌转来转去，嘴里说着"黑格尔，贝格尔，黑格尔，贝格尔"。[2]

戴维心焦的父母会经常询问对方："小孩，小孩怎么样?"鉴于戴维和罗茜在一起的时间更多，桑塔格担心他和自己不亲。当他对妈妈说，如果他爸死了他就娶她的时候，她感动得热泪盈眶并且告诉他，这是他对她说过的"最美妙的话"。她在日记里记下，只有 4 岁大，他就已经知道"石棺"（sarcophagus）和"食管"（esophagus）的区别了。他也已经和她谈上帝了，提出把上帝描述成人可能是什么意思这样的问题。他妈妈表示，上帝更像是一个法则。戴维于是推测，上帝可能无处不在，那样真好。"说得真对，"他妈妈边说，边安顿他上床睡觉。

1953 年秋，桑塔格注册了斯托斯的康涅狄格大学英语研究生课程。她是个私下里十分自信的女子，是系里最杰出的人才。与别的研究生一样，她也教英语写作课。她衣着传统，就是裙子、宽松的上衣、平跟鞋一类，而且不施粉黛。她似乎很少打理她的一头长发，给人的印象是有些乱。她平时住宿舍;周末回到坎布里奇和菲利普、戴维团聚。

桑塔格发现康涅狄格大学的教育缺乏挑战性，教授们显得平庸。

---

① 即《大卫》雕像。但本书根据人名通行译法，将 David 译作戴维。

② 原文为"Hegel, bagel. Hegel, bagel."Hegel 即黑格尔;bagel 为一种烤制的硬面圈，味道像山东的锅饼，也有点像新疆的馕，现一般译成"百吉卷"，这里译成"贝格尔"，以与"黑格尔"发音相似。

一年后,她没拿学位就离开了。在以后几年里,关注桑塔格的人对她的印象是令人舒心的匆匆过客:她在布兰代斯旁听(包括一门科学哲学),在哈佛园散步,显露出不可抵御的性感、智慧和开放。

1954年秋,桑塔格开始在哈佛听英语课,第二年,她注册攻读哲学专业研究生课程。尽管有好多年,参考书上都把她列为拥有两个硕士学位的毕业生,但实际上,她只拿到过一个硕士学位,即哲学硕士学位。她师从像神学家保罗·蒂利希这样的名家,1956年(在她参加预考时),她所在的系把她排在"哈佛和拉德克利夫19名博士候选人第一名"。在哈佛,她没有得到像在芝加哥大学得到的那种指导。"哈佛是所一流大学,但也还是一所普通大学,有的是总菜单,没有'对路子的私人定制'。"她后来对一位访谈者说。当然,哈佛大学的确让她了解到"一整套全新的教学尺度……撰写长篇论文,请你的教授认真审读并进行评议"。

在哈佛的第一年,她撰写了关于马基雅维利、卡斯蒂廖内、托马斯·莫尔的论文,大量阅读关于乌托邦的书,记了关于伊丽莎白一世时代的文学和斯图亚特时代的戏剧的笔记。在1954年11月19日一张中世纪文学的英语(115)考试卷的最后,她写道:"时间!我希望我没有仿效潘达罗斯的啰嗦。"她的导师回复:"你做得很棒,不过,你以前真是太啰嗦。"试卷上看不到成绩等第。她的斯图亚特戏剧的英语(123b)考试卷上老师判为"非常好"。她1955年1月的论文《关于领悟力的否定的一些说明》是为19世纪美国文学这门课写的,老师认为"读起来非常有乐趣",还加了一句:"谢谢你写这篇论文。不过,我亲爱的姑娘,就是因为我们领悟力强,所以我们别落入窠臼,轻易开口谴责所有时代!"学术思维蔑视那种一概而论,而这将成为她引起争议的一篇篇文章的特点。一年后,她的论文《伦理上无法解决的窘境》(1956年1月5日)得了个B+外加评语:"有趣而且见解独到。但是你没有使我信服。"她两份关于柏拉图的笔试卷(1955年3月14日和11月8日)都得了A-。

有一门德国古典哲学课,桑塔格的论文《黑格尔的宗教哲学与哲学宗教》得了个A,外加评语如下:

> 分析到位,证明有能力做出全面阐释和批评性评价。你对后期黑格尔哲学与宗教之间的关系的阐释似乎非常合理,而且论据充足。不过,在谈论黑格尔"精神"的意义时,你本可以更明确、更清晰。你未说清楚黑格尔的体系中"绝对精神"到底有什么地位。你对"精神"与"有限精神"作出了区别,但没有充分详尽地阐述这一区别。而且——这是次要的一点——与科学间的距离相比,你把神学说成靠艺术更近一点。你本可以将这一点再多加阐述,因为这在你论文的后面似乎是一个相关因素。

这些等第和教授们的评语重要吗?它们当然重要,不过它们也只是表明桑塔格在学术生涯中可能会有多少建树,而如果在学术界,她的观点的缜密也有待于进一步完善,最终,她不希望在这条路上继续走下去。还可以举一个例子来说明,她如果献身学术就可能会削弱她编造精彩绝妙且有启发的警句的爱好,这与冗长乏味的详述——学院派写作的祸根——正好相反。一个恰当的例子是她一篇得了B+的关于梅尔维尔小说《皮埃尔》的论文,标注的日期是1955年4月29

日;该论文得到的评语是:"我个人对开头的号角声声感到恼怒。"请听一声令人不快的"号角":"《皮埃尔》是我们的文学作品中唯一一部'陀思妥耶夫斯基式的'小说。作为一部心理学上性格与命运的小说,它比霍桑的任何小说都明显深刻很多。"她言过其实的评价遭到了指责:"看完你的文章,我无法理解为什么这部小说是深刻的,而且我总体上看不出其中的明确性。"在学术生涯上她可能成功,这似乎是不争的事实。《诗歌的精神分析的几个方面》获得了 A-外加评语:"一篇结构很好的论文。"

桑塔格研究的范围给她提供了一个特别的背景,这一背景有助于解释她文章渊博的涉及范围。她的论文充满关于亚里士多德、教会史、阿奎那、斯宾诺莎、莱布尼兹、玄学、弥尔顿、康德、洛克、休谟以及英国经验主义的引文。她唯一的弱项是历史。她 1957 年 3 月关于历史解释的论文似乎毫无资料根据。她的老师给了这种评语:"我怀疑你从未遇见过一个历史学家!"

朋友们记得她是"一个喜欢切磋思想的人,出色、独到、无畏,她的理解极其迅速,和她在一起进行切磋是一大乐事"。桑塔格身穿褐色仿麂皮夹克,留着一头亮泽飘逸、又长又黑的秀发,她姗姗来迟,在教室前排亨尼·温卡特这个朋友为她留的座位上坐下。有一次,她瞥了一下温卡特文件夹上的笔记,埋怨道:"你总在笔记边上开什么购物单。"庸常的东西侵入思想领地似乎让桑塔格感到恼火。

雅各布·陶布斯是最有人格魅力的教授,他深深地吸引了桑塔格。这个宗教学教授穿的西装皱皱巴巴,走路姿势难看,体格上不属于健美一族。他身高也许不到五点六英尺,下巴无力,一张精灵似的小脸,但是,他的双手富有表现力,讲起课来字正腔圆,无可挑剔,举止也让人着迷。他能脱稿讲课,似乎直接进入了他讨论的经典作家的生活。他在圣保罗、诺斯替教派、早期基督教发展和教派研究方面颇有造诣。这个饱学之士能够突然将话题转到对一个当代作家(如让·热内)的讨论上来,并使得古代与当代世界无缝对接,让人惊叹不已。学生们觉得他具有控制他人生活的力量。他会盯住一个学生不放,告诉他他可能喜欢波德莱尔的哪一首诗,不喜欢哪一首。他会为学生买一件礼物,比学生自己去买的还要称心如意。如果哪个学生不同意陶布斯的观点,他会肯定学生的立场的价值,然后,以此为途径来解释他自己的观点。因此,学生们总觉得与陶布斯对话时,能感受到他从精神上和肉体上都在拥抱他们,正如有个学生所说:"与陶布斯谈天气都像是讨论《魔山》某页的内容一样。所有的话题都是那么充满形而上的玄妙。因为你在那儿对他来讲所具有的意义完全不同于对别的教授。即使你想把雅各布·陶布斯从你的意识中抹掉,你也做不到。"局外人羡慕他有这么多信徒,但想到自己没被吸进他的漩涡之中,心里倒也觉得无比轻松。

陶布斯1924年生于维也纳,是维也纳首席拉比的后人,他本人后来也成为拉比,在巴塞尔和苏黎世修习哲学和历史,并在苏黎世获博士学位。他先后在纽约的犹太神学院和耶路撒冷的希伯来大学任研究员,然后又成为哈佛大学洛克菲勒研究员。他是一名优秀教师,但也是个鲁莽的好色之徒。他热衷于和多个女人做爱。见人家第一面,才说了句你好,他就会以一副不可一世的样子对她动手动脚,令旁人惊讶得目瞪口呆。

他课上第一排坐着三个女人:都是一头长发,都穿着长裙,都妩媚动人——仿佛刚从内盖夫沙漠走出来似的。她们是苏珊·桑塔格、埃尔莎·弗斯特（日后会成为纽约一流的精神病专家），还有苏珊·陶布斯（雅各布的太太）。苏珊·陶布斯是个可爱的美人。有人让陶布斯班上一个学生描述一下她的时候，该学生回应说："是哪部悲情片①中的哪个黑女郎？"而且苏珊·陶布斯知道自己的魅力。"我不知道还有哪个人不爱我，"她写信对她丈夫这么说。但是，似乎就是这一吸引力将她与他人隔开，"结果是我一个朋友也没有，只有一个个争吵的场面+许许多多的纠葛。我不是一个有趣的女人+我感到痛苦"。如果这是夸大其词，这也是她心态的反映；在雅各布的一个学生莫里斯·迪克斯坦看来，她似乎是这样一个女人，既"灿烂得光芒四射"，又"脆弱得不堪一击"。

两个苏珊尤其相似。她们俩小时候都很孤独，都不怎么对男生感兴趣，也都不像其他年轻人那样沉迷于自己的外貌。她们希望"自己待着，没人来烦"。两人都拒绝接受社会希望女人应该怎样、不应该怎样的理念，她们探求自己的思想，而这开始都是与嫁给一名有超凡魅力的教授联系在一起的。苏珊·陶布斯给她丈夫的信中说："我想到你时带着敬畏与战栗。"在她的信中，他似乎就是希腊男神，举止率性，有时会激怒她，但也令她着迷，这导致了劝诫性的文字"我的不可思议的雅各布"。

对两个苏珊，雅各布·陶布斯都讨论信仰什么的问题，在寻求知识的过程中注入强劲的宗教与理性成分。他探索"诺斯"现象：对精神真相的直觉理解，这一精神真相产生了诺斯替教派所寻求的一种独有的知识形式。早期的基督教运用其"伊甸园堕落"的思路，展开

---

① 原文为法文，指具有悲剧或宿命论色彩的影片。

一种诺斯替观点的讨论，即人类已经将自身与自然分离，与宇宙统一性分离，而这种统一性恰恰是古希腊人所珍视的。陶布斯说，人类是在罗马帝国时期通过对作为流放者的自我体验而发现自我的。"诺斯"揭示了人与宇宙的分离。陶布斯能够看穿诺斯替教派，并对之提出犀利的批判，但同时，他又照样引导人们注意该教派让人感到兴奋和激动之处。他对圣保罗反对诺斯替教派的观点十分着迷，但是，圣保罗教义中还残留了诺斯替式思维方式，对此，他也同样地着迷。圣保罗可以作为一个个案，自己是个具有宗教魅力的人，却告诫别人要警惕这类人。

从陶布斯那里，桑塔格吸收到一种对相反观点的想象性同情与同时进入有冲突的思想倾向之中的能力。陶布斯与"自满和冷漠"作斗争，旨在"驳斥通常为人宣称的观念"。正如他论文的编辑们所指出的那样，他是个挑衅分子。比如，在桑塔格的随笔《反对阐释》中所体现出的辩证思维上，陶布斯起到了主宰的作用，因为在该文中，她力求在关于内容与风格的不同观点之间保持某种张力。

桑塔格也在《弗洛伊德：道德家之心灵》(1959)上花费了时间和精力，这本书日后使菲利普·里夫声名鹊起。这本书完全是夫妇俩合作的结晶，就和小戴维一样。夫妇俩将美学和知识糅合在一起，时不时提及尼采和霍桑、马克思和马修·阿诺德。弗洛伊德的女性观他们不敢苟同，认为他的厌女症不只是小瑕疵，而是现代哲学、文学和心理学界其他大人物（如尼采和劳伦斯）共有的一个大缺点。与他们一样，弗洛伊德将感性与知性割裂开来，致使人们长期以来坚持认为，女知识分子不那么有女人味，而有着男性的头脑，因此，将人类一半的成员置于一种被动的角色。

里夫骨子里是个保守主义者:"我是个传统的男人。我认为结婚就要生子,婚姻意味着建立一个传统的家庭。我就是无法适应她要的那种家庭生活。你知道,有家庭,也有反家庭,我想,我们的家庭属于后者。"尽管对弗洛伊德表现出种种怀疑,但是,里夫对他抱有一种相当美妙,甚至崇敬的印象。他为作为男人和思想家的弗洛伊德辩护:"弗洛伊德需要一个标准的犹太婚姻,在这一婚姻中,妻子是一个标准的犹太家庭的王后和管家。从这一传统的桥头堡,理论家弗洛伊德向整个腐败的家庭帝国发起进攻,但最终没有去冒最大的风险,把自己与忠实地实施家庭帝国的信条相隔离。"为了颠覆传统,弗洛伊德非得固守在传统之中吗?毫无疑问,这种一厢情愿的想法让人了解得更多的是里夫,而非弗洛伊德。他希望桑塔格能像个传统的教授的家眷那样行事,也就是说,餐后,先生们会和太太们分开,一起抽烟、喝酒,谈论政治和学术,而太太们则将就着随便聊聊。桑塔格无法接受这种将她排斥在外的安排,她直接回到男人队伍当中,吓得目瞪口呆的他们经她一番解释后明白要允许她加入他们的行列。

和她自己的妈妈一样,桑塔格也希望自己想走的时候能收拾行囊说走就走。她希望把戴维随时托付给罗丝,或者菲利普,要不就是他的家人——就像她儿时被托的那样:

> 我真的想过我要有几种不同的生活,但有一个丈夫却要过几种生活真是谈何容易——至少有着我那种紧张的令人难以置信的婚姻是这样;我们俩整天在一起。要知道,你无法一天24小时和某个人在一起,年复一年,从不分离,然后,如果你愿意,还想同时有自由,去发展、去改变、去飞香

港……这是不负责任的。因此,我才讲,在人生的某个阶段,你得在生活与事业之间作出抉择。

桑塔格说这番话的时候,也许是想到了诗人威廉·巴特勒·叶芝的著名诗行:作家需要作出抉择/在美好的生活与成功的事业之间。

桑塔格对自己的婚姻并不感到后悔,事实上,她妹妹朱迪丝记得,她去小两口那儿做过一次客,他们俩"似乎完全亲密无间、形影不离。到底多少是知性上的吸引、多少不是——某种程度上总得有一些肉体上的吸引吧。而且他们行为举止上当然是有的。他们真的就像连体人一样行动。"但是婚姻仅仅是桑塔格生活的模式之一,而且她发现婚姻过于束缚人:"我十分幸运,年纪轻轻就结婚生子。我已做了这些,现在就不用再做了。"虽然她曾对一名采访者讲,婚姻期间,她一直忠实于里夫,但坎布里奇谣传里夫未能在性生活方面满足桑塔格。桑塔格一个机敏的同学说那是"一桩复杂的婚姻"。

1957年,24岁的苏珊·桑塔格获哈佛大学哲学硕士学位。在保罗·蒂利希的力荐下,桑塔格获得美国大学妇女协会的奖学金,得以在1957至1958学年待在牛津大学圣安妮学院,为撰写以《伦理的形而上学推测》为题的博士论文做准备。菲利普·里夫则获得同一学年斯坦福大学行为科学高级研究中心的资助。小戴维陪伴着里夫和罗茜一起去加利福尼亚。

两人均未提离婚的事。这甚至都算不上尝试分居。里夫和桑塔格似乎不允许自己有他们的婚姻就要走到尽头的想法。甚至在日记里,桑塔格都避免探究他们的婚姻此时对他们意味着什么。相反,日记里有这样格言式的话语:"在婚姻里,每个欲望都变成一个决定。"

不过，她的确抱怨婚姻通过持续的重复让感情麻木，其目标"最多"就是"创造强烈的互相依赖"。她的语言、语气十分学术化，似乎是某种掩饰，不过，她匆匆记下的日记中渐生无意义感："争吵最后变得毫无意义，除非你总是准备吵完后就采取行动——就是说，结束婚姻。"夫妻俩常常生闷气。到1956年11月，她在日记里说婚姻是因"惯性原则"而持续的。1957年1月，她更加直白地写下整整6年的婚姻中她不自由的感觉，而且多次提及争吵激增。也许是希望搞懂是什么让她走到婚姻这一步，以及她为什么还在维系着这场婚姻，她开始了她的童年札记。她以一组要遵守的规则结束这一阶段，因为她24岁了。其中纠正自己的姿势、一周给她妈妈写三封信、少吃东西、一天至少写作两小时，以及教戴维看书。她寄希望于牛津大学，想看看她离开这个"安乐窝"后自己还能干些什么。她承认，和人相处时她的情绪不正常，或者甚至和菲利普在一起的时候也一样。但是，她独自一人的时候怎样呢？她说不上来。这时她突然想到，至少一开始，她这种自我丧失，包括在婚姻当中，一直是令人愉悦且轻松自在的。现在，她感到不自在了，而且对自己感觉失望了。

如同桑塔格的短篇小说《宝贝》中的那对夫妇的例子一样，桑塔格和里夫的合，缘于强烈的情感；分，亦因为这份强烈的情感。在1957年3月27日的日记中，她宣称："菲利普是个情感上的极权主义者。"小说中，男女主人公同意："人们时不时得分开一阵儿，这样有好处。"类似的想法也出现在桑塔格的日记里。她提到里尔克的观点：婚姻中要维持爱情，唯一的途径是不断地分分合合。夫妻俩相互间几乎没有交谈，在"流泪加无性的拥抱"中分手，只说了一些含含糊糊、不痛不痒的话。桑塔格在日记里记下了这一刻，说他们的分开，仍然似乎"不真实"。

　　雅各布·陶布斯亲自去送桑塔格乘船去英国,他等了一小时才在跳板上见到她。她对他的到来非常感动,于是吻了他。他一直挥手直到她的船驶离看不见。陶布斯1987年去世,一直到彼时,他都是桑塔格生活中极有影响力的人物。

五、探索(1957—1958)

在牛津大学圣安妮学院,桑塔格师从哲学家A·J·艾尔和小说家艾丽斯·默多克。桑塔格准备以价值与伦理为选题撰写博士论文,但很快,有一点变得非常清楚,即她对该课题没什么兴趣。无论是教学,还是英国的氛围,对她都没有持久的影响。当时,牛津大学最有名的是它对分析语言哲学所做出的贡献。但是,对于一个研究包括法国文学在内的欧陆文学的学生来讲,牛津显得是再陌生不过了——不过,艾丽斯·默多克——曾出版《萨特:浪漫的理性主义者》——在桑塔格离开这个大学后仍然对她这个学生很感兴趣。

50年代末,女性刚刚开始攻破那些男性领域中的一个个堡垒。像桑塔格和西尔维娅·普拉斯这样的美国女子到了英国学者当中,发现等着她们的是蔑视,或者是居高临下的好奇。一个高智商的女性受到的忠告是:"重要的是像男人一样思考。"在这样一种令人感到窒息的男性氛围里,桑塔格是一个杰出的外来户。她在同学朱迪丝·格罗斯曼的小说《她自己的条件》(1988)中露过面:"一个高挑、苗条、双性同体式的人物,一袭黑衣,一头黑发,橄榄色皮肤,还有一个传统意义上俊俏的脸蛋。"对格罗斯曼来讲,桑塔格似乎是来自丹麦的黑女郎与黑王子的混合体。她从不穿简简单单的黑衣服,她不符合传统的女性观。同学们清楚,他们以前可从未碰到过像她这样的女人。一个女大学生看着桑塔格穿着笔挺的黑裤子,从身边大步走过,不禁纳闷,她是从哪里搞来这套行头还有这张脸的:"是从南美吗?是从兴都库什山吗?"桑塔格穿着她的美国式游击队服装,还围着厚厚的围巾,她看上去很高、很黑。她是哪国人?德国人?犹太人?

男人们则在考虑:能搞定她吗?她是他们见过的最聪明伶俐的女人,她能像他们一样喝不醉。桑塔格看起来独来独往,他们马上就开始为她争风吃醋了。不过,唯一引起她注意的是一个名叫哈罗德・所罗门的研究生同学。他似乎是一个令人感到惊讶的选择。所罗门喜爱孤独,落落寡合,但他和桑塔格一样,也研究哲学。与其他人,桑塔格则保持一种让人感到难受的距离。她听得多,说得少,制造出一种"公然的怀疑主义"的气氛。每个人都试图给她留下印象,因为即使她一言不发,她在场也是那样地警觉有力。谁都不想出丑。这个沉着自如的美国人说话做事从不毛里毛糙、粗鲁无礼,你抓不住她的小辫子。她的自控能力超强。

1957年到1958年的那个初冬,桑塔格邀请格罗斯曼去她的住处。格罗斯曼去了,颇感荣幸,但又有点儿迷糊,因为自己当时年方20,是个崭露头角的诗人,不是什么哲学家。她发现她们俩很难谈得起来,因为桑塔格有的书她大多没有看过。桑塔格抱怨天冷,说为了暖和,她衣服里面总穿着睡衣;为了证明这一点,她撩开黑长裤的裤边。格罗斯曼看得出,桑塔格对英国已经不抱什么幻想,英国"傲慢的地方主义让人感到悲哀,严重的性别歧视更是无处不在"。坐在长沙发上,格罗斯曼此时此刻似乎察觉出一丝温馨浪漫的味道,这时桑塔格把远在美国的小戴维的一张照片拿出来给她看,这种感觉才戛然而止。格罗斯曼回忆说："震惊让我思绪翻滚。当时，我想我是搞错了，原以为她是同性恋。但是，以我当时的理解，不管怎么说，一个母亲不可能是同性恋——更别提我看见照片上这么小的孩子时心中的不安了。"格罗斯曼猜想，桑塔格对戴维喜爱极了，很想他。至于丈夫，她只字未提。照片里没他。

对认识她的英国人来说，桑塔格非常迷人，这是因为她这个女性看上去那么独立。离婚这件事，在美国不像在英国那么严重。离开丈夫，独立行事，这似乎是典型的美国做派，而在英国几乎是不可思议的。对格罗斯曼来说，桑塔格从衬衫到裙子一身黑，"行军般"大踏步前行，走在探索的道路上，"方向明确，脚步坚定，仿佛她对自己要什么早已心知肚明，然后便得到她之所需"。然而，在她的日记里，另一个人出现了，自我训斥着，骂自己懒、虚荣，而且轻率，还没被真正逗笑就笑。桑塔格还经常在日记里训斥自己话说得太多。她试着给自己加压去写作，试着找到她自己的声音。她试着去发现一个社团，能够充当学术研究的解药。她似乎为波希米亚主义的观点所吸引，即使是她称之为"无关紧要的"现象；而该现象如果不是与"坚固的知识阶层"相对立就不可能存在。波希米亚人只大量存在于芝加哥大学、格林尼治村，以及黑山学院这样的聚居地周围。她还考虑了爱和死亡这些主题，还有瓦格纳和 D·H·劳伦斯笔下的妖姬。事实上，她做了个梦，梦中她四处走动，身体左侧有个大伤口，奄奄一息。

桑塔格圣诞假期期间离开牛津，前往巴黎学习，格罗斯曼说她的离开留下了一个真空。桑塔格的那帮英国朋友觉得受到了奚落。当然，她这样做并不表示轻蔑，她只是消失了。这年春天，哈罗德·所罗门自杀。格罗斯曼认为，这件事似乎就如桑塔格离开后引起的震荡一样——是其力量的最终证明。所罗门也许是迷恋桑塔格的几位男士中第一个丢了性命的。

格罗斯曼的朋友伊莱恩·斯卡里(《痛苦中的身体》的作者)问桑塔格是否介意自己被写进小说。她对斯卡里讲,不介意,相反,那让她很开心。对记者佐薇·海勒,桑塔格将她在英国的短期逗留描述为有趣的插曲;在那里,她"身穿宽松的外衣,脚踏自行车,四处闲逛",遇到"有趣的年轻人"。她称之为"使自己年轻的一种途径,以前我从未允许自己这样做——这是我第一次经历的合适的学生生活,尽管我当时已结婚,而且还是个母亲。事实上,在牛津的那一年(只有四个月左右的时间)意味着我婚姻的结束"。

到了巴黎,当然就意味着栖身《夜林》,这座城是"拙劣的嘉年华、一种人类动物园般的巴黎。那些城里的徘徊者希望成为他们急欲成为之人,却不能如愿"。桑塔格做着人们或许能猜中的事情:她阅读那些侨居国外的作家(比如海明威)的书;恶补法语,凝望城中辉煌的建筑,追求感官刺激,逛书店。她在离索邦大学不远的雅各布街拉丁区找到一个房间住下;在这里,她要继续做她的伦理研究博士论文。都市化的巴黎大学比起平静的,几乎是乡村的牛津大学来要适合她得多。严肃的巴黎学生吸引了她。这些学生靠家里紧巴巴的补贴住在破旧的旅馆里(当时还几乎没有国家奖学金)。他们不打工——"当招待、洗盘子有失尊严"。他们有大量的时间在咖啡馆争辩,在最简单的事情上找到复杂性。那时候的思考路子是:"你说得对,但它要比这个复杂得多。"① 因此,这一思路被誉为"矛盾的

---

① 原文为法文。

精神"。

1957 年 12 月,桑塔格一到那儿就发现,圣日耳曼德佩区和格林尼治村不完全一样。她怀念那种"身为犹太人共享的喜剧",这是一个很少说到自己种族背景的作家的真情透露,不过,她在日记里写到这个时似乎轻松自在。欧夫·贾菲,巴黎的一名记者,一次除夕晚会上认识了桑塔格。他推测,因为性格不合,她已经与丈夫分手,她有个 5 岁的男孩和里夫及家人住。她似乎还与他们保持不错的关系,但已发现里夫对她来讲太学究气了,而且落伍、太过传统。贾菲知道,他们俩曾合作过一本书——事实上,他还记得桑塔格在巴黎的美国捷运公司取《弗洛伊德:道德家之心灵》一书校样时的情景。

桑塔格和贾菲下馆子(这不算什么大惊小怪的事情),还一起看过许多场电影。他记得她爱看西部片,会催他:"去吧,会很好玩的!"看电影是她主要的放松途径。她看好莱坞旧片的时候是她最最好玩的时候。谁陪她看过电影,谁就记得那个随和、贪玩的苏珊。多年后,贾菲才意识到,那些电影对桑塔格的吸引力源自其对坎普感受力的兴趣——这个概念日后让她一举成名。他喜欢苏珊,因为她是如此轻松愉快、思维敏捷、长于观察。在日记里,她描述电影是"移动的小说",颠覆了文学反应的理性,其本身是一种主体化的媒介。她法语讲得还算过得去,除了有点美国口音。她在 1958 年 1 月 2 日的日记里记下:"我真的在讲法语。几个小时接着几个小时。"她和贾菲一起去索邦大学听西蒙娜·德·波伏瓦的讲座。他们印象很深,但对波伏瓦的观点,他们也有不敢苟同之处。桑塔格不喜欢波伏瓦扯着嗓子、情绪紧张的演讲。在后来的岁月里,桑塔格会改进她自己的演讲,令其变成一场优雅、镇定自若、强有力的讲坛表演。

桑塔格联系上了供职于巴黎《先驱论坛报》的哈丽雅特·索姆斯。在桑塔格的日记里,哈丽雅特是"最精致的美国波希米亚之花",哈丽雅特,桑塔格"情爱的需要和渴望的"对象,现在似乎比以前更有魅力。桑塔格承认:"对我而言,形体美非常重要,重要到几近病态的程度。"但她不想把自己确认为同性恋。苏珊告诉她的朋友安妮特·米切尔森,哈丽雅特只是一时有"恶习"。米切尔森——也许很大程度上和哈丽雅特一样——把桑塔格引进了巴黎文化圈,对一个浸淫于美国学术界的年轻女子而言,这是一个新天地。

离开里夫、离开大学里的繁文缛节,桑塔格在日记里重新打造自我。当她偷看了哈丽雅特关于她的日记时,她简直惊呆了,因为那部分就像是对她当头一棒。"我很不喜欢她,"哈丽雅特写道,"她唱歌的方式,像小姑娘似的,还跑调,还有她跳舞的样子,毫无节奏感,还假装性感。我讨厌她在埃菲尔铁塔还有昨天晚上在电影资料馆时肚子痛。可怜的孩子!我并不真正认为我对她感兴趣,不过,她说她爱我,而我现在也需要听到这话!"而且,话说回来,"她可真是个美人啊!"哈丽雅特承认这一点。但是苏珊似乎也太脆弱、太心神不定了,搞得哈丽雅特无法相信她这个情人的猛烈的追求:"她是真诚的吗?我无法真正相信她说的就是她的意思。"哈丽雅特对苏珊的很多回应,似乎都被怀疑其虚假和言不由衷而令人不安地受到了影响。苏珊的胡搅蛮缠促使哈丽雅特自己找台阶下:即使苏珊床笫功夫很差劲,但她还是令人愉快的,不过,哈丽雅特不喜欢她的味道——而且,根据桑塔格自己的日记来判断,她是个邋遢人。

相反,哈丽雅特追求艾琳,"我真正的且唯一的爱人"。玛丽亚·艾琳·福恩斯,在哈丽雅特和苏珊的生活中均扮演着重要的角色,聪明伶俐且娇小可爱,有着漂亮的脸蛋,"短短的黑发衬映出漂亮的皮肤,脸上略有雀斑,褐色眼睛里流露出堪称坦率的神情"。不过,艾琳将自己的心思闷在肚子里,不让人知道,有时突然就和她的情人断绝交往,让哈丽雅特,以及后来的苏珊对她又爱又恨。哈丽雅特和苏珊上床时,忘乎所以,大叫"Pupi"①这个她给艾琳起的绰号,艾琳当时在纽约开始了新生活。令哈丽雅特气恼的是,苏珊还试着安慰她:"她那笨重的身体关切地朝我扑过来。多笨重啊,她有多鲁莽啊!"不管哪方面,苏珊似乎都是艾琳的对立面。但是,哈丽雅特因为嫉妒的条件反射,她欲罢不能,躺了回去,"享受被爱的过程"。她妒忌苏珊的吸引力,让男男女女每一个人都"想要她"。

在苏珊的日记里,哈丽雅特对苏珊苛刻的看法跑了题,谈论起日记中残酷的坦陈,也就意味着,在她看来,这是要被别人偷看的。她觉得这么做自己没什么好后悔的。阅读和阐释哈丽雅特的日记也是苏珊把生活变成文学这一终生追求的一部分。于是,桑塔格试着将她与里夫的婚姻写成小说,塑造了一个多萝西娅·布鲁克式的人物,处在毫无激情的婚姻困境中,既剥夺了她自我定义的机会,又剥夺了她床上功夫的表达。这些故事的片段似乎是努力的一部分,努力去建立她的"小"我,一个自我,不得不像艺术家那样去吼叫,而非屈服于不过是批评家的理智。令人吃惊的是,桑塔格是奥斯卡·王尔德的读者,却没有留心他那篇分量很重的文章《作为艺术家的批评家》,选择把批评家定义为最枯燥乏味的概念,说他们是寄生虫。

虽然苏珊觉得她与儿子感情很深——而且,虽然她渴望在他成

---

① 作者也不知道这个绰号的意思。

长的过程中要与他多多分享——但她承认,只要她知道他得到很好的照顾,她就不是很想念他。她很少梦到他,虽然与他相伴时,她爱他,甚至是溺爱。但是她似乎是那种父母,在她的孩子长大成熟到一定的程度,才特别善于赏识她的孩子。尽管她很严肃,那个时候,桑塔格渴望"高高兴兴的、凡事不往心里去"的体验。只有她丈夫的来信,"可怜、脆弱、多愁善感",让她回想起她已遗忘的婚姻生活。她为他担心。他已被布兰代斯解聘(她的日记里到处都是禁令,不允许自己谈论布兰代斯)。但是,她回国时,不会改变自己离开他的决定。

桑塔格和索姆斯又成了一对,并结伴周游欧洲,然后去了摩洛哥。正如爱丽丝·卡普兰在《用法语做梦》中指出的那样,这一对似乎没有注意到法国正在土崩瓦解,不久就失去了它的阿尔及利亚殖民地。法国压迫的历史 5 年后会在桑塔格的小说《恩主》中得到拐弯抹角的承认,在该小说中,她的法国主人公把他的情妇卖身为奴。卡普兰指出,桑塔格的"场景是在她脑海中发生的事情"。"在普拉多①,"哈丽雅特说,苏珊"不厌其详地谈论博斯,而且刚才,解释说女性是教会的支柱。我觉得她的这些教科书式的学术演讲令人无法忍受"!苏珊很清楚哈丽雅特的不耐烦,在日记里写道:"她总是不同意我的想法,不同意她以为的我的智性。她认为她是反智的。"

哈丽雅特不管给苏珊惹了什么麻烦,大都显而易见地因为"极爽的做爱"——桑塔格在日记里对此赞不绝口——而得到原谅。这一对在巴黎、西班牙,还有希腊的合影显示,桑塔格时年 25,但看上去只有 18。在巴黎,她的笑容几乎是灿烂的;她是个慵懒、笨拙的姑娘,仰

---

① 西班牙的美术馆。

慕毕加索,在实地考察博物馆。在西班牙,哈丽雅特和苏珊靠在一面砖墙上,呈现了一张深厚友情的照片——不过,穿深一点衣服的苏珊笑意少一些。在希腊,她的姿势似乎更庄重些。倚在一根柱子上,她开始有点像后来那个戏剧性的、经典的桑塔格了。

哈丽雅特记得,桑塔格人见人爱,无论是男是女。在德国,一名男子认为桑塔格像只外国猫。男人们尾随她。在巴黎,哈丽雅特把苏珊介绍给她所有的朋友,苏珊妩媚极了。她也害羞。她也很享受假期。哈丽雅特认为,桑塔格享受这种远离母亲责任的时光,她年纪轻轻就生了孩子。她也帮哈丽雅特做好新工作——为一家技术杂志做翻译。她很喜欢翻译。在哈丽雅特眼里,苏珊似乎还是非常年轻、非常脆弱,情感上与她九年前就认识的苏珊没什么两样。同样,在日记里,桑塔格把自己呈现为一个身处异国的天真无知的人,就是想改变她的天真无知。哈丽雅特记得听见苏珊说:"我得学会更愤世嫉俗。"桑塔格在日记里抱怨哈丽雅特讥笑她,甚至是当苏珊渴望激发出她的爱的时候。哈丽雅特则抱怨苏珊郁郁寡欢、自私自利、喜怒无常。她们分手又复合,通过做爱来庆祝一番。她们俩失和对苏珊而言最糟糕的感觉像是被钉死在十字架上。然后,回到她过去的生活这一想法此刻似乎根本不可能。"人应该驱除掉夫妻之爱的这种排他性,"她宣称,虽然她不得不承认,"第一年我曾经非常想要菲利普。"不过,当他写信说他已接受了伯克利的一个职位时,她才放心。他的工作调动使得她与他的分手更容易实施。

虽然苏珊相信与菲利普分手对他的打击很大,他会伤心欲绝(他几乎没能从中恢复过来),但他也是那种她所谓的"处男型"男人,为家庭和性情这个"家庭圣殿"的概念所束缚,这是她鄙视的一种多愁善感的形式。她所称的"婚姻战争"令她筋疲力尽,她把她的新天地当作一种解放来迎接。哈丽雅特会当场给她讲解女同性恋的奇特行为。这些课程包括那些传闻:哈丽雅特与艾琳三年的纠缠,又和好了、又分手了;艾琳有时粗暴对待哈丽雅特,正如哈丽雅特粗暴对待苏珊一样。对苏珊来说,粗暴却管用的浪漫是一种新体验;她必须积累大量的情感上的一道道伤疤才能抵挡她在日记里记录下来的伤害。

到 5 月份的时候,桑塔格感觉到哈丽雅特对她各种不满,于是提出搬出她们在圣玛丽-加利亚酒店合住的房间。哈丽雅特软弱无力地表示反对说:"我宁可你不搬走。"于是,她们麻烦的关系继续纠缠不清。苏珊努力用"甜蜜的爱情"来安慰哈丽雅特,而哈丽雅特却无法让自己接受这个新伴侣。她责骂苏珊"笨手笨脚",然后又说自己不厚道,承认她是因为苏珊吸引所有人的眼球而惹她生气。就仿佛是因为日蚀而黯然失色。苏珊对哈丽雅特"公开表露出的冷淡"感到沮丧,但同时也承认她自己"笨拙——我愚蠢地努力要去激发出她的爱。不谈、不把事情说清楚吧,令人窒息;谈吧只会让她要么(对她一直在干的事情)撒谎,要么实话实说,都是自我毁灭"。苏珊总结哈丽雅特:"自我,烦躁,讥笑人,讨厌我,讨厌巴黎,讨厌她自己。"有时,苏珊会被激怒到考虑是要摇晃哈丽雅特的肩膀,还是要抽她耳光——做什么都行,只要能让她的情人真正看着她。苏珊把自己描述成《夜林》中的一个角色,"整晚在恐惧与痛苦中注视着"。

对苏珊·桑塔格来说,欧洲大学的课程设置不当。她已经有了像伯克和陶布斯这样的文学与思想导师,但她尚未结识能帮助她沉浸到当代文化领域中去的同龄作家。于是,哈丽雅特向她介绍了 30

岁的阿尔弗雷德·切斯特。桑塔格拜倒在了他脚下。他散发着一种权威和率真，能激发出朋友们的诚挚。切斯特出版过一个短篇小说集《龙在这里》（1955）、一部长篇《杰米是我的心上人》（1957），此外，还有一部奥林匹亚出版社出版的、以笔名马尔科姆·内斯比特写的黄色小说。用辛西娅·奥齐克那生动的话语来说，他正腾飞到"文学名流的空中花园"里。自1951年起，他就在巴黎，所以，可以把桑塔格介绍给在《评论杂志》、《党派评论》和《巴黎评论》上发表文章的一些作家。他认识《巴黎评论》以及后来的《纽约书评》的创办人乔治·普林顿和罗伯特·西尔维斯两位编辑。后者是芝加哥大学的又一新秀，曾把切斯特的处女作在法国出版。

切斯特长着一张娃娃脸——秃顶，红扑扑的脸蛋，像个玩具娃娃。小时候，他生了一场病，结果全身体毛掉光，脱毛的结果让他看上去胖乎乎的。他痛苦地意识到自己的秃顶，便戴上被说成是有点黄的橙色和姜黄色的假发。他似乎养成了一种肆无忌惮的同性恋/犹太人的炫耀习惯（与他奇怪的样子协调起来——抑或是要对立起来?），他雄心勃勃，这一点很突出。他是布鲁克林人，讲起话来像一挺加特林机枪，"第二句句子的脚趾绊在第一句的脚后跟上"。这个波希米亚人，生活就围绕着当作家来安排。除了写作，他什么都不干。他想出了聪明的法子，让他母亲在经济上资助他（比如，编了个自己结婚的谎话，通知她，这样她就会送他一件结婚礼物），躲避房东（保住一套不易得到的要交租金的公寓房，办法是穿上晚礼服，装扮成一个百万富翁，和一个准备翻修那房子的建筑师一起出现）。只要是切斯特觉得为躲开非文学的工作而有必要做的事，他都会去做；他做的这些个乱七八糟的事情多年来为作家和编辑们提供了茶余饭后的谈资。桑塔格向来认为,跟某种公共机构一点关系也没有,要想成为一名作家是不可能的事情。对桑塔格来说,切斯特的例子倒让她大开眼界。切斯特对苏珊·桑塔格说的每一句话她都记得,仿佛她全部录了音一样。她仔细观察切斯特的一举一动,那样子就像是野心勃勃的年轻人觊觎着要取代自己的导师一样。

许多人都看好切斯特,认为他似乎注定是要成就一番事业的,可他永远都不会成为文学泰斗。相反,他喜欢在纽约那四年耀眼的沉浮。他追求的声名让他感到厌恶。看到桑塔格成名、变得显赫而她本人对此又非常珍视的时候,他便越发感到厌恶。他的生涯值得研究,而且是诗人爱德华·菲尔德撰写的一部引人入胜的回忆录《要耍苏珊·桑塔格的人》(2005)的亮点,菲尔德的书展示了切斯特探究桑塔格是如何成为一种令他既嫉恨又唾弃的现象的。

菲尔德为恢复切斯特的名誉做出了最大的努力,他试着约过桑塔格,向她征集切斯特写给她的信札,并请她回忆他们之间的交往。她一直保持沉默,只有一次回答说她不能合作。桑塔格没有提供证明,好在辛西娅·奥齐克出色的回忆录《阿尔弗雷德·切斯特的假发》将发挥作用。1946年,奥齐克和切斯特在纽约大学同听一门写作课。他才18岁,却已经满怀"文学激情"。她是以一个大胆的说法开始回忆的,即切斯特——实际上是切斯特的思想——是不朽的。他"坚定地站在"好像是她心灵的"无法渗透的一个纯精神岛屿上"。换言之,他代表了纯粹的文学写作理念:"他劲头十足地撰写唐突无礼的评论,妄自尊大,吓唬人——五六十年代许多年轻男性(和极少数女性)都写的那种评论,目的是为了成名。"以下摘自切斯特发表在《纽约书评》上诋毁约翰·雷奇《夜之城》的一篇评论:"段落写得是如此粗俗、笨拙,艺术上是如此板滞、凝重;雷奇是存心要靠鸡奸烧干诗的最后一滴诗意,结果,他什么都拿不出来,除了一锅黑莓散文。"看完这篇评论,戈尔·维达尔称切斯特是魔鬼——但也是大师,是"黑色艺术"的实践者。

正如奥齐克意识到的,"每隔五年,一批文学新人就会茁壮成长,同样地浸泡在勃勃雄心的欲望之中,同样地因嫉妒而令人厌恶(或者受到激励)"。切斯特与桑塔格关系恶化后,在给一个朋友写信时,他厉声喝道:"你竟敢说'你的朋友 S·桑塔格'?你这个卑鄙小人,她是我的敌人!她是大家的敌人!她就是敌人!"这种极端的语言似乎会对切斯特作为一个目击者的可靠性打折扣,但正如奥齐克的文章所认为的,他的愤慨是对文学生活真实的反应。1970 年,切斯特在以色列去世。那些认识他的人对他有生动的记忆,因为他始终有棱有角,动辄大发雷霆。他从未变得老成过。奥齐克得出结论说,他一辈子"全心全意地奉献给了文学"。

奥齐克的文章提到切斯特未完成的长篇——《脚》——已发表的部分时,间接地涉及桑塔格。这个残篇包含了把他的文友写进小说的内容。比如,保罗·鲍尔斯变成了彼得·普拉特。奥齐克也提到玛丽·蒙黛,但没有明确指出其生活原型,其实显然是桑塔格,她的德国姓氏翻译过来就是星期天。① 奥齐克指出,在《脚》里,玛丽·蒙黛有个酷似她的人,同名同姓,也叫玛丽·蒙黛。切斯特在信里指涉桑塔格具有双重人格(高贵的文人和"玩世不恭的妓女")。后者可

---

① 玛丽·蒙黛(Mary Monday)中的蒙黛,英语里意为"星期一",而桑塔格这个姓在德语里意为"星期天"(德文"星期天"为 Sonntag),故本书作者认为蒙黛这个人物暗指桑塔格。

以说是 1958 年生于巴黎，此时桑塔格意识到有一个戴着面具的自我会是多么重要，另一个桑塔格，也就是说，一个假人版。桑塔格甚至写了个题为《假人》的短篇小说，有着同样大胆的构思：一个人有第二自我，别人能够看到他在过一种生活；而同时，这个自我的原身可以过着完全是另一番模样的生活。

1958 年，对阿尔弗雷德·切斯特和哈丽雅特·索姆斯来说，桑塔格似乎还是个纯朴的少妇。但是，桑塔格已经在研究安德烈·布勒东及其超现实主义同仁；这些人对艺术家这个人物，即作品背后的创造者感兴趣。他们提供了与沃尔特·佩特和奥斯卡·王尔德之间的联结（这些作家她在芝加哥的时候和内德·罗森海姆讨论过），他们创造出一种与美学个性观无法分离的风格。对布勒东来说，"作者与作品是捆绑在一起的，无法分开……艺术家的第一部，也是最重要的作品……就是他自己"。

在战争刚结束的岁月里，与生活在巴黎的其他美国人相比，桑塔格更深地浸润于法国思想界和电影界。像诺曼·梅勒和詹姆斯·琼斯这样的小说家当然也与法国作家交朋友，并从萨特的存在主义哲学中获益匪浅，但是，桑塔格实际上是唯一一个努力在那里讲着法国哲学家、小说家和影评人语言的美国人。她吸收了法国思想界对美国大众文化兴趣的观点，并开始形成自己的美学观，此观点打破了雅文化与俗文化的范畴——该范畴为德怀特·麦克唐纳和克莱门特·格林伯格这样的美国评论家所崇尚。20 世纪 60 年代，她动笔写她那些标志性论文的时候，把欧陆的复杂带进了美国评论界，改变了思想和文化争论的表达方式。前辈们（如莱昂内尔·特里林和爱德蒙·威尔逊）将自己的视野局限在文学、历史和一般文化讨论的范围里，而桑塔格则表现出对所有艺术门类的了解;这得益于她那训练有素的哲学头脑,她为她所谓的"新感受力"而辩护。她把她讨论文学经典的严肃认真劲也带进对当代一些领域的讨论之中。

但是,桑塔格着迷的法国风不只是思想的一个层面。恰恰相反,她看到了像路易·阿拉贡和安德烈·马尔罗这样的作家是在怎样一丝不苟地润色他们的形象并创造出一种神秘色彩的。在阿拉贡和布勒东这些作家身上,她看到了先锋艺术家是如何吸收左翼政治,使得有关艺术家形象的一切看上去都是进步的、无畏的,尽管比如共产党与超现实主义者之间断断续续的联合是荒谬的,注定要化为泡影。这没关系。那种想法,即全面参与的艺术家的纯精神理念,让桑塔格激动不已。于是,任何矛盾的、自我挫败的行为一概可以谅解。1958年在法国,桑塔格目睹了一个由作家、思想家和电影人组成的,对社会产生巨大影响的、关系密切的小团体。他们属于精英阶层,她激动不已,想着要达到类似这么高的阶层。

苏珊和哈丽雅特7月份在希腊待了很长时间,浏览了雅典卫城,看着蓝天在古城遗迹间闪烁,享受着美食(西葫芦和茄子塞肉,美味的鱼),流连忘返于周围蝉声震耳欲聋的一座座神殿,还有一座座博物馆。桑塔格赞叹"千奇百怪的群山和有点粉红色的悬崖"以及松树的气味。哈丽雅特依然讨厌苏珊,对她各种责备,于是苏珊直接说她很快就要离开。1958年夏季临近结束时,苏珊回到美国,告诉她坚定而可靠的丈夫,他们的婚姻走到了尽头。

六、铸就成功(1958—1962)

桑塔格回国,里夫到机场去接。他们拥抱。他们朝车子走过去。他车子尚未发动起来,她便提出了离婚。他们坐着,他们哭了。结束了。这对里夫的打击是毁灭性的。"菲利普深爱着苏珊,"他的弟媳回忆说,而且离婚的想法令他极度痛苦。他是个比较极端的人,表现得就像柯尔律治笔下的古舟子,对参加婚礼的宾客一遍遍述说着自己的痛苦。他的心似乎在滴血。哈佛大学的丹尼尔·阿伦教授花了一整天的时间来安慰他这位同事。

桑塔格 26 岁时要回了 6 岁大的戴维的监护权,1958 年 8 月下旬带着他到了纽约。哈丽雅特在日记里记着,苏珊写信说她一开始在纽约的日子"痛苦不堪"。享受过希腊的灿烂阳光和氛围后,桑塔格在"臭气熏天的街道、肮脏……丑陋的纽约"变得冷静下来。桑塔格记得,当时仅有两只箱子和 70 美元,但她后来强调:"我激动万分。我就像《三姐妹》中渴望去莫斯科的艾琳娜一样。心里能想的就是纽约! 纽约!"不管适应有多麻烦,哈丽雅特注意到苏珊不再每天给她写信了,"这是一个信号,表明她开始享受她在纽约的新生活了"。到10 月下旬,哈丽雅特已到了纽约和苏珊住在一起,当时,她刚刚开始经受那场将会困难重重的离婚。她不愿从里夫那里接受什么孩子抚养费或离婚赡养费,尽管根据加州社区财产法,她有权得到这两笔钱;她是在加州向当时在斯坦福的里夫提出离婚诉讼的。她的律师对她讲,他还从未碰到过一个代理人会放弃法律赋予的权利,但桑塔格这是在发表独立宣言,她决心自己的事情自己办。

在欧洲,桑塔格的博士论文没写多少。她向资助者全美大学妇女联合会报告了这一情况,感谢联合会对她的研究年所给予的支持,"对我来讲,这是很有价值的一年,或许是我学术生涯中最珍贵的一年"。同时,也感谢她们对女学者的支持。她的博士论文是一个"断了的线头,得回过头去接上"。她说要很快写完博士论文,可终究没能完成。桑塔格的朋友、艺术史学家安妮特·米切尔森对桑塔格未能完成博士学业表示惊讶。桑塔格告诉米切尔森,太多的作家都被学术体制给彻底毁了。像西尔维娅·普拉斯一样,桑塔格避开了校历安排的折磨,避免了批改作业和试卷,避开了背后诽谤的政治和为谋一官半职而不择手段。

恢复单身,桑塔格非常兴奋,她找了个栖身之处(她在韦斯滕德街 350 号一栋二居室小公寓住下),还找了份工作。头半年,她在《评论杂志》找到一个编辑的职位,生活得以支撑下来。她脑子聪明,长相漂亮,给那里一位叫马丁·格林伯格的编辑留下深刻的印象。他们俩曾一起出去喝上一杯,有时聊聊杂志的投稿者。但格林伯格也清楚,这对桑塔格而言只是一个临时性的活儿,她想要写作,而且很快就会动笔写第一本小说。即便如此,在《评论杂志》工作刺激她去思考"犹太教对我的性格、我的趣味、我的知识类型,以及我的个性的情形本身的影响"。虽然她很少仔细考虑她的犹太特征,但她清楚这是存在的。她甚至把犹太人的节日、一些单词,还有诸如希伯来大学、魏茨曼科技学院这样的高校名字记了笔记。

艺术评论家希尔顿·克莱默有次到访编辑部,格林伯格把桑塔格指给他看。克莱默一眼望过去,看到一个非常迷人的年轻女郎身穿居家棉布衣衫,就是他母亲穿了洗碗的那种。单调却别有风韵。尽管《评论杂志》编辑们的穿着看上去并不引领时尚,但还算讲究——而这个引人注目的女人却身穿便装。克莱默说:"这几乎显得有点儿矫情。"无论如何,桑塔格都觉得这个工作无趣,也觉得自己不适合编辑这种单调的日常工作。而且,办公室对一个极欲追求成功的女性而言几乎不是一个合适的地方,她是一个能在日记里承认自己把名人的名字挂在嘴上自抬身价的人。她还真是哎,让《评论杂志》编辑部所有的人都知道她是艾伦·金斯伯格的朋友。

从一开始,桑塔格就做着许多有志青年作家在纽约做的事情。她穿梭于一场场聚会,寻找新面孔。偶尔,理查德·霍华德会陪她去。霍华德集法国文学爱好者、翻译家、诗人、评论家于一身,是一个在文学界玩弄权术、追名逐利之徒。他有着杜鲁门·卡波特那样的对竞争做出估计的能力。你还别说,他还真让摄影师罗伯特·吉拉德给他摆拍过像卡波特那样慵懒悠然姿态的照片:四仰八叉,一只纽约的"文学猫"——只不过看上去要比卡波特凶猛——霍华德似乎不那么挑逗,却更狡猾,也更有自控能力。他称桑塔格在结交有影响的文人方面是个"天才":"对那些她想从他们身上得到什么的人而言,她能非常、非常可爱——甚至很有魅力。对那些笨人,她直接不和他们说话。"

1959 至 1960 学年,桑塔格在位于布朗克斯维尔的萨拉·劳伦斯学院和城市学院找到了工作,教哲学。正如西蒙·克莱因——她在康涅狄格大学研究生院的一位朋友——所注意到的,这种折磨人的生活让她时不时面容憔悴。但是,她倒不妨引用阿尔弗雷德·切斯特说过的一句话:"试图找到路,找到自己的路,吃点苦来苦也甜。"而且,不管怎么说,城市学院的课都"不错"。萨拉·劳伦斯学院则另当别论了。她责备自己上课迟到还不好好备课。这一奔波兼课的阶段她依靠苯丙胺坚持了下来。

为了得到指点,桑塔格找到阿尔弗雷德·切斯特和哈丽雅特·索姆斯。阿尔弗雷德1959年2月已从巴黎回到纽约,哈丽雅特那年夏天就住在桑塔格在韦斯滕德街的公寓。桑塔格为哈丽雅特接风。哈丽雅特记得自己"醉疯掉了",跳舞的时候摔倒在拼木地板上,脸朝下直挺挺地倒下,鼻梁骨都摔断了。苏珊立即把哈丽雅特送到圣路加医院急诊室,聚会就此结束。

为哈丽雅特接风聚会标志着一段关系戏剧性的开场,这段关系将会给桑塔格一辈子留下影响,她将永远无法从这场恋爱中恢复过来,即使她后来又经历了很多别的情人。哈丽雅特把苏珊介绍给了玛丽亚·艾琳·福恩斯,她不仅是哈丽雅特在巴黎的情人,也是阿尔弗雷德·切斯特钟爱的朋友。福恩斯1958年初从巴黎回到纽约。她1930年生于古巴,1945年随母亲移民美国。19岁那年,她认为自己是个画家,便于1954年远赴欧洲,追寻自己的艺术之梦;像桑塔格一样,她也沉浸在电影之中。接着,她在巴黎看了《等待戈多》,便立志当剧作家,说她宁可讲话,不要看书。桑塔格自然喜欢她所谓的福恩斯身上的"自学成才",也喜欢福恩斯那令人惊讶的"既纤巧又随性"的风度。她"可以在茶会上讲脏话……也没有人讲她不是淑女"。有人可能认为这个活泼可爱,甚至惹人怜爱的女人水性杨花,但是20世纪60年代初发生在格林尼治村的一件事情揭示了她的另一面：有一天，一个色鬼尖叫起来，"举着一只血淋淋的手，上面留有牙印——艾琳的牙印"。

桑塔格相信，艾琳之所以这么有魅力，是因为她的异国情调。艾琳不是那种纽约类型的知识分子，也不是犹太人，爱上她让苏珊觉得是"一种巨大的释放"。像桑塔格一样，福恩斯身上洋溢出一种"戏剧性的美"（爱德华·菲尔德语）。"她有着圣母马利亚那样充满热情的大眼睛。"桑塔格到巴黎之前，福恩斯和哈丽雅特在塞纳街上的普瓦图酒店同居，用哈丽雅特的话来讲，她和艾琳"斗得来劲"时，阿尔弗雷德基本上便成为她们之间的"和事佬"。阿尔弗雷德是公开的同性恋，尽管他讲起话来可能是恶声恶气的，但他爱这三个聪明伶俐、胸怀抱负的女人。事实上，他对桑塔格着了魔，曾考虑娶她。他也非常喜欢艾琳，动辄就提到她的看法。爱德华·菲尔德记得，阿尔弗雷德说着说着，就来一句"艾琳说"。在纽约有段时间，这三个深受切斯特喜爱的女人在他周围形成了一个小圈子，一如当年雅各布·陶布斯身边的圈子。

但是，三个女人之间因相互欺骗关系紧张、麻烦不断。桑塔格和福恩斯没有把她们的私情告诉哈丽雅特。即使知道了，哈丽雅特对福恩斯还是一往情深，只是恨苏珊，苏珊有段时间一会儿和哈丽雅特好，一会儿又和福恩斯好。大家都说，艾琳是个很棒的伙伴，对女性有非同寻常的感觉。艾琳爱打扮，人又靓丽，而且她天生就有本事能让别的女人也觉得她们性感撩人。桑塔格对福恩斯爱的激情出现在可以称之为赖希式的50年代的背景当中；当时，诺曼·梅勒和其他桑塔格的同时代人的作品充斥着威廉·赖希的文字。赖希完全赞同性作为一种释放的力量,性高潮起到了创造性的、极富活力的力量的作用。或者像桑塔格在 1959 年 11 月 19 日的日记里所说的那样:"性高潮集中。我有着想写作的强烈欲望。"和哈丽雅特在一起时,苏珊是顺从、哀求的一方,但和艾琳在一起,苏珊是要求的一方:"我的爱想要完全包容她,吃了她。我的爱是自私的。"而且她还把她创作的欲望与她同性恋特征联系起来,她将此描述为一种身份,她将会把这当作一种武器,来"对抗社会反对我的武器"。

桑塔格(只对自己)承认她的同性恋取向,以及这是如何将她变成了一个现状的对抗者,这时,她把自己想象成了一个知识分子和持不同政见者。她从未能公开表达她解放的这个方面,这意味着它只可意会,不能言传,迫使她抵制她自己激情的部分——而这些部分的特征本可以体现在她撰写的关于坎普、艾滋病的文章,以及很多她早期的小说中——这些一直是藏着掖着,与她选择的同性恋生活完全分开。在日记中她承认因为"搞同性恋"而感觉内疚。她害怕当众蒙羞。她在日记里说,菲利普·里夫在"满世界讲(她是同性恋)"。她希望隐瞒自己的性取向,"不让人看见"。

阿尔弗雷德·切斯特发现桑塔格-福恩斯这对情侣让人啧啧称羡,尽管谈到她们窃取他的脑力劳动成果的方式时,他的话听起来有点恼火。他在给朋友爱德华·菲尔德的信里说:"苏珊让我光火,艾琳不知道要打我什么主意。女人都不是好东西!"但他认为,和他在男同性恋酒吧遇到的大多数男性相比,她们的相伴令人愉快多了。到 8 月份,切斯特向菲尔德报告:"苏珊和艾琳的结合渐渐露出大多数婚姻都有的样子来。苏珊毫无爱意,艾琳则因爱而活受罪。"桑塔格的日记证实了切斯特的观察:她记下,就和里夫一样,与艾琳的争吵时间持续更长了,随后是数天"痛苦的沉默",然后"经双方同意"将问题掩盖起来。旁人眼里大胆、性感的桑塔格,日记中在她自己看来,却是犹豫不决,甚至是笨拙的,当她做爱中姿势出错时,就说"对不起"。"我的床笫功夫不行(性技巧没有'被认可过'),原因在于我不认为自己在性方面能满足另一个人。"

看了司汤达的书后,桑塔格认真思索爱的本质,想知道汉密尔顿夫人身上的什么东西使得一个个伟人爱上她。《火山情人》30多年后才出版,可这时她就已经关注一个女性人物,把她当作众人瞩目的焦点。如果这是桑塔格自己向往的一种角色,那么,菲利普·里夫却横加威胁来从中阻挠,他表示她根本就不是一个称职的母亲。他当时在斯坦福大学教书,夏天他对戴维有监护权,但他想把儿子带到德国待一年,因为他获得了富布赖特交流项目的资助。用切斯特的话来讲,桑塔格担心里夫"把孩子拐跑了"。菲利普的弟媳多丽丝·里夫说,在里夫家——或在他们的朋友当中——"离婚的主要原因是苏珊性取向的改变",这根本不是什么秘密了。事实上,菲利普认为他可以给苏珊加上不称职母亲的恶名,因为她是同性恋。接下来,令阿尔弗雷德·切斯特忍俊不禁的是,苏珊和艾琳"一身正装、高跟鞋、化了妆"出现在法庭上。正如切斯特对爱德华·菲尔德所言,法官站在了桑塔格这一边,因为他无法相信这两个女人是同性恋。不过,伤害已然造成:《纽约每日新闻》发表了题为《女同性恋宗教学教授获监护权》的文章。这只是坚定了桑塔格绝不公开承认她的性取向的决心。如果说女同性恋者当时极少被起诉,但同性恋依然是一项该惩罚的罪,因而桑塔格小心翼翼地回避对少数文化的认同,因为这会污名化她的作品和事业的希望。

戴维乘飞机去加州看望父亲时，生病了。他憎恨父亲想方设法要把他从他母亲身边弄走。"我和妈妈之间有一种共生的关系，"戴维对佐薇·海勒说，"这多半是因为我们俩在年龄上只差19岁。我意识到，这与多数孩子和母亲的关系都大不一样。结果，很难与母亲分开，极有可能花上漫长的时间才做得到。"最终，他们生活在一种戴维后来称为"令人愉悦的邂逅"之中。哈丽雅特·索姆斯记得桑塔格对她这个弦绷得紧紧的、喜怒无常的儿子可以说是非常严厉。但他总是站在她一边。她声称，她写长篇小说处女作的时候，会把他抱在膝盖上。她带他去听关于精神病的讲座，去听音乐会，去参加聚会。乔纳森·米勒回忆起苏珊和戴维"相互依恋地抱在一起"。有位纽约编辑到桑塔格公寓拜访，看到小戴维也参与大人的谈话。爱德华·菲尔德这个阿尔弗雷德·切斯特的虔诚信徒却注意到苏珊是个细心周到的妈妈。

桑塔格在戴维的房间里摆满了玩具，但是，她承认，她把对"家的感觉"的全部需要倾注到他身上让戴维觉得做个孩子挺不容易的，而且，后来也难以长大成人。戴维说过他小时候并不快乐："我更倾向于认为我的童年时代是服刑，青年时代是保释……有文友说过，我思想上是有某种渊源的，但地理位置上和种族上，我不知所属。他说对了。我对住过的地方并不感到依依不舍。"像他妈妈一样，里夫也是记者，整天在外面跑。他希望待在外面，希望处于前沿，他写难民，这也许是因为他像母亲一样，自己就是个难民。

桑塔格和她儿子对古巴、古巴革命和古巴左派，对反巴蒂斯塔①的

---

① 古巴独裁者，两次任总统，1959年被卡斯特罗推翻。

难民感兴趣,这一兴趣的产生源自他们刚到纽约时不稳定的生活情形。他们和古巴剧作家艾琳·福恩斯一起住在讲西班牙语的社区,与古巴诗人埃韦尔托·帕迪利亚交朋友。古巴人帮着照看戴维。他高兴地回想起"隔壁两个动作利索的美人那时会几乎是神奇般地出现,抱抱我就走,带到阿姆斯特丹街上的古巴餐馆(维克多餐馆)吃那些她们叫做'巴提朵斯'的稠稠的热带奶昔"。母子俩1960年6月至9月一直待在卡斯特罗建立的新古巴,戴维在那里砍小甘蔗,桑塔格则考察古巴革命文化。

这次古巴历险之行就发生在卡斯特罗第一次美国成功之行一年后,其间,他宣称自己是民主革命者。他甚至对普林斯顿的听众说:"我建议你们不要担心古巴的共产主义。等我们的目标实现的时候,共产主义将会消亡。"诸如《纽约时报》的记者赫伯特·马修斯(西班牙内战期间曾与欧内斯特·海明威搭档),还有社会学家C·赖特·米尔斯(曾促使"新左派"一词广为流传)这样的名人极为推崇卡斯特罗的真诚。对众多拥护左派者而言,这个大胡子革命者似乎是一名反主流文化的英雄。

1960年秋,28岁的苏珊·桑塔格开始在哥伦比亚大学宗教学系教书。她的宗教学(102)课程大纲反映了她给人留下深刻印象的内容范围:

> 后《圣经》时期的犹太教
>
> 伊斯兰教
>
> 早期伊朗以及吠陀梵宗教及祆教
>
> 婆罗门教,印度佛教以及印度教

中国本土宗教

佛教,主要在中国和日本

雅各布·陶布斯当时是刚刚任命的教工,不过也是个杰出而孤独的人物,桑塔格当时在他的指导下教书。实际上他是系里的光杆司令,系里像桑塔格这样资历浅的教师有时会替他判卷,有时在他的系列讲座里穿插上一些课。文化批评家莫里斯·迪克斯坦当时是哥大学生,他认为桑塔格和陶布斯有暧昧关系,不过桑塔格与陶布斯的妻子苏珊·陶布斯也很亲近,这俩女人,再加上艾琳,组成了一种作家的阅读小组。迪克斯坦在回忆录《为什么不说当时发生了什么》里写道:"我们全都疯狂地爱上了神秘且能说会道的桑塔格。"桑塔格自己似乎在想着她与陶布斯的关系,她在日记里写道:"[他是]接替菲[利普]的。"

陶布斯传递给别人的印象是他知道不为人知的东西,他期待着一个变化的世界;在这种印象中蕴藏着他的诺斯替力量。他的时间表掐得分秒不差,因为这些时代就要在简称为"60年代"的时代猝然降临。世界,借用迪克斯坦一本备受称赞的书①中的说法——就在"伊甸园之门"。真正的变化与历史决裂,正如圣保罗所争辩的,它们是天启式的。会有上帝的新教徒(基督徒),或者用世俗语言来讲,会有一个新的政治世界。这极有可能意味着暴力和革命。"作为一个预言者,我能想象到世界将被摧毁,"陶布斯写道。后来,他对他以前

---

① 即《伊甸园之门:60年代美国文化》(*Gates of Eden: American Culture in the Sixties*, 1977)

的学生理查德·特里斯特曼说,他已成为毛泽东主义者。桑塔格随后会发表她自己的新左派革命的变化的议题来声援卡斯特罗的事业。

桑塔格第一学期任教快结束时,她似乎很兴奋:"特棒的课……对十来个这样的孩子,我感到充满了温情。"学生们觉得她亲切友好,而且也许和大多数教授相比,没那么一本正经。随笔作家菲利普·洛佩特当时是哥大的学生,他回避了陶布斯-桑塔格联盟,对那些有超凡魅力的教授们比较反感。然后,他忍不住把他的一个短篇小说拿给桑塔格看。当他坐在哲学大厅她的办公室里时,她流露出一种"强烈的自信和活力"。在洛佩特眼里,她似乎"对她的椅子来说体形太大,个子太高,她的胳膊和腿拼命晃来晃去"。他可以说,他的具有精神探索的陀思妥耶夫斯基式故事并没有吸引她。她和其他教授不同,那些人都是先表扬几句作为开场,再开始他们的批评。她开门见山直奔主题:他用了太多不重要的细节,这样他的故事就凌乱杂碎了。洛佩特知道,她是欢迎学生作家的,但他当时在写的并不是她喜欢的那类实验性散文。

桑塔格周末和暑假用来创作她的第一部小说,暂定名为《希波赖特之梦》。到了1961年春天的时候,她已经准备把尚未完成的小说的一部分拿给出版商看。最后,她想方设法,终于约到很有实力的兰登书屋的编辑贾森·爱泼斯坦见面。结果,他拒绝出版这部小说,但建议她不妨找找弗雷·斯特劳斯出版社的罗伯特·吉劳,说他有可能接受书稿。吉劳——很快(1964年)就要成为罗杰·斯特劳斯的合伙人——编过包括T·S·艾略特、乔治·奥威尔、弗兰纳里·奥康纳、爱德蒙·威尔逊,以及罗伯特·洛厄尔等一些当代文学名家的书稿——弗雷·斯特劳斯·吉劳出版社成功地出版一系列名作,吉劳一直是关键人物。他一直愿意出版长篇小说处女作,推出过威廉·加迪斯①冗长而晦涩的《认可》(1955)。吉劳在哈考特待了15年,于1955年加盟弗雷·斯特劳斯出版社,除了其他原因,他说罗杰·斯特劳斯的"出版眼光"吸引了他。斯特劳斯出身于殷实之家,拥有雄厚的资金,足以使他将出版看成一种长期投资。他希望出版一系列国外名家和国内有前途的新人新作。在编辑乔纳森·加拉西写的小说《缪斯》中,斯特劳斯几乎是本色出场,名为霍默·斯特恩,他的作者们对他"正如画作对他那些更有钱的亲戚那样:有生气、会呼吸的可收藏品,是他的内在和精神物质的外在的、看得见的符号"。

在爱泼斯坦的建议的鼓励下,桑塔格去见了吉劳。她劈头就是一句"贾森·爱泼斯坦告诉我,整个纽约,你是唯一能懂我小说的编辑"。吉劳发觉她的开场白让人叹服。她既奉承了他,又贬低了爱泼斯坦,因为爱泼斯坦显然不懂她这部小说。吉劳才看了小说的第一部分,但是,根据小说出色的开篇,他便作出决定,提供给桑塔格一份弗雷·斯特劳斯的合同,她于1961年5月24日签下这份合同。

关于她的长篇小说处女作是如何被接受出版的,桑塔格的说法有多种版本,但没有一种与上述的说法相吻合。这一叙述根据的是吉劳写给桑塔格的一封注明是1981年7月1日的长信摘录(在弗雷·斯特劳斯·吉劳出版社的档案里,没有该信的回复)。他是针对桑塔格在国际笔会为表彰斯特劳斯和吉劳为出版事业所作的贡献而举行的聚会上的发言而做的回应。她以自己初次与他们打交道的经

---

① 美国小说家。

历,高度赞扬她的出版商:她走进他们在西联合广场"棒极了的破旧的办公室",把自己的第一部小说放在一只(当年用来装打印纸的)斯芬克斯盒子里,并给小说编辑留了张条。桑塔格说,她很天真,以为一个出版社只有一个小说编辑。她认为自己十分幸运,她的手稿不管怎么说还是送到了罗伯特·吉劳这位"小说编辑"手上,过了几个礼拜,他便与她签下合同。吉劳写信去核实事情真相,在他圆滑、搞笑的信中,他说他在考虑撰写回忆录,作为开头,他准备写篇文章,谈谈他编过的作家的处女作。但他注意到,她的记忆与他自己的出入很大,所以,想跟她核实一下。此外,他还讲到,她的说法与"另一个目击者的回忆"也不符。接着,吉劳讲述了弗雷·斯特劳斯出版社的建制。因为他不是小说编辑,而是总编,哈尔·沃塞尔应该登记了作者的自荐手稿。然后,吉劳描述了桑塔格与他联系的情况,即上文详尽的描述。吉劳提到的另一个目击者可能是编辑塞西尔·赫姆莱。吉劳担心桑塔格作品的商业价值不大,但当他把部分手稿给赫姆莱看时,他"完全被它迷住了",吉劳对专门研究弗雷·斯特劳斯出版社社史的鲍里斯·卡奇卡说。吉劳回忆道:"他很感兴趣,问我是否允许他来做这本书的责编。"吉劳想鼓励赫姆莱,就同意了。

桑塔格自我神化的做法与其他作家对自己的创作生涯常常传播种种凭空的幻想并无多大差别。大多数刚出道的作家都梦想着"被发现",梦想着用不着自我推销,梦想着有个出版商马上接受他们,把他们视为前途光明的候选人。毕竟,桑塔格确实几乎马上就得到了吉劳和斯特劳斯的认可,后者几乎在瞬息之间就相信她崭露头角的才能。桑塔格的说法为她保留了一份天真,一份她一直希望相信的纯洁,这一纯洁发挥了某种防护墙的作用,以挡住她狡黠、雄心勃勃的一面。编造这一"被发现"神话,她让自己成为有说服力的榜样,每个渴望建立文学声誉的人都盼望有她这样的心想事成。通过这一神话,她成为读者的种种想象的化身。

罗杰·斯特劳斯不久就发现桑塔格不仅仅是一位富有才华的小说家,而且是个堪与玛丽·麦卡锡这样的人物媲美甚至可能超过他们的女文人;玛丽·麦卡锡是20世纪三四十年代聚集在《党派评论》周围的纽约知识分子圈子里唯一的女性。1961年,桑塔格在撰写她第一批引人注目的文章。她将以权威的笔调讨论电影和文史哲,同时也讨论纽约和欧洲的先锋派。桑塔格具有汉娜·阿伦特那样严肃的欧洲风格,也有着一个美国人的美貌、自信和精力,把当代一些领域的信息带给热切地希望改变艾森豪威尔统治时代那种迟钝无聊的文化气氛的观众。

爱炫耀的斯特劳斯感觉到桑塔格对男人和女人均具有异乎寻常的吸引力。她的姿态表明,她是一个在历史中寻求自己位置的女性。她有一种命运感。斯特劳斯是与一种文化力量而非仅仅是与一个作为个体的作家签约。

他希望在纽约文学界发挥更大的作用,而且,他是个表演家。鲍里斯·卡奇卡捕捉到了斯特劳斯效应:"每一次,只要有照相机出现,他似乎就条件反射般地抢个特写、摆个阿波罗神式的姿势,或者,晚期生活中,展示一张无牙的笑脸,笑到嘴都要咧到耳朵根的感觉,这种笑意完全荡漾开来,感染了同框的每一个人。"包罗万象的斯特劳斯将大千世界带给了作家们——尤其是带给了苏珊·桑塔格,她深谙文坛登龙术。当苏珊·桑塔格遇见罗杰·斯特劳斯,她就成功了。

七、成名(1962—1963)

　　罗杰·斯特劳斯神魂颠倒了。到 1962 年 4 月底,他已经看完了
《人在缩小:希波赖特之梦》的前 80 页,他计划把这部"了不起的独
创"作品拿给伦敦的出版商弗雷德·沃伯格看。桑塔格成为他举办
的一次次聚会上的展品。美国著名评论家爱德蒙·威尔逊第一次见
到她是 1963 年 3 月 20 日在斯特劳斯组织的一次活动中。他可能是
没有注意到她的名字,要不可能是懒得去记,因为他在日记中写道:
"一个漂亮的加利福尼亚姑娘,她是罗杰旗下的一名新秀作家。"对桑
塔格,威尔逊向来都不热情。1968 年,他在日记里吐露:"我与苏
珊·桑塔格从来就聊得不多。我对她没什么印象,罗杰肯定要怪我
了。"威尔逊曾是纽约知识分子的《党派评论》圈里的女老大玛丽·
麦卡锡的丈夫,他不喜欢桑塔格的文字,认为它们全是些牵强附会、
自命不凡、玄而又玄的货色。

　　桑塔格在 1962 年年初某个时候见到了麦卡锡,并在日记里匆匆
记下了几笔对她的印象,注意到麦卡锡的大笑、灰白头发,以及"蓝印
花套装",指出她是畅销小说《这一批人》的作者,小说是关于瓦萨学
院八名毕业生的事情;桑塔格总结了这次相遇:"俱乐部女会员聊的
家长里短……她对她丈夫很好。"麦卡锡对她们第一次见面有关对桑

塔格的印象未作记录,但是,在《用法语做梦》中,爱丽斯·卡普兰指出,1964 年 8 月 11 日麦卡锡写信给桑塔格,信中对想在巴黎发展的作家给予了有帮助的建议。麦卡锡向桑塔格保证,她也已经联系了伦敦的索尼娅·奥威尔和在更大范围的欧洲文学界的其他重要人物。正如麦卡锡的传记作家弗朗西丝·基尔南指出的那样,即便如此,麦卡锡和桑塔格也未能将关系发展到多么密切的程度。基尔南对桑塔格的采访引发了这么一句攻击:"玛丽走进房间,就像是一艘航母开了进来。"

对桑塔格也可以这么说。斯特劳斯构建了桑塔格的生涯,确保她的作品(比如长篇小说)总能出版,而且还在国外发行。他几乎确保桑塔格每一篇随笔或短篇小说都译成外语。真是事无巨细。这样全包全揽的关照,在与弗雷·斯特劳斯出版社的雇员和作者做访谈的时候,都会听得到;从现存于纽约公共图书馆的该社档案里也能看到。正如鲍里斯·卡奇卡在《温室》中所说的那样,弗雷·斯特劳斯出版社其他的作者也受到特殊的待遇,但苏珊·桑塔格尤为特殊。虽然桑塔格第一笔不多的预支稿酬 500 美元反映了出版社常规条款中的价钱,但是,无论是当时,还是现在,在新小说家当中,极少有人能够指望哪个出版商同时也做他们的经纪人,给杂志推荐其作品、短篇小说,以及任何别的出自其笔下的文字。罗杰·斯特劳斯这样来经营她的创作生涯免不了让人有闲言碎语,说出版商与其作者之间关系暧昧。阿尔弗雷德·切斯特以其一贯的坦率,对保罗·鲍尔斯放出话来:"苏珊很快就要大红大紫,因为她的出版商罗杰·斯特劳斯对她着了魔(对女同性恋他非常狂热),一心想把她那乏味不堪的小说打造成什么杰作。"在《缪斯》中,乔纳森·加拉西描述了斯特劳斯与桑塔格关系暧昧的这么一个场景:"他们并排坐在一张沙发长椅上,穿着皮夹克情侣衫,显露出那么一点交欢后愉悦的气氛。"

机敏的斯特劳斯既有好莱坞制片人的强健,又有公子哥的处事本领,真是桑塔格的绝配。他不是作家,但很有鉴赏力;他好吹嘘自己发现的作家,并予以标榜。桑塔格拿着一本表现法式精致和欧洲文化的小说向斯特劳斯走来,当然会吸引住他;须知,他素来擅长以低价征集到欧洲作家的书稿,然后,为他们在美国赢得数量不大却很忠实的读者,因此,他出版的文学书目给人留下了相当深刻的印象。即使能够为弗雷·斯特劳斯·吉劳出版社赚点钱,桑塔格的第一批书也不会有多少赚头,可这真的没有关系。她是个长期投资项目。作为回报,桑塔格成了斯特劳斯独家买断的忠实作者,她再也没有把书稿给别的出版商。他们是否发生过性关系已经无所谓了。斯特劳斯始终对苏珊·桑塔格这位纽约文学界的王后十分迷恋。

同时,斯特劳斯也是一位精明的作品鉴定家,对桑塔格的才华极为信任。即使在她处于创作低谷的阶段,他也一如既往地勇于等待,欣赏她那发人深思且颇有争议的风格,并在她兴趣改变、交稿推迟的情况下,也总愿意继续与她签订出版合同。每个作家都梦想有个像斯特劳斯这样热诚的出版商,桑塔格几乎从未忽略他为她所做出的努力,并一直心存感激之情;这一状况一直持续到她创作生涯的最后阶段。对她而言,他把她列入他的名作家名单是抬举她。在 20 世纪 60 年代初,弗雷·斯特劳斯·吉劳出版社的作者名单上就已经有 7 位诺贝尔奖得主,包括 T·S·艾略特、克努特·汉姆生和赫尔曼·黑塞。斯特劳斯想方设法,在斯德哥尔摩为他的作者留有住处,并为他们四方游说。

斯特劳斯是一位以穿着气派而出名的出版家,他始终极其注重仪表和形象,他意识到桑塔格也是优雅出场,而且行头的颜色搭配协调。斯特劳斯完全是人们心目中的文学界雄狮的派头,(正如他的一则小传所说的那样,)他以"系着整洁漂亮的领结,说话尖锐辛辣"而惹人注目。正如桑塔格更喜欢认为的那样,斯特劳斯"是个表演家,但也是个讲原则的人"。尽管许多有关斯特劳斯的介绍强调他相信一部作品的文学品质应当"凭自身的实力",但是,弗雷·斯特劳斯的档案显示,出版社通过赞助函件、召开新书发布会以及打造个人形象来支持桑塔格——这是现代促销的全部手段了。

桑塔格的小说处女作更名为《恩主》出版,《恩主》不是什么一定会吸引大批读者的"突破之作"。假使桑塔格找到素以标举晦涩的现代主义作品著称的新方向出版社老板詹姆斯·劳克林,她也不可能得到弗雷·斯特劳斯所给予她的那种宣传炒作和形象打造。新方向的作者,哪怕是埃兹拉·庞德或田纳西·威廉斯,也只有简简单单介绍一下,没有大张旗鼓的宣传,最多是在《纽约时报书评》黑白版广告栏中以及更小一点的地方简单提一提。

1962年春,在弗雷·斯特劳斯组织的一次聚会上,桑塔格做起了为《党派评论》写稿的美梦,她崇拜的知识分子偶像(莱昂内尔·特里林、汉娜·阿伦特、伊丽莎白·哈德威克、克莱门特·格林伯格、德怀特·麦克唐纳还有很多其他人)都在上面发表了他们里程碑式的文章。即使到了20世纪60年代初,该杂志的影响力在下降,然而,在桑塔格眼里,它依然代表了思想界。自从在洛杉矶一家书店发现《党派评论》以后,她就时刻准备着,希望进入这个圈子。像《时代》这样的大众杂志的编辑仍旧向该杂志观望,希望早些了解到一点新的文化潮流以及政治与社会问题的新动向。桑塔格走到该杂志一位编辑威廉·菲利普斯面前,问道:"如果想给《党派评论》写稿子,该怎么办?"菲利普斯说:"你得提出来。"桑塔格说:"我在提出来呢。""可以。"他答道。在"这个魅力四射、给人留下强烈印象的"年轻女郎面前,毫无防备之心的菲利普斯一口答应。他从未听说过她,但是,她很有智慧。他从她的双眸、从她脸上都看得出来。他也一直在喝酒,所以,不清楚她是否利用了他当时无防人之心的状态——但是,他倒宁愿认为自己发现了一颗正在冉冉升起的新星。

阿尔弗雷德·切斯特的朋友——他们认为桑塔格剽窃了切斯特的想法并利用了他的影响,因此对她存有戒心——谈到她是如何在《党派评论》发表文章的时候,讲了另一个版本。他们记得,切斯特对纽约文学温床已经感到十分厌恶,就把他接的活推给桑塔格——或者确切地讲,是推荐她去做该刊的评论员。桑塔格后来的回忆是菲利普斯当时希望她继续写玛丽·麦卡锡的戏剧大事记,她就写了,尽管是三心二意,发表几篇评论后就甩手不干了。切斯特曾拒绝接任麦卡锡,说他不愿意挤进她的"旧腰带"。① 切斯特常常见罗伯特·西尔维斯,后者当时要办《纽约书评》,切斯特去的时候也带上桑塔格。有一阵子,桑塔格就和切斯特住在他在萨利文街的公寓里。桑塔格让切斯特非常恼火,看他用小写字母写的这句话:"苏珊要求高得实在叫人受不了,我放弃她了,不再给她打电话。她真烦人!"切斯特与桑塔格吵得不可开交,接着,两人又停战重归于好。他觉得被利用了,怀疑桑塔格踩着他的肩膀往上爬,去结交他的社会关系。"前

① 喻指玛丽·麦卡锡写作戏剧大事记的老路子。

几天，我与桑塔格为块鸡肉大吵一架，一切真相大白。我恨她四年了，全是因为艾琳，我才对她让步的，"他在给保罗·鲍尔斯的信里写道。

他怀疑她会从他这里拿走一切她想要的东西。1963年2月，她到墨西哥看他的时候，他害怕她会勾引他的同性恋人埃克斯特罗；埃克斯特罗都已经开始喊她"苏珊妮塔"了，亲热得很。即便是桑塔格奉承切斯特，他也起了戒心。切斯特向爱德华·菲尔德透露："苏珊讲她前几天有个晚上参加了全国图书奖颁奖晚宴，大家都提起我了。她什么地方都去。"

桑塔格在《党派评论》发表的第一篇文章评论的是艾萨克·辛格的《奴隶》（1962）。文章显示出她对当代思想和文学令人印象深刻的把握，也显示了她捕捉重要问题的能力。一方面，文章为她正在写的小说的构思带来了进展，另一方面，她也阐明了自己作为文学辩论文章作者的立场。她的开场白是："典型的当代小说是'心理的'，即，该小说再现的世界的确是自我（或种种自我）的一种投射、一种具体化，其分析构成小说的主体。"在这类小说中，世界作为一个客观现实是不存在的。事实上，在卡夫卡、博尔赫斯和法国新小说家的作品中，甚至连人物都不"在场"——换言之，他们客观上不存在，而是代表"脱离了客体的情感挣扎和思想斗争"。桑塔格得出结论：无怪乎这类心理探索和语言创新的"后经典小说"会带来一种读起来像梦魇的感觉。

仅此一段，桑塔格便确立了令人信服的权威口吻。她做到这一点，靠的是博览群书和综合各种材料的敏锐能力。她也在解决她在《恩主》中的自我设问。她的叙述者——希波赖特——试图生活在一个个梦里,常常是梦魇,他在其中被控制、被折磨。他的梦是他以生命造就出来的艺术,他竭力希望使其生活与梦的直接性和感官性相吻合。像桑塔格的艺术观一样,希波赖特的梦也是自给自足的,也就是说,一如桑塔格,他把自己想象成自我创造的。他不想为他的梦的快乐与痛苦多做什么解释,而只想使自己更清醒地意识到它们的存在。

桑塔格似乎以引人注目的方式介绍了一种完全精神的、思想的冒险。她是从哪里弄来这么一个一本正经、处心积虑地希望把他的整个生活变成梦的人的?61岁的叙述者在回忆引人入胜的种种冒险行为,它们令人想到爱伦·坡的怪诞。一个28岁的年轻貌美的女子写的长篇小说处女作竟是这番模样,这是人们始料未及的。

桑塔格利用周末和1961年及1962年的两个夏天创作了这部小说。经过多年挣扎着创作她那些最后未能出版的短篇小说后,她终于发现这部长篇写来得心应手,仿佛不断从笔端汩汩流淌而出,简直就是在做听写。理查德·特里斯特曼记得,桑塔格把小说给了他,请他提提意见。他完全折服于她的才华,不知说什么好。她问起有什么建议,他唯有点赞而已。她似乎很沮丧。特里斯特曼感到让她失望了。经验告诉他,大多数人提出让人不吝指正,其实是不能真正接受批评意见的。桑塔格对待写作的那股认真劲给他留下了深刻的印象。

她的导师肯尼思·伯克收到《恩主》新书样本后,写信向她表示祝贺。他说:"幻想作品,不管哪一类,都是难得一见的。优秀的幻想作品当然更是罕见,而《恩主》却正是一部极为出色的幻想小说。"他推崇她的智慧和才华,欣赏她的叙事与格言警句那迷人的融合;同时,他也指出她的语法错误,并一一记下相关页码。其实,桑塔格的小说是模仿了伯克自己的小说《迈向更美好的生活》,该小说1932年第一次出版。《迈向更美好的生活》是一部独角戏——或用他的话来说是一系列的咏叹调——小说中他的主人公约翰·尼尔对这个世界及其现状表示悲叹、欣喜、恳求、告诫、说教、愤怒。尼尔就像希波赖特,是个孤芳自赏的人,专注于自我完善。

桑塔格的"白日梦"似乎部分源自她早期对爱伦·坡作品的阅读;坡作品中的场景一直是模糊不清的,是想象的投射。和坡一样,桑塔格将其想象避开其自身的生活环境。像希波赖特一样,她对为其住处命名、对赋予它某种色彩和深度不感兴趣,因为对她来说,它并没有什么东西可以提供给她。剔除了亚利桑那和加利福尼亚,游历欧洲,寻找文学生活,实质上,除了心境,她没别的可以考虑。希波赖特从未为他生活的城市命名,只是称之为"首都";它显然是指巴黎,但他将其变成一个泛指的地方。与此相仿,西班牙内战成了"当时正在该国南方某地区激烈进行的内战"。博览群书者与小说玩起室内智力游戏来,不会感到有什么困难。比如,小说最早一批读者就想搞清楚,那个同性恋猎艳者/作家让-雅克是否以让·热内为原型。评论家索恩亚·塞尔斯也曾暗示让-雅克可能是阿托南·阿尔托——桑塔格后来一篇文章涉及的对象。

要说让-雅克——教导希波赖特,同时也折磨他——像什么人的话,他应该是像阿尔弗雷德·切斯特。切斯特的确喜欢热内,也的确像阿尔托一样发了疯。正如麦克尔·范戈尔德在《村声》中所讲的那样,"切斯特身上具有大多数20世纪艺术作品建立其上的两种伟大的、截然相反的成分:他是个聪明的同性恋——即一个永远意识到生活是一系列角色或者要摆的姿态的人；同时，他又是个疯子——一名空想家"。和阿尔弗雷德·切斯特一样，让-雅克也有两个名字，不过中间的连字号产生了一个法语名字。他和希波赖特争论的话题既有琐碎的，也有深刻的。如同切斯特直面桑塔格那样，让-雅克也挑战希波赖特："你是自我成就的捡来之物。你是你自己想出来的思想。"让-雅克懊悔地承认，希波赖特在某种意义上是他创造的，但现在希波赖特闹独立了——正如桑塔格跟切斯特闹独立一样。让-雅克呵斥希波赖特："我的发现之物要爬下我的架子来啦？"希波赖特对让-雅克的态度表示遗憾的时候，让-雅克把阿尔弗雷德·切斯特所下的结论重述了一遍："你再也不需要我了。"

让-雅克和希波赖特上过一次床，正如阿尔弗雷德·切斯特说他和苏珊·桑塔格有过一次一样。切斯特的长篇——《脚》，读起来就像是对《恩主》的回应。《脚》表现的是切斯特所谓的"情景的我"，这是一种无法确定而只能在一部超现实主义小说（比如他计划写的《我，等等》）中抓住的身份。桑塔格出版《我，及其他》时，她盗用的岂止是一个书名啊？像《恩主》一样，她的短篇小说集将是对阿尔弗雷德·切斯特所表示的未明说的敬意，同时或许也是要消除其影响的举动。

像爱伦·坡的叙述者，同时也像苏珊·桑塔格本人一样，希波赖特在孤独和忧郁中度过童年。他受到"成为饱学之士这一前景的鼓舞"。他接受过大学教育，但他最正经的学问来自他本人如饥似渴的阅读。对他来讲，一如对桑塔格来讲，真正的革命是"感觉和视觉的革命"。他撰写的第一篇哲学论文（"就一个不重要的论题提出了一些重要的观点"）预示着桑塔格的《关于"坎普"的札记》及其接受。

希波赖特的文章"产生了争议,在文坛引起了热烈的讨论"。由此,他得以进入那些知识分子的沙龙。他像坡笔下的许多叙述者一样,渴望达到那不可言说的境界,即沉默;的确,他是沉默的美学的爱好者;沉默的美学不日将成为桑塔格的关键术语之一,后来,也成为她头两部电影的指南。① 他是双性恋,"做着男性方式和女性方式的爱与主宰之梦"。看到"同性恋行为的喜剧角色"的时候,他向"坎普"提供了一些想法,尽管他未用此术语。让-雅克告诉他:"你做的一切都是你,你无法以别的方式行事。"或者像希波赖特自己承认的那样,他是个"完全自选自的人"。

上面最后使用的短语②令人想起 60 年代早期桑塔格一位朋友讲的话。他发现桑塔格身上有着同样的自我依恋,无论是她在家里伏案写作,还是在中心舞台宣传她的作品。确实,希波赖特尽管是一名隐士,却也迷上了演电影,因为它提供了一种经历,就是成为自己的梦的旁观者。桑塔格则更胜他一筹:她导演自己的梦。希波赖特演的电影由一位名叫拉森的斯堪的纳维亚人导演,仿佛是冥冥之中有命运安排似的,桑塔格后来应邀到瑞典去拍她的头两部电影。希波赖特似乎甚至预告了桑塔格论摄影的著作,因为他宣称:"生命是电影。死亡是照片。"

正如评论家罗伯特·亚当斯所说(《纽约书评》,1963 年 10 月 17 日),希波赖特是"他自己的一个鉴赏家"。他是桑塔格笔下许多这类人物的第一个,其登峰造极者为《火山情人》中的爵士。希波赖特

---

① 《沉默之美学》是桑塔格于 1967 年发表的一篇重要文论,后收入《激进意志的样式》。

② 即"完全自选自的人"(utterly self-elected man)。

喜欢获取,为了他的梦,他敛物聚众,因为正如桑塔格居高临下地对一名访谈者所言,意识是"获取的一种形式",是为某人自己的梦吞食世界。希波赖特像桑塔格一样,只是以模糊措辞谈及自己的家庭。他甚至都未透露他姓什么。他沉默寡言,因为他不希望他的家庭或历史妨碍他做梦,使他放弃他认为自己是自治的幻想。但是,同样像桑塔格一样,他也抵制不了寻找父亲式人物的念头。

弗雷·斯特劳斯出版社档案表明,出版社认为出这本小说是胜券在握。毕竟,小说的出版得到了几位重量级的小说家和评论家的鼎力支持。1963年9月,该社准备出版《恩主》的时候,开始收集各方赞语。其中包括:

> 《恩主》当然是一个有才华的、令人惊讶的噩梦——来自伏尔泰影响下的荣格。它显然不是哪个苏珊·桑塔格小姐写得出来的,这位小姐存在与否,我都表示怀疑。这是一部令人感到极为不安的、怪异的、非美国的佳作。(约翰·巴思)

> 对于长篇小说处女作来讲,这已经算是不小的成就;大多数刚出道的小说家,至少是本国的,往往会犯过分表露感情、爱出风头的毛病,相比之下,《恩主》是一部特别让人感到耳目一新的长篇。(弗雷德里克·摩根,《哈得孙评论》)

> 我刚看完桑塔格小姐的这部长篇,感觉写得不是一般的好。我表示真诚的祝贺!你可能是发现了一个大作家。

当然,她非常有创新,她已经学会运用其与法国文学相一致的创新风格。这很好。我尤其佩服她能做到前后严丝合缝,她决不让其幻想跑野马,她是怎么能够从梦与思想中提炼出一个真实的故事的……我高兴极了!我很乐意去参加首发式。(汉娜·阿伦特)

但是,护封上的推荐语,还是伊丽莎白·哈德威克写得最合适。她那庄重的高人一等且近乎晦涩的语气就像小说里呆板乏味的文风一样,给人以一种不舒服的过分讲究:"苏珊·桑塔格是让我极感兴趣的新作家。她聪慧,相当严肃,长于以极其巧妙的方式来处理严肃的题材。"弗雷·斯特劳斯出版社的莉拉·卡普夫就在小说在美国出版的前几天,写信给《哈泼斯》的凯瑟琳·迈耶。她引用了阿伦特的评价,并补充说:"我们发现了一位大作家……我们认为,苏珊·桑塔格很快就会与玛丽·麦卡锡和伊丽莎白·哈德威克这样的作家-评论家齐名的。"

尽管有这些写得很不错的宣传词,但值得注意的是,弗雷·斯特劳斯出版社决定不用它们中的任何一条来做《恩主》的书衣,而是决定利用苏珊·桑塔格本人的神秘感。哈利·赫斯为她拍的照片占了整个封底。用来装帧长篇小说处女作,这是拍得最完美的镜头之一。"镜头"是个合适的字眼,因为这张照片看上去依然像是来自一部20世纪40年代后期具有宿命论色彩的影片。照相机拍摄了桑塔格大半身的侧面,皮夹克闪着微光,令她的鼻子看上去比平时宽一点点——一种法国人的格调。她化了妆,突出了她丰满的双唇、深沉的黑眸和眉毛。在特写中,她双眼圆睁,目光专注。挺直的姿势显示出她的警觉。她是性感的,却不风骚。

皮夹克里面是竖起的领子,她穿的好像是一件羊毛短上衣,脖子上围了条围巾。这张照片把她半露半掩地照在一层层硬的和软的衣服①之中。她的黑发——在左边很低处分开——正好剪到她上翻的衣领上边,衬托出她椭圆形脸蛋的一边,并贴在上面,营造出一种独立的韵味。皮夹克敞着的领子朝两边肩膀张开,使她那竖起的领子看上去仿佛是两个翅膀,就好像是飞行衫的一部分。卡洛琳·海尔布伦说《恩主》护封上桑塔格的照片使她看上去"像萧伯纳《错姻缘》②里跳伞飞过暖房屋顶的女飞行员"。这是个准备行动的作者,其形象的每个部件都已"整装待发"。桑塔格,一个热衷于研究戏剧、电影和摄影的人,已经掌握了形式;肯尼思·伯克认为它"完全是一种理想化的举动"。1963年7月25日,伯克致函桑塔格:"这张照片拍得很好,具有科学的精确性,应该会对小说的成功起到大作用。"

艾尔-斯波蒂斯伍德出版社决定在英国推出《恩主》。该社的约翰·布赖特-霍姆斯喜欢它的法国腔调、作者的德国姓氏还有护封上的照片,桑塔格的"五官有点儿墨西哥人的气质",这令她成了带有异国情调的新奇现象。

桑塔格作为一个作家,日后到过许多地方。她收到的弗雷·斯特劳斯·吉劳出版社的作者调查表(日期是1963年4月21日)包括一个常规的问题:"能去找你做报纸采访、电台嘉宾、俱乐部演讲,就与你目前的书有关的特别题目写一两篇文章吗?"桑塔格的回答不落

---

① 指皮夹克和羊毛短上衣。
② 萧伯纳创作的反映家庭和婚姻问题的剧本。

俗套。在整页空白的中央，她只写了一个字:"行。"

《恩主》的封面是一个华丽的格栏状孔雀羽扇的插图,封底是一幅作者绝妙的照片,这充分说明了桑塔格和弗雷·斯特劳斯·吉劳出版社锻造的那种庄重而性感的风格。桑塔格给希望成为知识分子的想法带来了辉煌,使得男性更容易接受她为一个有头脑的美人。而对于女性,她激发起既性感妩媚又严肃认真的抱负。桑塔格的形象开始出现在时尚杂志上。整整一代女性是从她的照片、从视她为当代文化领域的权威的评价中来逐渐认识她的。有人说,更多的男男女女认识的是桑塔格这个"名字",而非他们读过的作家桑塔格。是否如此,其实仍可商榷。桑塔格也能从《女士家庭》《麦考尔》《时尚》这些杂志的改版中获益——所有这些杂志恰如贝蒂·弗里丹的传记作者朱迪丝·亨尼西所说的那样,"正在重塑自我形象"。这些杂志的编辑越来越青睐能够提出有争议想法的作家。

罗杰·斯特劳斯则致信时任白宫肯尼迪总统顾问的历史学家小亚瑟·施莱辛格这样举足轻重的知识分子,他肯定地说:"我不记得在过去的 15 年间什么时候给您寄赠过我给予极高评价的长篇小说。"施莱辛格是个合适的人选。他效力的总统"拥有一种极具票房价值的演员般的个性魅力"(诺曼·梅勒语)。肯尼迪政府大力奖掖知识分子,不仅将他们提高到决策者的地位,而且使他们成为具有新颖、活跃风格的时尚演员。这些人一方面可以包括出席肯尼迪的就职仪式的诗人罗伯特·弗罗斯特,另一方面,也可以包括出席在麦迪逊广场公园举行的肯尼迪最后一次公开的生日庆典的玛莉莲·梦露。

《恩主》秋季出版前两个月,弗雷·斯特劳斯·吉劳出版社曾试图将小说的一个节选交《纽约客》杂志先行发表,以推动公众对它的接受。弗雷·斯特劳斯出版社的葆拉·戴蒙德称桑塔格"才华横溢",她夸奖说"这是我们出版过的最具独创性、最非凡的长篇小说处女作"。当然,它"不落俗套、文学性极高的品格本身,以及它那极端的风格化,不会让每个读者都喜欢"。桑塔格专门为杂志改出一章,但是,《纽约客》杂志编辑罗伯特·海明威却回复说,该小说"离本刊的要求尚相去甚远"。

关于小说的接受情况,罗杰·斯特劳斯称"有褒有贬",他对它正在获得的"大块评论空间"保持了平和的心态。在《党派评论》上,有位相当难以捉摸的理查德·霍华德认为小说的语言"就像贡斯当①或者司汤达在《阿尔芒斯》中所写的那样遮遮掩掩、干巴巴,尽管在桑塔格这里,华丽的辞藻(对上述作家来讲)过于频繁地提炼为格言——作者难以抵御的种种前后矛盾的情况之一"。驻《星期六评论》多年的格兰维尔·希克斯似乎有点困惑,但他称赞桑塔格"显而易见的才华,她的细致、她的沉思"。他的评价以给予她"所有怀疑的益处"结束。《纽约书评》日后将成为桑塔格许多作品的发表园地,编辑罗伯特·亚当斯认为《恩主》是"一部大胆的、有瑕疵的、给人以深刻印象的作品"。《纽约先驱论坛报》的詹姆斯·B·弗雷克斯也给予小说高度称赞:"这是一本非常特别的书,写得细心、勇敢、有信心,并做了打磨。非常自信。非常硬朗。"

《恩主》需要更多这样的评论——自信且权威。如果说,约翰·韦恩在《新共和》杂志上赞扬了桑塔格的"巧妙"和"令人高兴的技

---

① 法国小说家,其长篇小说《阿道尔夫》开现代心理分析小说的先河。

巧"，那么，他也自创了一个让人想忘都忘不了的责备的短语。他在思忖着让他感到烦恼的她那正式而毫无光彩的风格究竟是怎么一回事的时候，恍然大悟："肯定是这个原因！原来它是'译者的英语'——人们年轻时第一次读到的欧陆小说杰作的译本中看到的那种拼凑而成的语言。"这种判断罗杰·塞尔也在《哈得孙评论》上表示认同；青少年时期的桑塔格在南加州就看这份杂志，她正盼着用不同的表达方式在该刊发表文章呢。

但是她收到的来自两位知名作家的信却缓和了这些褒贬不一的书评带来的压力。乔治·利什特海姆，一位研究马克思主义主题的作家，1959年曾在坎布里奇和桑塔格见过面，他1963年8月23日给她写信说："法国已起作用了。我已跟随你的老实人①一路探险，途中乐趣多多，还有些许嫉妒。"更好的是，小说家约翰·霍克斯也给她发来赞辞：

> 你全身心投入对小说形式全新的理解当中，你特别冷静客观的态度那引人注目的连贯性，你怀着可爱的才华与不懈对非理性之美所作的坚持，该小说中大范围的喜剧的创作，你从你的小说中获得的纯小说的认同，尤其是你对一种纯粹语言的发现——所有这些真的棒极了……我觉得，我是在读一名真正有才华的创新者的文字，而且我真的想为这次体验向你表示感谢。

---

① 这里的原文为 Candide。《恩主》出版后，有评论说其主人公有点类似于伏尔泰《老实人》中的主人公。

尽管霍克斯对小说赞赏有加,但弗雷·斯特劳斯出版社满心期待着评论界和读者表现出更大的热情。截至1967年年底,小说的精装本才卖出1800册,尽管1965年元月出版了埃汶版平装本之后,在接下来的三年里,卖出了33750册。《恩主》精装本第一版发行不到两周,斯特劳斯就建议桑塔格出下一本书:一本文集。他敏锐地感觉到她在文学争鸣方面的才华会为她赢得更大的读者群。早在60年代初,她就发出了对抗之声。1963年秋,在一次以"当下文学批评"为题的专题讨论会上,她向评论家德怀特·麦克唐纳发难,说他根本不懂她这个年代的作家。接着,她暗示像莱昂内尔·特里林和爱德蒙·威尔逊——她认为后者"获得的评价过高"——这样的评论家彻底完蛋了。(《党派评论》的合作编辑)菲利普·拉夫对桑塔格感到厌恶,他公开讲:"特里林式的中产阶级行为方式已经过时,反常行为变得时尚。"他对玛丽·麦卡锡又加了一句:"苏珊·桑塔格,何许人也?她是一个传统的思想者,尽管她的思想让她显得很前卫。"

莱昂内尔·特里林和菲利普·拉夫这样的老一辈评论家认为,桑塔格似乎偏爱西蒙娜·韦伊和让·热内这类追寻极端主体性的作家。正如评论家利亚姆·肯尼迪所说,特里林警告人们不要认同其自由的概念包含了与社会本身分离的作家-英雄。特里林担心,退入自我会导致自我的摧毁。即使桑塔格有时被归为最后一位纽约公共知识分子,而且,她也经常提到莱昂内尔·特里林,认为他是自己早期的一个榜样,但是,她与特里林及其妻子戴安娜,以及他们这一代其他人的关系时好时坏。正如这些思想家中的许多人代表老左派一样,桑塔格在许多方面,逐渐代表慢慢被称为的新左派。她的文学批评主张促使她抛却掉掌控她扬名之前20年的新批评。与新批评家不同,她很少用整篇文章来讨论文学杰作,而是喜欢对文学和文化潮流进行概览,给人的印象是她是预见未来之物的预言家,而非仅是文学传统的维护者。

桑塔格愿意参与到大众社会之中,上一辈知识分子会认为,其参与方式简直不可思议。在他们那个年代,像苏珊·桑塔格这种科班出身的哲学家、当代文化的产物和评论员是不可能有一席之地的。作为其时代的标志与阐释者,桑塔格成为其书评者的主要话题。战后的美国,越来越多的大学生一代在大众文化和大学课程的熏陶下成长起来;在这样的文化氛围里,桑塔格的任务变得轻松些了。苏珊·桑塔格的平装本作品在大学书店的书架上占据了主要的位置。比如说,1969 年的大学生知道苏珊·桑塔格的可能性要大于 1949 年的大学生知道肯尼思·伯克。

桑塔格已开始结交好友,也树立了仇敌。某个为她感到悲痛的编辑哀叹她"在雅俗两方面都要出风头,还有她那犹太美国公主的行径。她个人风格(靴子和一袭黑衣……)的暴徒样和她那绝对权威的看法对人有种威慑力"。她有一众随从,"总体上都是中产阶级妇女的一帮女权主义者爱(正确的词应该是'爱戴')她那歹徒作风,现在也许过时了。"在 1960 年代初的一次聚会上,桑塔格带着两名"副官"到场,为了让自己的出场给人留下深刻的印象,她把一支香烟撂在客厅的地毯上,一抬脚将它碾灭。

八、巅峰时刻（1963—1964）

　　《恩主》是献给玛丽亚·艾琳·福恩斯的，但是，1963年1月，桑塔格将小说送到弗雷·斯特劳斯出版社时，福恩斯正觉得自己被抛弃了。如果从桑塔格的生活背景看，那么，这部小说似乎就是对她始乱终弃的关系所做的一次探索。阿尔弗雷德·切斯特深爱的艾琳在受罪，在快乐与恼人的平静之间摇摆，这一切，他惊恐地看在眼里。1963年2月，她已经不和桑塔格同居，而搬过来与切斯特长期住。他也同情桑塔格，看到这两个女人似乎都很悲惨。1963年3月，两个女人都开始向切斯特诉苦。可以想见的是，他听到的是不同的说法。他倾向于站在艾琳一边，但对她讲的话也不无怀疑，觉得她生桑塔格的气使其叙述不无歪曲。苏珊生他们俩的气，因为他们面对面地交流，而她被排斥在外，但是阿尔弗雷德和艾琳似乎只有联合起来才更有安全感，他毫不容情地数落苏珊的阳奉阴违："她（艾琳）这些年来一直认为她是唯一一看穿苏珊的人，别人都上当了。"艾琳听了颇感安慰。桑塔格与福恩斯的关系继续维持，直到最终义断情绝："她们还是情人，却只是偶尔为之。"1963年4月初，切斯特在给菲尔德的信中写道。但到月底，他宣布："苏珊与艾琳一刀两断了，她们的情人关系是昨天正式结束的，艾琳现在正勇敢地承受着。"

5 月下旬,切斯特最后决定接受保罗·鲍尔斯的邀请去摩洛哥,尽管他对桑塔格的态度向来是矛盾的,但这时,切斯特与她之间达成了某种程度上的和解。此时,在他眼里,桑塔格已成为他认为的"纽约文学丛林"(切斯特的朋友诺曼·格拉斯语)的化身。切斯特蔑视"那些低俗的自我推销术及其卑鄙的权力之争"。在他的描述中,这个世界里你如果希望成为成功的作家,就得做恶棍,要不就是影星。1959 年,切斯特到达纽约,他说,感觉"好极了",但他离开的时候则大为不满,冷冷地看着这一他认为是桑塔格想出的诡计。他密切关注她的长篇小说处女作的接受情况。

切斯特后来讲艾琳·福恩斯责备他,说都是他破坏了她和苏珊的关系。对这一指责他不能接受,但假如是真的,他说,那就是他能为艾琳做的最大的好事了。他对桑塔格所持的种种怀疑对艾琳会产生极大的负面影响,不过,她自己似乎也对桑塔格心存疑虑,正如桑塔格对她一样。但是,切斯特这个人有结交朋友、断绝友情的天赋,是要为她们这次关系的破裂负一些责任的。正如辛西娅·奥齐克所言,"他是我情感的第一层,也是最需要忍受伤痛的一层"。诺曼·格拉斯引用拉罗什福科①的《箴言录》,说切斯特犯下了"不可饶恕的罪行:他伤了别人的自尊"。但是,桑塔格还是与切斯特又保持了一年的关系(一直走到 1964 年)——不管她是怎样疑虑重重——而且,还会在公开场合为他的作品进行辩护。他觉得她这是在还债给他,但是,这也是一种慷慨的姿态,尽管她日后终究要后悔的。

切斯特从摩洛哥给哈丽雅特·索姆斯写信,问道:"苏珊出名了

---

① 法国 17 世纪伦理作家,著有《箴言集》五卷,内容多表现其愤世嫉俗的思想。

吗？简和保罗[·鲍尔斯]似乎看不下去她的书,好像是哎。"苏珊·桑塔格尚未出名,但也快了。她脱颖而出的标志之一就是1963年2月,她出现在后来被称为"全美最成功的知识分子杂志"《纽约书评》的创刊号里。桑塔格认为:"多亏了《纽约书评》,多亏了它为普通读者提供写作的样板,否则,美国知识分子生活——贫乏而又支离破碎的东西——会变得贫乏得多!"这个国家还从未看到过一个大众知识分子论坛一类的东西,这份出版物看上去更像是一张报纸,而非一本小杂志,那些知识界名流除了为它写书评,还写许多其他东西——这当然是后话。凭着第一期,它成为美国知识分子的一种展品目录,评论者都成了明星。

《纽约书评》由书业天才贾森·爱泼斯坦发行,他曾经首创用温体基版和铁锚版平装本来包装经典作品。爱泼斯坦是诗人艾伦·金斯堡和约翰·霍兰德在哥大的同班同学,他是和妻子芭芭拉、作家伊丽莎白·哈德威克及其诗人丈夫罗伯特·洛厄尔在曼哈顿上西区共进晚餐的时候,起了创办《纽约书评》的念头的。桑塔格进入了伊丽莎白·哈德威克这个纽约知识分子的女头领支持的神奇圈子。哈德威克在桑塔格眼里是由局外人变成圈中人的样板。像桑塔格一样,哈德威克一直酷爱文学,从"很年轻的时候就下定决心,要到纽约发展"。哈德威克生在列克星敦,在肯塔基大学接受教育,她是"巴尔扎克笔下渴望去巴黎的外省人"的一个化身;希尔顿·阿尔斯为《纽约客》做他那篇令人喜爱的专访而采访哈德威克的时候,她亲口这么说的。和桑塔格一样,她与她漂泊不定的妈妈的关系也很麻烦、复杂;借用哈德威克长篇小说处女作《鬼一样的情人》中的话来讲,她妈妈"待过太多的地方,住过太多的房子"。哈德威克生于1916年,在肯塔基大学获得硕士学位后，又在哥大注册攻读博士学位，中途退学，接着，就为《党派评论》写稿，并嫁给了罗伯特·洛厄尔。

这对夫妇令诗人德里克·沃尔科特联想起像勃朗宁夫妇和卡莱尔夫妇那样的维多利亚时代的夫妻。洛厄尔和哈德威克在他们住的67街公寓搞了个沙龙；在那里，沃尔科特注意到"同行的作品被那帮客人以友好的恶意的方式否定掉。建立起来的整个声誉就像烟蒂那样被碾灭"。哈德威克从《党派评论》转向《纽约书评》的时候，阿尔斯发现，她的文章有"一种更加自由奔放的品质，人们猜想，是爱泼斯坦和西尔维斯对她发出的声音的特征给予了肯定"。哈德威克在《纽约书评》很自在，她也为桑塔格创造了一个机遇，编辑罗伯特·西尔维斯知道如何去利用这一机遇。西尔维斯仅比桑塔格大3岁，他15岁就被芝加哥大学录取，只花了两年半的时间就大学毕业了。桑塔格曾说，他是个"非凡的、了不起的、有才华的"编辑。"他被有名望的、有权力的人迷住了，他们也都非常喜欢他，"《党派评论》的编辑乔治·普林顿补充道。

西尔维斯的兄弟讲，西尔维斯5岁的时候就酷爱读书。他几乎有着照相机式的记忆力，与桑塔格旗鼓相当。和桑塔格一样，他也有着"圈内人"的心态，编辑杰拉尔德·霍华德说，他只与"一个由纽约知识分子、牛津大学和剑桥大学的才俊和严格遴选的先导组成的小圈子交往"。1959年，西尔维斯从巴黎回到美国，在《哈泼斯》杂志当编辑。

第一个研究《纽约书评》历史的菲利普·诺比莱声称，杂志的高层发过毒誓，决不对外讨论其入会仪式。这个小集团仅限于少数内部人员的实质与其扬言相信公开的知识分子讨论之间的反差是极其引人注目的。正是这种小集团性质使得切斯特于 1963 年逃离曼哈顿，去了摩洛哥。

1964 年初，桑塔格在《小姐》杂志获奖，照片上（看上去更像 20 岁，而不是 30 岁）她浓妆艳抹，一袭黑衣，倚靠在一面空白的墙上。在她占的版面，上面标为"作家"，就像另一位得奖者标为"电影演员"，第三位标明"运动员"。她就要在令其一夜成名的跑道上起跑了。又一次，是阿尔弗雷德·切斯特为她指明了方向。1963 年 3 月 9 日，W·H·奥登在《纽约客》发表了评论奥斯卡·王尔德书信的文章。激动的阿尔弗雷德·切斯特写信给保罗·鲍尔斯，也给桑塔格写了信，让他们注意看那篇文章，称它"非常大胆"。

切斯特认识到扮演角色的重要性，他发现王尔德带给艺术家生活的一种公众风格即将出现。谨慎的奥登委婉地处理了性与艺术的关系，他从来都不谈自己的经历。相反，他集中在既是艺术家又是艺人、既是作家又是表演者的这么一个王尔德身上，以便在其书评结尾处做出以下概括："艺术家和同性恋的一个共同特征是他们都比常人自恋，尽管程度均不如表演艺人那么厉害；可能的情况只是与其他行业相比，在艺术家和艺人当中，同性恋的比例要高于一般水平。"

描写王尔德风格的词语是"坎普"。他已经找到一条写作之路，同时又被视为作为作家以同性恋的浮华在表演。"坎普"这个被争论不休、反复讨论的术语不管有什么其他涵义，它首先是指一种呼吁自我关注并考虑公众的角色观的行为。正因为如此，桑塔格才在《关于"坎普"的札记》（发表于《党派评论》1964 年秋季号）的前言中冠以"以下是就奥斯卡·王尔德的言论所作的札记"的题献——好像她是在向王尔德解释那些他从中崛起、显赫一时并形成作为明星的现代艺术家那些强有力的观念的综合因素。

奥登的文章塑造出的是在因为被判刑而发布大胆观念的同时，也使自己在社会上暴得大名的王尔德。正如奥登所说："表演者只有在与观众处于一种交感的关系时，他才是真正的自己。"王尔德决定使其诚实成为人们讨论的话题，并冒险自曝是同性恋的时候，他身败名裂的日子也随之而来。这样的行为被人怀疑、被人议论纷纷是一回事，向公众提出挑战，要他们接受他对那种行为的拒绝则完全是另一回事。只要王尔德似乎是在伪装、在表演而存在某种程度上的模棱两可，那么，他就是坎普。在坎普中，装样子只是装样子，还是意味着某种更严肃的事，这从来就不清楚。表演者两样都来：梅·韦斯特①是女人，但她也是装成女人的女人。她一直都是个惹人精。在法庭上——正如王尔德知晓的那样，这令其永远感到十分痛苦——坎普无法生存：判决必须做出，而坎普是个无限期推迟的判决。

阿尔弗雷德·切斯特头戴脏假发，是个公开的同性恋，坎普这种既露且藏的游戏，他玩不起来。但是，漂亮得让人迷醉的苏珊·桑塔格却能——尤其是她愿意追求切斯特深恶痛绝的东西：社会的承认。王尔德能扮演波希米亚人，但他也树立起了一个公众人物的形象，使他在美国巡回演讲时讲一场能挣 1 000 美元——即使以今天的行情看，这个数字都能让他上名人报酬之最的榜单。与此相仿的是，苏珊·桑塔格能够在世界上几个国家的首都过着她喜欢的女同性恋生活，她一方面与先锋人物玩在一起，另一方面却又精心扮演一种能

---

① 美国女影星，从艺 50 余年，其表演以机敏伶俐和夸张的性感而著称，善用色情双关语。

让《小姐》杂志和罗杰·斯特劳斯接受的角色。虽然"明显包容着",但鲍里斯·卡奇卡注意到,斯特劳斯并不"完全喜欢这种新的坦诚"。卡奇卡引用了这个出版人对毛姆同性恋生活曝光的反应:"令人恶心……让所有这些讨厌的同性恋啧啧称赞去吧。"

桑塔格克服了困难——她忍受着斯特劳斯歧视女性的俚语,还说他是"世上"唯一能叫她"宝贝"且能相安无事的人——不过,她违反他聚会时餐后随女宾一起上楼的礼仪常规。"就是这样哎,"斯特劳斯的妻子多萝西娅说。传统打破了,女宾从此再也没有独处一室过。桑塔格正逐渐从斯特劳斯那儿获得权力,《恩主》出版前他就付给她1 000美元的稿费,而且1964年年初又借给她1 000美元,这时候,她找到了她第一个大题材:做她的关于坎普的"札记"。

桑塔格本来希望这篇文章发表在通俗杂志上,这样或许能使她的观点为最多的读者所了解。1963年12月,她边吃午饭,边与《演艺》杂志一位名叫阿诺德·埃利希的高级编辑讨论该文的观点。他答应发表这篇文章,可终究没有发出来。她就把它交给发行量低于一万册的《党派评论》发表。但是,因为该文非常发人深省,她遂"一夜"成名——威廉·菲利普斯这么说。

《关于"坎普"的札记》第一句话就非常吸引人:"这个世界上有许多东西尚未命名,而很多东西尽管已经命名,却从来都还没有被描述过。"这一开场白集中了桑塔格的精华:为种种现象下定义,愿意从哲学的高度去解释她加上引号的那个奇特的术语。她扬言,从未有人讨论过它。从未?嗯,她承认,克里斯托弗·伊舍伍德在长篇小说《夜晚的世界》中确实"以两页纸的篇幅"仓促地讨论过"坎普"。这种断语——加上几乎立即补充的限定条件——是桑塔格高明之处。研究坎普的学者当然可能将其起源追溯到 18 或 19 世纪。一个平庸的作者或许会写上好些句子,努力详述此术语。您还别说,评论家约翰·西蒙在一封致《党派评论》(1965 年冬季号)的信函中真是这样做的:"桑塔格小姐本来倒应该引用一下辞书上的定义作为这篇赞颂'坎普'的长文的开头的。您看,埃里克·帕特里奇编纂的《俚语辞典》给该词作名词的定义是'言谈和举止方面的种种女性的,尤其是同性恋的矫揉造作',作形容词用,则表示'同性恋的,女同性恋的'。"但毫无疑问,这正是桑塔格希望避免的。在让读者完全陶醉于坎普之前,她根本不想去掉书袋,或者介绍什么同性恋。

第二段又是一句预示着成熟的桑塔格的句子:"我受到坎普的强烈吸引,但几乎同样强烈地排斥它。"桑塔格使用第一人称,但她的自我指涉难以捉摸,它是一种逗引,就像坎普表演者的一样。她态度前后矛盾这一点几乎贯穿于她所有的著作之中,其特征是她在此处所谓的"为反感所冲淡的深深的认同"。这一说法非常策略地在理解其文本与超出其文本的理解之间保持一种张力。她也希望表明她是在做一件相当困难的事,即捕捉一种非由理性掌控而是靠一种"趣味之逻辑"发挥作用的感受力。她努力去表达那不可表达的东西,便只得"谨慎而灵活",因此叫札记,不叫详尽阐述的论文。

这些札记好像就是钉在当代文化之门上的论文。桑塔格在文中列举了从蒂芙尼灯具到《天鹅湖》再到《金刚》等坎普经典例子。作曲家内德·罗雷姆报告说,桑塔格有帮手通过观察作家埃利奥特·斯坦因在巴黎的无电梯五层楼建筑中的一居室,来为她收集她所列出的坎普艺术品单子。斯坦因在墙上贴了崭露头角的影星和连环漫画人物的照片。他展出了一个蒂芙尼灯罩、一个圣水盂和一些肌肉男照片。罗雷姆——一个不辞辛苦地去记录生活与艺术之交融者——最后说:"大约在 1966 年,苏珊·桑塔格告诉我,埃利奥特的房间就和他冷面滑稽的闲话趣谈一样,是她思考的主要源泉……因为还没有人记载苏珊对别人讲过这一点,所以,我在适当的时候要为埃利奥特提一笔。"斯坦因的眼光——微笑的、讽刺的——表明他或许对她塑造希波赖特这一人物也做出了贡献。

坎普成为桑塔格提出她关于风格和技巧观念的一个工具;这些观念认为,艺术本身不是模仿,不是对世界的拷贝,而是艺术家的一种流露,是一种神奇。坎普讨论的是对肌理、感官的表面而非内容或题材的欣赏。坎普既吸引了双性同体者,又吸引了极为夸张或伤感的人,因为他们都是一种建构物,表明生活是舞台、戏院和自我的建构。桑塔格指出,概括地说,坎普是对世界的审美,特别对小圈子和城市集团有特别的吸引力,他们在"'直接的'公共意识的背后"窥视,"在此意识的意义上是能理解某些东西的……一种私人的、滑稽的体验"。

坎普对桑塔格产生吸引力,也因为它是一种控制和吸收的形式。她指出,坎普通过让同性恋因为其有趣的阐释而产生吸引力来促进他们的行为与社会的协调。在受审前,王尔德一切都很出色,因为他的社会批评是以娱乐的形式提出来的。奥登认为,王尔德发现自己不再能为社会所接受的时候,他的创造力便衰退了。他需要最大数量的观众,他们打破了不同阶级的界限,既能吸收英国贵族,又能吸收美国矿工——他在美国巡回演讲期间,轻轻松松就给他们带去笑声,让他们开心。为社会所接受的先锋派理念是奥斯卡·王尔德留给苏珊·桑塔格的遗产。不过,与她的恩主不同,她不会出错,去逼迫她的观众目睹一场审判,也不会去冒险自曝私生活。

1964 年 12 月 11 日,《关于"坎普"的札记》的梗概以双栏、五段的篇幅发表在《时代》杂志上。有个词是黑体加粗的:趣味。紧跟着是放在引号里的"坎普",这使桑塔格立即成为知识分子名流,并被赋予一种在随后几十年的社会变化中她努力保持的地位。《时代》杂志将桑塔格誉为"曼哈顿最出色的青年知识分子之一",并大量引用桑塔格的话,重新勾勒出矫揉造作的文艺风格的历史。不断地提及"坎普"这一说法的同时也不断提及她,这表明她拥有它,甚或说得更明了些,她敢拥有它,因为正如《时代》杂志所说的那样:"如果说这有点指向同性恋,那么,桑塔格小姐不是否认此说法的人。"1964 年,对于一家主流的大众新闻杂志来讲,即使是这么近地站在坎普感受力一边,似乎都还是大胆的举动。《关于"坎普"的札记》中的某些句子显然引起了《时代》杂志的注意:"坎普是问题的答案:如何在大众文化时代做一个花花公子。"桑塔格不仅仅是在描述坎普,她已成为如何才能独具特色、如何成为捕捉当代感受力的思想家的那一定义。但是,约翰·西蒙在一封致《党派评论》的信函中,狡猾地指出桑塔格的"目录读起来很像《时尚芭莎》中说的'时兴的是……'或者《时尚》杂志里说的'大家在谈论……',也很像许许多多类似的列表,说什么'时髦',什么'落伍了'"。

然而,对于她在《党派评论》的同事、文学季刊的读者和接受过大学教育的人来说,桑塔格做了件很了不起的事情。正如威廉·菲利普斯在《党派观点》中所评论的那样,"她已经与大众趣味和大众娱乐界达成和解,如果说她使用的还只是间接的,并有点嬉戏的方式的话"。当然,她前面已经有人——如克莱门特·格林伯格和德怀特·

麦克唐纳——发表过引起争议的文章,讨论媚俗作品与大众文化,但他们采取的是一种淡然的态度,而桑塔格似乎对她所描述的东西相当投入,菲利普斯注意到,她摒弃了"对大众文化和商业文化产品所持的敌对态度"。桑塔格的风格超越了旧观点的术语,而预示着"看待我们文化产品的新方法"的出现。菲利普斯最能说明问题的说法抓住了桑塔格在整个20世纪六七十年代将要继续担当的角色:她有一种"超越争论的普通术语的能力"。对她的立场,菲利普斯本人有所保留,但他意识到,像桑塔格或其陈述观点的那种方式美国以往从未出现过。菲利普斯最后说:关于"坎普"的文章似乎是"深思熟虑的结果"。

桑塔格时年31岁,就已成了明星——不仅仅对她的读者而言,对她的作家同行也是如此。1964年10月1日,曾追求过她的乔治·利什特海姆为他如果说是傻乎乎但也是有诗意的信感到尴尬。他承认:"我眼里甚至有泪。"她回避了他的追求,但他坚持认为,既然他"疯狂的行为"已然"结束",至少他们可以成为朋友。一些多情的作家蜂拥来到她的面前。查尔斯·杰克逊——著名小说《失去的周末》(已拍成了令人难忘的电影,雷·米兰德主演)的作者——写信说他为她的笑容所倾倒,还说他的谈吐"太心神不宁,像个幼稚的小姑娘"。他听她在广播电台的节目时注意到,威廉·菲利普斯当然聪明,阿瑟·米勒则"无所不知",但是他们与她比起来,似乎就是旧闻啦:"你生机勃勃——不矫揉造作——清清楚楚——而且你的听众(至少本人)听懂你了,如果这样说听上去不太有自命不凡之意的话。"

桑塔格的仪表和举止就像个明星。"她满脑子想着自己,"有对夫妇——我们姑且称他们为王尔德夫妇吧——在桑塔格迅速蹿红后做巡回演讲时见过她。她坐在伯克利的一个教授办公室一张桌子后面,身边围了一群学生。王尔德夫妇进去、坐下,但是,他们一直都未能真正和她说上话。有人正要讲什么,电话铃响了。桑塔格拿起电话,说"对,我就是"。于是,她就讲开了,讲完挂掉。接着,有人会倾过身去,开始讲。事实上,你很难和桑塔格讲上话,她和善却漫不经心地搭理王尔德夫妇(其中一位与她年龄相仿,是个小说家)。然后,又是电话铃响起。王尔德夫妇俩有一位记得:"我记得当时认为人快要成为名人的时候,就是这个样子。"确实,桑塔格新的名气非常适合她。"她像伊丽莎白一世。除了没有轮状皱领①,她拥有一切。"

桑塔格这个时候可以大摇大摆地走进弗雷·斯特劳斯·吉劳出版社位于联合广场那肮脏不堪的办公室了。就像她的替身,《缪斯》中的佩皮塔·厄斯金一样,桑塔格已然成为出版商的作者"典型",你就是指责她,她也根本不在乎。"一切都得为她停下来,"一名前文字编辑还记得,"我们会把手头所有的活放一边——不管什么活——来处理她的事情。"桑塔格到底变得地位有多高,影响力有多大,通过艾丽斯·默多克捎来的一条消息就能反映出来,消息是关于一封"来自乔治·利什特海姆的伤心的信"。他非常痛苦难过,因为桑塔格一直沉默不语。默多克希望桑塔格别介意她传递了这个"可怜的家伙"的消息。他真的"情绪低落。所以请原谅我代他一起请求:给他写封信吧"!

---

① 指 16 至 17 世纪流行的那种高而硬的领子。

九、声名(1965—1966)

　　1965 年和 1966 年,似乎到处都能见到苏珊·桑塔格的身影。艾伦·布赖恩在《旁观者》上写道:"她在美国有名,在英国也几乎同样有名——翻开任何一份文学周刊或小杂志,你似乎都不可能不看到她的文章,或者至少是涉及她的文章。"布赖恩被她"滚石乐队演员般高卷式发型下面那张淘气精灵的脸蛋"给迷住了。她本人看上去倒"既非其作品中'垮掉的一代'的包迪西亚,也不像她接受电视采访时的那种早熟的女童子军形象"。这个身材高挑、看上去很强硬的女人——开朗直率,说起话来连珠炮似的——否认"自己意欲为她有个性、浓缩、适于教学的、博学而可以戏仿的批评风格申请什么专利"。

　　1966 年 6 月接受《时尚》杂志"大家正在讨论……"栏目组策划的"桑塔格母子"的访谈时,戴维差不多 14 岁了,在曼哈顿一个法语学校就读。他出场时头戴一顶约翰·列侬帽——当时,列侬正是以那种有点像海员式的穿着惹人注目——身穿一件人字呢夹克衫,双臂交叠在胸前,弓着身子趴在桌子上。妈妈桑塔格右臂勾着他的肩膀,手抓着他的右臂。事实上,他是她的左膀右臂。他也是个思想者,对"他所生活的时代有着敏锐的感觉"。《时尚》杂志称他酷爱义和团运动和阿尔比派①十字军东征方面的书籍,一个十几岁的少年,他也谈论(的确是"谈论"这个词)30年代的电影和凯·弗朗西丝这样的女演员。

欧文·佩恩拍摄的桑塔格看上去好像是借用了纳塔莉·伍德②的发型师和化妆师。她在那张书衣照片上的短发如今已长成一头迷人的披肩发。佩恩将这一对母子拍成了时尚偶像,正视的目光突出了他们乌黑的大眼睛,还有那苏美尔人③般的凝视。这个作为母亲的知识分子形象与时代十分合拍——离新的女权主义运动发展的顶峰时期尚有足足六年的时间。桑塔格看上去可能会让人兴奋,但同时,她还有哺育孩子的一面,这给女人——当然是看《时尚》杂志的女人——以安慰。桑塔格很为儿子感到骄傲,像天下所有的母亲一样,喜欢拿他炫耀。再者,她是单身母亲,一直是凭着自己的勃勃雄心和精明强干来养活自己和儿子。如果说桑塔格显露出什么迷人之处,那也是一种需要勇气的迷人。桑塔格在日记里承认:"所以,现在人们以为我和戴维是姐弟,这可把我高兴死了,让我兴奋极了。"这与当初她那年轻、自恋的母亲一脉相承,她母亲当年就喜欢别人错把她当成自己女儿的姐姐。

与迪安·阿巴斯④为《老爷》杂志(1965年7月)拍摄的桑塔格母子那张经典照片相对照,佩恩的作品显得非常抢眼。在阿巴斯拍摄的照片中,桑塔格———一脸焦急、几乎是痛苦的表情——依偎着戴维,她的身体和头倚在他身上,他——看上去像个女孩,十二三岁的

---

① 起源于11世纪法国阿尔比的基督教派别,13世纪被诬为异教,遭到教皇与法王组织的十字军镇压。
② 美国女演员。
③ 生活在古代幼发拉底河下游的民族。
④ 美国著名时装摄影家,后专门从事拍摄社会畸形人物形象。

样子,留着长长的刘海——则靠在她怀里。他们俩似乎就是个合而为一的整体。桑塔格头发几乎没梳理,衣着很随意:一件高领毛衣和牛仔裤,外面半套着一件长大衣。戴维穿着卡纳比街①的衣服,无疑更惹眼。

戴维——"新潮左翼的吉祥物"——交往的有沃伦·贝蒂②、贾斯珀·约翰斯③、汤姆·海登④和简·方达。后来,他自称是一个"生在哈佛园、长在安迪·沃霍尔工厂的孩子"。阿巴斯似乎捕捉到了他对自己的不满。他这个孩子,因希望自己出类拔萃而感到压力重重;11岁时看《战争与和平》看得哭了起来,因为"他明白自己永远也写不到那么好"。如果桑塔格在阿巴斯拍摄的照片里看上去不开心,她是有权这样的:因为争夺戴维之战令她筋疲力尽。她告诉理查德·特里斯特曼,她已经被迫做罗夏墨迹测试⑤。但她设法获得了对儿子的监护权。尽管两张照片里,桑塔格母子看似难舍难分,但戴维记得,到14岁的时候,大部分时间他都是一个人待着,像母亲一样,他15岁就出门在外,独自一人游欧洲,闯中东。

父母之间的冲突似乎只是更加强了戴维与母亲关系的密切,有20多年的时间,他与父亲一直关系很疏远。桑塔格经常去纽约办事,或者随即进行那种连最厉害的游客都会感觉精疲力竭的欧洲之行,她甚至对自己的儿子来讲都保持了某种神秘感。如果说,用居家安排和日常生活来衡量,她不是一个会照顾孩子的妈妈,那么,到了

① 伦敦一街道,以时装出名。
② 美国电影演员、导演、制片人。
③ 美国画家。
④ 美国电影演员简·方达的丈夫,曾积极参加反越战和争取民权运动。
⑤ 一种通过被测试对象的墨迹测知其人格特征的心理测试。

与儿子分享她对出人头地的追求的时候,她可就特别上心了。如果说,他因她对他的期望值太高而感到害怕,那么,与她结伴而行,他也感到满足。在她的轨道上运行,他有一种非同一般的感觉。但是,就像她一个个最亲近的朋友和情人一样,他永远也不会真正知道桑塔格对自己的声名怎么想,或者她为什么不出柜。虽然她的日记表明了她对性方面的想法,但这些想法小心翼翼地避免讨论她不出柜的决定。

说到性取向也许会令桑塔格不安,这部分原因是她一直纠结,不知道这对她、对别人意味着什么。她1965年夏天的日记对她和艾琳·福恩斯在一起几乎5年的时间表示悲叹,并且详细叙述了控制她的一个情人对她的完全掌控,然后又像桑塔格的妈妈一样默默地退缩了。更糟的是,桑塔格认为自己"床笫功夫太差"。她承认,戴维是她的生命支柱。"如果我没有戴维,我去年就会自杀了,"她在1965年8月24日的日记里写道。与理查德·古德温(林登·约翰逊的演讲稿撰写人、罗伯特·肯尼迪的合伙人)一段短暂的交往,引发了一则日记:"整个的神经紧张的新大陆驶入视野。"即便这样,她发现古德温与权贵们的关系有着无法抵挡的诱惑,并且注意到他关于你能信任谁的建议:这个人必须正直,一个对他人敏锐的观察者,而不是一个说长道短的人。

戴安娜·凯梅尼数次对她进行的治疗以及制片人诺埃尔·伯奇与她推心置腹的交谈,显然对缓解桑塔格的焦虑,或者减轻她所称的受虐狂症状没有什么效果——也许是因为一直依赖地塞米尔片这种安非他命而加剧,她对此药剂有瘾,一直到20世纪80年代才戒掉。同时,凯梅尼和伯奇指出,桑塔格的虐待狂倾向体现在她对其他人的弱点表示出的鄙视,甚至在她装作她"一点都不具有进攻性或者竞争心"的时候也是如此。私下,在她的日记里,一个更脆弱的桑塔格一闪而过:"在戴安娜〔·凯梅尼〕的指导下,我将找到我的尊严、我的自尊。"这样做意味着,用她的话来说,不去想过去的事,不去想她在加利福尼亚长大的事。桑塔格必须继续前行、"摧毁我的记忆"以及毁了她的前 15 年的"胡说八道",这样她才能"不够疯狂、不够痴迷"。在足够疯癫的艺术家中,她把"西尔维娅·普拉斯"列入了引号之中,仿佛普拉斯已不是一个人,而变成了一个角色,一个桑塔格要在她的小说中对她自己那正在崩溃的艺术家——托马斯·福克——进行探究的主题。桑塔格相信,她真正的活力,在于她对当下的投入。当她在日记里记下下面这些时,她脑海里可能有这样的想法:

西尔维娅·普拉斯:

诗人——

丈夫,父亲

两个孩子——

自杀——

这个诗人出了名地无法将自己从过去、从家庭的桎梏中摆脱出来,她是无牵无挂的苏珊·桑塔格的一个实例吗?

苏珊·桑塔格一成名就想——像嘉宝一样——逃避名声,就想避开像玛丽·艾尔曼发表在 1966 年 9 月的《大西洋月刊》的《了不起的苏珊·桑塔格》这样的文章。艾尔曼开头写道:"在《时尚》杂志的地盘上,人人都在谈苏珊·桑塔格。"1966 年春,桑塔格写信给威廉·加斯,说自己感到十分尴尬,因为她为他的长篇《奥门塞特的运气》所写的推荐语放在书衣正中的醒目处。这看上去好像她正准备扮演"某人的庇护人"的角色,而她原以为她会如同给予小说好评的许多作家一样,名字是放在封底的。

1966 年,桑塔格拒绝《老爷》杂志希望她开每月影评专栏的要求,骂杂志"真讨厌"。8 月 11 日,她写信给罗杰·斯特劳斯说:"我不希望自己成为德怀特·麦克唐纳第二,就像不想成为玛丽·麦卡锡第二一样,尽管这些名流值得尊敬。"她明确表示,准备逃离任何"大众名人的声名"。斯特劳斯同日也给她写了信,他们的信就在路上错开了。斯特劳斯对《老爷》杂志的评价要高一些,他说尽管桑塔格也许不想从小说创作中偷空写专栏,但是,"恕我直言,写专栏也不会有损你的形象"。

斯特劳斯用的"形象"这个词触到了桑塔格的痛处。桑塔格就是不能承认自己现已成为公众人物的事实,对于某些男女来讲,她是一个巾帼英雄,其自身的例子允许文化讨论和文化行为范围的扩展。她的读者(包括那些只看过关于她的文章或照片的读者)喜欢的是他们看到一名女子正在做——套用 60 年代的话讲——"她自己的事情"这一形象。桑塔格讨厌成为《时代》杂志里最新的内部情报。在《反对阐释》平装版前言中,她对读者说:"我无意将我自己以外的任何人引进福地。"从这一声明中,可以看出列奥·布劳迪在《名声之疯狂》中所谓的"林德伯格综合征",即名人放弃"部分名声的欲望:赢得声誉,因为你满足了观众希望有个英雄的欲望,然而,你否认这些观众或时势与你的声名有什么相干。你应当有名,那完全是由于你纯洁的自我,你要将你的名声掰成一点一滴,分配给忠实之人"。桑塔格希望旁人别来烦她:"只要不受打扰,有个干活的地方……只要能出版著作,有足够的钱去买书、看电影、听歌剧,那我就心满意足了……我不明白为什么所有人都想成名。我认识很多影星,他们大多感到茫然、不幸福。"她没有讲她的影星朋友为什么"感到茫然、不幸福"。是名气太大,还是太小?桑塔格的两个好朋友接受了传记作家彼得·施赖伯的采访,据他们说,20世纪60年代,她曾与沃伦·贝蒂断断续续有恋情交往。她似乎很享受他们俩在公共场合出双入对时引起的关注。然而,他自己在浴室里梳妆打扮,却让她等着。

对于名人而言,什么叫名气大,什么又叫名气小,这些永远在以桑塔格不愿意理会的动态机制变化着。承认名声摇摆不定,正如布劳迪精明地发现的那样,就是承认戏剧成分的存在。应该说,桑塔格非常喜欢名声带来的特权,用布劳迪的话说,它包括"被别人观察、被别人欣赏的风头"。但是,一个人如果承认渴望得到追捧,那他就得感谢观众。只要桑塔格对她与观众的关系不置一辞,那么,就尽管去钦羡她,她也可以去尽情地品味观众的掌声。鉴于桑塔格自己也承认,与嘉宝相比变得不可避免了,对她自己而言,她想要"成为嘉宝",这意味着吸收嘉宝的举止和姿态。这远远不止仰慕;这是"渴望"——甚至是性欲了,"是我又起了同性恋的念头"。

桑塔格怀疑吉尔·约翰斯顿——一位艺术与舞蹈评论家,1969年成为《村声》的专栏作者——准备发表一篇关于她的性取向的文章。桑塔格打电话给约翰斯顿,对她破口大骂,并设法让她知道她这样很可怕,是在毁她。约翰斯顿记得,桑塔格变得烦躁不安,因为罗杰·斯特劳斯警告过她,这样一篇文章会给她带来灾难性后果。

实际上,约翰斯顿从来就不反对桑塔格"一直做个不出柜的女同性恋"。到1971年,约翰斯顿本人才作为一个杰出的女同性恋活动家出柜。她注意到,政治化了的男女同性恋希望"他们中那些有名望的人出柜",但约翰斯顿相信,"同性恋从法律和社会舆论上讲仍旧不安全,甚至危险的立场"使得希望保持隐蔽的欲望变得可以理解。她承认,在文艺界,大家都清楚桑塔格的性取向,但这只是"圈内"知道的事情。"圈内人士全都'知道',但没有人会提(除非是在造谣公司的语境中嚼舌头),更不会传出去。"约翰斯顿在论贾斯珀·约翰斯的书里如实描述了这个掌握了"专门信息"的世界。就桑塔格来讲,有一段很短的时期她很享受与他的恋情交往,在日记里记下了他那"令人畏惧的沉默寡言——这令人敬畏——加上他的好争辩"。

约翰斯顿写道,桑塔格与贾斯珀·约翰斯的传记里讨论的"未出柜"的男同性恋之间有着许多共同之处:

> 石墙酒吧骚乱事件①发生前,他们只能有理由认为——至少是在潜意识里——这次骚乱事件后他们一致同意出柜,但果真出柜的话,他们会失去许多东西。换句话说,任何有争议的(性)政治身份都会对他们业已公开确认的艺术家和作家的身份构成威胁。在政治上,苏珊当然已经与可接受的自由主义左派的事业保持政治上的认同。

---

① 指1969年9月在格林尼治村石墙酒吧的同性恋与警察之间发生的冲突事件。由于警察干涉同性恋的活动,后者进行了反抗,遂触发了全美的同性恋权利运动。

边缘化的恐惧在知识分子中可以追溯到像列奥·斯特劳斯这样的人物。他争辩说,伟大的哲学家既露且藏,有些真理假如过于大胆或者公开讲出来,就像苏格拉底和斯宾诺莎那样,则会死路一条,至少是受到排斥。

在石墙酒吧骚乱事件发生之前,极少有女性公开讨论女同性恋关系。丽莲·海尔曼颇有争议的剧本《双姝怨》(1934)中"女同性恋关系"这个词就没有明说出来,该剧核心部分的同性恋剧情在其好莱坞电影版《三人行》(1936)中被改编为异性三角恋。作为一个在20世纪三四十年代长大成人的孩子,桑塔格心里清楚,尽管《三人行》的导演威廉·怀勒①在1962年重拍《双姝怨》的时候,终于引入了女同性恋的主题,但文化上仍未见有多大变化。但是,玛莎在剧中承认她对凯伦具有性吸引力的时候,她是在干什么呢? 她在自杀! 女同性恋关系在道德和身体上蔑视常规。人们对其强烈反感。事实上,玛莎和凯伦什么坏事也没干,但是,是同性恋性爱观使她们与旁人疏远,砸掉了她们的教师饭碗,也使她们在社区里名誉扫地。苏珊·桑塔格又怎能冒险去看看有多少改变了呢?

在一个转折点上,约翰斯顿与桑塔格分道扬镳了——约翰斯顿在《女同性恋国家》(1973)中坦陈其性取向及其政治内涵。对约翰斯顿来讲,桑塔格的写作"过于对让我专注其中的人际关注进行抽象化"。然而,她们的道路常常还会继续交叉,约翰斯顿观察到桑塔格是个"热衷于成名之人;我们全都受到媒体选星的影响",约翰斯顿承

① 电影导演,生于法国,20世纪20年代初居美国,导演过多部名片,因《米尼弗夫人》《我们生活的美好时代》和《宾虚传》而三度获得奥斯卡最佳导演奖。

认。她又补充说:"但我相信,桑塔格像贾斯珀·约翰斯这样的人一样,特别想成名成家。我一直怀疑她是否真是一个对人本身感兴趣的人,也就是说,人本身是否真吸引她。不管怎么讲,是她特有的名气和我不断取得的成就让我们俩走到了一起。"

1964 年 7 月,约瑟夫·康奈尔①在电视上看到苏珊·桑塔格在对教育制度进行严厉抨击。他目不转睛地盯着屏幕上的她,在日记中吐露,她让他"有那么一刻受了刺激"。康奈尔是个腼腆的人,他家住皇后区的乌托邦公园大道,成天面对的是生病的兄弟和专横的母亲,空间相当逼仄。无奈之下,为发泄情绪,康奈尔便经常光顾剧院和歌剧院,躲在供演职员进出的边门外,先是观察女演员,然后就如实地将她们变成他作品中的偶像。康奈尔是歌剧女名角的忠实观众,他把桑塔格作为其迷恋对象之一。他一个个精巧别致的盒子本身就是一个个画面或舞台,他将自己喜爱的舞蹈演员、歌手、影星放在上面,现在,苏珊·桑塔格也放上去了。他为桑塔格拼贴了他的传记作者德博拉·所罗门所谓的"粉丝包",包括一本他 1933 年创作的超现实主义电影脚本《福托先生》。所罗门说桑塔格不禁感觉"心旌摇荡"。她写给康奈尔的信听上去非常直接。"亲爱的康奈尔先生,"1965 年 12 月 12 日,她写道,"非常感谢你的来信,感谢你送我电影脚本这样的礼物。我很感动,两样我都很喜欢。"

五周后的一天,即 1966 年 1 月 19 日,康奈尔拜访了当时住在格

---

① 美国拼贴艺术家,以制作超现实主义风格的"玻璃面浅盒"(shadow box)著称,即用地图、照片、雕板及日常生活中的其他现成材料在这种木盒内设计立体的"拼贴画"(collage)(或称"装配艺术品"——assemblage),使人产生各种联想和回忆。

林尼治村华盛顿街的桑塔格。他在日记里记下了访问的细节,提及墙上的让娜·莫罗的照片——就好像,所罗门不禁要补充一句,他"得到两个明星,却只付出一半的代价"。那次拜访后一周,他又在日记里提到与桑塔格的见面,仿佛是纪念一个具有历史意义的事件。三天后,他给她打电话,进行了一次"得体的谈话"。"得体"听起来似乎不太让人激动,那可能并非是康奈尔真正希望从他的偶像身上得到的东西。也许,偶像之道就是要与崇拜者保持一定的距离?康奈尔没有讲他感到失望。但所罗门说:"尽管他十分爱慕桑塔格,但她不可能那么认真地把他看作求爱者。"桑塔格对所罗门说,60岁的康奈尔似乎很虚弱,他表现出上了年纪的人都有的那种坦率。她猜想他没有性生活;她猜对了。他继续在日记里写她,给她打电话,给她写信(有些一直就未寄出)。他与朋友谈起她,一个劲儿地夸《反对阐释》,希望引起他们对她的兴趣。她在文章里列举的许多坎普作品,比如《天鹅湖》和葛丽泰·嘉宝,此前就已经是康奈尔浅盒中的题材。他沉醉于巧妙与戏剧性的世界之中。但是,桑塔格将会带着复杂的心情去面对自己在他的艺术中一种又一种的亮相。她关于坎普的文章让她站在外面向里看,而康奈尔的浅盒将这一形象的位置反了过来。桑塔格承认,她去乌托邦公园大道拜访康奈尔的时候,心里并不自在。她说被邀请到这个隐士艺术家家里做客,是一"大特权",但言下之意是,她成为他世界的一部分可能会加大她的窘迫感。但她却一去再去,康奈尔则赠以他的一些收藏品、照片、电影剧照和其他纪念品。

出于对桑塔格的敬意,康奈尔装配了几幅拼贴画。其中一幅把注意力集中在19世纪一位歌剧名角——亨丽埃特·桑塔格——身上。这两位桑塔格并非来自同一家庭,但是,康奈尔沉醉于视两者互为替身的想法之中,所罗门注意到,这就加强了"使他也成为她们的替身的梦幻般的认同感"。只有一幅拼贴画把桑塔格置于舞台中心。《简略》是康奈尔给起的好名字,作品根据《恩主》的书衣照片制作而成。从所罗门对拼贴画的描述中可以看出,康奈尔期待着《反对阐释》的书评人很快就要谈论的那种女神或者女牧师般的品质,尽管康奈尔对偶像的联想更多的是出于尊敬:"桑塔格的照片——边上磨破了,表示时间的流逝——占据了页面的右上角;从这个角度,她沉静地仰观宇宙。太阳系图片和铅笔画出的一个小圆圈赋予她一种身处另一个世界的感觉。"名声、剧院、宗教、神话——它们均构成了康奈尔的"新感受力"版本;在《反对阐释》中,桑塔格会说"新感受力"喜欢感官的东西,喜欢表面,也喜欢桑塔格本人的时髦照片——尽管她决不会承认这么多。但是,着不着迷极容易只是转念之间的事情。所罗门最后说,某天,一个自称是康奈尔助手的年轻人请桑塔格把康奈尔给她的两个浅盒还回去,桑塔格一下子惊得目瞪口呆。

1966 年初,桑塔格的第二本书——《反对阐释》论集出版的时候,公众已开始迷恋她,康奈尔是个典型。她被称为"闪亮登场的女士"(《纽约时报书评》1964 年 1 月 23 日),她的著作则成为"强节奏爵士乐时代"(《纽约书评》1966 年 6 月 9 日)的象征——仅举两条关于本书的较有影响的评语。前一篇中,本杰明·德莫特认为她是个"真正的被发现的人才",尽管对桑塔格的论点他多有保留。桑塔格的《反对阐释》收入 26 篇文章,选自她 1961 年至 1965 年间发表的几十篇文章。第一部分是她在《反对阐释》和《论风格》中提出的批评信条;第二部分是她对艺术家、批评家、哲学家和人类学家所做的研究;第三部分是她对现代戏剧的理解与看法;第四部分是她对(科幻、先锋派以及欧洲新浪潮)电影的剖析;第五部分讨论包括坎普和事件剧中的新感受力。

一幅迷人的封底照片给这一百科全书式的作品增添了光彩。小说家查尔斯·杰克逊称她为"美丽的苏珊娜",还补充说:"我这可不是在开玩笑——我看到这幅迷人的照片的时候真不是在开玩笑。天哪,你是一个多么漂亮的姑娘啊——你自己知道这一点吗?"她在书上的题词也令他激动不已:"赠查尔斯,你的亲爱的,苏珊。"他说:"认识你令我感到自豪,对你迅速的上升感到自豪,对你惊人的才智感到自豪;你的才智令我五体投地。"

这次的照片是朋友彼得·赫贾根据哈利·赫斯为《恩主》拍摄的照片所展示的图像材料而完成的。照片中的桑塔格一头长及下巴的头发,在很低处分开,一件高领毛衣。她化了妆,突出了她丰满的嘴唇、她深沉的黑眸,还有她的黑眉毛。但是,赫贾将具有自己特色的卓越才能发挥到这张肖像的拍摄之中。在他拍的这张照片中,桑塔格俯视,露出蒙娜·丽莎般的表情。他将这个影像压缩成一个比赫斯用的更加简洁的特写镜头,所以,这张照片剪切至腰部以上。背景是中性的浅灰色,比起赫斯拍的那张大半身的侧面照片,她的脸稍稍转向观看者。她那件颜色浅一些的夹克衫——也许,是小山羊皮的——还有她的头发,梳离了她的脸,也起到了让她的影像亮一点的效果,不过,依然保持了她的神秘感。其他几张姿态不太吸引人的照片则被摈弃,未用作书衣照片。有一张照片是随弗雷·斯特劳斯·吉劳出版社为第一版准备的媒体材料一起分发的。赫贾拍的这张照片上,桑塔格背对着一个空荡荡的白色背景,略显老(有眼袋和笑纹），站在那儿，双手明显紧握在一起，似乎是静态的大半身姿势。在其《纽约时报书评》的评论中，德莫特解释了旨在将书衣和文本合为一体的方式：

> 萦绕脑际的是一位秀外慧中的女士黄昏时分从街上匆匆走过，看上去紧张、会心、疲惫、受到自我意识的折磨（如她自己所言）；她要去某家不可思议的电影院；或是去音乐厅，那里在演奏无声音乐①；或者去楼厢，在那里，樱桃爆竹②冲着她的脸炸开，面粉袋子被扔到她身旁，她的耳朵里充斥着含糊其辞的话语和毫无意义的声音；有人取笑她、侮辱她、箍牢她，存心要让她产生挫败感，直到……

这里所展示的，德莫特说，是桑塔格严肃的一面，"自我伤害的清教徒"在"一本生动活泼、令人感到极其惊讶的美国著作"里，将她自己与文化现象大胆地组合在一起。

新闻界都这样了，《纽约时报》的艾略特·弗里蒙特-史密斯有以下抱怨也就几乎无足轻重了：

> 她并非谦虚地、犹豫地爬进思想界……而仿佛是从盛大庆祝游行队伍中突然冒出来的……推她一把的是她的出版商（小罗杰·斯特劳斯）和《党派评论》、《纽约书评》一帮

---

① 指前卫实验作曲家约翰·凯奇的作品，如《4 分 43 秒》，观众只见一人在钢琴前坐了 4 分 43 秒，什么也没弹。
② 一种状如樱桃、响声极大的爆竹。

文化人中那些有点闹腾、咄咄逼人、极有价值的少壮派……

没有人宣告她进入思想界，她早已被宣告过了。

重要的一点是桑塔格是轰动性的、有争议的人物。汤姆·奈恩在《新政治家》(1967年3月24日)发表文章，悲叹她是"人们希望与其待在一起的引领时尚者……当代一名不可言喻的预言家"，不过，他这么一说，反倒让她显得越发出类拔萃。与此相仿的是，《生活》杂志的罗伯特·费尔普斯担心的是桑塔格那"独特的野心，即希望被看作一个标识，并将其尝试、趣味以及承诺提出来，认为它们本身表达了一种连她本人都尚不清楚却比任何真理都伟大的真理——即他人将必须认识的她那一代的真理"。

书评人指出桑塔格受到爱德蒙·胡塞尔这位伟大的欧洲现象学家的影响。胡塞尔相信，意义产生于对现象的描述，而非将现象转化成某类分析的术语，如弗洛伊德主义或马克思主义。因此，桑塔格一而再、再而三地提议融入艺术、融入对艺术的体验之中，而非融入试图从艺术中归纳出点什么东西来的才智。正如很多书评人得意洋洋地指出的那样，桑塔格所持立场的麻烦在于，她本人是她所喜欢的艺术的热情洋溢的阐释者，而非仅仅是爱好者。

对这一反对意见，桑塔格的作品并非不敏感。评论家伊哈布·哈桑将《反对阐释》和《论风格》称为"拒绝注明日期、拒绝过时的"文章，"因为它们讨论的是一种超越时间的人类冲动，即阐释世界和占有世界"。她对阐释持一种谨慎的态度是对的，她把阐释称为"公开的侵犯行为，对外表的公然藐视"，阐释出于自私的目的而颠覆艺术。《反对阐释》一文认为，当代批评家的注意力仅仅集中在内容上，忽视了风格和形式,而风格和形式构成艺术家的显著标志。然而,桑塔格十分清楚,自柏拉图和亚里士多德以来的西方批评和哲学无法摒弃内容与形式二分法,即使批评家们争辩说两者是不可分割的,被区别对待只是为了考虑批评的不同目的的时候,也复如此。(在一段经常为她的评论家所忽视的文字里)她声称在某些阶段,对内容的分析不仅是有用的,而且还是必要的。只是到了她这个时代,批评家对内容变得过于痴迷。她提出论点,意欲调整形式与内容之间的不平衡现象,将讨论引向风格,呼吁批评家暂停对隐含意义、象征形态进行急切的挖掘,并宣称,就像格特鲁德·斯泰因所宣称的那样,"玫瑰就是玫瑰就是玫瑰"。

桑塔格提倡一种治疗方案,一帖解毒剂,去整治20多年来学术研讨和新闻讨论对什么都做心理分析的毛病。评论家自以为是思维严密的文学警察,对桑塔格开出的种种处方大光其火。艾丽西亚·奥斯特赖克在《评论》杂志(1966年6月)上发表文章,抱怨桑塔格"拒绝一以贯之地坚持理性分析"。《党派评论》(1966年夏)的彼得·布鲁克斯表示对她"在逻辑、语言和历史理解方面的一系列失败"感到悲哀。这些是典型的辩论失误,不是对某个话题所作的审慎的学术考量。正如欧文·豪在《纽约知识分子》中对桑塔格的攻击(也是一篇论争文章)中指出的那样,她是煽动者一代的产物,这一代人蔑视变迁,逻辑上的跳跃受到赞扬,而非惩罚。

肯尼思·伯克以稍友好的口吻表达了类似的疑虑。没有人比她的老师理解得更透了;在《反对阐释》中她以某些方式自我贬损:

　　　我向这篇文章的才智、洞察力和总体的机敏表示敬意……你给它们写稿的那些报纸必然要求你走捷径简单处置。理想的情况是,你的书能够修补这个缺憾。你总是要求我们接受你对你的权威的判断,而在一本书那么长的作品中,你也许可以给我们更多的机会来让我们自己做出判断。比如,回头看看你的《马拉/萨德/阿尔托》那篇文章。想想这儿一个可怜的家伙,远离总部,走在海滩上,大部分时候总是这样。他被告知这个语言有多么好,以及咒语有多么棒,等等——但是,如果附近有人问他怎么说,那怎么办呢?

伯克担心,那么多的才智展示是以某种严谨为代价表现出来的。

在《哈得孙评论》(1966年夏)上,杰克·贝哈确定了迅速接受桑塔格的历史时刻。她出场的时候,像乔伊斯和艾略特这样的现代主义大人物已经被吸引进了大学和这个国家的文化生活之中。欧文·豪在《纽约知识分子》中宣布平庸已被征服;大众文化的粗俗已经为克莱门特·格林伯格和德怀特·麦克唐纳的喜好所取代。周围的20世纪30年代的激进分子大都已经脱离马克思主义,而走向反共产主义和资产阶级文化——即使有一些人(如欧文·豪)还继续对社会主义抱有希望。

桑塔格认为自己从《党派评论》的圈子中崛起,然后又超越了这个圈子。很难想象格林伯格或麦克唐纳按照桑塔格在《灾难之想象》中所做的那样,去训练他们自己在科幻小说方面的才智;该文今天看来仍然是一篇科幻小说改编成电影方面的关键性批评指导文章。但是,对桑塔格来讲,新感受力讨论的完全是在当时的高级文化与低级文化,也即所谓精英文化与流行文化或大众文化之间往返穿梭的能力。她并不认为自己是在不加区分地对待文化,尽管豪和其他一些评论家认为,她的立场与观点对他们几十年来努力确立起来的高雅艺术与通俗艺术之间的珍贵的区分是毁灭性的。她不理会当代批评,认为平庸是一种故意的挑衅行为——而且,对一些人来说是极大的歪曲。根据杰克·贝哈的观察,她根本没有真正为她心里想的平庸命名。这些沉溺于内容的批评家都是些什么人? 他们是一些稻草人。命名会不可避免地要求她在论争中做出种种限定,走向那些她希望避免的乏味的变迁,走向对历史的种种单调的,虽然也是真实的诉求。

不过,欧文·豪自己也承认,到20世纪40年代中叶,格林伯格和麦克唐纳都已经讲完他们在大众文化方面能够讲的话。他们的论点和范畴均是静态的。桑塔格引起关注的是,她在贝克特和披头士乐队之间发现了一种动态的东西。正如她在《反对阐释》最后一篇文章中所争辩的那样,只有一种文化,一种感受力——而非如C·P·斯诺将艺术与科学对比时声称的那样有两种,也不像《党派评论》的评论家们坚持认为的那样,有什么高雅文化与通俗文化之别。但是,根据豪的判断,桑塔格的观点取消了艺术的优劣之分。这就误解了她。文化当然就是一种,但是,正如桑塔格在无数次的访谈以及一篇对《反对阐释》文集的回顾文章中反复重申的那样,她从来都不认为自己是在提倡取消美学标准。没错,她陷入关于肉欲性、自发性、表面和肌理而不能自拔时,使用的语言使她在欧文·豪等人看来就好像是在标举表面性和反智主义,是一种“做你自己的事”的盲目的思路。她讽刺马修·阿诺德把文学作为对人生的批评、作为道德提升

146

的观点，将之弃于一旁，而代之以重视新的"活泼方式"的新感受力。这是惹怒豪的模糊表述。30 年后，桑塔格会把她的文章解释成"一种更多警觉、更少自鸣得意的严肃"的梗概。但是，没有对内容的某种定义，却要严肃认真地对待她，欧文·豪有困难。究竟有什么好严肃对待的？如果几乎一切都能转变成严肃认真的研究对象，那么，"严肃"这一术语究竟指什么？对欧文·豪来说，桑塔格是个"能把祖母的补丁缝制成漂亮被子的政论作家"，因而必须受到排斥。

欧文·豪攻击桑塔格的折中主义。他以讥讽的口吻哀叹道："要是人们能够学会视知识生活为游戏的一种变体就好了！"他根本不相信桑塔格和《纽约书评》对知识时尚和政治时尚的敬重。作为一位从真正信仰马克思主义到以苦行信奉的方式相信资产阶级民主价值的旅程中一路痛苦地走过的作家，豪看到桑塔格及其资助人似乎准备"为了片刻的激动而要放弃传统的规诫"的时候，他深感震惊。桑塔格在为《时尚》和《小姐》这样的期刊撰稿，这对 20 世纪 30 年代的知识分子来讲是不可想象的事情，那个年代的知识分子连在《纽约客》上发表作品，都顾虑重重。她似乎已经投身于豪所谓的"现代社会的吸收性"之中了。她是豪极其怀疑的新一代人的一分子，因为这代人"为权力所吸引"。桑塔格的文章发表在《党派评论》，只能加深豪对杂志在维护标准与拥抱片刻之间的冲突所怀有的忧虑。据菲利普斯说，拉夫想排斥桑塔格。不管对桑塔格的观点有着怎样的保留，菲利普斯终究投入了她的怀抱。

桑塔格之所以成为新时代胸怀远大的知识分子抱负的巾帼英雄，完全是因为她拓宽了严肃认真含义的范畴。她没有把文化割裂开来。既在《时尚》杂志又在《党派评论》上发表文章，这并不代表她虚伪;相反,这种灵活适应性映照出一位精力充沛、大胆无畏,可以活跃在任何一个她所选择的领域的女性。苏珊·桑塔格献给美国文化的一大礼物是她的证明:人们可以在任何地方找到思想界。无疑,一些人把她的这种行为视为自我推销。但是,对很多人来说,她渴望在听众面前发表演讲,而听众的数量比莱昂内尔·特里林或者欧文·豪所想象的人数多得多,这似乎是值得赞美的。苏珊·桑塔格帮助《时尚》杂志和《党派评论》改变了发表的东西。

然而,即使桑塔格当时似乎很先进,她内在的保守也有一丝痕迹——当时并不为人十分理解——流露出来。传记作家彼得·施赖伯撰文说,当《纽约书评》有段时间停发她的文章时,用他的话来说,她似乎"太偏激了",她在《党派评论》"就此愤愤地向她的朋友理查德·霍华德、罗杰·斯特劳斯和威廉·菲利普斯抱怨"。其实,她仍然从精英的视角在写着。与西尔维娅·普拉斯不同,她没有为大众而写的追求。桑塔格绝对不可能着手一部小说,如普拉斯所言,称之为一部"粗制滥造的作品"。普拉斯却会这么说,而且毫无尴尬感。不过,当时她并不在提倡文化欣赏计划;相反,她只是全神贯注于她自己的创作以及她希望掌握的所有种类的创作上。只是那些犯罪小说作家是如何建构这么引人着迷的情节的?普拉斯想知道,于是她向一名低俗小说作家询问了他们的办法。作家的这种基本要素问题,桑塔格这种高高在上的阳春白雪是不可能注意到或感兴趣的。

在《一种党派观点》里,菲利普斯说,为了努力将两代人拢到一块,他曾邀请分别推崇新、旧感受力的两派人士前来聚会,最后却反而加大了他们之间的分歧。然而,有场晚会上,"欧文·豪说他完全为苏珊所倾倒,都忘了她是他的政敌"。豪在《纽约知识分子》中对她的攻击使他成为一名尤利西斯，拼命抵抗桑塔格那塞壬般美妙的歌唱。

桑塔格的"知识之父们"——借用利亚姆·肯尼迪的术语——感到担忧的是她在新一代中的领先地位；对新一代来讲，"世界似乎在开放"。而桑塔格靠弗雷·斯特劳斯·吉劳出版社正在一定程度上绽放。到1965年秋天，版权部已经向世纪中叶书社卖出1 000册《反对阐释》。1966年2月，戴尔取得了大众版和平装版版权。截至1967年年底，该书已售出10 000册精装本；对于一本论著来说，该销量是相当可观了。截至1969年5月，三角洲普通版平装本共计卖出21 994册。

弗雷·斯特劳斯·吉劳出版社走的是其他文学家（如诺曼·梅勒、威廉·斯泰龙和詹姆斯·鲍德温）的出版商奉行的路子。普通版常为大学所采用；便宜些的大众版则瞄准了普通读者。作者成为名人，能应邀在电视和其他大众媒体上露面。当然，作者成为名人根本算不上是什么新鲜事，但更传统的促销手段——巡回演讲、打广告——通过作者的巡回演讲而得到了加强；这包括每出一本新书，每发表一篇有争议的文章，媒体都会通过种种渠道对作者进行采访。桑塔格偏爱报刊访谈。她并不热衷于成为诺曼·梅勒和戈尔·维达尔那样的电视名人或媒体辩手。而且，她有效仿的榜样。她在日记里发誓："等我讲起话来能像丽莲［·海尔曼］在《巴黎评论》上那样清晰和权威的时候，我才接受采访。"

的确，桑塔格走的是一条比当时其他的作家风险更大的道路。她不仅拒绝成为《老爷》杂志的专栏作家，而且在大多数情况下，她拒绝接受约稿，也不去完成编辑们布置的命题作文。20世纪60年代初

149

刚出道时写了一阵子书评之后,她基本上就不愿接受靠写书评而稳稳地能赚得的进项。她也有不得已写书评的时候,每当这个时候,她就写些计件书评,来付账单,但她有着巨大的勇气,去思考无法带来立竿见影的经济效益的思想。与此相仿的是,她本来能够轻而易举地成为所谓的专家的;如果她一定要在电视上露面,那她也能表现得坦率、得体、迷人,就像一名职业演说家在发表演说一样。但是,她多半拒绝了这些机会。

还有一扇选择之门向桑塔格敞开:教书。尽管她偶尔也教一门课、做一场讲座,或者当一阵子驻校作家,但是,她拒绝接受大部分可能会妨碍她保持一个作家独立性的工作。1964年,她辞去在哥大的教职。教书,她会说,是一大乐事,但教书不同于写作——教书更直白,不过不那么令人激动,不那么无畏。"我愿意在大学世界富有诱惑力的、为石墙所围的安定生活之外安营扎寨。"她在《反对阐释》1996年版序言中旧话重提。

因为罗杰·斯特劳斯坚定不移地要出版她的著作,桑塔格没有任何理由继续其学术生涯。1966年初,做"入门丛书"的保罗·弗拉曼德因《恩主》滞销而考虑把桑塔格从他的单子上一笔勾掉的时候,斯特劳斯提出了"特别的诉求",指出她正全心投入一部新小说的创作之中,而且,《反对阐释》由于推出了大众平装本和"巨大的评论空间",已经卖出3 800册。斯特劳斯劝说道:"可能的话,就继续出她的书吧,她是我们在美国能够找到的最有趣的作家之一。"

对于斯特劳斯的努力,桑塔格做了回报,她告诉他关于沃尔特·本雅明这类作家的情况,并建议弗雷·斯特劳斯·吉劳出版社在其旗下的午日出版社出版本雅明的著作。斯特劳斯听到一些他认为可能是出版对象的作家时,常常征求桑塔格的意见。她并不将自己局限在文学阐释范围内,可以说,她还分析市场行情,这样,对在知识分子中间可能期待什么样的卖品,斯特劳斯就能做到心中有数。他们的合作是作家与出版商之间一种不同凡响的携手合作,结果,他们推出了许多优秀作品。没有这样的合作,这些好书即使能够出版,它们进入美国文化市场的速度也会缓慢得多。在这方面,桑塔格利用自己的名人效应,推进了像艾利亚斯·卡内蒂①、丹尼洛·契斯②、罗伯特·瓦尔泽③以及罗兰·巴特④这些作家的创作生涯的发展。桑塔格这样做,因为她意识到时代为她提供了一个独特的机会,使她不仅能宣传她自己,而且能将美国文化引向一个更加国际化的视野。正如桑塔格本人在《反对阐释》1996年版的序言中所言,60年代对于等待机会的人来讲,是一个令人高兴的十年:"空气中处处洋溢着新鲜的许可,旧的等级观念已经弱化,并即将分崩离析。"

---

① 桑塔格1980年写有《作为激情的思想》,讨论卡内蒂的作品,见《土星照命》。

② 桑塔格1994年写有《丹尼洛·契斯》一文,见《重点所在》。

③ 20世纪重要的德语作家之一,以他幸存的4部小说和短篇散文而闻名。桑塔格写有《瓦尔泽的声音》,见《重点所在》。

④ 桑塔格为巴特的《写作的零度》《巴特读本》写过导语,写过《写作本身:论罗兰·巴特》。巴特去世后,桑塔格悲痛之余,写下《纪念巴特》。

十、彼得和保罗（1965—1967）

　　1965 年 4 月，苏珊·桑塔格写信给人在摩洛哥的阿尔弗雷德·切斯特，说想见他。可他想见她吗？切斯特说这是封"非常奇怪的、拐弯抹角的信，弄得你想知道她干吗要来这里。真想见我？她是不是为了一篇文章而来？她是不是怕我成名、做强做大了会成为她的竞争对手？我倒要来验验她的成色"。但事实上，桑塔格对切斯特作品的评价倒是友好的。在他的催促下，她曾给《纽约时报书评》（1964 年 5 月 31 日）写过一封信，要与索尔·马洛夫就他发表的关于切斯特短篇小说集《看歌利亚》的书评进行商榷。桑塔格在攻击马洛夫缺乏文学判断力的同时，指责他对同性恋的恐惧。信结尾处，她高度评价这部小说集："《看歌利亚》视野宽广，至少有一半以上的小说（尤其是出色的标题作）在我看来是一流的作品。"

　　在摩洛哥丹吉尔，切斯特在纽约文学圈外找到了些许安慰。切斯特写信给爱德华·菲尔德说："整个文学这种玩意儿包括苏珊在内令我作呕，我甚至都懒得去对此好好玩味一番。"桑塔格即将到达，切斯特不禁思绪万千：

　　你是否认为大名和重权总在我们触手可及之外？我想

苏珊成为名人不是什么奇怪的事情。要知道,她背后有个百万富翁在顶她,她漂亮,她说的或想的事不可能真正推翻现行机制,整个死寂的纽约自由文学界都渴望见到新面孔,或听到新声音。还记得他们当时提供给我什么吗?我现在很高兴当时拒斥了那个世界。哦,对了,有封斯特劳斯寄给桑塔格的信,把信封对着亮光一照,我就能看到信的一部分内容。(我太懒,没有用蒸汽把信封拆开。)她的《反对阐释》我猜是本文集,看样子今年秋天要出来。她下周要来。我收到两封信,保罗也有两封,我们比较了一下,笑死了,它们同时到,真有趣。一个女人,保罗一直唠叨个没完,她是个女人。很自然的事情,我想她是要挑动我们争着追求她。我仍然不知道她为何而来。

桑塔格一到,切斯特就觉得受到她的监视:"我感觉苏珊像是在录下我歇斯底里、随口说出的胡言乱语。"他向菲尔德透露。切斯特心绪平静一些的时候思忖:"我不知道苏珊是否真是个卑鄙小人。我想她就是个到世界上任何地方都跟在家里一样自在的人。"她还真是,不过,正如她在日记里承认的那样:"我为恶魔所吸引,为人们身上的恶魔特性所吸引。"她提及她的前夫,还有艾琳·福恩斯,虽然她没有提到切斯特,但他符合"有自己的发电机的人"这个范畴。

保罗·鲍尔斯——一个冷漠而喜欢发号施令的人——很喜欢切斯特,他发现切斯特聊天的时候特别逗。切斯特相信,鲍尔斯是丹吉尔唯一一个与他处于同层次的人。鲍尔斯接待了许多文学巨匠——这些先锋派分子受到他小说中所描绘的富有异国情调的生活的吸引。桑塔格到后,在丹吉尔最漂亮的明寨宾馆住了几周。正如爱德华·菲尔德所报告的那样,她待在那里激发起"伴着钦羡的讥讽。苏珊·桑塔格还会待在别的什么地方呢"?

面对桑塔格这位成功人士,切斯特做好了心理准备,生怕她会诱惑他的摩洛哥男朋友德里斯——他是双性恋,尽管没有证据表明她真这么干了。她尝试了大麻,这东西让她昏昏欲睡,而且无法跟上别人的谈话——地塞米尔则正好相反,令她感觉敏锐,即使会让她感到紧张。她在日记里透露,自从她和哈丽雅特待在旧金山那第一个星期①以来,她从未觉得这么晕乎过。

鲍尔斯告诉菲尔德,桑塔格来喝茶,并告诉大家切斯特疯了。"当然疯了,"鲍尔斯酷酷地说,"我们在丹吉尔这里的人全疯了。""不,保罗,"桑塔格强调,"我是说阿尔弗雷德真的疯了。"切斯特的一个朋友说他"讲话恶声恶气……很像是有点失去理智了"。桑塔格在保罗家用餐,不带切斯特,切斯特的特殊性受到了削弱。桑塔格对切斯特的一个朋友即艾拉·科恩讲,切斯特曾向她求婚,她怕了他,甚至害怕他动粗。他喋喋不休的唠叨令她生厌。他似乎歇斯底里,于是她在日记里发问:"他智慧过吗? 还是已经失去了他的智慧?"她认为她以前对他的敬佩现在都不存在了,因为她更加尊重自己了。以前年少,她希望顺从强势的人,比如说,比她厉害的人,并受他们责骂。她推断说,他们拒绝她,是他们高人一等的证明。她离开丹吉尔时诅咒着"国际同性恋风格",她认为这是疯狂的、丑陋的、不幸的。

---

① 作者此处有误,应为"第一个周末"。见桑塔格日记第二卷 *As Consciousness is Harnessed to Flesh*, p. 123。

桑塔格来后不久，即在1965年秋天，切斯特便向菲尔德承认："苏珊的来访是灾难性的。我根本没让她开心，因为我很不正常，是丧失了自我，还是受到了引诱才这样，我不清楚……无法用语言描述她的来访。"她看了他新写的小说《精美尸首》，说喜欢，但是心怀怨恨的切斯特并不相信她的话，因为弗雷·斯特劳斯·吉劳出版社已经给他退稿。桑塔格来访两三个月后，即11月，切斯特写信给哈丽雅特·索姆斯："到这时候，想必你已见过苏珊了。我现在不能肯定她是否真的来过。保罗说她来过，其他人也说她来过。当时，是有个黑女郎，但她根本没有我们的苏那么可爱，她的穿着打扮像你一样，也有着你那样的肚子；这个人9月初老在这里晃荡。我不相信那就是苏珊。"这封信足以证明切斯特糊涂了——但也能证明他坚信，苏珊·桑塔格已变得不真实了，不仅仅是他虚构出来的、也是她自己虚构出来的了。

戈尔·维达尔从未见过切斯特，他说切斯特是个"魔鬼"，他的生活是一出"令人着迷的黑色喜剧"。但是，维达尔也认为切斯特是个"大师"，是"有头脑的热内"。奥齐克所谓的"腹语术"——切斯特模仿其他文学风格的能力——维达尔说成"将自己的性格特征投射到别人身上"，随之而来的是不能"确定他自己的个性"。维达尔考虑后认为，也许是这种自我感觉的变幻不定，外加吸毒和酗酒使切斯特发了疯。不过，维达尔得出结论说："切斯特的种种声音（其中，当然也完全包括他自己的声音）迫使我们关注，它们让我们发笑，即使是在我们示意避开那恶毒的眼光时，也是如此。"

桑塔格忍了又忍才对切斯特不理不睬。他的其他朋友也都原谅他。他们描述他可爱、讨喜和乐于助人的一面，这在他的通信中极少表现出来。写信时,他喜欢讲尖酸刻薄的话。他对自己非常苛刻,讨厌桑塔格不愿意剖析一下她自己的动机,甚至都不愿意承认她行为背后复杂的心理因素。的确,《反对阐释》充满了对心理因素的嘲笑。根本就没有什么藏而不露的深度,桑塔格在其标题论文中断言"面具就是脸"。她讨厌认为个人可以是一种心理类型的例子这种观点;她在《论风格》中争辩说,这种观点将自我与其自身的人性相隔离。她希望自己像一件艺术品一样独立自主,并抵制阐释。她高度评价罗伯特·布列松的电影,因为他并不企图去理解他的人物。他们是难以理解的。她断言:"从根本上讲,人们为什么有那样的行为是不可理解的。"布列松是艺术家,那完全是因为他保留了人的神秘性;他的电影所展示的并非是人的心理特征,而是人的物理特征。桑塔格认为,布列松是一个伟大的描写者,也是一个人类学家。

本来,苏珊·桑塔格日后可能还得向阿尔弗雷德·切斯特道谢的,然而,他在丹吉尔惹下的麻烦使他们俩提早做到两清了,只不过,他没有意识到——要不就是他不愿承认——桑塔格对他有多么地不满。1966年初他回到纽约,很难找到出版社出《精美尸首》。就在这个时候,西蒙-舒斯特出版社一个名叫理查德·克卢格的新编辑认定,这本超现实主义小说应当有个出版的机会。克卢格一直是《纽约先驱论坛报·每周书情》的编辑;切斯特曾在上面发表过戈尔·维达尔称赞为"犀利、尖锐的"评论文章。切斯特的书不好销,但克卢格的老板,将信将疑的罗伯特·戈特利布还是同意他出书。克卢格在《每周书情》上发过桑塔格的书评,也在罗杰·斯特劳斯举办的晚会上见过她,听说过她曾在《纽约时报书评》上发表为切斯特辩护的文字,因此希望她能为他捧捧场。克卢格并不知道在丹吉尔的过节。1966年

1 月在城市广场喝酒时,他对桑塔格说他喜欢切斯特的新书;桑塔格说她也喜欢。克卢格认为她对这本书的评价比他还要高。几个月后,他打电话请她写推荐语,她却拒绝了,而且拒绝的方式是:"我讨厌当这帮美国同性恋的'老娘'!"这让他感到惊讶。

像许多女性,尤其是艺术界的那些女性一样,桑塔格已成为男性艺术家的生活与艺术生涯中不可或缺的组成部分;当然,她们中大多数并不像桑塔格那样,成为有自己的追随者的艺术家。桑塔格曾在某种程度上师从切斯特在巴黎学艺,早年又在纽约闯荡,现在她把角色反转过来,吸引起男同性恋艺术家如保罗·特克[1](1933—1988)和彼得·赫贾(1934—1987);桑塔格将会让他们经历她和切斯特经历过的始乱终弃的同样的循环。克卢格因为不想听到桑塔格亲口说出她那最后的拒绝,便说他希望在他 1966 年秋给她去送小说校样时她能够再考虑一下。她回答说自己再不想与这部作品有什么关系了。克卢格坚持认为"门还是开着的,至少没有全关上"。

到了秋天,克卢格就切斯特的上一本书,以《评论家如是说》为题,收集起一大堆引语,其中包括桑塔格致《时报书评》的信函的末句。接着,克卢格给桑塔格写信,说仍然希望她为这本新书写一段新的推荐语。她回信说,她对切斯特的感情"完全是痛苦"。她曾经那么爱他,但他回到纽约后,她便发现他让人难以忍受,她的"无私"已经耗尽。她说克卢格"以一种特别的方式令人尊重",但她不能帮这个忙,为此,她表示遗憾。

桑塔格看到一册书衣样本时,大发雷霆,打电话给罗杰·斯特劳

---

① 桑塔格的文集《反对阐释》即献给保罗·特克。

斯,抱怨克卢格引用她给《时报》的信当作推荐语。斯特劳斯将情况置于最糟糕的境地,他对克卢格的老板们抱怨说,桑塔格对克卢格讲了她不喜欢《精美尸首》,他居然还要提她桑塔格的名字。克卢格记不起来她讲过对这本书持保留态度,她只是明说了她与切斯特的个人关系恶化了。书衣上的文字重新写了,这样一来,让克卢格感觉自己做了什么"可耻的"事情似的。他写信给桑塔格,陈述了自己对所发生的事情的理解,最后他说:"在我看来,你做得太过分了,你以这种我不应受到的指责助我踏上出版生涯,对此,我并不表示感谢。"

桑塔格1967年2月1日的驳斥提到了这个通过克卢格把信抄送他人——包括罗杰·斯特劳斯——而建立起的"记录"。现在,她觉得有必要为自己的立场而辩护。事情其实很简单,而克卢格也明白:她不想与阿尔弗雷德·切斯特有什么瓜葛。她并不否认自己以前喜欢过他那本小说,但反对他使用她的名字来说明她赞许他所有的作品。她讨厌他说她对阿尔弗雷德感到焦躁不安。让她气愤的是书衣上的文字。她觉得他关于她的非理性进行的"含沙射影"是"无礼的"。至于她为什么没有直接打电话给克卢格而把"老爷子"(克卢格后来就这样称斯特劳斯)牵扯进来,她说她"希望迅速采取措施"。当时,书正在推出。对她来讲,这不是一个心理问题,也并非一场争论或"误解"。她只是希望把自己的名字从书衣上拿掉,仅此而已。克卢格觉得"自己被冒犯了",她对此表示遗憾。她并不生他的气,只是对他这种"缺少判断,或者粗心,或不管是什么"感到吃惊。

克卢格将桑塔格的行动视为一种历史的重写。毕竟,她写的关于切斯特的信已经成为公共记录的一部分了。当然,她有权断绝与切斯特的来往。但是,如果她对克卢格使用其名字所做出的反应中根本没有什么"个人的"成分,那么,为了一个她曾经钦佩而且他的作品她仍然尊重的作家而用一下她的名字,她为何要反对呢?有趣的是,关于克卢格说他知道桑塔格"讨厌这么多人出于这么多浅薄的理由而反复讨论你的名字",桑塔格对此避而不谈。当初,他接近她是因为她公开宣称她敬重切斯特,而且她是个"名流"。

阿尔弗雷德·切斯特不把她写进中篇小说——《脚》——是不会放过这个名流的;小说探索了两个苏珊·桑塔格的本性,让她成了玛丽·蒙黛,不断受到她的替身的折磨。桑塔格/蒙黛看到自己的时候惊呆了。就仿佛切斯特在讲:她要是能停下片刻注视一下自己,那该多好啊!她要是能注视一下她在干什么,那该多好啊!然而,那个狡猾却也坦率的叙述者向自己发难了:他和玛丽·蒙黛坐在桌旁在干什么?切斯特对自己与创造了玛丽·蒙黛——一个"蛇发女怪美人"——的世界成为同谋感到恶心。蛇发女怪,或者美杜莎,希腊神话中一个魔鬼,长着一张"丑陋的圆脸,头上长的不是头发而是一条条蛇,长着一排野猪牙,有时还有胡子,有巨大的翅膀,眼睛能把人变成石头"。她有两个姐妹,都是她自己的替身。切斯特提及经典神话,这是矛盾修辞法:桑塔格是一个美丽的魔鬼,会迷惑住看见她的人,即使是她仅仅构成灾难之想象①的一部分的时候。瞧她一眼,你就变得像石头一样的冷。她既是欲望,又是欲望之死。桑塔格吸引他,同时又让他反感。这一点,没有比切斯特在这里说得更生动或者更淫秽的了。小说中的叙述者接下去说,一个玛丽·蒙黛住在"纽约城里,拼命想激发她那知性活动。她始终和儿子约瑟夫住在一

---

① 桑塔格的批评随笔《灾难之想象》对科幻片进行了解析。

块儿"。

另一个玛丽·蒙黛一直待在摩洛哥,和她的替身手挽着手,一路并肩走过,放弃了曼哈顿,放弃了灯红酒绿,"没有回到"这两个玛丽·蒙黛"过着分离又相同生活的镜子的世界"。在摩洛哥,影像和女人会融合在一起,就如切斯特的描写里她们所做的那样:"她们是仅仅在精神上受罪的女人,对在肮脏的、满是臭虫的旅馆里受折磨则毫无准备。"换句话说,两个玛丽·蒙黛是那个人及其自身的影像。人们可以分开来谈论她们,但实际上她们是一个人。两个玛丽·蒙黛融为一体让她们以为也许她们是自由的,她们已经超越了人/影像二分法:"她们讨论这一推断思路的种种可能性,因为玛丽·蒙黛如果不是知识分子,不是理论家,她就什么都不是。"对叙述者来讲,他对自己生活中的替身状况感到害怕,承认"我对我自己化身背后的那个我感到害怕"。但那个不可救药的玛丽·蒙黛抛弃了她的替身,相当漫不经心地和一个男人搞上了,而后她发现,这个男人显然也已经被她的替身在旅馆的房间搞过。于是,"分离又相同的生活"仍旧是完整无缺的。名字好记的玛丽·蒙黛①是切斯特对苏珊·桑塔格的克星所做的精彩的柏拉图式构思,对其自身完美认识/影像的追求死死地吸引了这个克星。

阿尔弗雷德·切斯特对桑塔格分开的两个自我所进行的疯狂的解剖与乔治·利什特海姆的烦恼不谋而合,后者心烦意乱,因为要"应付你很多张脸。你丢下了我,因为你觉得某种程度上说,从我身

---

① 玛丽·蒙黛(Mary Monday)这个名字好记,也许是因为两个字都以辅音 m 开头。

上得不到更多的东西了"。他邀请桑塔格去一家高档餐馆共进午餐，她当戴维的面拒绝了他，说："我不可能被收买。"又补充道（这对利什特海姆来说似乎就像是嘲笑）："你一定很有钱哦。"她的"我是当真的"说辞的经常性的、真诚的表情后面到底是什么意思？她描述了很像阿尔弗雷德·切斯特小说中玛丽·蒙黛的一个人："一个人无法肯定他总是在对付同一个人。"有几个月，桑塔格显得很友好；现在，突然之间，她就不友好了。这不仅仅是喜怒无常。他描述的这些变化十天间就发生了。她是谁？"那个穿长统靴的姑娘，和我在雨中的格林尼治村四处徜徉……那个优雅、年轻的女子那时允许我陪她去一家家高档的餐馆"，或者是，那个姑娘走进她在圣马特奥市的父母家，"不仅妩媚动人，而且文静、悠闲、衣着考究、举止优雅、礼貌，而且善解人意"。在一次沿着加利福尼亚海岸线游玩时，她说："看，那些马。"他顿时被她可爱的声音所迷倒。他觉得"容光焕发。时间都静止了。大海、天空、群山、食草的牛羊，还有我们坐的汽车，都是这同一个童话的组成部分"。他也曾目睹她伤心的样子，他的描述与她在日记中对自己的评价惊人地相似。利什特海姆信中的渴望非常明显，令人想起阿尔弗雷德·切斯特从丹吉尔写的一封信："我想说我爱你。我愿意相信你是真实的而且愿意和我一起冒险。"

切斯特对桑塔格的抱怨，就像乔治·利什特海姆一样，在唐·埃里克·莱文一封哀怨的来信中被具体化了："只要友谊中成熟在变化，我想我就能给你一些教训……当一个朋友跌倒了，不管他的状态多么令人厌弃，你首先把他扶起。但他伸出一只手时，你别视而不见——除非你知道，这样会把你也拉下去（曾经这样吗？）。"桑塔格在日记里提及与莱文的友谊"充满风险"。她有"与人交往表现出强

161

烈而渴望的、冲动的亲昵言行"的倾向。这种关系会达到无法控制的地步；然后，她无法再忍受，于是就后退——也不是全身而退，但足以令友人觉得受到了侮辱。莱文不是第一个人谴责她不能感同身受的："因为你和父母关系不密切，你就必须破坏我和父母的那一点点联系？你是要朋友，还是要同伙啊。"这最后一击拐弯抹角地谴责桑塔格聚集众人，然后当他们对她不再有用时，就和他们断绝关系。莱文认为他一直按桑塔格希望的那样做："我从未尝试要和你做爱，你生气吗？但是，我过去以及现在都绝望地想要避免你一直警告我的那个模式——朋友之间、恋人之间，嗯，那种有点怀旧的亲密。"

20世纪60年代晚期，桑塔格相信她正在开始打破这种避免接近的模式。她继续与莱文通信，而且享受与电影学者诺埃尔·伯奇保持一种非常不同的融洽和谐的关系。伯奇给她写信说："你也许是唯一一个我完全毫无保留地坦诚交流的人。"演员兼导演约瑟夫·蔡金表示，在某种情况下，和桑塔格保持一种友谊而不变成一种恋情是多么难啊：

> 你知道我通常觉得和你在一起要自在得多，主要是因为我在脑子里把你做了一些改变。我的意思是，当我要把你当作我的"女朋友"时，我头脑始终是混乱的……我们已经做的或可能要做的事情，没有一件我不愿意和你一起去做，但是，我不会想到"甜心"，而且这样感觉会好很多。把某个人视为未来的一切真是件糟糕的事情。那样就会受限制而且就竖起了一堵墙。我爱慕你，而且非常欣赏你，觉得你美丽又性感。但是，如果发现你不再这样意味着我一定

会焦虑的。

在桑塔格面前排列展示自我的一个个名人在她的通信中最能看出，其中包括一些朋友，比如埃利奥特·斯泰因，他喜欢用粗俗的言谈形式来让他的交流变轻松，比如说"亲爱的短裤女孩"，"亲爱的俏阴道"，还有"亲爱的傻小鸡"。她那些更为装腔作势的声明让他觉得很好玩。他表扬她发表在《杜兰戏剧评论》上的一篇文章，他承认他"读到你认为《葛楚》是一部'二流杰作'，我顿时感到不寒而栗。他妈的到底是什么呀？怎么可能有这种事呢？到底是还是不是。我讨厌把她拉扯进来，但我认为辞典也是和我的观点一样的"。

苏珊·桑塔格为造型师尤其是摄影师所吸引。她在为彼得·赫贾的《生活与死亡中的肖像》（1976）所写的导言中认为，照片"怂恿传奇、确认传奇，同时，又定格传奇。人们通过照片被凝视，因此成为自己的偶像"。怂恿这一想法（除了一次次怂恿和将被当作思想家的桑塔格变成偶像，她的那些争论文章里还有什么呢？）促成了她与赫贾以及后来的罗伯特·马普尔索普这样的摄影师的约定；他们提供了她近乎完美的形象，助她明确展示了她一路走过来，变得越来越为世人所关注的方式。在《生活与死亡中的肖像》里，有一张桑塔格的半身像①，"她仰面躺着，仿佛不是被照相机而是被黄色聚光灯或被制成木乃伊般定格，摆出一副梦幻般的姿势；看上去一半是玛丽·泰

---

① 彼得·赫贾 1975 年为桑塔格拍摄的这幅肖像已成为纽约大都会艺术博物馆的永久藏品。

勒·穆尔①,一半是奈费尔提蒂②"。这一描写引自一个名叫"我为什么恨苏珊·桑塔格"的网站——这还仅仅是一个例子,说明读者觉得桑塔格矜持矫饰,却令人难忘。另一个读者看了赫贾拍的同一幅肖像,几乎引起对桑塔格的思考:她"身穿一件简单的棱纹高领套衫",斜靠着,"悠闲自在,双目炯炯、清澈敏锐"。这两种不同的描述传达出相同的埃及式描述,即女神的安详。在她定格的画面上,她就像赫贾拍摄的其他活物一样,看上去就像是巴勒莫③附近地下墓地里保存的尸体。赫贾似乎是在寻找生命中的那一刻,就在那一刻,我们能够瞥见最后的定格——死亡。他拍的这张桑塔格肖像让人回想起《死亡匣子》里的一个问题:"我们什么时候可以感知死亡?"赫贾用桑塔格来说明这个问题。桑塔格日后会用赫贾的感知来阐释她的小说。事实上,赫贾拍的一张地下墓地的照片为铁锚版《死亡匣子》的封面增色许多。

赫贾的朋友和他的摄影作品爱好者称,他的名气本来应该更大的。他现在不那么有名,这与他对名声和要成名就必须进行炒作的拒斥有关。和阿尔弗雷德·切斯特一样,赫贾希望得到认可,甚至也许希望成为明星,他也喜欢结交明星。他的朋友纳恩·戈尔丁记得,"他喜欢女名角,喜欢八卦,喜欢戏剧,喜欢打探丑闻"。像桑塔格一样,赫贾希望掌握他作品中的人物,掌握他的艺术,以此来吸引观众的注意。画廊和咖啡馆老板海伦·吉记得有个叫彼得·赫贾的非常

---

① 美国电视喜剧女演员。
② 公元前 14 世纪埃及王后,支持其夫阿克那顿法老进行宗教改革,以半身彩色石灰石雕像而闻名。
③ 意大利西西里岛首府。

年轻的小伙子悄悄地把一些照片摆在著名摄影师伊莫金·坎宁安面前,后者当时坐在一张餐桌前用餐。但是,赫贾也讨厌为了他的摄影而玩什么政治手腕,讨厌利用成功人士提供给他的种种机会。弗利西蒂·梅森这位喜欢抛头露面的电影人、文艺界有影响的人物曾介绍赫贾认识摄影名家塞西尔·比顿。比顿对赫贾说:"我听说你是一个非常出色的摄影师。"赫贾回答说:"我听说你也是。"然后扭头就走开了。这个好笑的故事赫贾喜欢讲给朋友听;这也是他引爆的一座桥,妨碍他走向成名之路。赫贾的这一举动阿尔弗雷德·切斯特会很欣赏,但是,塞西尔·比顿不是一个你可以不屑一顾的人——特别是他对你示好的时候。

斯蒂芬·科赫——桑塔格的一位密友——1965年在她的客厅见到赫贾,科赫——后来成为赫贾的遗嘱执行人——见到了一个"高大、英俊、礼貌、不易接近、严谨的"——这些词几乎也能用来描述桑塔格——年轻人。赫贾刚刚花了一天的时间拍杰恩·曼斯菲尔德,他拍每个人时都注意对场景以精细而富有戏剧性的摄影语言进行叙述,描述她的身体、她的举止、她的衣着打扮。赫贾是个性感十足的男人,他谈论起性来精彩纷呈。兴致高的时候,他会招来他的圈中人作为听众。"他身上有种东西能让你想和他亲昵。他十分宽容,"他的朋友,作家文斯·阿莱蒂回忆说。男男女女很容易就会爱上他,向他吐露个人内心的秘密。"他容许人们真情流露。"换言之,他有着桑塔格始终钦羡的艺术杰作所表现出的透明。赫贾被人称为"让其对象休眠过去的人类安静器",他让所有人都觉得他是他们最好的朋友——或者说,至少他希望如此。

但是,尽管赫贾社交能力特别强,他却与桑塔格一样,是个"孤僻的人"。他从小被父母抛弃，由祖父母带大，16岁的时候，就自己管自己了。像桑塔格一样，他变得"特别地能说会道"，并因此事业成功。尽管他可能"有些讥刺人，有点可爱、机智"，但他的照片表现的是一种适合于桑塔格的忧郁的感受力。关于名声，他有一些自鸣得意的理论，比如，有特别多的名人的姓和名的首字母相同。

和桑塔格一样，赫贾提出一种囊括范围广泛的西方艺术的美学理论。赫贾的一个朋友（愿意不指明出处被引用）说：

> 他的早期作品就体现出风格与自信。他明白自己创作作品的方式与一流艺术家相同，他也明白问题和挑战是什么。他希望拍出的肖像具有他所羡慕的绘画肖像一样的品质。他不想表现人化的情感、微笑、皱眉、沉思，或者知性表情。他说这些他一概不要。他喜爱那种艺术，表现的对象只是静静地回望着画家。这样的作品常常流露出最多的含义。他希望他们的脸部放松，面带作品所表现的相同的表情，不矫情、不做作。

赫贾的美学几乎可被贴上"反对阐释"的标签。当然，他反对把任何种类的内容强加于他的作品表现的对象身上，也反对桑塔格后来在《论摄影》里谴责的"人化"；桑塔格在《论摄影》里向著名的《人类大家庭》展览提出批评，并吹捧迪安·阿巴斯；阿巴斯和赫贾一样，喜爱一种坦率、直截了当的肖像风格。

然而，赫贾的美学中缺少的是对技巧的欣赏，而技巧是《反对阐释》中的一个关键术语，《反对阐释》这本书抨击对真实的信仰、对纯粹的古典主义的信仰,以及对艺术家只是对存在之物进行模仿的观念所怀有的信仰。桑塔格对模仿感到担忧,因为它将艺术家置于一个次要的位置,认为艺术家不是创造者,而是记录人。摄影尤其让人觉得可疑——她从未能说服自己将摄影称为艺术——因为摄影是反映的机制。这就极度神化了模仿——或者人们常常这么认为,不过,这一观点在《论摄影》中被揭穿。而另一方面,技巧是艺术的一个基本元素,因为从定义上讲,技巧就是人工的,艺术不可能混淆于自然。作为技巧的艺术不是生活的一个切片。

事实上,艺术即其自身的环境。正是这一观点将桑塔格带到保罗·特克的身边,或者说将保罗·特克带到桑塔格身边。1979 年 7 月,特克在笔记本上列下的他生活中最重要的事情,桑塔格排第二,仅次于他的绘画。几个月后,他又在笔记本里写道:

赫贾——乏味、忧郁、爱炫耀

桑塔格——聪明、活跃、积极;不太自在

等等,等等,等等,等等,等等

赫贾和特克的一个共同朋友说,赫贾与特克分手后,从未能走出这一阴影,而特克倒似乎非常快活,情人换了一个又一个,他是真正意义上的同性恋,却又吸引了一群他总是许诺要与之结婚的女人。特克似乎将桑塔格认同为她的短篇小说集《我,及其他》(1978)中的人物——一个多变的、颠三倒四的自我,整天忙于追求与放弃、获得与卸除之中。特克爱她的勃勃雄心,爱她那欧洲式的处事能力。他作为艺术家的最了不起的成就将在欧洲取得,而他和桑塔格也将常在巴黎见面。替彼得·赫贾说话的朋友认为特克和桑塔格是一路人，冷酷无情，一心想成名成家，而赫贾则相反，给人以惬意而温暖的感觉。

特克打破了赫贾的"三角关系规则"，于是麻烦来了。这一规则是："如果你是 A，决不向 C 重复 B 对你讲的关于 C 的话。"但是，当彼得抱怨起苏珊的时候，保罗干的正是破坏规则的事情。彼得说苏珊冷漠、不幽默、矫揉造作。他历数了苏珊一系列的性格缺陷。保罗统统告诉了苏珊。她就给彼得打来电话，说"我知道你认为我……"。后来，彼得对一个朋友（他在此要求不透露姓名）承认："当时，我被打蒙了。我根本无法否认，字字句句都是我的原话。我能怎么办呢？但她确实是不幽默。"

彼得和保罗充当了桑塔格的艺术的热心追随者。他们俩 20 世纪 60 年代初造访了巴勒莫附近的嘉布遣会修士地下墓穴。正如安·威尔逊所言，那些"地下墓穴，在他们眼里，是雕刻的装置艺术，全部用死者的遗骨创作而成，隐喻地体现了这种信仰，即不能永生的尸体的人工制品是关于复活看得见的遗迹"。特克的装置艺术——其中很多已毁坏——复兴了宗教的死亡观，是对充斥于《死亡匣子》（1967）——桑塔格的第二部小说——的不能永生的状态的一种纪念，与《生活与死亡中的肖像》的内容和风格严丝合缝地相呼应。

虽然桑塔格将注意力转向她的论文写作，并迅速声名鹊起，但她一直打算再写一部小说，成为那种更多地致力于小说而不是非小说写作的作家。事实上，她在第一部与第二部小说出版之间的 4 年时间里，放弃了不止一部长篇小说的写作，而这部流产的作品中有些内容会被改头换面写进《我，及其他》（1978）的一些短篇之中。她打算写却未能完成的一部长篇小说,是关于一个名为托马斯·福克的画家;可能是以贾斯珀·约翰斯为原型的。她曾住在约翰斯南卡罗来纳州的家中,他在家里用规范的句子谈论艺术,桑塔格把这些话抄录在她的日记里:"假如你面对一幅你从未见过的画,而不改变对某种东西的看法,那么,要么你是个固执的傻瓜,要么是这幅画不太好。"对现代主义信条他是乐在其中,并愿意将其推陈出新:"我在为了获得一种很大的新鲜感而努力调整自己看的习惯,抵制这些习惯。我在努力把我在做的事情陌生化。"但是,桑塔格小说中的这位艺术家-英雄未能成型。

一直到构思出另一部长篇来继续表现《恩主》的种种主题,她才能够完成这部作品。《死亡匣子》读起来就像是《恩主》的续篇。《死亡匣子》中的迪迪是一个阿尔弗雷德·切斯特那样的叙述者,注视着自己的替身。他以第三人称叙述自己的生活:当他偶然转而提及"我们",意思是指迪迪及他自己所持观点的时候,信息就透露出来了。书是其技巧。他住在他那些梦里,就像希波赖特一样。《死亡匣子》里发生的"事件"实际上是迪迪弥留之际的幻觉(他自杀了)。桑塔格让他成了个失败的小说家,他关于狼孩的小说手稿遗失了;该小说以第一人称,叙述了一个多毛的人得知自己是猿猴的后代之后,便逃离人类社会,但又渴望回来的故事。迪迪在梦境中又找回了这个关于狼孩的故事(请记住,他这些梦境是他弥留之际做的梦中梦)。显然,这个故事是一种对迪迪自己隔离社会、逃离他的动物本性以及生存本能的评注。迪迪的死亡之梦是一种企图,企图使其生活重新来过,第二次他会理顺这一生活。他的悲剧和我们一样,在于生活没有第二次机会。所以,他说到"我们"的时候,也指我们所有人。

写作作为一种渴望的活动强烈地吸引了桑塔格。作家作为一种自我建构物让她激动不已。欣赏其第二部小说的评论家称赞该小说的形式——其巧妙的梦中梦的品质，与此同时，也认为迪迪是个乏味之人（见西奥多·索罗塔洛夫收在《红热真空》里的高论），不仅迪迪在做梦，使得整部小说看起来不真实，而且桑塔格暗示，他是不真实的，而仅是一种文学调制品。迪迪（Diddy），或者狄狄（Didi）——正如托尼·坦纳①在《字城词郭》中所指出的那样——是塞缪尔·贝克特《等待戈多》里的弗拉迪米尔这个人物的绰号。像狄狄一样，迪迪似乎也瘫痪了。他希望动，但又站着一动不动——或者至少他的生活是这样。他只有在梦里才是个行动之人，这本身还是由他的自杀引起的。迪迪也是桑塔格的另一个替身。他记得在图森的德拉克曼街度过的童年，而这正是桑塔格的老家。迪迪有个名叫玛丽的保姆，她说话直截了当，不禁令人想起桑塔格的爱尔兰保姆——罗丝。他孤独、寂寞，和他的布娃娃安迪分享着他想象的世界。当迪迪感到受到伤害的时候，他就弄伤布娃娃——一个被称为"熟悉的、缩小了的替身"。为了使自己不那么沮丧，他杜撰出一个表妹——安，并把对安迪的所有权转让给她，这样就允许她向安迪倾诉其悲伤之情，而克己苦行的迪迪不会为自己流泪。

　　此外，还有其他一些自传痕迹。桑塔格为迪迪塑造了一个弟弟，正如她本人有个妹妹——朱迪丝。但是，迪迪的弟弟保罗才是桑塔格心目中的天才，一个一夜成名的音乐家。迪迪死于 33 岁，该小说1966 年写完的时候，桑塔格正好 33 岁。小说写到一个停尸房/地下

---

① 英国文学评论家，著有《字城词郭：20 世纪中叶美国小说研究》等。

墓地结束,由此,《死亡匣子》反映出桑塔格毕生对隧道和洞穴(她最自在的家)的迷恋。她甚至写到保罗打着手电躲在被窝里看书,就和她小时候一样。迪迪只能模仿他那更有名的弟弟,但又感到模仿得不地道,"不在他的生活里"。他喊道:"我希望有人注意到我。"像迪迪一样,桑塔格也努力去观察自己。在以图森为场景的一段描写中,她把自己写成一个黑头发、瘦骨嶙峋的十二三岁的女孩,朝着狼孩——迪迪小说中的人物——所在的山上爬去。通过小说的虚构,桑塔格一方面在满足自己希望受到关注的欲望,另一方面又能将自己隔离于社会和家庭。这个小女孩养了条狗,叫拉西。拉西是这个孤独女孩的伙伴,女孩读过艾伯特·佩森·特休恩撰写的关于狗的全部书籍。她在快要爬到狼孩所在的洞口时停了下来。她是个好奇的、心思难以捉摸的孩子,"脚上一双软底帆布鞋,蓝牛仔裤,一件红格子衬衫外面套了件带流苏饰边的皮夹克;夹克很可能是在图森南部的皮马印第安人居留地一家旅游商店买的"。她既像个假小子,也像个印第安人或者游客,她在悬崖上停住了脚步,因为她父母突然意识到她是在爬向悬崖峭壁,便立即喊她回去。她要不要听从?叙述者(狼孩、迪迪、桑塔格)在这段三层相叠的自传性片断中问道。她该不该"将自尊凌驾于父母为了她的安全而表现出的自怨自艾的焦虑之上"?应该,又不应该。她的确爬下山来,但还是先咕哝了"唉,见鬼"和"行啦!行啦"。这是本真的桑塔格,既顺从又叛逆,她自己就是个迪迪,梦想着挣脱束缚,编织着给她松绑的故事。她能写个关于她自己的生平故事,她对此很得意,但它也是个非同寻常的负担。正如迪迪就其关于狼孩的故事自言自语的那样:"谁也不该从一开始就担当起创造自己本性的重任。"

小说结尾处,迪迪参观了将世界呈现为死亡之所的停尸房/地下墓地,他发现没有尸体标明是 1933 年以后的;桑塔格生于 1933 年。桑塔格暗示,死亡意识是一种多余的知识形态——死亡随处可见——然而,这又正是我们努力回避的。在她的日记里,她把对死亡的意识与她父亲联系在一起,她父亲卒于 33 岁,正是迪迪的年纪。她也明显地将迪迪与爹爹①联系起来了,就像她自己说的那样,这部小说包含了她对自己的父亲的死亡的接受。"他死了吗?"这是她小时候心中的疑问;那时候,死亡似乎是不真实的,她的父亲离她很遥远,而她母亲也不在场——也就是说,女儿的问题根本没有回应。桑塔格得出结论,撰写这部小说,她终于能够回答她自己的问题:"这事结束了。爸爸确实死了。"

梦是一种自我分裂,如同小说一样。正如《恩主》中希波赖特所说的那样:"我在自我的隧道里爬行。"——他的梦、他的小说、他的死亡。换言之,《死亡匣子》的结构就是"厄舍古厦"②,它最后的停尸房一幕让人想起赫贾拍摄的巴勒莫的地下墓地照片。正如托尼·坦纳所说:"环境是难以对付的,笼罩着迪迪,就如同环绕着爱伦·坡笔下囚徒的一堵堵墙一般。"最后,坦纳得出结论:"意识之中心即死亡之所。"创作《死亡匣子》期间,桑塔格提醒自己看几部坡的电影,包括罗杰·科尔曼版本的《莱姬娅(之墓)》及其对坡作品的改编——文森特·普赖斯出演的《蜡像馆》。"坡的短篇到手啦!"她在日记里告知自己。

---

① 迪迪(Diddy)和爹爹(Daddy)发音近似。
② 桑塔格儿时喜欢爱伦·坡的《厄舍古厦的倒塌》,见本书第一章。

小说的结尾给戈尔·维达尔留下了深刻的印象,但正如索罗塔洛夫所言,人们从来都无法相信迪迪是个"有过生活体验的人物"。评论家伊丽莎白·霍尔兹沃思把迪迪及其前任希波赖特称为"现代人的存在主义抽象概念"。我们对他们关注不够,而即使用正式的话来评论,桑塔格的结构也站不住脚。"它更多的是图形,而非地毯本身。"索罗塔洛夫如此评判。格式塔(完形,图形和形式一起)在这里不连贯。《死亡匣子》是一种赘述:小说讲述的是发生在一个人脑子内部的事情,用评论家卡里·纳尔逊的话来说,它没有让我们看到"历史或社会语境的任何意义"。

桑塔格从未称其第二部小说为败笔,但她承认,出版《死亡匣子》以后,她失去了作为小说家的自信。她多次尝试创作下一部小说,但过了25年才拿出来一部。桑塔格怎样才能写得更好?作家怎样才能将自身的经历转换到生动的小说创作之中,这是个谜。弗兰纳里·奥康纳在《谜与写作方式》中,引用了约瑟夫·康拉德的观点。康拉德认为,艺术家"从自身走出,在压力与抗争的区域,如果他配得上,又够幸运的话,那么,他就能找到富有感染力的话语"。与迪迪相仿,桑塔格"试图从那些可怕的问题中突围出来,占领某个持久的、克己苦行的有利位置。消除那闪光的痛苦。找到一个凉爽安静之所,安坐其中":这便是洞穴。

十一、新激进主义(1967—1969)

1967 年 8 月下旬《死亡匣子》出版后,用罗杰·斯特劳斯的话来说,对它的评价是"众说纷纭、莫衷一是"。他认为,有些评论是恶意的,因为它们针对的不是这本书,而是桑塔格这个人。看了丹尼斯·多诺霍发表在《纽约书评》上的评论,斯特劳斯感到不安,于是写信给《纽约书评》的长期作者罗伯特·亚当斯,说既然他喜爱这部小说,倒不妨给《纽约书评》去函,与多诺霍商榷。亚当斯显然是婉言拒绝了。斯特劳斯从来都是毫不犹豫地去斥责书评人及其授意者。在这种情况下,他致函《新共和》杂志一个编辑,抗议"伊丽莎白·斯蒂文斯炮制的那篇荒唐的评论文章"。

但是,斯特劳斯十分喜欢给予《死亡匣子》的极大的评论空间,出版社所做的重头广告宣传获得了成功。在初秋出版这部小说,用他的话来讲,"赶在那帮家伙前面",这是他的策略。结果,甚至连科威茨这样的折扣书店都备了现货,在正式发行前,书就脱销了。文学联合会将这部小说列为候补选书,促使本书印数上涨。书印了三次。截至 9 月 19 日,已卖出 14 000 册,同时还有 20 000 册在印刷之中,对一本纯文学作品而言,这是相当不俗的表现了,即便出版商并未因此大发一笔——或者并非是弗雷·斯特劳斯·吉劳出版社所希望的那种有所突破的书。即使这样,桑塔格还是构成了一个长期投资和荣誉项目,正如斯特劳斯及其手下工作人员一再提醒国外出版商和经纪人的那样。莉拉·卡普夫谈判过许多国外买卖和交易,她写道:"我们按照桑塔格的特殊要求,在离纽约不远的地方进行她所有图书的交易。我说'我们'的时候,特指罗杰·斯特劳斯,因为我和他与桑塔格的关系密切,而这正是她所希望的。"卡普夫使出浑身解数,不仅是要说服不情不愿的出版社出版桑塔格的作品,而且还要提高她的预支稿酬。当英国出版商艾尔-斯波蒂斯伍德未能成功地做好《反对阐释》这本书时,斯特劳斯让经纪人坎迪达·多纳迪奥代理促成了与塞克-沃伯格之间的一份新的、更有赚头的合同,来出版《死亡匣子》。与此同时,也在西班牙、荷兰、瑞典和德国做成了类似的交易。1967年3月下旬,斯特劳斯写给意大利一位出版商的一封信就非常典型:"我有一个天大的好消息要告诉你。苏珊·桑塔格刚完成一部书名为《死亡匣子》的新小说……总之,这本小说棒极了。我还要将它捧得更高,我要对你说,这真是一本重要的原创小说,我敢说,它不仅在美国而且在全世界都会是一部成功之作。"他确信,只有聪明绝顶、博览群书的编辑,比如英国的莫里斯·坦普尔·史密斯,或者约翰·布赖特·霍姆斯,才会做桑塔格的书。

桑塔格已经到了诺曼·梅勒在《玛丽莲》中所说的那种分上,即人格已冲破名声的障碍;再也不可能回到一种不被人关注的生活之中。正如英国代理人劳伦斯·波林格现在对罗杰·斯特劳斯所讲:"苏珊现在干什么都是新闻。"桑塔格会抱怨她的名声就如"时髦女孩"一般,但看到自己的照片被放到了书后面的勒口上,而且尺寸缩小了,而不是像《恩主》《反对阐释》那样占满整个封底的时候,她又表示失望。真是遗憾啊，即便她有摄影名家菲利普·哈尔斯曼为她效劳，而哈尔斯曼在1952年玛丽莲·梦露快成明星时，为她拍出了最精彩的照片之一。

这里，哈尔斯曼塑造了一个身处激荡的60年代的桑塔格，从右侧拍摄的大半身照，脸部未作掩饰，一头黑色的长发，松垂着。她似乎包裹在她的黑发之中（没有什么标志性服装），头发顺着她的颌骨的右侧整齐匀称地倾斜垂下。照片与素色封面相得益彰；封面上，在白色衬映下，桑塔格的名字用黑色大写字母非常醒目地标出；小说标题用白色字母印出，背景则为黑色——桑塔格的人像则若隐若现。桑塔格让斯特劳斯注意，放在书后面的勒口上而非封底，使得照片看上去"黑得可怕"。她希望看到的黑白之间的均衡效果被削弱了。

本杰明·德莫特在《纽约时报》上发表关于《死亡匣子》的评论后，哥大教授卡洛琳·海尔布伦发表了一篇题为《说说苏珊·桑塔格》的文章，分析了书衣照片上的这位女子。海尔布伦搜索了一遍外面的宣传报道——《小姐》杂志颁奖和报道，欧文·佩恩在《时尚》杂志编排的桑塔格母子的照片——并注意到在桑塔格名字头韵上开的玩笑。桑塔格参与了"那个伟大的美国运动：两者兼得"。她已经长于"用右手获得文艺界当权机构颁发的奖项，然后用左手抨击这一机构"。比如，（1967年1月8日）她接受了《华盛顿邮报》的采访；采访中，她宣布，从今以后她再也不上电视了，也不再接受任何采访——但是，此后她同意接受了上百次的记者采访。桑塔格已成为无法逃避的品牌，海尔布伦得出结论说："我刚开始看到关于苏珊·桑塔格的文章，心想：'天哪！她就是玛丽莲·梦露，漂亮、成功、命中注定……'"诗人理查德·霍华德称佩恩的照片"令人称赞……不过，有一点点——至少，在你身上——那种严峻，这会让乔治·艾略特说，她看上去像是但丁和一个印第安老人的合体。"

西奥多·索罗塔洛夫在评论《死亡匣子》的文章里，明确指出了桑塔格的神秘性与矛盾的魅力所在：

> ……文化英雄或恶棍，真正的新地下/先锋派人物；可爱而勇敢的密涅瓦，或者巧舌如簧地贩卖着法国现代主义、东村流行物以及其他态度更不认真的最新浪潮之辈。如同桑塔格小姐貌似以左手追求名声，又以右手放弃名声一样，她的批评立场不管怎样说，成功地做到了既就事论事又大胆无畏；表现出一种引人关注的风格，一如护封上她那些照片一样——沉着自信、光彩夺目，又有几分邪气——要么挑逗撩拨，要么拒人于千里之外。

桑塔格已经自我历练到看上去既冷漠超然，又依然十分迷人。她责备自己："我笑得太多。"15 年来她一直在告诫自己这件事，努力要摆脱家庭生活的一致性，即"我身上的母亲和朱迪丝元素"。

文艺圈盛传的关于桑塔格的故事已经多得数不胜数，因为她已成为嫉妒、羡慕以及各种各样幻想的对象。诗人詹姆斯·迪基是公认的世界级夸大狂和登徒子，他喜欢吹嘘桑塔格曾是他的情人，因此，激发了桑塔格《死亡匣子》几页的创作。"隧道里那场，就是迪迪搞海丝特——那就是我！老兄，那一夜真他妈的长，听我给你讲，"迪基格格一笑。

1966 年之前，桑塔格关注的主要是美学问题，但当年 2 月，她和诺曼·梅勒、伯纳德·马拉默德、威廉·斯泰龙、罗伯特·洛厄尔等文艺界人士一起,作为政治积极分子,来到曼哈顿的市政厅参加"争取越南和平"主题朗诵会。她谈到一些作家"因羞耻和愤慨而喉咙哽住了",因为"由英俊的国民组成的一个小国"正在被"一个武装到畸形的超级大国残酷地、自以为是地屠杀",而这个超级大国声称维护自由,实际上却只是一意孤行地考虑自己的利益。如果北越人给桑塔格以丑陋不堪、贪赃枉法和穷兵黩武的印象,那又会怎样呢? 在《河内之行》中,越南人的身体之美与优雅,以及他们简单的生活和口号构成了列奥·马克斯所谓的"新左派田园诗",这是对美国的腐败所作的抨击。

1967 年底,桑塔格参加了历时三天的反战抗议,结果遭到逮捕、短暂关押,于 1968 年 1 月出庭后获释。抗议行动是纽约城"停止征兵周"的一部分。有 264 人在白厅街征兵中心被捕,除桑塔格以外,还包括本杰明·斯波克医生①、作家艾伦·金斯伯格、格雷丝·佩利和简·雅各布斯。当时,抗议者堵住出口,结果他们被关进一间拥挤的囚室。游行是和平的,但逮捕和囚禁——时间虽短——的过程却令人害怕。不过,有个叫多特·莱恩的抗议者记得桑塔格非常镇定自若,看上去"漂亮又有趣",一个劲地在和雅各布斯友好地交谈着。

在《河内之行》里,桑塔格自称是个"新激进主义者",即在新时代再生的激进主义者。在她 1947 年一直到 1967 年的政治意识中存在一条巨大的鸿沟。在她"早熟的政治童年",她看过《PM》这类左

---

① 美国儿科专家、和平主义者,著有畅销书《婴幼儿保健常识》。

派报纸,读过科利斯·拉蒙特、韦布①夫妇(两人都为苏联辩护)这类作家的著作。除了为亨利·华莱士的总统竞选活动服务,她还在美苏友好协会看过爱森斯坦导演的电影。但是在随后的冷战时期,美国共产党在她看来似乎已缺乏活力了,是个重复着关于资本主义和帝国主义那些陈词滥调的"平庸的骗局"。桑塔格这位美学家提倡的是她所夸耀的新感受力,而那种老生常谈正是她所反对的,因为它们让她感到尴尬,令她生厌,就这样,她的政治想象力之门关上了。接下来,反战游行、古巴和北越革命的例证又激活了她的"历史记忆"。她再次感到使用"资本主义的"和"帝国主义的"这样的字眼让她舒服;换句话说,她又回到了她最早的那套激进的信念之中。

1966年,桑塔格回答了《党派评论》的一份问卷,该问卷调查作家们对"美国现状"的看法。她将此作为《河内之行》的序言一并收入《激进意志的样式》(1969)。桑塔格在回答中,抨击美国是"地球上的头号帝国"。美国被破坏的环境和疯狂的消费主义使得那些有头脑的美国人成为神经病患者或神秘主义者,因为他们要寻求走出物质主义泥淖之路。白人把印第安人赶尽杀绝,掠夺他们的土地,"白人是人类历史的癌症"。

桑塔格对强加在美国这块土地上的"关于美好生活的俗气幻想"感到悲哀;这种幻想"从文化上把人连根拔起,使他们一贫如洗"。她写道,跨过哈得孙河,人们会发现,大多数人只是希望搬掉所有妨碍美国人的东西。桑塔格得出结论:美国不仅是朝着一个错误的方向走去,不,美国是注定要垮台的。唯一的希望是其抗议的青年,他们

---

① 西德尼·韦布,英国经济学家,费边社会主义倡导者之一。

是"被视为异己的美国人"。显然,这是桑塔格感觉能接受的唯一的爱国主义态度。

在北越的邀请下,桑塔格、记者安德鲁·科普坎德以及康奈尔大学教授罗伯特·格林布拉特——均是有名的反战抗议者——于1968年5月对河内进行了为期两周的访问。他们在老挝万象稍事停留。科普坎德记得,一名美国情报部门官员警告这一行人说:"别把那个地方理想化。"但从一开始,桑塔格似乎就无法控制地想要讨好北越人,要留下一个"好印象——得到班上的最高分"。这是生动的表达,表明她感到与同行的其他作家之间的竞争很激烈。至少在她的日记里,她意识到她的东道主都是她的资助人,为了他们的利益努力地在报答她。她似乎并没有因为这种交换条件而感到烦恼。

在《河内之行》里,桑塔格提到见过美国情报部门官员,但未细说。该官员即佩里·施蒂格利茨,是他的朋友玛丽·麦卡锡将他引荐给桑塔格的;麦卡锡3月份访问过河内。施蒂格利茨1959年获得富布赖特项目资助第一次来老挝,他妻子是梭发那·富马的女儿;在北越的越盟①为支持共产党巴特寮而入侵老挝期间,富马时任老挝首相。在老挝,施蒂格利茨只能将北越视为侵略政权,尽管他也发现美国正在"我们的国际政策上,尤其是在对越南的政策上铸成大错"。施蒂格利茨记得,如果哪个人不能参与"对美国本身进行严厉的谴责",那么,桑塔格便难以对他彬彬有礼了。

施蒂格利茨看过桑塔格的一些作品,很喜欢,所以,一直盼着与她见面。他希望他们讨论北越帝国主义,但是,她走进他的屋子时流

---

① 1941年至1951年间的抗日组织越南独立同盟会及其武装部队的非正式名称。

露出的那副"居高临下的态度"一下子就让他意识到不可能交换意见了。他发现桑塔格对自己的祖国愤恨至极,所以,根本不想听他讲北越人是如何追逐他们自己的世纪之梦去征服东南亚这类话。当一枚由美国喷气式战斗机的材料铝制成的欢迎戒指被赠送给桑塔格时,她自豪地佩戴着,作为支持北越的一个象征。玛丽·麦卡锡也获赠这样一枚戒指,但她的反应是惊恐,因为对她而言,这个礼物代表着战争中牺牲的美国人的生命。麦卡锡——其反战态度之强硬与桑塔格相比是有过之而无不及——倒把施蒂格利茨认作朋友,尽管他们观点不一致,但她尊重他。

对施蒂格利茨来讲,桑塔格的来访可以通过她对他收藏的巴洛克音乐唱片的评价来做个概括。她朝科普坎德转过身去,问他是否记得这种音乐什么时候曾经是"'我们的'音乐"。她似乎在告诉施蒂格利茨,他连巴洛克音乐现在已经"过时了"都不知道,真丢人。30年后,问到桑塔格的那次来访,施蒂格利茨只能在他已发表的文章以外加一个字:"假。"

比起"美国现状"的问卷,《河内之行》不那么令人激动,却更具观察力。比如,让桑塔格烦恼的是,她见到的每个北越人都说同样的话,表现出同样的风格。两周的访问期间角色扮演和事先"彩排好"的这个特征也让她烦。她作为一个表演者、作为反战运动的一个典型被拿来招摇过市,想到这个她就不舒服。那是个将人幼稚化的过程,因为桑塔格没有机会施展才智。北越人实际上像是孩子,跟人鹦鹉学舌,像犯了傻似的讲马克思主义。虽然玛丽·麦卡锡写信给桑塔格夸奖《河内之行》,但她也指出:"你低估了越南人的才智。还有他们理论上的领悟……与那些人谈话时,感觉一个成年人是在一个孩子气的过分简单化的世界,这样的状态我不喜欢,尽管和平委员会里我们的那些朋友无疑就处于这一状态之中。"

桑塔格描述北越人爱说教、过分虔诚——完全是她的文章中不屑的那种为内容所迷之狂人。他们没有风格;他们缺乏讽刺。更糟糕的是,北越是无性的:没有接吻,没有公开的示爱。这里没有她那种华丽的辞藻,没有她渴望的感官性,桑塔格感到沮丧不已! 五天下来,她将她无法调整作如是观:她失败,她无法超越她那复杂的西方意识。

当然,即使在此处,在她似乎非常谦卑的时候,她还是假设她的意识包括了越南人的世界,但他们的意识却无法理解她的,因为他们关注的是最基本的东西——关乎生存而非资产阶级社会中可能有的种种选择。接受这一观点意味着同意桑塔格错觉,即她明白北越人为什么如她所言是简单、统一、程序化、幼稚化和无性的。她将他们的刻板和苦行僧心态很大程度上归结于这场战争。他们需要万众一心,首先想到社会,改变他们的行动,以保证这个国家的生存。她没有将他们的这种集体同一性视为一个专制社会中严格管制的例子,而是视之为社会的民主化,因为要把从农村到城市的国民都集中起来,打一场"人民战争"。与肥胖的美国人不同,瘦弱的北越人生活节俭,他们精打细算,试图让每样东西都物尽其用——把一切,包括击落的美国飞机的零件,都变成活命的货物。桑塔格眼里的北越人让人联想起那些高贵的野蛮人、印第安人。印第安人猎杀到的水牛的身体每个部分都会被充分利用:"我当时的印象是作为一种文化,越南人真的相信生活是简单的。"他们是快乐的——北越没有神情沮丧的存在主义哲学倡导者。一旦桑塔格意识到她的东道主具有"世界这个地方的沉思之人不再推崇的品质时",她就放松了,快乐了。她不妨拍部《北方的纳努克》①。北越人对被击落的飞机上的美国飞行员"真切关心",给他们更多的肉吃,因为他们"比我们块头儿大"。对此,她表示赞赏。根本不谈怎么去折磨他们。根本没有迹象表明简朴、缺少讽刺、缺乏风格和美学关切就是斯巴达这一战争文化的标志;战争文化可以使雅典变得自我膨胀、奢侈浪费,一点也不亚于美国。

桑塔格感觉到自己已着迷于自己的话语,便停下来考虑她是否已经屈从于"原始主义的意识形态"和田园理想,20 世纪的知识分子正是受此驱动,拥护起农村革命来的。不是的,她反驳:"真理就是真理。"她目睹了真理。通过亲历,她获得了权利,说北越"值得被理想化"。为得出这一结论,桑塔格立下了一个虚假的二元对立。她将她以前对北越的"抽象"认识与她这次"亲眼目睹的"北越进行对照。事先安排好的两周旅行难道就几乎等同于从阅读历史中了解到的东西吗?20 世纪 30 年代访问了苏联几周或几个月的知识分子真的理解苏联了吗?桑塔格称赞北越是"真正了不起的国家",典型的北越人是"非凡的人类成员"。这些人是"完整的"人类成员,而非像我们这样的"分裂的人"。桑塔格加在"完整的"和"分裂的"这两个词上的引号标示出其观点的弱处,好像在某种层面上,她怀疑已经无法运用自己的智力了。她将简单等同于完整。她以"我的印象是……"这

---

① 纪录片之父罗伯特·弗拉哈迪于 1922 年 1 月出品的开山之作。弗拉哈迪耗时 16 个月远赴北极,和哈里森港的爱斯基摩人纳努克一家一起生活,完美地用摄影机再现了用梭镖猎杀北极熊、生食海豹等原始的生活场景。虽然对该片有过"摆拍"是否是纪录片的争论,但毫无疑问仍是纪录片史上的里程碑之作,它不仅开创了用影像记录社会的人类学纪录片类型,更是世界纪录片的光辉起点。

种结构来掩饰自己。但是,关于她的"简短而业余地涉足越南现实之中",没有任何缓和的话可以减轻《河内之行》的傲慢程度。该书是她自己想象的一种投射——与她小说中塑造替身以及过着双重生活是一样的——而现在发现了一个无需组装的社会。

《河内之行》结尾处,桑塔格描写了她再次进入她所认为的已由美国占领的老挝,她为万象描画出一幅令佩里·施蒂格利茨感到不安的图景:

> 她观察了"奴性的,同时又具有攻击性的三轮车车夫",尽管老挝三轮车车夫是出了名的令人感到愉悦、性情温和。她看见许多"美国商人和老挝政府官员开的凯迪拉克车",但城里至多只有两辆凯迪拉克,美国商人不超过半打。她"经过为美国大兵放映色情电影的影剧院",这一点最为触目惊心,因为老挝文化绝不允许放这类片子,还有美国大兵,即她写到的美国兵在她到达万象时已经离开整整五年。

最后的讽刺是,1975年,北越最终征服了南越后,在新政府列出的禁书里,苏珊·桑塔格的著作赫列其中。

桑塔格接下来一篇政论是《关于(我们)热爱古巴革命的正确方法的若干思考》,发表在当时主要的新左派出版物《堡垒》1969年4月号上。文章不只是为古巴唱出一首赞歌,而且分析了美国与美国激进主义。桑塔格判断,这个国家将要发生革命,她在新老左派之间作了诸多区分,后者放弃了前者那种颓废的心理以及对美国道德观念(如果说不是对政治现状)的毫无想象力的适应;相反,60年代的激进分子都是顶刮刮的摇滚乐迷、大麻吸食者、性解放者、身穿奇装异服者，以及在美国生活面前甘愿表现出适应不良的、与环境格格不入者。简言之，新左派"比所谓的老左派更聪明、更敏感，也更有创造性"。桑塔格钦羡这种新的风格，但也警告说这几乎无法从根本上改变美国社会。新左派太无政府主义、太四分五裂，也太愿意将古巴人接受为革命伙伴，却又并不了解其独特性。

桑塔格承认，"（古巴）很多的自由在我们看来似乎束缚人"。比如，色情和私营企业是非法的。对色情想象力来讲，有这么多值得思考的材料，所以，桑塔格将会在她接下来的一本论集——《激进意志的样式》——中进行探讨。如果说美国激进主义者会敌视社会，那么，在古巴则恰好相反：社会严格实施一种集体伦理是有好处的。它已经释放出古巴人民的能量——不是像新左派的造反派，而是忠实的党员。她在古巴人当中见到一种自发性和感官性，而这在"我们自己的充斥着死亡的白人文化中"是没有的。她解释说，古巴人并非"受到印刷文化影响的感情或智力枯竭之辈"。

在《河内之行》中，桑塔格确认了北越的两大暴行：强制性的集体化和异己清洗。她在《堡垒》里，提及两年前"一个恶劣的时刻"，当时，哈瓦那几千名同性恋被遣送劳改农场。与美国这个"癌症社会"相比，古巴产生了一种令人感到信服的爱国话语。正是美国激进主义者排斥的东西——军国主义和传统教育——在业已开始发展自己的古巴这个革命的国家恰恰是被肯定的。换言之，拿衡量美国的标准来衡量一个诞生中的社会主义国家，这是错误的。保罗·霍兰德在《政治朝圣者》中注意到，像古巴这样的共产主义制度中的缺陷总是可以理解的，"是以制度为根据的，是发展中的问题，瞬间的偏差,自卫的措施,或者是极小的污点,如果从整体上看,就微不足道,或者将来会被证明是正确的"。因此,桑塔格注意到对与政治无关的作家埃韦尔托·帕迪利亚的公开抨击,但她补充说,还没有哪位古巴作家被关押或者被禁止发表作品。

两年后,桑塔格将会参加对帕迪利亚所受待遇的集体抗议。她发现卡斯特罗的确迫害过作家,并将他们与成千上万名政治犯一起关进监狱。但是,在1968年到1969年间,她可不仅仅是与古巴共产主义暂时妥协,她是在为它大做宣传呢。在悼念在玻利维亚发动革命的过程中惨遭杀害的切·格瓦拉的文章里,她不仅表达了"个人的悲痛",而且表达出她将其"浪漫形象"的打造作为"美帝国主义生活方式"一帖解药的赞同。美国和欧洲激进青年将切理想化,这是有益的。她宣称,古巴新的、"仍然不完美的、正在诞生之中的社会主义社会"提供了"革命的种种选择",赞同切向他国输入革命的别具一格。没错,古巴既没有自由的报纸,也没有独立的司法体系,然而,"在某些方面,她却是当今最真正意义上的民主国家"。绝对的说法与这些说法的限定语之间的冲突使得《河内之行》一片混乱。

史学家艾伦·M·沃尔德说:"20世纪60年代期间,桑塔格支持社会主义工党的大选举,甚至还会见了党代表,讨论入党的可能性。"会见是由激进活动家拉尔夫·舍恩曼安排的;那时,他时常见到桑塔格,还与她的儿子——戴维——交上了朋友。舍恩曼当过伯特兰·罗素的秘书,自称是罗素发起的谴责美国在越南的所作所为的"国际战争罪审判法庭的总干事"。舍恩曼被认为是某些激进圈子里的冒险家,本人也是社会主义工党预备党员,被工党派出,与莱斯利·埃文斯和乔治·诺瓦克一起去完成一个使命;后两位在杜威委员会听证会上发挥了重要作用;这些听证会洗刷掉了斯大林在莫斯科大清洗审判中对托洛茨基提出的指控,还了他一个清白。在桑塔格的公寓里,舍恩曼作了介绍,然后,诺瓦克将社会主义工党高调地定为列宁和托洛茨基的党。他又说,社会主义工党在全国结束越南战争动员委员会中也发挥了显著的作用,该委员会发起了1969年11月在华盛顿的游行。诺瓦克告诉桑塔格,社会主义工党"实际上掌控了学生动员委员会"。她心存疑虑,问招募人员,他们既然影响这么大,那她怎么没听说过他们? 诺瓦克回答,青年社会主义者同盟已经在美国校园取得重大进展,近来正向南方挺进,并在亚特兰大、伯明翰、奥斯丁、休斯敦等城市"写下新篇章"。桑塔格便把戴维叫进房间,向他了解青年社会主义者同盟的事情,问他听说过没有。他说没有。招募活动就此结束。

1968年12月下旬,桑塔格在去古巴途中,在墨西哥城国立大学就其河内之行发表演讲。在她前面,已有一系列马克思主义演讲者使得1968年10月2日的大屠杀事件后的气氛着上了政治色彩;2号那天,墨西哥城大约2 000名示威者抗议军队对大学的占领,结果遭到殴打、枪杀,有的还被投入监狱。据《纽约时报》1998年9月14日的一篇文章说,"成堆的尸体用卡车拖走,灭火水龙带用来将鹅卵石上的血冲洗干净"。屠杀激怒了年轻一代,也震惊了墨西哥城。听桑塔格讲座的是一群有战斗力的、反美的学生,或许有1 000人挤进了只能容纳400人的报告厅。不管她说什么,似乎都不够激进。听众就那场战争和美国外交政策对她进行无情的连珠炮似的发问,并对她的观点进行抨击。她彻底崩溃,哭了起来。她很快就恢复了镇静。要知道,这个作家的自控力是令人钦佩的,她站在讲坛面前可一直是沉着冷静、泰然自若的,但一谈到越南战争,她便再也无法保持镇静。

十二、《激进意志的样式》(1968—1971)

到 1969 年,苏珊·桑塔格已经广受瞩目,她的身影出现在巴黎、布拉格、伦敦、柏林、赫尔辛基、墨西哥城、河内、哈瓦那、斯德哥尔摩,在美国一场接一场的讲座就更不用提了。她会见国外出版商、经纪人以及作家,编织出了一个复杂的国际联络网。《河内之行》1968 年出的单行本,受到了丽莲·海尔曼——桑塔格日记里非常推崇的一个人物——的称赞:"越南是一本超赞的书……自我满足吧。"

1969 年秋,桑塔格出版了第二本文集——《激进意志的样式》。这本文集收入了她的里程碑论文《静默之美学》和《色情之想象》。她也将她写得最好的电影论文《伯格曼的〈假面〉》收入其中,这篇论文与她导演的头两部片子《食人者二重奏》与《卡尔兄弟》的风格和内容密切相关。她将政论《美国现状》(1966)和《河内之行》收入其中的举动还引发了苛评,这些评论不仅视其为作家,而且把她当作公众人物。连通常都同情桑塔格的评论家约翰·伦纳德也在《生活》杂志上发表文章,指出桑塔格关于"现代资本主义社会"的前提太轻率、论证太不充分了。即使认同她提出的美国是建立在种族灭绝的基础上的观点,美国也决非第一个行动如此残暴的帝国。她干吗要重复马克思主义学说的那套话?北越人对泰族、苗族和芒族这些少数民族所干的事又怎么说呢？伦纳德下结论说："她也许去过越南，但她还绝没有真正从她那一大堆错综复杂的问题中摆脱出来，还在老调重弹。"乔纳森·拉班在《旁观者》（1969年12月12日）上将桑塔格的文章称为"它们意在描述这个社会的症状而非评论"。彼得·贝雷克则在《公益》（1969年10月10日）上说她"将小商贩的种种热情与服装制造商对新奇的追求"结合在一起，这一说法呼应了戈尔·维达尔的感觉；维达尔认为，桑塔格对新小说的探索反映出的"与其说是艺术精神，倒不如说是底特律精神"①。然而，《激进意志的样式》巩固了桑塔格作为当代最伟大的评论家之一的地位。与《反对阐释》相比，她的第二部文集具有更多的探索性，少了些系统性。她的最佳论文保留了对某些主题（尤其是电影、色情作品以及艺术）的观点，这些主题今天仍旧在学者中间、在课堂上以及在普通读者当中激发起讨论。

1969年初，桑塔格从格林尼治村一个公寓搬到河滨大道一个顶层公寓。在格林尼治村，她租过一间很典型的逼仄的房子，门厅狭窄，小客厅塞满了书橱，墙上挂着一些电影剧照，家具少而又少。在河滨大道，她的顶层公寓是在一栋战前建的公寓中，大楼又大又暗。其境况颇为清苦：暗色的木地板，几乎没什么家具，白色的墙壁上除了几张（嘉宝、迪伦和W·C·菲尔茨的）照片以外，几乎是光秃秃的。即便哈得孙河的美景一览无余，此地仍像一座修道院。苦行僧桑塔格不追求奢侈的生活——当然，她也奢华不起来。钱一直是个

---

① 底特律是与技术相联系的，总是在制造新车、新产品。此处指对桑塔格而言，创作新的小说即意味着新产品比旧产品（小说）好。

问题。与其日后挣的钱对照,弗雷·斯特劳斯·吉劳出版社预支给她的稿酬微薄。做一次讲座她可以拿到 1 000 美元,或者连花销算在里面的话,有 1 500 美元(20 世纪七八十年代,她的出场费涨到 3 000 美元)。罗杰·斯特劳斯负责谈好价钱并作出安排,这种事情对出版社来说是不常见的,因为通常都是由公关人员或讲座经纪人处理这类事务。但是,巡回演讲是累人的,而且也妨碍桑塔格写作。所以,她降低了露面的频率,这样收入也就不可避免地减少了。

有些作家每天都按部就班地写作,不管写什么;与他们不同,桑塔格喜欢出门,很容易分心。就像她喜欢一个小时接一个小时长时间不间断地阅读一样,排得满满的日程使她难以认认真真地写作。她偶尔会从私人和公众机构处领取小笔的补助金,但这些并不能让她过上舒适的生活。她没有医保。但是,凭着一种令人钦佩的决心,她仍然成功地追求着一个独立作家的生活——尽管经常捉襟见肘,因为她讨厌对付给她课酬却要占用其时间的那些大学承担什么义务。

比如,20 世纪 60 年代后期,桑塔格访问布朗大学时,她对陪同劳伦斯·戈尔茨坦——《密歇根评论季刊》的编辑——表明,她不喜欢多露面。"那为什么来?"戈尔茨坦问道。"还能为什么,为钱呗,"她解释道。"就好像在对傻瓜讲话一样,"戈尔茨坦补了一句。她想去罗得岛设计学校观摩毕加索早年的作品,然后赶飞回纽约的早晚班航班。见面会她应该到;对见面会组织者,她是礼貌的,虽然谈不上亲切。她在几册《反对阐释》上签了名。小组讨论之后,桑塔格从台上一跃而起,对戈尔茨坦说:"我们赶快走。"她的东道主惊讶不已,追上她问能否出席招待会——那么多人希望见她。桑塔格说"不能",

她仔细看过合同,上面根本就没有什么招待会这码事。一个被激怒的组织者回应说,你桑塔格至少应该和专程赶来见面的读者简单说几句吧。不,她回答说她不愿意,然后催戈尔茨坦和她的司机走。戈尔茨坦意识到,桑塔格在布朗大学的行为几乎不算什么绝无仅有的情况:"她是我在普罗维登斯、后来又在密歇根的安阿伯见的第一位,但肯定不是最后一位纽约名人;他们这帮人希望在来访期间尽量少做事,然后拿了钱就走人。她显然将其行为视为身处平庸之辈的环境中的一种勇敢的自我保存行为。如此看来,就像她常常喜欢的那样,她是孤家寡人。"

看起来粗鲁或不仁的行为也是一种自我保护的形式。苏珊·桑塔格不是玛丽莲·梦露。她不想把自己整个地奉献给她的粉丝。她不想认为她有粉丝。除了作为一个作家,她不想认为自己欠任何人一场演出。说她出场是为钱,说她不对什么人负有义务,听起来似乎是傲慢的、忘恩负义的,但这为她创造出一个独立空间,开辟了表达其真正自我的道路。她已经完全成了作家,因此能够按照自己的意愿去探索生活,她不愿意屈从于巡回演讲的条条框框,任人摆布。

桑塔格不快乐。1963年至1969年间的岁月是令人兴奋的,却也让人丧气。她渴望做出更好的成绩,写出更好的小说。她将自己的公众形象视作一种妨碍,尽管她一直给保持她的公众形象的媒体爆料。在纽约城竞争极其激烈的氛围中,她在积累文学资本,尽管与此同时她拼命掩盖成为公众的苏珊·桑塔格的过程。她必须成为她自己心目中的那种作家。然而,她找不到什么方法来少借自嘲作姿态。有些明星靠自我贬低的幽默来处理明星身份。桑塔格从来都不觉得这有什么道理。为什么装低调?她不这样。她生气,施展自己的力量,或者独自郁闷。

在一种她认为已经被市场价值败坏了的文化中,桑塔格似乎强烈地需要陈述自己的道德权威。比如,对普伦蒂斯霍尔出版社编辑格拉迪丝·卡尔发来的一份电报,她做出敌意的反应。卡尔问桑塔格能否撰写一本先锋派论著。卡尔考虑这个特殊的项目桑塔格也许愿意做,尽管弗雷·斯特劳斯·吉劳出版社是其固定出版社。桑塔格回复时,重申她只与弗雷·斯特劳斯·吉劳出版社合作;此外,她还数落卡尔,称这份电报及其措辞让她想起"商界和新闻界"那令人反感的做派,而这在"严肃的书籍与思想王国"里是不合适的。桑塔格将这一回复抄送罗杰·斯特劳斯,外加一句议论:"这可能会让你觉得好玩。我很可能把这个可怜的卡尔小姐吓得屁滚尿流了。"事实上,卡尔小姐生气了,回应说那份电报不过是了解一下情况,并非约稿。"假使我不是这么年轻,相对而言,对'商界和新闻界'的行事方式没有多少历练,那么,我猜想,对您愤世嫉俗的、恶毒的回答会有更好的心理准备的。"

桑塔格任性的话掩盖了她只能向一个非常小的圈子倾诉的个人悲痛和内心的混乱。她从未能从她对玛丽亚·艾琳·福恩斯的爱中走出来。回首往事,她意识到与艾琳在一起的岁月与她可能有的"婚姻"最接近了。桑塔格很孤独。在她比较平静的时刻,她认识到一种模式。她当初嫁给菲利普·里夫是必要的。她这样评价他们的结合:"就其本身而言,一个巨大的胜利。"她夸自己的决断,这样她才得以迅速进入一种安排;这一安排是形成"新存在"的一个部分——但如果不离婚,这种状态是绝对不可能有进一步发展的。哈丽雅特·索姆斯当时在摧毁桑塔格在"人情世故方面的无知"上创造了奇迹。

最终,艾琳·福恩斯转变了桑塔格的"主观性"——她这么说似乎表明福恩斯促使她更深入地作自我剖析,"真正的启蒙入门"。

桑塔格希望给予她的朋友们她在自己的爱情生活中经常缺乏的东西:一种真正的相互性,即 H·G·威尔斯充满渴望地称为的"情人-影子",能够助其自我完整的另一半。自从 1963 年与福恩斯闹崩以后,桑塔格有过男男女女的情人和求爱者。纽约的 L 以及米兰、罗马和那不勒斯的 C——在纽约还有一些别的;他们的姓名和生活有待于她授权的传记作者去考证分析。对桑塔格来讲,这些情人似乎都缺少某种基本的、她仅仅在与艾琳的"婚姻"中体验过的东西。然而,那段婚姻失败了,在桑塔格看来,那是因为她需要吞噬其他人——不过,似非而是的是,她并不觉得他们在此过程中被削弱了。

演员兼导演的约瑟夫·蔡金①有一阵子成为桑塔格的精神伴侣,她写信给他,诉说自己"为噩梦所困、顽固、忧郁的犹太性格"。传奇人物蔡金是舞台剧院成员,20 世纪 50 年代中期开始就是纽约先锋派中坚,在桑塔格的眼里,他和自己一样,也是个忧郁者。她从世界各地她的目的地给他寄情书,向他袒露她追求爱情的细节,诉说自己一次次的挫败。在这批信札(其中许多可以追溯到 20 世纪 60 年代末和 70 年代初)中,她坦诚、脆弱,也充满爱意地关心蔡金的情绪。她要他对他自己好些。她向他爆料,讲她与波兰导演耶日·格罗托夫斯基和英国导演彼得·布鲁克在一起的经历。她要蔡金给她打电话,她想他,要见他,要他和她待在一起,她要以整个心灵去拥抱他。她说,他们如此相像,都是"疯狂的、焦躁不安的操劳之人"。写给蔡

---

① 《激进意志的样式》即献给约瑟夫·蔡金。

金的信函打开了一种心境，表达了即使对福恩斯之后的情人都小心翼翼掩藏着的感情。

桑塔格按照1969年的观点回首往事，写信给蔡金，说对她来讲，自从与福恩斯分手之后，她似乎一直生活在"悲痛、焦虑和呆滞"的状态之中。她感到害怕，种种忐忑不安的状态使她寸步难行，她所知道的能消除这种变得越来越糟的感觉的唯一途径，就是保持几分权威的样子。她那忙碌紧张的旅行日程似乎表达了她的信念，即没有人值得她为之待在家里，除了戴维；戴维已成为她强烈的爱的焦点——太强烈了，她意识到，因此，她欢迎起到某种缓冲作用的男朋友。

桑塔格在瑞典时，蔡金给她写信说："最近我经常见到戴维。他很好，见到他让我很愉快。他显然很想家想你，于是就到我这儿来了……我很喜欢他，能够告诉你这些，真令人心满意足。"戴维经常拐进弗雷·斯特劳斯·吉劳出版社办公室，去看看罗杰·斯特劳斯，后者给他点钱，把他的情况转告人通常在外地的桑塔格。戴维如果不独自一人到加拿大、墨西哥或秘鲁旅行，就陪妈妈作为公众人物外出短访，到世界各地旅游。这对戴维造成的后果是他没有中心，他无法安顿下来。他有自己的文学抱负（弗雷·斯特劳斯·吉劳出版社会把他早期写的一些短篇发在杂志上），但是，他母亲的榜样也让他发怵，他发现她太有魅力了，无法不被她吸引。"戴维不如我小时候那样早熟，这让他感到烦恼，"桑塔格在日记里写道。

在瑞典，桑塔格终于有一个机遇自己拍电影了，这一项目源自她既在威尼斯电影节又在纽约电影节上担任评委。1969年，她对记者埃德温·纽曼说，她一直在寻找拍电影的时机。桑德鲁斯电影公司——瑞典一家1937年成立的电影公司——总制片人戈兰·林格伦愿意资助她拍处女作。1968年5月29日,她与桑德鲁斯签下一份合同。在瑞典,如同在许多其他欧洲国家一样,弗雷·斯特劳斯·吉劳出版社也使桑塔格成为一个不可小觑的名字了。而且,当时是60年代,在瑞典,正如在别处一样,这是一个伟大的、实验性的、宽容的年代。1963年,成立了瑞典电影学院,以提高这个国家电影的质量,林格伦的几部片子赢得了国际声誉。

林格伦很快便意识到,桑塔格"非常清楚自己片子里需要什么样的人物"。当然,桑德鲁斯帮她挑选演员,二十五六岁的彼得·哈尔德被派来当她的制片经理。林格伦——那时快40岁了——和哈尔德发现,桑塔格身上的迷人之处在于她对当代事物的把握,以及她对世界电影所具有的百科全书式的了解。哈尔德说,呈现在桑塔格面前的机遇似乎是"极其非凡的",但"考虑到时代因素和政治运动,这又不是什么奇怪的事情"。他强调指出,当时,一个美国人在瑞典要想被接受就必须激进,桑塔格正是这样一位激进主义者。1969年初,《河内之行》在瑞典出单行本时,桑塔格在剪辑《食人者二重奏》。桑德鲁斯知道她的作品不会吸引多少观众,也不会有多高的票房价值,但电影公司决心既要拍有大众市场的作品,又要制作艺术剧院①里放映的片子。

桑塔格告诉采访者梅尔·古索,她到过许多电影片场,当过临时演员,中学就演过戏,从她的朋友,导演麦克·尼科尔斯那里学到很多东西。尽管桑塔格谈起电影来似乎头头是道——哈尔德记得她利索地应付过记者招待会,但是,真要是拍片子,她知之甚少,在演员和

---

① 指专演实验性戏剧、放映纪录影片或外国电影的艺术剧院。

工作人员之间没有太多的交流,桑塔格没有学艺的机会。她事先写了脚本,桑德鲁斯电影公司有义务帮助她实现梦想。并非说桑塔格有多么重要,更多的是因为瑞典人想支持她。现场没有什么即兴的东西,根本没有她文章中钦羡的戈达尔电影中发生的那种巧合。桑塔格基本上不解释她的人物,但也没人要求她说明人物这样写的理由。哈尔德欣赏她旺盛的精力和集中的思想,但是他发现她不是个特别能说戏的导演。有一次,她都讲不清楚为什么有个演员的表演让她失望。那时候,桑塔格在瑞典和美国接受采访。访谈中,她表示大家在一起拍电影真是太幸福了。她希望能拍更多的电影。

像桑塔格的小说一样,她的电影似乎有意志的东西。产生这种印象部分是因为这些片子探讨的是意志及其在生活和艺术中发挥作用的途径。她仿效罗马尼亚哲学家 E·M·齐奥兰,齐奥兰正是《激进意志的样式》中一篇文章的讨论对象。① 齐奥兰倡导一种精神上的不松懈,它要求我们"斩断我们的根","假定自己是陌生人"。桑塔格的齐奥兰论完美地抓住了她本人的意志坚强的存在。她拥抱的思想家是这样的,即认为应该从对世界、对家长里短的种种热衷中解放出来,以便将生活体验为放飞意识去探索其自身迷宫的"一系列情景"。她最爱他的地方就在于他提升了"意志及其改造世界的能力"。

《食人者二重奏》考察了德国激进主义者阿图尔·鲍尔政治生涯的一个片断;他一直与布莱希特联系在一起,似乎总是在逃跑的路上,因为他既害怕被监控,又担心被人毒死。他怀有的信念是模糊的。影片开头,作为四个主要人物之一的英格丽德在往墙上钉鲍尔

---

① 即《"自省":反思齐奥兰》。

的一张招贴画,还突出了秘鲁托洛茨基分子雨果·布兰科的一张照片、一面全国解放阵线旗帜,以及 1968 年在墨西哥城奥运会上向黑人权力致敬的黑人运动员的一些照片。她房间里的报纸提醒我们,电影的场景设置在肯尼迪总统遇刺、苏联入侵捷克斯洛伐克那个历史阶段。在这个偏执狂时期,鲍尔不断旅行,提及重要会议、信息交流,以及他写回忆录的需要——以建立其职业生涯的记录,因为他的生命处于危险之中。确实,他害怕如果他不遭到谋杀,那他也会患上一种不治之症的,英格丽德及其情人托马斯认为鲍尔是个伟人,托马斯有机会做他的秘书他们很高兴。

这一基本的剧情一场场展开。每一场都是一个新故事、一种新心情。第三或第一人称叙述的一种连绵不断的现实的想法侵入进来时,听上去是夸张做作。例如,英格丽德说:"鲍尔叫托马斯明天下午6:00 来。接下来,他们要做一个工作日程安排。"接着,英格丽德以她平常的声音对托马斯说,她爱他。他们俩是校友,都曾在 60 年代典型的脏兮兮的公寓里住过。她播放起《名歌手》,使托马斯深有感触,他问道:"你是想让我做好见鲍尔的心理准备吗?"在瓦格纳的这部歌剧中,汉斯·萨克斯看到他亲爱的伊娃爱上一个比他年轻的男子,汉斯决定做她的介绍人,使他的情敌在兴趣方面有所提升——事实上,是使他成为一名优秀的歌手,这样,他就能成为配得上伊娃的丈夫。桑塔格把瓦格纳的主题变成一种认识,将生活看作一轮又一轮危险的权力角逐和政治。鲍尔虽然仍然英俊,但已日见衰老;他欢迎托马斯做他的合作者,鼓励他去照顾他心怀不满但年轻迷人的妻子——弗朗西莎。然后,鲍尔转过来又控告托马斯挑逗他妻子,挫败了他撰写回忆录并继续从事其政治工作的种种努力。托马斯这下糊涂了。鲍尔不断地怂恿他成为越来越亲密的人,然后又控告托马斯对不起他的信任。托马斯的确爱上了弗朗西莎,但是,片子后来表明,弗朗西莎一直在与鲍尔玩游戏——即假装与鲍尔疏远,以引起托马斯的同情。她这种角色扮演使鲍尔很高兴,鲍尔喜欢在他妻子和托马斯做爱时躲在小柜子里偷听。英格丽德感到越来越不安,托马斯整天整夜不归家,和鲍尔一家待在一起,她反过来又被鲍尔引诱,来到他家为弗朗西莎烧饭护理。最后,鲍尔、弗朗西莎和英格丽德三人同床,托马斯一人被排斥在外。他试图回到原来的状态中时,鲍尔和弗朗西莎想出了一个精心设计的计策,让托马斯以为弗朗西莎已经自杀,而当着托马斯的面,鲍尔看上去好像也自杀身亡。但是,托马斯离开鲍尔家时,鲍尔夫妇在楼上隔着窗子,木然地、令人费解地盯着他。

开放性结尾让评论者感到烦恼。桑塔格对埃德温·纽曼声称她希望片子引起焦虑。她成功地做到了。现在,很难讲鲍尔的问题是什么,因为桑塔格的脚本拒斥阐述。他吐掉吃的东西,是因为他害怕里面下了毒,还是因为真下了毒,抑或是因为他有饮食紊乱症,导致他狼吞虎咽地吃,然后反胃吐出? 这种强迫性饮食与托马斯烟瘾很重有一拼。托马斯就是控制不了。他说:"我想戒烟。"英格丽德说:"那你为什么不戒呢?"托马斯答道:"这是个较强与较弱的力量较量的问题,不是吗?"这句台词或许也适用于整部片子,适合于片子对艺术和生活的解读:作为一个较强与较弱的力量较量的问题,一个哪一方占上风的问题。鲍尔为权力而活,因此,是否坚持他那些原则无关紧要。他是完全武断的;他可以是迷人的,或者残忍的,情绪说变就变。他可以是谄媚的,也可以是引诱的,可以是气势汹汹的,也可以是可怜兮兮的。这些行为的范围看起来令人感到迷惑,不过,如果观者意识到——正如莫莉·哈斯克尔在这部片子得到的最佳美国评论中所意识到的——问题的核心始终是权力以及如何获取权力,则也就不那么令人迷惑了。它可以是夺得的,它可以是诱得的,它也可以是以多得令人难以置信的各种姿态或花招展现的。这全看你在多大的程度上相信英格丽德给托马斯递烟时所谓的"意志的权力"这一短语。

换言之,这是一部关于信徒身份的影片。传记作家杰尔姆·博伊德注意到,桑塔格作为菲利普·里夫追随者进入了自己的婚姻,而且完全淹没在他的工作中。托马斯希望效忠一个大人物,后者则必须在每一个层面,从琐碎的到深刻的层面来测试信徒的忠诚程度。桑塔格本人也卷入过多种多样的三角关系之中,考虑到这一点,不妨说,她是十分擅长通过影片来再现一个为权力而狂的世界。与《河内之行》天真的政治相比,《食人者二重奏》是一部愤世嫉俗之作。它没有将任何东西理想化或理性化。问题是这部电影为主题所支配。由于它是关于许多不同形式的支配——性的、色情的、政治的支配,因此,桑塔格蓄意地,甚至是有悖常理地拒绝给观众任何关心作为个人的鲍尔或其他人物的理由。当然,这正是她要表述的观点:这些对权力的种种认同对人际关系问题做了过分简单的处理,因为人际关系不只是一个个性或者心理、社会学等等的问题。权力有其自身的节奏,这是情感的起伏波动,一种类似于冲破规范性界限的歌剧调门,大多数电影信奉这一规范性。

鲍尔躲在壁橱里偷听托马斯和弗朗西莎做爱,英格丽德在床上躺在鲍尔和弗朗西莎两人中间,唯一缺少的一对就是鲍尔和托马斯在床上或壁橱里做爱,或者看英格丽德和弗朗西莎做爱。这些是这部电影里的世界的种种选择,因为有可能存在无限多样的成双结对。或者正如桑塔格在《色情之想象》中所说的那样:"双性恋、对乱伦禁忌的藐视以及其他色情叙述共同的相似特征,发挥了使交流的可能性剧增的作用。理想地说,每个人都应该可能与另一个人建立起性关系。"鲍尔是将他视为偶像的小字辈的父辈。他们也试图排斥他,正因为如此,他才不断努力,通过使他们交流的方式多样化,通过从性方面将他们所有人缠绕在一起来逗他们开心。

桑塔格将她自己既是主人又是信徒的非凡经历写进这部气势磅礴的片子,充分展示权力是如何吞噬一切的。正如桑塔格认为"在我所有的人际关系上都是互相残杀",啃食朋友来获得她的"财宝"一样,鲍尔吞噬他的食物、他的朋友、他的情人和他的盟友。桑塔格心思完全在她的主题上,因此,和她的人物一样,没有看到主题以外的任何东西。鲍尔是个激进主义者,他反抗现状的压迫,但他所持的异见充其量不过是实施另一次强制行为。

尽管有位评论者将鲍尔视作一个糟糕的激进主义者,但如果考虑影片无情地揭露滥用权威这一点,那就难说能有什么好的激进主义者了。鲍尔极其专注于操纵,所以,他是喜剧的,许多论者也的确将《食人者二重奏》看作一出黑色喜剧,桑塔格对采访者梅尔·古索讲,这一反应让她感到惊讶,但是,渐渐地,她变得相当喜欢这样的反应——也许因为这使得她的电影更耐看,甚至让观众更欣赏它,却又不至于破坏她希望电影保持开放性的愿望。

鲍尔已经形成一个圈子,类似于桑塔格在哈佛和哥大所经历的陶布斯的那个小圈子。陶布斯培养出那种源自鲍尔的仅限于小圈子的知识——知性的和性的氛围。虽然有谣传说桑塔格与陶布斯有染,据莫里斯·迪克斯坦在他的回忆录中说,桑塔格在陶布斯圈子里暧昧的处境令人回忆起聚焦在陶布斯周围的情形。桑塔格为这些有力的人物所吸引,一方面向他们致敬,另一方面又看穿了他们。鲍尔夫妇和受他们保护的年轻一对都意识到他们面临窒息。桑塔格告诉梅尔·古索,她本人发现这部片子是幽闭恐怖的。权力的题材她已拍完——或许更准确的说法是她想对此放手了。

1969年春天,苏珊·陶布斯投哈得孙河自杀身亡。她刚出版小说处女作——《离婚》;小说探讨的主题是女人如何做出努力来颠覆富有魅力的丈夫的权力。桑塔格一直未能消除这次自杀给她带来的震惊;好友去意已决,似乎正如桑塔格的生之欲望一样强烈。假使她也产生过自杀的念头,那么,苏珊·陶布斯之死已经向她明示这一自戕行为于她是多么地可怕。桑塔格在短篇小说《心问》里,写了一个难得的、充分刻画的人物。和苏珊·陶布斯一样,朱莉娅身材苗条,一头长长的红褐色秀发。她小鸟般的身体使她看上去像天使一样,仿佛随时都会振翅飞走。小说的叙述者说,这是一种"身体缺席"。朱莉娅渴望在所有层面上的事物之间建立起联系,甚至包括中央公园的一片落叶与边上另一片落叶之间的联系,等到这一渴望受挫,朱莉娅便开始节食,足不出户。叙述者认为,问一些没有答案的问题——或者连提问者都肯定没有一种答案是正确的,这样做是不明智的。但是,正是朱莉娅坚持不懈地寻找某种联系,才促使叙述者自己去对人们与事件之间如何,又为何连贯起来产生奇思妙想。如果朱莉娅关于联系的问题无法回答,那么,人们就完全有理由认为世界是随意性的,个人生活之间没有联系,理解一个多丽丝(该小说中有

202

几个多丽丝)并不导向对其他多丽丝的理解。当然,反过来,情况同样令人感到不安:如果一个多丽丝不可避免地导向另一个多丽丝,决定论的模式得以建立,那么,所谓个性的概念本身便是无效的。正如《食人者二重奏》一样,这个短篇也是个"心问",因为它希望确立多种联系,但是,它们成为泡影。标题是反讽的,因为我们无法获得人们假定询问应该得到的信息。没有终了感,也没有圆满的结局。

朱莉娅的父亲是精神病专家(苏珊·陶布斯的父亲也是精神病专家,是其小说《离婚》里出现的一个人物)。他打电话给朱莉娅的时候,叙述者回答说朱莉娅不在家。他可不是好糊弄的,因为他清楚朱莉娅哪儿也不去。但叙述者回应说,"早知道你要打电话",她倒应该出门的。不受治疗方面种种干扰的封闭的世界将在桑塔格的第二部片子《卡尔兄弟》中出现:片中,一个哑巴孩子和一个成年人代替了《心问》中"孩子气的"朱莉娅,这两个人都躲进地窖,令人联想起桑塔格自己孩提时期躲进洞内的往事。

把两个苏珊、把《心问》中的"我"和朱莉娅联系在一起的是"理智的悲观主义"。但是,小说中的"我"像桑塔格一样,相信自我保存,相信"意志的乐观主义"。小说的叙述者把自己想象成一只鸟那样猛冲下去,把她投水的朋友叼出水面。但是,与《心问》的叙述者一样,桑塔格也没有朱莉娅的精神。

叙述者弄不明白,他们的生活中有这么多失去联系的东西,为什么真正自杀的非得是朱莉娅?桑塔格相对而言更加现实——她比另一个苏珊更坚强——她将自己,或者她的"我",视为西西弗斯,牢牢抱着一块岩石,大叫一声"闪开"。苏珊·陶布斯的自杀让苏珊·桑塔格产生一种极其孤独的感觉,但也让她下定决心百折不挠。

1969 年 5 月《食人者二重奏》首映后,桑塔格在意大利度过了一个夏天,思考她在电影方面所学到的东西,而且被卡洛塔·德尔·佩佐迷住了,后者当时还在和另一个情人——比阿特丽斯——纠缠不清。对桑塔格来说,她渴望投入到这一新恋情当中,一个女公爵和魅力四射的名人在桑塔格的日记里和沃伦·贝蒂以及理查德·古德温排列在一起。卡洛塔先前也是个海洛因的瘾君子,比阿特丽斯跟苏珊描述卡洛塔时说她"脆弱"。卡洛塔给不了苏珊渴望的轰轰烈烈的爱情。西格丽德·努涅斯是戴维·里夫的前女友,曾经一段时间和里夫及桑塔格住在一起;后来遇到卡洛塔——一个有抑郁症和紧张症倾向的异常兴奋的人。桑塔格对卡洛塔说:"难道你不明白你是自己生活的创造者吗?"不过,这么说也于事无补。如果桑塔格坚持,那么,卡洛塔也就继续拖着,这也许是因为苏珊凭着意志力让她们的交往继续着。

但是,随着桑塔格离开去了巴黎参加她的电影的首映,然后 9 月又回到纽约开始动笔写她下一部要拍的影片的剧本,这对情侣之间的距离拉大了。影评家理查德·劳德私底下对桑塔格的爱情生活细节十分了解,试着鼓励她:

> 我的神啊,这是高雅戏剧啊。对不起,有点肉麻了,不过你的信让我兴奋,让我惊讶,我真是吓呆了。好像在我看来,重大的事情就是,你恋爱了。稍微次重要的事情是你被人爱上了。最不重要的事情就是你将要经历的不愉快的事了。(这听上去极其清教徒/男人婆,不过是事实,真的,不管听上去多么童子军似的过于理想而不切实际。)这么多年

来你一直在寻寻觅觅,但一旦找到却只能火急火燎地把它送到巴黎,自己干等着,这肯定糟糕透了。更糟的是,还不只是干等着,因为你到了还见不到卡洛塔,只能又回到纽约……也许埃利奥特[·斯泰因]和诺埃尔[·伯奇]可以帮上忙?……嗯,你一回到这里[纽约城],我就会担负起对你的责任。

大戏继续上演着。桑塔格写信给卡洛塔:"激情、希望、渴望、折磨、无法工作、不可思议的贞洁、天真(依旧)、感觉被爱,耐心地等待我们开始共同生活时的开心。"到 1970 年年初,如桑塔格所说的"第三阶段"开始了:卡洛塔不能成为苏珊生活的中心,而且桑塔格告诫自己,她必须不给她的情人施压。卡洛塔不想觉得像是一个不独立的人,或者期望她来纽约。卡洛塔被桑塔格"酷酷的"一面所吸引,而桑塔格则讨厌表现出任何她自己的需要。不过,据桑塔格说,卡洛塔还是崩溃了。与斯蒂芬·科赫的一次交谈也于事无补,因为他对苏珊的建议是,没人能给别人建议,真的,而且,也不可能改变她的天性。最多桑塔格可以控制自己的欲望,把这段恋情暂时搁置起来。除了科赫,她还就她与卡洛塔的恋情进行了她所谓的研讨,其中咨询了唐·埃里克·莱文、约瑟夫·蔡金等人——于是,她回归工作。

到 12 月,桑塔格已完成了剧本,到 1 月中旬,她又回到斯德哥尔摩,召集工作人员,挑选外景拍摄地。正如桑塔格的第一部片子是一个关于权力的说教性寓言,第二部片子则是关于艺术制作的寓言。桑塔格将卡尔——一个退休舞蹈家——称为"神圣的傻瓜"。扮演卡尔的劳伦特·特齐夫得到提醒,记起尼金斯基①及其与狄亚基列夫之间麻烦的关系。卡尔的导师/克星是马丁·爱立信导演,他对卡尔做了一些可怕但神秘的事情,但他决心赎罪并将卡尔从沉默中拯救出来(卡尔在片中几乎连片言只语都没有),把他拉回到现实中来。正如桑塔格在《静默之美学》中所指出的,艺术家保持人格完整的唯一之路就是保持沉默,语言是一种潜在的背叛、错误阐释、歪曲以及艺术家对艺术家的剥削。当然,寻找彻底的沉默便意味着过一种活死人的生活,或者就意味着栖居于死亡本身之中,即迪迪、苏珊·陶布斯和朱莉娅所选择的结果。

《卡尔兄弟》戏剧性地表现了两个女人——莉娜与卡伦——之间起伏波动的关系。起初,莉娜看上去是两人中的强者。她是戏剧导演,带着卡伦在外度假。卡伦非常需要休假,因为她陷入一场痛苦的婚姻之中,而这场婚姻给她带来了一个自闭症孩子——安娜。但实际上,莉娜才是真正的弱者。莉娜将卡伦带到前夫马丁那里,她还爱马丁,希望与他重归于好。她希望借助于卡伦的力量重新创造出对马丁的爱。她对他们讲:"我们在一起多好啊!我是这么爱你们俩。"但是,马丁拒绝了莉娜,而为痛苦但有活力的卡伦所吸引。马丁以赞许的口吻说道,卡伦是未完成的,她有一种完成自我的动力。卡伦自己说——正如桑塔格说过的——"我想要成为我钦羡的那种人"。莉娜感到被晾在一边,便去找沉默寡言的卡尔,但是,对她的心思他的态度模棱两可,对她的挑逗他拒不接受。被抛弃的莉娜怀疑马丁和

---

① 尼金斯基是 20 世纪俄罗斯天才芭蕾舞演员,以前卫著称,与经纪人狄亚基列夫亦是同性恋关系。

卡伦相爱了,于是投河自尽。

用脚本里的话说,《卡尔兄弟》呈现了"被排斥在外的那个人的形象"。卡尔几次走入水中好像要自杀。马丁给他洗澡时,他把头浸在水里,时间长得可怕。他和安娜退到洞穴深处。卡尔——不妨说是大家的兄弟——的塑造旨在提醒我们注意,我们大家都觉得悲剧将要发生。然而——像莉娜、像桑塔格对于苏珊·陶布斯一样——我们感觉到无力去阻止必然发生的事情。卡伦对莉娜的死做出的第一反应与《心问》中的叙述者对朱莉娅的自杀做出的反应一样:"她怎么能这么蠢!"卡伦的愤慨也像桑塔格小说中的"我"一样,让位于悲痛和疑问:"你不认为她现在会明白那是多蠢的一件事吗?她现在会难过的……"《卡尔兄弟》是一部痛悔的电影,它拼命想为自己摆脱内疚和死亡意识。

孩子般的卡尔看起来是最脆弱的人物,但他活了下来。他将自己用毯子裹起来,就像待在帐篷里一样,生活在一个地窖中,周围是旧书、印第安人织的毯子,以及各式各样桑塔格小时候躲起来时她周围的那些杂物。后来,他挖了一个洞,仿佛是在挖成他自己的墓穴的样子。但他没有躺进去,而是像艺术家的一个标志(桑塔格语),归于沉默之中,而且讲起人类的孤立和生命的有限这一话题,又是那么雄辩。因为同为离群索居者,他能与安娜沟通。影片结尾处,他把她带到海边,并不是像卡伦、马丁、彼得(构成了又一个桑塔格三角关系)所担心的那样要淹死她,而是将他的能量传递给她,他在她身上躺下,然后僵硬得像具尸体一样翻滚。安娜最后说:"他好重。"突然间她就感觉到了这个世界的重量,感觉到了卡尔为她做的事情的分量,感觉到她不得不做出表达。这个"奇迹"在银幕上似乎令人相当迷惑、感觉神秘——奇迹就应该是这样，桑塔格毫无疑问会这么说。这无法解释；它似乎也是虚假的，就像是卡伦和彼得破镜重圆的婚姻一样。安娜的重生某种程度上意味着解除了卡伦心头的负担，她早些时候说过："莉娜的死是沉重的。我在扛着，无法放下。"影片最后一个镜头中，卡伦双膝跪下，把安娜搂在怀里。这是一个沉重、无法忍受的结局。

很难不去相信卡洛塔·德尔·佩佐，此时的麻烦人物，在当时的电影结局中有其影子。苏珊与卡洛塔的悲观情绪作斗争。虽然桑塔格很抑郁，但她能视自己为历史的产物，能够改变自己的行动方向，而从卡洛塔本性的角度来看，她似乎陷于其中无能为力，不可自拔。卡洛塔极其频繁地要求苏珊行使她"充当父母的天赋"。温柔的卡洛塔拥有美貌、智慧和悟性，但她无法达到桑塔格在寻觅的那种全身心投入的认真。桑塔格认为部分原因来自文化方面：和桑塔格不一样，卡洛塔完全不按计划和任务来考虑。桑塔格推测，卡洛塔的贵族气派的心态也许是导致她说自己是"颓废的"原因。纽约城所有的活动让卡洛塔不堪重负。有目标的生活这一想法似乎击败了她，就好像这种生活会给桑塔格以动力一样；桑塔格过度的认真让卡洛塔说她缺少幽默感。不过，她们依然在一起，断断续续，持续了几乎两年时间，因为有卡洛塔相伴左右，桑塔格仍然觉得很兴奋。卡洛塔并没有受到桑塔格非常重视的计划的困扰，而苏珊也羡慕她这个情人的自发性。但是接下来，桑塔格突然宣布结束这段恋情。"结束了——就像它开始得那么突然、不可思议、肆意、不可预见一样，"桑塔格大哭——一直大哭，仍然极想再一次引诱卡洛塔。但是，卡洛塔最多只能算是她间断性的一个情人；桑塔格爱这个女人"甚于我一生中爱过的任何人"，因此想从她身上得到的也多得多。

接着，桑塔格遇到名演员兼制片人妮科尔·斯特凡娜[①]。和斯特凡娜在一起时，她"非常专注、充满爱意，一反她平常那种咄咄逼人，几乎是进攻型的自我"。不过，桑塔格在这场三角恋当中，只好谦卑地接受次等的地位，因为斯特凡娜当时仍纠缠在一场持续了16年的情感之中，而对方占有欲极强。斯特凡娜在《可怕的孩子》（1950）中因表演精彩而一举成名。这部传奇影片由桑塔格最喜欢的导演之一——让·皮埃尔·麦尔维尔执导，影片改编自让·科克托好评如潮的小说。斯特凡娜扮演伊丽莎白。这个女孩照顾她受了伤的兄弟保罗，他们处于一种被动-进攻关系中，一如《假面》中的伊丽莎白和阿尔玛一样亲密、挑逗。批评家把这种兄/妹之爱称为乱伦，正如在《假面》中一样，《可怕的孩子》中这一对可被视为一个单独的自我、男与女之间的高/低之间的切换。关于麦尔维尔的片子，有位评论家扼要地说：伊丽莎白"尽管可爱，无论是身体还是精神都具有坚强的力量，这几乎赋予她一种雄性的风貌；相形之下，还算雄性的保罗倒显得温柔、被动"。

斯特凡娜似乎走下银幕，走进桑塔格的生活。斯特凡娜也是罗特希尔德家族成员，也是犹太裔，在战争期间曾处于被驱逐出境的危险之中，这些使得她成为桑塔格追求的那种流放者。斯特凡娜曾经在麦尔维尔更早的一部影片《海之沉默》（1949）中扮演角色，正如一位影评人所描写的，她看上去"极像一种抽象的力量，一座法国式的活雕塑，就如同某种女性德行——高贵和勇敢——的拟人化形象，这

---

① 桑塔格的《论摄影》即献给妮科尔·斯特凡娜。

一形象能在卢浮宫或法兰西学院见到：往后吹的短发、短而挺的鼻子、有力的眼神，坚定而小巧的嘴，还有强壮的美腿，这一切使她看起来坚毅顽强"。桑塔格陶醉其中，听任斯特凡娜的摆布；斯特凡娜不仅成了桑塔格的情人，而且成为她的电影制片人。在1972年的一次访谈中，桑塔格自豪地指出，事实上，整个法国只有两名女制片人，斯特凡娜即其一。

斯特凡娜眼中的桑塔格，用桑塔格自己的话来说，是一个脱胎换骨的人。她嫁给里夫的时候，除了知识分子的生活，其他都不重要；而这种生活包括塑造一个坚强、有抱负的自我，这种自我是她母亲的对立面。在那个年代，女性的穿着都是单调的褐色、黑色和灰色，服装、鲜花之类的东西是不为人在意的。而她现在培养了她的女性气质，喜欢美丽的服装、喜欢跳舞、喜欢聚会、喜欢鲜艳的色彩。她乐意接受物体的曲线，好像她此前一直都是沿着单调而枯燥的直线在世界行走一样。

十三、桑塔格女士（1971—1973）

如果要概括我们那处于其耀眼的惊人一现时的文化模式，那些占星术式的组合肯定是要包括在内的，而其中之一即是苏珊·桑塔格、妇女解放运动和《时尚》杂志的融合，它阐明了现存于知识分子、时髦而激进的问题与时尚市场之间的组合。

——罗伯特·布鲁斯坦

桑塔格在1971年1月做完《卡尔兄弟》的剪辑，在巴黎待了两个月。她和妮科尔·斯特凡娜住一起，后者的地址也成她的了。正如1972年5月桑塔格对一位采访人所说的那样，她已成为巴黎知识界的一分子。她在这座城市头十年（1958年至1968年）间断性的居住时还是个局外人，是美国人中间的一个美国人而已，如今她却几乎完全融入了法国人的圈子。她甚至搬进了萨特在波拿巴大街42号的旧公寓；1942年至1962年间，萨特就住在那里。公寓坐落在圣日耳曼广场后面，桑塔格从起居室的窗子望出去能看见圣日耳曼教堂和"双偶"咖啡馆——海明威和其他名作家经常光顾的地方。

西蒙娜·德·波伏瓦将自己的小说处女作《女宾》的电影拍摄权

无偿地给了桑塔格,从而表明了后者新的身份;斯特凡娜则做制片人。桑塔格期待在法国从事电影拍摄,因为她不清楚如何在美国筹措资金独立拍片,而且,她猜想,如果要去寻求美国电影厂对她的片子的支持,她就必须做出种种妥协;对这种让步,她没有表现出任何兴趣。如果说法国并不鼓励女权主义者或者独立的电影人,那么,它却提供了桑塔格能够抓住的机遇,尽管其范围仍嫌狭窄。像其他欧洲国家一样,法国欢迎作家(如阿兰·罗布-格里耶)当导演。

弗雷·斯特劳斯·吉劳出版社通过在国内外出版桑塔格的电影脚本,策划桑塔格与另一位影评家/电影人合作一部苏珊·桑塔格论电影的著作,以此来提升桑塔格作为电影人的声誉。桑塔格首选英国作家理查德·劳德,桑塔格去伦敦的时候,偶尔和他待在一起。后来,她又选了巴黎的同行、先锋派电影摄制人诺埃尔·伯奇。但是桑塔格的电影脚本销不动。论电影的著作没写成,而且德·波伏瓦的电影也没拍成,这显然是因为斯特凡娜告诉桑塔格,这么一部电影会危害其职业生涯。桑塔格从一家制片公司预支了5 000美元,想制作一个初创剧本《牛年》。可她后来又终止合同,公司的头儿向桑塔格和罗杰·斯特劳斯催还预支款——甚至扬言要诉诸法律。这笔款子罗杰·斯特劳斯1 000美元、1 000美元地代还了。

拍电影、似乎总是快要杀青的小说、演讲、访谈,以及关于《激进意志的样式》的褒贬不一却到处可见因而令人满足的评论,这一切给人一种她似乎无处不在的感觉。事实上,就其写作而言,用莉拉·卡普夫的话来说,桑塔格已经处于"低谷期"。这个时期从1969年夏开始一直持续到1972年初夏结束,这时候,桑塔格写信给罗杰·斯特劳斯说:"在成为'我这一代最重要的作家'的赛跑中我落在后面;

哦,真见鬼!"她回到短篇小说和关于摄影的开拓性论文的写作上来了。

在《党派评论》1973年春季号上,桑塔格发表了一篇观点激进的文章《妇女的第三世界》。这篇文章脱胎于她前一年就《自由》杂志一份问卷调查所作的回答。这份杂志,用她自己的话来讲,是一份"有点马克思主义倾向的西班牙文版的政治和文学季刊"。该文尖刻的口吻令人吃惊,与《美国现状》的刺耳程度不相上下。尽管桑塔格重申自己支持革命的社会主义,但她宣称,没有哪个自称采纳马克思主义原则的政府已经解放了女性——而在她的词典里,妇女解放不仅意味着建立法律上的两性平等,而且意味着强制的权力共享制度。桑塔格认为妇女是受到威胁的人种,实际上,在世界各个角落的街上都会受到袭击。她嘲笑自由主义的灵丹妙药。仅仅争取法律意义上的平等将永远意味着女性会落在后面,因为男人已表明他们拒绝交权。桑塔格反问道:"哪个统治阶级曾经自愿削弱自己的力量?"真正的变化只有女性强迫男性改变时才会出现。选择变化就是这么残酷,因为"社会结构本身就是建立在男权基础上的",桑塔格宣称。

妇女如何获得权力?她们必须为之付出辛劳。每个女人都应该工作,桑塔格坚持认为:"必须指望大多数妇女都工作。"只有妇女有办法养活自己,她们才真正拥有自由。她重申:"解放即权力。"妇女参加工作也对"异性恋"霸权发起了一场性生理心理学上的进攻。她解释说,一个"非压抑的"社会将会是双性同体的,因为这样它会持续不断地颠覆两性差异。这种"去两性化"将会带来对妇女角色的重新定义,以使她们不再认为自己首先是"潜在的性伙伴"。相反,性征会"淡化"。在《妇女的第三世界》中,桑塔格预言,在一个解放了的社会,"同性恋择偶将与异性恋择偶一样正当、一样受人尊重,两种性取向均将产生于一种真正的双性恋"。她确定了敌人,即"大男子主义"。

接着,她将自己的文章变成了一本战术手册。她责成妇女上街抗议示威。男人请勿加入。妇女应该学会空手道,对着男人吹口哨,冲击美容院,并且搞运动,反对带有性别歧视的玩具公司。她赞同"战斗的女同性恋"。妇女应当自己开堕胎诊所——桑塔格是几位承认堕过胎、在1972年《女士》杂志组织的"废除堕胎法"请愿书上签名的杰出女性之一。妇女应当起诉妇女主流杂志,举行男子选美竞赛,为政府机关推选女候选人,捣毁污辱妇女的广告牌,用自己的姓,声明放弃赡养费,不管在哪里发现男性特权和女性低人一等的现象,就要兴师问罪。不管多么极端、多么粗鲁,又是多么尖刻,妇女应当坚持上演"游击式流动戏剧",付诸行动反对性别歧视标准。改革只能改善一些情况,但是,激进的鼓吹能够从根本上改变妇女生活的状况。

但是,这还没完。妇女必须意识到,家庭的本质就是拖妇女的后腿。家庭将妇女囚禁在家里,使得她们不适应社会竞争,培养出"一家生产内疚的工厂和一所自私的学校"。桑塔格甚至反对每户人家都拥有洗衣机。即使每家每户都雇得起帮手,也无法把妇女从一个决意要吞噬自身和其他一切贪婪的消费社会中解放出来。家庭不是一个避难所,而是一座监狱,从现在占领了每个客厅的电视上看到的同样信息使妇女变得规规矩矩,不能越轨。

桑塔格从未将她自己的成功往女权主义运动的议程上靠,甚至也没有与从女权主义角度来阅读历史相联系。某种个人的说辞当然是有必要的？苏珊·桑塔格树立了一个什么样的榜样？什么让她产生了紧迫感？这一紧迫感一直藏身何处？她如何看待她做出的选择？她如何安排自己的家庭生活？她有过怎样的家庭？20世纪60年代末和70年代初被女权主义唤醒的妇女渴望读到自传——她们能够学习到的生活的例子。丽莲·海尔曼在回忆录中似乎坦率地叙述了她与达希尔·哈米特①在一起的复杂的、时续时断的岁月，因此，她为自己开创了一个新的生涯。她的首部回忆录《一个未完成的女人》(1969)向新一代女权主义读者发出呼吁。海尔曼因自己的失败而对自身极为苛刻，但对自己的充沛精神感到自豪。她脆弱过，但现在坚强且坦率——她坦承她未完成，意思不仅是说过去未完成，而且是说她现在仍然雄心勃勃，要继续前行，直到取得胜利。

不是桑塔格一个人感觉到把个人因素与政治因素联系在一起的女权主义复兴——坚持认为个人的就是政治的——所造成的压力。与别的女作家一样，她感受到召唤，要发表她自己的宣言。的确，有哪个全身投入工作的妇女不希望听桑塔格谈谈她的身心投入程度呢？在《妇女的第三世界》结尾，桑塔格谈起自己来："我永远都不会把自己说成是一个解放了的妇女。事情当然没那么简单。但我一直都是个女权主义者。"接着，她提供了一个自己的小传：她希望成为生化学家并获诺奖的梦想，这自然是看了玛丽·居里的传记而受到的激励。然后她谈到她想当医生，后来又想当作家——从未想过因为身为女人，她要实现自己的抱负就会受阻。她宣称她的家庭生活"极其简单"（她称之为"亚核心家庭"，仅用了半句话就将其一带而

---

① 20世纪美国硬汉侦探小说家，著有《马耳他之鹰》。

过）。这位不自觉的女权主义者接着在学业上不断攀升，然后17岁结婚，一直用自己的姓，然后与丈夫离婚，拒绝接受她的律师所谓的对赡养费的"理所当然的要求"，即使她当时"身无分文，无家可归，没有工作，还有个6岁大的孩子要抚养"。她记得，在大家对她的单亲状况以及这样生活会有多么艰难唠叨个没完的时候，她很生气。毕竟，这是她自己选择的生活。她的确意识到自己的位置和情况是个例外。成为例外赋予她某些她能够"作为我的权利来享受的"有利之处。但是，她最后说："我现在更明白了。"

桑塔格现在明白什么？她明白一个有才华、有动力的女性成功了，她对采访人维多利亚·舒尔茨说，因为她"更多地受到瞩目"，她就好比是"一屋子白人中间的一个黑鬼"。妇女解放运动教会她将自己的成功置放在一个政治语境中看待。她批评其他女性（间接地也包括她自己），因为她们没有看到她们的成功实际上确认了男人享有同意例外存在的特权。事实上，她体会到，成功女士都是讨厌女性者，她们更喜欢和男人待在一起。她甚至声称"大多数被视为'解放了的'妇女其实是无耻的汤姆叔叔，逆来顺受，迫不及待地去讨好男同事"。文章结尾处，她号召成功女性不要以"背叛自己的姐妹"为代价去保持"与男人的良好关系"。

桑塔格写她的宣言时，也在给罗杰·斯特劳斯这个她的男性声援者写信函报告，她让他相信，她一直都在想着他。她在信里写道，她不在纽约的时间里，总是想念他。但是，她回到弗雷·斯特劳斯·吉劳出版社，那些女性下属感觉桑塔格蔑视她们。虽然桑塔格劝说女性对流行的妇女杂志提出起诉，但她却在这些杂志上发表文章，事实上，她试图在其中塞进一篇题为《变动的判决》的文章，这篇研究

"衰老的双重标准"的文章,《麦考尔杂志》认为冷漠、过时到了让人感到奇怪的程度,因此没有录用。当然,拿一些女权主义标准来衡量,桑塔格已经表现出巨大的勇气与才智,即使在她与里夫婚姻期间,她曾经有过她所谓社会不需要的来自家庭方面的帮助。但她不太愿意多谈她是如何玩男性游戏的。她只是很保险地就她自身这样的女性泛泛而谈。更重要的是,她"受人瞩目"不仅仅是一个"例外"而起的作用,她拼命努力才使得自己受到瞩目,这一努力在《妇女的第三世界》里甚至连一点暗示都没有。

女权主义不是桑塔格能够忽视掉的一个问题,但她也不希望个人与之有什么瓜葛。吉尔·约翰斯顿清楚地看到了这一点。约翰斯顿给桑塔格介绍妇女运动中的重量级人物:格洛莉娅·斯坦内姆[①]、布伦达·费根法斯妥、菲利斯·切斯勒、凯特·米利特等。约翰斯顿希望桑塔格也参加进来:"她把我们叫到她在河滨大道的顶层公寓,我们坐在那儿,以一种要提高觉悟的方式,讨论一些表面的女权主义话题。"提高觉悟这一点"闯入"了《妇女的第三世界》,但是,桑塔格仅此一击,没有走得更远。确实,她对女权主义者的看法、她与她们的关系似乎是与妇女运动的命运一起潮涨潮落。薇薇安·戈尼克差不多十年后遇到桑塔格,在聚会和其他场合与桑塔格匆匆见面,觉得桑塔格对女权主义的接受依赖于她自己的女权主义写作品牌在纽约"文学证券交易所"里的行情。戈尼克的股票上涨,桑塔格似乎就受

① 美国现代女权主义运动领袖,《女士》杂志主编,1971 年协助成立全国妇女政治核心组织(The National Women's Political Caucus),通过杂志和妇女组织呼吁妇女们摆脱传统地位,争取政治、经济和性爱自由。著有散文集《蛮横行为与日常反叛》和传记《玛丽莲·梦露》等。

217

欢迎;跌下来,桑塔格受到的关注程度也相应减弱。

吉尔·约翰斯顿是一个可以与桑塔格匹敌的尤物,因为当时,约翰斯顿是一个战斗性的女同性恋主义者,在做桑塔格只能怂恿旁人做的事情。约翰斯顿就像桑塔格在长篇小说、短篇小说和电影里拨弄的那些替身人物之一。从50年代末到60年代中期,约翰斯顿一直是艺术和舞蹈评论家,有一阵子,舞蹈家露辛达·蔡尔兹是她的情人。到了20世纪80年代,桑塔格成了蔡尔兹的又一个情人。但是,约翰斯顿使个人的成为政治的,使私下的事情变为公开的事情。她不怕自己看起来是在走极端。激进行为实际上必然会造成边缘化,桑塔格不会冒这个风险。桑塔格的主导魅力在于异性恋,尽管文艺界知道她更爱女人。

妇女运动兴起前,桑塔格的成功还只是发生在真空之中;也就是说,无论是她,还是当时的文化,都未被强迫对她作为一名妇女所取得的那种成功进行认真的思考。1959年,在老左派强势时期即将过去时,桑塔格进入纽约,开始与并未认真对待女权主义和大多数女作家的纽约知识分子打交道。迟至20世纪60年代早期,莱昂内尔·特里林仍旧对弗吉尼亚·伍尔夫不屑一顾,宣称她不值得作为一个经典作家来被认真考虑。除了玛丽·麦卡锡,30年代的女作家,如约瑟芬·赫布斯特和佐拉·尼尔·赫斯顿,大都被遗忘了。桑塔格这一代的女作家在学术界也许会得到好评和尊重,但是,用桑塔格偏爱的一个术语来讲,她们恰恰不是"示范性人物"。

桑塔格的示范性品质促使她变得谨小慎微,不随便承认任何可能使她变成少数分子的身份。甚至有人认为,她既性感,又有头脑,这一结合使得一代男性更容易去对付20世纪70年代妇女越来越甚的知识自负。综合上述种种原因,桑塔格和斯特劳斯害怕她的听众和读者知道她的性取向,担心一旦为人所知,那可能会击碎男人能够得到她的念头,而这假象使她的知性为人所接受。

而且,身为作家,桑塔格不明白她为什么需要展露很多个人的生活情形。她长大成人的阶段(20世纪50年代)是这样一个年代,比如威廉·福克纳发表了一系列文章,哀叹隐私的不可侵犯性这一美国品德正在被媒体及其消费者迅速摧毁。他下结论说,现在每个名作家都成了媒体可以娱乐消遣的对象。桑塔格是在福克纳式的传统中成长起来的。她希望自己的作品能以自身的质量取胜。她希望人们羡慕她的写作方式,而非她的生活方式——"生活方式"本身就是商业社会创造出来的粗俗词汇。然而,她做出的种种逃避,采取的形式却又是一种否认,否认她是示范性的,否认她不仅仅是作家,因此,许多观察家认为她看起来并不真诚。女权主义许多内容都是文学外部的东西,与她所理解的文学生活无甚关系。她的榜样一直是纪德和托马斯·曼。桑塔格不可能既是搞运动的人,同时又忠实于她的作家观;运动政治将从根本上打破她对一个作家必须保持的得体的理解。

1971年春在曼哈顿市政厅,刚刚在《性奴》中激怒了女权主义者的诺曼·梅勒坐在台上,面对一群厉害的女人:杰曼·格里尔、戴安娜·特里林、全国妇女组织主席杰姬·塞巴洛丝,以及时任《村声》专栏作家的约翰斯顿。台下坐着的名人包括史学家小亚瑟·施莱辛格、伊丽莎白·哈德威克和苏珊·桑塔格。当晚变得非常闹腾,因为约翰斯顿和两个女人(她的朋友)从边上冲到台上,然后开始搂着吻着。梅勒咆哮道:"给我站起来,有点淑女的样子!"桑塔格对他使用

"淑女"这个词稍稍给予了责备。

在这个阶段的访谈中，桑塔格再次将自己的生涯置于女权主义的氛围里。例如，在她的描述里，《卡尔兄弟》讲的是一个职业妇女（莉娜）受到前情人——一个恶棍——的奴役，一个已婚妇女（卡伦）身陷一桩令人厌倦的中产阶级婚姻之中。但实际上，《卡尔兄弟》没有把这些问题当回事。男性受到责备出现在她发在(1972年9月23日)《星期六评论》上的文章《衰老的双重标准》里；这是《变动的判决》的修改稿，一篇充斥着陈词滥调的平庸之作，主要能让人看到桑塔格对男性特权世界的抨击。让她关注的问题是男人掌权能持续多久，以及他们如何能吸引妙龄女郎。年龄和外表对于有权势的男人来讲无关宏旨。他们能一直那样生活下去，而年龄对于女人来说却是一种"变动的判决"，她们到21岁，或者30、40、50岁的时候，一次又一次担心灾难就要降临。桑塔格（未指名道姓）描写她的朋友哈丽雅特21岁时的危机："我生命中最美好的时光飞逝了。我不再年轻。"哈丽雅特对着16岁的苏珊叹息；苏珊感到迷惑不解，她"年纪太小了，意识不到这一点"。桑塔格深信不疑地对她的读者说，当时，哈丽雅特是个美人，现在，年过40，她风采依旧，仍然是一个魅力十足、妩媚动人、活力四射、"吸引眼球"的女人。

妇女们通过装嫩、谎报年龄、使用化妆品以及女演员采用的所有技巧，来弥补这种年龄观念上的双重标准带来的问题。妇女们添置行头，打扮自己。她们无奈之下只好特别关注款式。有时，妇女们在街上拦住桑塔格，她们说钦羡她，但承认并没有看过她的书，这种时候，桑塔格都很生气。她对理查德·特里斯特曼这样的朋友说，对一个作家来讲，这是怎样的一种侮辱啊！但是，这些妇女中的许多人都是通过《时尚》杂志和其他流行杂志上刊登的照片，或者从她的书衣上才对她有所了解的。对她们而言，桑塔格就是她的形象、她那些抢眼的造型，以及其他人的书籍封底上印着的她撰写的发人深思的推荐语；她是个魅力四射的人物，她的妙语专栏作家们都爱引用。

当然，也有许多年轻女子读过桑塔格的著作，而且许多人，比如卡米尔·帕格利亚，还企盼着也像她那样——不过，从帕格利亚的例子来看，过度效仿桑塔格这一榜样会以半严肃半搞笑的下场结束。1973 年春，帕格利亚在本宁顿学院从事她的第一份学术工作。她二十五六岁，是个激进的女权主义者，而且是公开的女同性恋者。她认为，桑塔格是一位对男性主宰提出了挑战的激进主义分子，而且写过关于影响遍及精英和大众文化范畴的主题的文章。与桑塔格一样，帕格利亚放弃了狭隘的学术研究，而运用一种视野宏阔的、跨学科的方法。她当时在撰写的博士论文——《性面具》——日后成了一本有争议的畅销书。用帕格利亚的话来说，桑塔格在《反对阐释》中建立了一种"公共剧院"，生动地描述了一个"跟上时代潮流的女知识分子"角色，复兴了女文人的概念并将之现代化。但是，帕格利亚对桑塔格的希望更甚。"我一开始对桑塔格就有的抱怨之一"，她在给桑塔格的传记作者的信里写道，"（是）她在石墙酒吧骚乱事件之后对她自己的性生活仍旧表现出的怯懦。"1968 年，帕格利亚是耶鲁研究生院唯一公开的同性恋学生。而另一方面，桑塔格"在媒体上、在那种肤浅的曼哈顿晚会上，有将自己作为一'名士'推销出去，但又试图求助于隐士般的、过着离群索居生活的纯粹作家，以及超脱的艺术家的先例，以此来转移人们对其私生活的打探"。

1968 年 10 月 15 日，帕格利亚第一次见到桑塔格本人。那一天是越战暂时中止日,帕格利亚当时为耶鲁大学研究生,去看一个朋友,普林斯顿大学一个学生。1973年春,帕格利亚开车去见在达特茅斯的桑塔格,希望说服她来本宁顿演讲。帕格利亚在达特茅斯见到的那个女人不禁让她想起桑塔格在瑞典的电影片场上的宣传照片:桑塔格"看上去时尚、干练——靴子、长裤、高领套衫、宽皮带、飘动的围巾。玛丽·麦卡锡或西蒙娜·德·波伏瓦都不是这样的面貌,或者说,都不能取得这样的预期效果"。

帕格利亚拼命筹措付给桑塔格的讲课费。学院只能付700美元——大致是通常桑塔格讲课费的一半,却是学院通常付给演讲者的两倍。帕格利亚指望理查德·特里斯特曼帮她劝桑塔格来。本宁顿学院教师多为男性,他们对讲座并不像帕格利亚那样热心。事实上,帕格利亚后来才知道,因为付了双倍的钱,老师们也就指望桑塔格能讲得双倍好。帕格利亚四处张贴海报,扩大影响,催促她的学生把他们的朋友带进这一"非凡的体验"之中,桑塔格可是要阐述关于当代文化之洞见的。

在那个"重要的日子",1973年10月4日,睡眼惺忪的桑塔格晚了两小时坐车到了。她看上去神情憔悴,眼睛肿肿的。她对帕格利亚解释说,昨晚写了一夜稿子。精神来了时,她写得飞快。她对帕格利亚说,她相当懒,要支撑着连续写两周,她就得服兴奋剂了。取消学院院长家里的会见,帕格利亚带着她的这位客人直奔酒店,桑塔格"声音响亮地高喊一声……要了胡椒牛排,这似乎是合适范围内的豪食,也有异国风味"。帕格利亚回忆说,餐毕,桑塔格无视邀请方的提醒,他们已经迟了,照样在那里"一杯接一杯地喝着酒,根本不管联络员一次次来催"。

据帕格利亚说,桑塔格终于到达本宁顿学院的谷仓①剧院这个她要讲演的地方时,迎接她的是一屋子愤怒的听众,他们已经等了一个多小时。琼·申卡,本宁顿学院的毕业生当时就坐在听众席里,她现在不记得桑塔格令人难忘的迟到或听众特别烦躁不安的情形了。用帕格利亚自己的话来说,她这时做了个追求奇崛效果的介绍,把桑塔格比作古代的学者。这是一次令人激动、重要的活动,申卡回忆道,此前她在几个场合见过桑塔格,这时,被帕格利亚冗长、荒谬的介绍吓呆了。这对在场的每个人来说都是一次尴尬的经历,申卡说,对帕格利亚、对本宁顿学院院长(她当时就在翻眼睛),还有对明显不耐烦的听众。即使是桑塔格爱慕者,帕格利亚顶礼膜拜的、痴迷的开场白也不可控制地变成了戏仿。

帕格利亚记得桑塔格如何"走上讲台,和善地说道:'这是我得到的最非同寻常的介绍!'这博得全场喝彩"。但是,紧接着,桑塔格便朗读一篇短篇小说,据帕格利亚说,一篇"什么内容都没有的"法国新小说式的短篇小说。教师们感到被忽悠了,因为"她答应得好好的,来本宁顿是要就文化或政治的话题作一次非小说的讲座"。大家瞪着迷迷糊糊似乎已经睡了过去的帕格利亚,她被弄得无地自容。桑塔格似乎根本没有注意到听众的反应,还是在那里读、读、读。但是,据申卡说,桑塔格的故事似乎只是不容易记住而且听众的反应也属正常,但并不是不热烈。

---

① 英文中有"barnstorm"一词,意为"谷仓演讲"。该习语借自戏剧界。在没有几个剧场或大厅可供走江湖的演员和其他艺人表演的时代,他们就在乡村的谷仓里演戏。约在 19 世纪中叶,"谷仓演讲"还成为美国的政治用语,用来形容政治演说家对乡村小镇匆匆的访问,他们可能就在村里的谷仓里发表演讲,后来则大多改在广场上了。

随后,桑塔格邀请申卡到巴黎去看她。当桑塔格把写有她的电话号码的一张纸递给她的时候,帕格利亚一边从申卡的肩上伸手过去,一边说:"我必须要这个!我必须要这个!"而且一把就把那张纸从申卡的手中抢了过去。申卡平静地从帕格利亚的手中拿回了那张纸。看到帕格利亚那么坚定地霸占着桑塔格,申卡认定,听完讲座后不参加聚会是明智谨慎的。据帕格利亚说,桑塔格因为一件事情大发脾气;这事发生在伯纳德·马拉默德家。他是本宁顿的明星小说家,帕格利亚说,他也是个有名的"讨厌蛋"。她的朋友们感觉马拉默德——他以前从未见过桑塔格——出了洋相。"他把我邀请到他家里侮辱我!"桑塔格和帕格利亚从马拉默德家的聚会上驱车离开的路上,桑塔格非常生气地说。因为气愤,她似乎来劲了,人也完全醒了过来,真正开始和帕格利亚说起话来。两个女人一路上在车里聊了一个多小时。惊讶的帕格利亚刚刚注意到公开场合的桑塔格,"冷静、漠然、严厉而高贵",此刻慵懒地靠在座位上,变成了"'苏珊',热情,言行举止明显是犹太人式"。桑塔格曾对一位访谈者讲过:"我真喜欢亲密关系——用一个专门的方式讲,是犹太人那种亲密关系。我喜欢大讲特讲自己的那种人,他们为人热情,喜怒形于色。"桑塔格似乎很喜欢帕格利亚连珠炮似的讲话方式,也喜欢她显然希望建立起一种个人关系的想法。在帕格利亚这一边,她喜欢自我成就的桑塔格。"祝你好运!①我们需要有更多的能够开办自己电影厂的女明星,"她在《荡妇与流浪汉》(1994)中一篇关于桑塔格的文章里写道。公开场合表现的压力没有了,又单独和一个有所互动的人在一

---

① 原文为希伯来语。

224

起,桑塔格放松了。桑塔格极其坦率地承认妮科尔·斯特凡娜性感十足,让帕格利亚感到惊讶不已。但她们俩聊得更多的是桑塔格在《食人者二重奏》中用的那个漂亮的意大利女演员——性感的阿德里安娜·阿斯蒂。帕格利亚回忆说,像两个三句话不离本行的男人一样,她们俩一路上对热辣女郎评头论足,交换看法。

帕格利亚也努力将桑塔格引到《性面具》的讨论中来。对"女权主义话语的反智主义",帕格利亚已开始有所保留,她希望引发桑塔格的兴趣。但在帕格利亚看来,桑塔格反应"特慢",帕格利亚视她为另一代人,这代人有着她不想冒险改变的颇具号召力的假面具。帕格利亚不断追问时,桑塔格恼火起来,但好奇心也被激发了,问道:"你到底想要从我这里得到什么?"帕格利亚慌里慌张,回答说:"只是想跟你讲讲话嘛。"但帕格利亚承认,如果没有祝福的话,她也希望从桑塔格那里得到认同。帕格利亚想到了《彗星美人》;这部片子里,女演员马戈·钱宁(蓓蒂·戴维斯扮演)被比她年轻的被保护人——伊芙(安妮·巴克斯特扮演)暗里跟踪、排挤。帕格利亚说她自视为那个"新女孩"。现在回想起来,她说:"那天晚上,桑塔格选的很可能是跟踪那场戏。"

自从桑塔格在本宁顿露面以后,帕格利亚对她这位偶像不再那么迷恋。她注意到,桑塔格撤离了学术界,她不想试着去改变学术界,而是满足于"势利的嘲讽",从她自己浸淫其中的法国批评理论中抽身而退,即使该理论正席卷以及——用帕格利亚的话来说——腐蚀着美国知识分子的生活。更有甚者,桑塔格对大众文化——特别是对电视——所表现出的"风格讲究的蔑视"暴露出一种精英主义态度,而这恰恰违背了她早期著述的观点,因为那些著述指出,文化——无论是高雅还是通俗——均反映出一种新感受力。据桑塔格说，玛丽·麦卡锡对她讲过"你是我的翻版"。1992年，帕格利亚公开抨击桑塔格的时候，实际上，她是在对她以前的偶像说"下一个阶段的我就是现在的你"。

十四、《希望之乡》（1973—1974）

按桑塔格自己的说法，这一年开头不利："过去三年中我经历的糟糕、令人麻木的自信丧失：对《死亡匣子》的抨击，觉得我自己是个政治骗子，对《卡尔兄弟》接受的惨状——还有，当然，卡［洛塔］的纷乱。"她的日记里充斥着她能写的一部部小说但后来中途夭折的想法。

1973 年 1 月，桑塔格到中国旅行 26 天。《女士》杂志资助了她的旅行费用，为她的"女性视角"提供了 1 000 美元。除了成行前创作的《中国旅行计划》，关于中国，她没有再发表任何片言只语。她在日记里吐露，她不想再写一本《河内之行》这种"西方遇到东方"的书了。而且她不想做直播。她对自己说，她不是新闻记者。她正确地预测到中国人不会允许她自由行式地考察。她也意识到，她在意的那个中国、那个国家，其实是她想象中的，是在她 4 岁时就在脑海里形成的。桑塔格在日记里吐露，对那个孩子而言，那个"真实的中国与她一点关系也没有，从来就没有过任何关系"。她同时也意识到，如果她想写一部好小说，她就必须恢复她的美国声音，放弃她早期小说的"翻译腔"。

1973 年 5 月，英国出版商塞克-沃伯格出版公司承受了出版她的著作而造成的巨大损失后,终止了与她的合作。她对辉煌的种种想象没能让她写出一本书,桑塔格承认这些想象是"瑟伯式的"①。斯特劳斯不断给《纽约客》的威廉·肖恩做工作,然而,该杂志拒绝发表桑塔格的大多数小说,而在1973年5月19日发表了她的长文《走近阿尔托》。《花花公子》杂志倒是更热心,发表了她的短篇小说《宝贝》,付了2 500美元稿费。

赎罪日战争②改变了一切。就如其假定存在的女权主义一样,桑塔格的犹太性对她而言,似乎从来都不是问题,可她终于有一天突然使之成了问题。她的左派同仁普遍认为,阿拉伯世界(正如在1948年那样)看似就要歼灭以色列的时候,以色列似乎再也不是那个在1967年受到威胁的国家。一时间,种族主义和帝国主义成为随意地用在犹太国家头上的字眼。桑塔格爱上一个在第二次世界大战期间身处危险之中,并为流放民族所吸引的犹太女人,对她来说,以色列人对巴勒斯坦人的问题尤其难以捉摸。她和斯特凡娜决定导演、制作一部纪录片;该片拍得非常出色,成为桑塔格最卓著的作品之一。

"你不会相信的——扶牢椅子哦。苏珊此刻在以色列,正在西奈沙漠和一帮人拍纪录片……!"罗杰·斯特劳斯写信给一个伦敦的代理人。当时,尚未宣布休战,但桑塔格仍在雷区拍电影,她下定决心要靠近战争。她要把她目睹的现实写进电影剧本,允许偶发性的,甚至不幸的东西加进来,她在瑞典拍的电影的脚本简练,是闭门造车,

---

① Thurberesque,瑟伯写作或绘画风格的,源自美国幽默作家、漫画家瑟伯。
② 指1973年10月6日埃及、叙利亚和巴勒斯坦游击队反击以色列的第四次中东战争。

这些方式都是不允许的。这部纪录片没有旁白,相反,她准备将一层层意象和声音叠加在一起,以暗示出在一块对许多人来讲都曾经是希望之乡的土地上出现的复杂现实。

片头是以色列的圆顶建筑、新月形街道、十字架和电视天线等一个个镜头。沙漠里的阿拉伯牧民的镜头没了,取而代之的是一个耶路撒冷战时墓穴的场景。心脏监听器的嘟嘟声与战场上的声音交织在一起。随着以色列人的面孔和阿拉伯人的面孔、以色列的场景和阿拉伯的场景的交叠,以色列电台和阿拉伯电台的声音与战场上一具具尸体的镜头叠加混在一起。片中两个主要声音的第一个来自作家约拉姆·卡纽克,他开始解释以色列的起源,作为对大屠杀的一种回应、作为犹太复国主义的一种发展。这里有犹太复国主义对社会主义的信念,有对悲剧的否认;然而,也有犹太复国主义对阿拉伯人权利的否认(此前,该片有一场景设在阿拉伯校舍,画面上是老师们在教反犹太的教材)。卡纽克是个坚定不移的以色列人,然而,他也希望承认巴勒斯坦人,渴望和平。但他注意到,这个国家在变化,变得越来越像美国,越来越注重消费,开始与其社会主义的过去分道扬镳。

在强调这个国家越来越厉害的商业化的镜头中,传来第二个重要的声音。以色列物理学家尤瓦尔·尼尔曼讲述了阿拉伯对以色列的看法:这是个必须切除的脓肿。以色列人是入侵者,正如十字军东征者一样。尼尔曼提及阿拉伯人寻找"彻底的解决方法"——这些词语当然让人联想起二战期间纳粹对犹太人的大屠杀。他认为反犹是阿拉伯社会的一种流行病。

卡纽克与尼尔曼的声音一直在比拼。书评人斯坦利·考夫曼将该片称为黑格尔式的,因为它强调的"不是真理与谬误之间的斗争,而是两种相反的、局部的真理之间的斗争"。约翰·西蒙称赞影片对"视觉细节敏锐的观察力",同时认为,"通过采用两大演讲者应答式辩论贯穿片子始终的方式"开辟出新的天地。当然,也并非所有的影评家都认为电影有那么迷人。戴维·莫兰就认为它"乏味得令人昏昏欲睡"(但他听到电影配音那悲叹的音调——桑塔格显然希望强调的那种摆脱不了的悲痛——的时候,他的心又软了下来)。

没有任何阿拉伯人的声音可以与卡纽克或者尼尔曼的声音相媲美,仅此一点不周到就足以让桑塔格受到指责,说她具有亲以色列人的偏见。但是,该片尽管表面上是置于赎罪日战争的后果以及范围更广的阿拉伯以色列冲突之中,它探索的无疑是犹太良知和犹太意识。正如桑塔格在《时尚》杂志讨论《希望之乡》制作的文章中所言,这是她个人色彩最浓的一部片子。

在拍这部片子的过程中,桑塔格与卡纽克成为好友。卡纽克1930年生于特拉维夫,他参加过以色列1948年独立战争。青年时代,他在纽约住过十年,画画,写新闻稿。1961年,他回到以色列,翌年,开始发表小说,并逐渐建立起国际声誉。引起桑塔格注意的是他的第三部小说《亚当复活》(1968)。该小说被誉为也许是他最杰出的作品,它讲述了亚当·斯坦因的故事,他是沙漠中某个疯狂的王国的国王,总是在重新制定那些可笑的、让他免于被投入毒气室的法令。卡纽克非同一般的音域(他是最早写纳粹对犹太人的大屠杀的以色列作家之一),从喜剧的变成悲剧的,使他成为确定《希望之乡》调门的最理想的模棱两可的声音。电影里接近一半的时间他都在断断续续地说着,几乎边说边为电影写好了剧本。他对桑塔格的影响也是非同小可,因为他在她身上激发起一种她几乎没有与人分享过的坦率。在他们最亲密的阶段,她介绍他的时候,会说他是她三四个最要好的朋友中的一个。她和他讲到妮科尔,甚至讲到她父母。她谈起自己的性事来非常坦率。他见过她儿子——戴维,但他对他们母子那奇怪的关系捉摸不定:"她不像母亲,而他也不像儿子。"

卡纽克第一次见到桑塔格时,激动得不能自持。她对他说《亚当复活》她一个晚上就看完了,说这是一本伟大的小说(她后来为小说哈泼平装本写了一段推荐语)。他开始看她的著作,并为她的中欧思维所吸引,这一思维令他极其频繁地想起沃尔特·本雅明和卡尔·克劳斯。与他们一样,她也将哲学和历史打通,她似乎继承着一种非常悠久的德国犹太传统,而别的美国出生的作家没有人把握住了这一传统。卡纽克怀疑,假设她不是犹太人,她是否还能这么透彻地理解本雅明。在他眼里,她是个"理性天使"。

很快,卡纽克和桑塔格开始长时间地讨论身为犹太人意味着什么。她第一次告诉他她是犹太人时,他感到震惊。他没有把她身上的任何东西与犹太人联系在一起。后来,卡纽克在纽约拜访桑塔格时,她对他说,第一,她是犹太人;第二,她是作家;第三,她才是美国人。他觉得奇怪,她干吗要这样强调,他多次问及她的犹太性。他在桑塔格和她的好友诗人约瑟夫·布罗茨基身上都看到了他们身为犹太人的自豪感,同时又都希望不要因为这一身份而必须承受随之而来的所有的历史重负。一次,放映《希望之乡》的时候,随笔作家菲利普·洛佩特听到桑塔格自称"国际犹太人",惊讶极了。

卡纽克在美国的知名度非常低,他希望也许桑塔格能够帮他一把,因为她提携了许多她赞赏的作家。他送她一本《最后的犹太人》

(1982),跟她解释说,他刚获诺贝尔奖提名。后来,他意识到说错话了。她似乎要从他身边撤了。他显然要她做得过多了。他渴望在他视为第二祖国的美国成功。他以为桑塔格对此会理解的,不会觉得被他利用。有一次,她还邀请他参加罗杰·斯特劳斯举办的晚会。他感到腼腆、尴尬,但桑塔格对这一点很注意,把他介绍给斯特劳斯时说:"他是约拉姆·卡纽克——世界上最伟大的小说家之一。"桑塔格说话方式是大使式的;正如卡纽克所说,她已成为文学界的政治家。

卡纽克谈及他对1973年的感觉——那个阶段,他与桑塔格之间几乎是一种心荡神摇的关系,谈及20世纪80年代早期——那时,她从他身边走开了。说起这两个阶段的经历,他的口吻同样地充满爱意、尊重和后悔。他把自己与桑塔格的关系比作她与诺贝尔奖得主约瑟夫·布罗茨基的友谊。卡纽克回忆说,她妒忌诗人,"她爱他,同时又恨他"。卡纽克记得,她不高兴的时候,对人会非常小器,但他相信,正因为如此,她才成了艺术家。

布罗茨基,一个相当挑剔的人,让桑塔格迷上了,后者因为叫他"我们的约瑟夫"而犯了众怒。布罗茨基基本上是一个不愿意接受恩赐的人。她在一次采访中承认她"在情感上对布罗茨基非常依恋,就像很多女人那样"。卡纽克说,他会说桑塔格的好话,却也经常对她非常挑剔。布罗茨基的一个朋友,马娅·赫尔曼·塞库利奇也记得他对苏珊矛盾的感情;当赫尔曼向布罗茨基问起桑塔格时,她回忆起他的典型动作,有点恼怒地用手指快速敲击。作家西格丽德·努涅斯曾目睹布罗茨基对桑塔格发火,记得他说:"苏珊,苏珊,等等,请你闭嘴,我在说话呢!"他可以是迷人且慷慨的,但也是蛮横粗暴的。桑塔格对此非常了解,她在日记里写道:"关于一个诗人(约瑟夫)的故事,他的作品确实比他重要好多。"

布罗茨基获诺奖,这表明他登上了世界舞台。这是桑塔格向往已久的。正如卡纽克所说:"她和我们大家一样,很小的时候,对于自己长大后想成为什么人有着种种矛盾的理想。她希望自己非常有名、非常富有、非常新颖、非常具有创新力,也非常先锋。"极少有人能够平衡好这些矛盾的欲望,桑塔格就是这少数人中的一员。卡纽克认为,在美国,人们对"功成名就"有一种特殊的感觉,"苏珊希望功成名就"。她在思想界获得认可是在欧洲——正如卡纽克所发现的那样,当时她一句话就对他在欧洲的写作生涯创造了奇迹。接着,他补充说:"我满怀敬意地说,苏珊比任何人都更好地利用了美国。"

卡纽克发觉"那么一刻,苏珊对自己怀有的种种理想——她的自我主题——对她来讲成了一种'想法'。她成功地将自我认识以她希望的方式投射到世界中去"。她希望有人钦羡她、爱她。他记得她在纽约走起路来像王后一样。在圣约翰大教堂(世界上最大的哥特式教堂),她看上去多么雍容华贵!不过,她又是如此急迫——一个战战兢兢的王后,满腹狐疑,又满怀恐惧的人。"但她总是表现出强的一面,"卡纽克继续说道。他说,她决不屈服于惧怕,她显然为自己的表现而感到骄傲。"在《琼斯皇》里,尤金·奥尼尔说,人生来就是破碎的,人生就是修补。上帝的恩典是胶水。苏珊是我所认识的唯一一位在自己的内心觅得上帝恩典的人。她用所有这些碎片胶合起一个自己。"

在另一种意义上,卡纽克认为桑塔格来时没有历史:

我满载着历史而来。苏珊排斥她的历史。即使她在说她是犹太人的时候，我也并不能说她和我指的意思是相同的。她要创造历史。我未曾有必要创造自己。我在书里创造自己。她的写作与存在是同一的。神奇的是，她在写作和生活中都能成为苏珊·桑塔格。她就仿佛是一块移动的大地、一个移动的国家、一个移动的存在。

她自我成就，走进了自己的希望之乡。

十五、《旧怨重诉》(1975)

异见必须与异见区分开。我以不同的方式表达异见。

——《我,及其他》

1975 年 2 月 6 日,《纽约书评》发表了《迷人的法西斯主义》一文。这是桑塔格对电影人莱妮·里芬斯塔尔恢复名誉所发起的全力进攻,后者因其纳粹时代的纪录片《意志的胜利》和《奥林匹亚》而赫赫有名。正如桑塔格向斯特劳斯透露的那样,她写这篇文章,是希望引起"轰动"——它确实取得了"轰动"效应。文章好评如潮,同时,严厉的批评之声也接踵而至,同时还收到大量信件。桑塔格很享受她的成功。据罗伯特·西尔维斯说,她那篇文章使那期杂志成为他们最畅销的几期之一。桑塔格在文章开篇就提起里芬斯塔尔的近作《最后的努巴人》中那些漂亮的照片。但紧接下来,她开始抽丝剥茧地去摧毁里芬斯塔尔的假面具,揭发这个电影人是如何就其对纳粹的依附撒谎、她的出版商和影评家又是如何合伙隐瞒她的历史,使得她首先是以艺术家其次才是以宣传家的面目出现的。里芬斯塔尔将自己描述成一个德国浪漫主义者,不幸引起希特勒的注意,但她两次受到战争罪同谋犯的指控,两次被宣告无罪释放。俊俏的里芬斯塔尔（桑塔格对拍摄里芬斯塔尔的方式大做文章）这个"角色"，正如桑塔格所说，"一步步变得越来越高大"。让桑塔格感到恼火的似乎是里芬斯塔尔自诩是个独立的电影人，而事实上，希特勒当时一直在资助她，并将他的纽伦堡大会变成了她的片场。

　　假使桑塔格在这一点上停止猛攻，那么，她的文章便主要只会在电影界以及那些饶有兴味地发现她调转了方向的文学评论家中间引起哗然。在《反对阐释》中的那篇名文①，桑塔格警告说，仅仅因为里芬斯塔尔作品中应受指责的关于纳粹的内容就谴责她，其结果便会减少对艺术形式的重要体验。桑塔格很清楚，《迷人的法西斯主义》会被认为是对她此前观点的否定，因此，当罗伯特·博耶斯（一个朋友）给她在《集粹》（秋冬季号合刊，1975年至1976年）上提供一个论坛，让她解释与其说是自相矛盾，毋宁说这次她是从一个不同的视角来重新审视形式与内容的区别时，她是成竹在胸。在前一篇文章里，因为批评家们似乎过分专注于内容，所以，她才忧心忡忡地去强调形式的。她认为，重要的是语境；里芬斯塔尔及其宣传者忽略了，或者说原谅了她与纳粹纠结在一起的历史，因此，只有形式成为关注焦点，这让桑塔格感到不安。那么，桑塔格自己在培养形式趣味方面又扮演了怎样的角色呢？而这一角色现在是为桑塔格所排斥的。桑塔格得出结论说："铁板钉钉的事实是，精英文化能够接受的东西大众文化未必能接受，仅仅将无关紧要的道德问题提出来作为少数精英分子的财产，一旦这些问题明确下来，那么，这样的趣味就会起到腐蚀作用。"在日记里，她又是另一种说辞。她喜欢抨击广为接受的

---

① 即《论风格》。

想法,而当她自己所持的打破偶像的观点变成主流观点时,她又颇为恼火。于是,她就准备抨击她自身原先的立场了:"我忍不住,只能把自己的作品当作对手关系。"

桑塔格已经改变了。她在《集粹》中承认,但只是在现今她"对历史语境的了解加深了许多"这一意义上改变,这促使她对里芬斯塔尔恢复名誉的其他原因进行思考。"她是女人的事实"当然助其成为一座"文化丰碑"。在这一点上,桑塔格清楚她触动了一根神经——她进一步惹恼这根神经,因为她声称,女权主义者接受了漂亮的莱妮是因为她作为少数世界级女电影人之一的地位。让女权主义者更为恼火的是,桑塔格强调了里芬斯塔尔的法西斯主义美学贬损的性质:它歌颂对一个拥有无上权力的领袖的臣服。它对强者战胜弱者、将人变为物的赞扬,对原始和雄性的颂扬,以及对美的狂热崇拜和迷恋,这一件件带来的狂喜都是色情的。桑塔格说,这种法西斯主义美学已变得时髦,成为坎普感受力的一部分。她这里开始重复最先给她带来声誉的那篇文章的论调。她认为,开明的文化就是在趣味的循环周围旋转;它就是法西斯主义装上了"文化轮子"以后的旋转。

诗人阿德里安娜·里奇①震惊之余致函《纽约书评》(1975 年 3 月 20 日)。这还是《妇女的第三世界》一文的作者吗?那篇文章激发起里奇去关注桑塔格是如何将她"观点清晰、逻辑严密的"洞见写入她后来的作品中。然而,《迷人的法西斯主义》尽是"前言不搭后语"。它太有损于《妇女的第三世界》了,因此,里奇不禁纳闷,那篇

---

① 美国女诗人,男女平等主义者。20 世纪 70 年代积极参加女权运动,诗集《潜入沉船》获 1974 年美国图书奖。作品反映其精神和政治思想的变化,表达其对生活、性爱和革命的观点。

文章是否"终究更多的是一种智力练习,而非由一个头脑敏锐的人对某种感觉到的——她自己的——现实的表达"。里芬斯塔尔恢复名誉,凭什么你要责备女性?这种重新阐释难道不主要是电影导演们所干的事情吗?为何要以对开明社会及其种种时尚的泛泛而论来结束对里芬斯塔尔的讨论呢?为何不在"父权制历史、性事、色情和权力之间"建立起联系呢?为何不解释一下由像法西斯主义这样的意识形态带来的被动性如何总是与女性品质联系在一起?不去展示第一批变成物的人总是女人,不去揭示女人的头脑和身体总是首当其冲地被殖民,即意味着实施"一种知识与另一种知识之间的分离,而这一分离还加强了迷信崇拜的倾向以及与压迫的种种代表之间的美学妥协;这恰恰是桑塔格本人在写作中哀叹的东西"。

桑塔格的一个朋友记得,里奇的信弄得她心力交瘁,而作出回应对于她来讲是痛苦的。在另一种心境下,桑塔格致函弗雷·斯特劳斯·吉劳出版社一名工作人员,说:"我反击了。除了反击,我还能做什么?"桑塔格把里奇视为一名强制执行党的路线的政委——尽管里奇已声称她并不在寻找一种"路线"。桑塔格驳斥里奇使用像"为男人认可的'成功'女人"这样的表述,来组成一个"听上去不祥的敌方人员名单"。桑塔格有必要在她所有的文章中提及女权主义吗?是否整个历史都要限于对父权制的讨论?她最后说:"与一切基本的道德真理一样,女权主义有点头脑简单。"大多数历史都是"天哪,父权制的历史"。不过,如何将一种父权制与另一种父权制、一段历史与另一段历史区别开来呢?换言之,里奇牌的女权主义对"始终如一的语言,连同每个论点最后均是成功地得出一个激进结论"的要求降低了。

当然,那就是桑塔格在《妇女的第三世界》中乘坐的女权主义的货车。里奇希望知道桑塔格那显然不妥协的女权主义要走向何方,桑塔格为何因此认为受到了冒犯?桑塔格没有正视这一点,而是将自己的回应变成了对正统的女权主义的一种抨击,以及为伊丽莎白·哈德威克所作的辩护;哈德威克的《诱奸与出卖》受到了女权主义者的贬损。桑塔格声称,哈德威克的作品被认为是过于精英、过于炫耀才能和天赋了,而且对女权主义运动所倡导的平等伦理不够尊重。换言之,里奇之流是附庸风雅者,是"20世纪60年代早期左派主义"的残余。(这里并非承认桑塔格当时也对马克思主义观点的传播做出了自己的贡献,她在一篇论古巴广告艺术的文章结尾处高喊"菲德尔①万岁!"。)桑塔格暗示,对里奇而言,历史不过是肤浅的心理学。

桑塔格拒绝接受里奇的个人挑战,就此结束了她的反驳。实际上,里奇在发问:"我说,您对女权主义的真实感觉是什么?"桑塔格则占据有利位置,说"尽管我反对任何人看我的作品时对其中个人的,甚至是自传的特征视而不见,但我更喜欢我的著作被理解为一种争辩,而非对任何东西(包括我的真情实感在内)的一种'表达'"。但是,《迷人的法西斯主义》是桑塔格的一次迷人的研究。桑塔格与里芬斯塔尔之间的相似之处显而易见。两个女人都利用自己的形象,她们确信自己非常上照。她们俩都是电影人,非常清楚形象操纵之道,尽管她们矢口否认这么做了。她们俩都投靠权力在握的男性,并获得力挺。她们都迷恋革命话语,又都迷信崇拜最高领袖。下面是

---

① 即菲德尔·卡斯特罗。

桑塔格在引用里芬斯塔尔的话,但她又何尝不是在自我引用呢:"对结构的关注、对形式的向往……任何纯粹现实的、生活片断的东西,那种普通、日常的东西对我都没有吸引力。"

里芬斯塔尔在《迷人的法西斯主义》中始终是个纳粹分子。她拍摄的亲纳粹影片强调身体崇拜,被视为法西斯主义美学的先驱之作。桑塔格忽略了里芬斯塔尔是如何运用德国浪漫主义的绘画手法,以及诺瓦利斯、蒂克①、歌德、冯·艾兴多尔夫②和荷尔德林创作中的文学主题的。忽略了形式和语境,桑塔格就否认了里芬斯塔尔作为一位艺术家的发展及其思想形态的演进——这一点,有几位影评家谈到《迷人的法西斯主义》时均已指出。桑塔格承认,里芬斯塔尔对美的提升从来都不"像在其他纳粹视觉艺术上那样平庸。她欣赏很多种身体类型——她在美的事情上不是一个种族主义者"。与美有关吗?可是,里芬斯塔尔的美的观点与令其一部部电影成为艺术作品的其他一切当然是分不开的。难道这不正是《论风格》的作者想要我们相信的吗?《迷人的法西斯主义》中没有出现诸如"天赋"、"优雅"或"才智"——《论风格》中使用的词汇——它们的缺失表明里芬斯塔尔的性格层面在《迷人的法西斯主义》中没有透露。

令人吃惊的是,桑塔格作为一名舞蹈狂热爱好者,几乎无视里芬斯塔尔的舞蹈美学。舞蹈是里芬斯塔尔最早的爱好,蕾·米勒的电影《莱妮·里芬斯塔尔壮观而可怕的一生》中她与努巴人共舞的镜头表明对优雅运动的一种热爱,这与法西斯主义美学毫无关系。奥德

---

① 德国作家,早期浪漫派代表之一。
② 德国诗人。

丽·索尔克尔德比任何一个里芬斯塔尔的传记作者都更猛烈地抨击了"迷人的法西斯主义"最基本的倾向。

> 托马斯·埃尔赛瑟——在《影像与声音》(1993 年 2
> 月)中——认识到,不是内在固有的,而是其人生的"舞蹈
> 观"让莱妮·里芬斯塔尔全神贯注于人体形态,导致了她的
> "工具化身体",这是多么富含同情心——以及洞察力——
> 啊。在埃尔赛瑟看来,"一条线索贯穿于她的一生,似乎关
> 注作为完全表情达意的事实的人体"。

对桑塔格的观点更具打击力的是索尔克尔德的报道:"其他艺术家之前和后来也都拍过努巴人类似的照片。给里芬斯塔尔带去灵感的乔治·罗杰就曾在 1948 年和 1949 年拍摄过他的不同背景的摔跤照片,它们都被视为他职业生涯的巅峰时刻。没有人用法西斯主义的什么方法来阐释它们。"

里芬斯塔尔与桑塔格之间的敌意继续存在。在《莱妮·里芬斯塔尔回忆录》(1992)里,里芬斯塔尔攻击桑塔格缺乏客观性,提及但未指名道姓一些记者,说他们对桑塔格陈述的事实的真实性表示过异议。1995 年春,里芬斯塔尔应邀参加旧金山电影节;这是获得巨大成功的城市艺术与讲座系列活动的一部分,桑塔格常在这种活动中露面。里芬斯塔尔时年 92 岁,她回信说她到不了,因为——正如专栏作家赫布·凯恩所说的那样——这只"态度强硬的老鸟"戴水肺潜水时伤了自己。当然,这次旅行无论如何都会取消的,因为负责邀请里芬斯塔尔的八人委员会(大都是犹太人),据凯恩(在《旧金山纪事

报》1995 年 3 月 30 日中）称，包括了一个竭力反对者："苏珊·桑塔格，另一只态度强硬之鸟。"

然而，将桑塔格简单地等同于里芬斯塔尔，那是一种误导。如果说桑塔格受到权力和权力在握的男性的吸引，那么，她对这两者也持批评态度。里芬斯塔尔几十年来始终否认她与罪恶之间的同谋关系，这在极大的程度上弱化了她作为艺术家的才能；对此，桑塔格感到可怕。就此而言，《迷人的法西斯主义》必须被视为桑塔格在对一种政治的公开放弃上迈出了第一步。

十六、去了一遭鬼门关（1975—1977）

在日记里，桑塔格宣称除了戴维，没有别人能够让她十分伤心。她发誓绝不像苏珊·陶布斯、阿尔弗雷德·切斯特、迪安·阿巴斯他们那样结束生命——他们全都自杀身亡。桑塔格为自己构建了一个堡垒，她说没有人能"用危急处境打垮我"。甚至更好，对这个桑塔格"系统"，她有一个"重要人物，最引人注目的人物"：妮科尔·斯特凡娜——不过，桑塔格承认对这段恋情有某种绝望。她回想起，当斯特凡娜几乎一整天不见人影，最终在午夜回到家时，她心中的那种恐慌。抑郁一次次袭来。戴维告诉他妈妈，他并没有被她持续的开心状态所蒙骗。毕竟，他说，他读过她的小说。她承认"母亲般的友谊"能让她自己平静下来：乔·蔡金、斯蒂芬·科赫以及其他人，一段段交往把她的生活变成了一种工程，桑塔格成为其中她自己的处理者。即使这样，在桑塔格的日记里卡洛塔依然阴魂不散，这是一种迹象，表明桑塔格需要把她的一次次恋情浪漫化而且做到左右逢源。然而，她（又）承认她为怪人所吸引，表示她喜爱弗兰肯斯坦"因为缺乏爱而发疯"。

1975年秋，戴维救了他42岁的母亲一条命。他说，只有他妈妈也进行一次全面的体检，他才会为在普林斯顿大学注册而做体检。

当时,桑塔格感觉身体很好,但是,体检和种种测试表明她得了乳腺癌。她对最初体检结论不满意,尽管呈阳性的活组织检查结果要求马上施行手术,桑塔格还是花了十天时间向多位医生咨询。她让医院给她做了进一步的检查,查了更多的医疗记录,甚至还飞到克里夫兰诊所调查乳房彻底切除的变通的可能性——当时,这种方法被视作风险很大,因为它可能会在她的胸部肌肉和其他组织中留下癌细胞。桑塔格希望尽量少损毁其外形,但是,她更希望的是能活命,所以,她选择了彻底切除乳房作为加大自己幸存希望的最佳途径。1975 年 10 月,桑塔格在位于曼哈顿的纪念斯隆-凯特林癌症中心针对乳腺癌做了乳房彻底切除手术。

桑塔格坚持要求医院告诉她真实的病情,医生说她能再活两年的概率仅有百分之十。有个医生说她只能再活半年了,还有个医生说:“你的癌症扩散性很强。”纯粹处于恐怖状态,她认为这是判了死刑,是一种诅咒,她不禁纳闷:“我这辈子究竟作了什么孽要受这份罪?”她想,强忍着悲痛就会得癌症,这念头一直折磨着她。她谴责自己过了错误的生活。现在,悲痛压垮了她:想到从此将要离开戴维、离开她心爱的作家生活,她简直无法忍受。

桑塔格也生妮科尔·斯特凡娜的气。桑塔格的一个朋友唐·埃里克·莱文回忆起她很厉害地对待妮科尔,说“为什么你还活着,而我却要死了”。苏珊在巴黎治病时,妮科尔就待在她隔壁房间。“妮科尔真的就会用叉子喂她。她会找到一些特别精制的量少的东西,然后苏珊就会吃下去,”莱文补充说。斯特凡娜的妹妹记得妮科尔一直坚定地服侍在桑塔格左右,而桑塔格似乎从未承认过她这个情人的支持。

桑塔格花了整整一个月的时间才克服这些低落的情绪,她发觉自己是多么想为自己的生命而战。她对病人自感羞愧、对他们因为自己的疾病而责备自己的样子感到气愤。病人们感到害怕,其行为举止看上去仿佛他们得了什么下流的病。因担忧而不知所措,他们变得没有能力来应付自己的病。癌症尤其担了一种特别的污名,不像心脏病一类毛病。癌症病人被描述成一帮攻守同盟之辈。桑塔格注意到医院寄给她的邮件信封上都没有盖邮戳,好像邮件有色情内容一样,她因此被激怒了。

桑塔格开始阅读医学文献和国外的科学杂志,过了几个月,她才决定在巴黎实施治疗方案,这是一种带有极端试验性的 30 个月一疗程的化疗方案,需要采取药物组合(环磷酰胺、氟二氧嘧啶 5 号、甲氨蝶呤和阿霉素),这些都是尚未获得美国食品及药物管理局许可的药物。与此同时,她的免疫疗法包括一周一次的接种 BCG(卡介苗),一种抵抗肺结核的疫苗;她的法国肿瘤专家伊斯雷尔医生相信会刺激免疫系统。对此方案持怀疑态度的美国医生劝她别采取这么极端的措施。她可知道这一治疗会有多么痛苦,又有多么危险?她可知道头发掉光会让她产生什么样的感受?她注意到别的病人老是将注意力集中在自己光头的形象上,这剥夺了他们的尊严。有个病人告诉她某天早上她醒来会发现头发全掉枕头上了。桑塔格这才明白——她的头发会掉落,像帽子一样。当然,即使在这一恐怖时刻,她还是清楚,头发掉光不会成为她生活中的什么大悲剧。经过八个月的治疗,桑塔格的头发又长出来了,比以前更密也更灰白了一些。

这样概括桑塔格的所作所为以及她是如何应对她的治疗,不足以完全说明她在面对癌症和克服对癌症的恐惧时所表现出的勇敢和机敏。她阅读医学文献，说服自己抛掉关于疾病的心理解释。必须向人们表明，他们生病不应该由他们来承担责任，但他们有责任找到可能有的最佳治疗方案来抵抗疾病。此时此刻，她产生了撰写一本有益的书——《疾病的隐喻》——来对付听天由命和惧怕的想法。整整六个月后，她才会感觉到自己康复到能动笔了——而后，她又必须完成论摄影的书，然后才能尝试写另一本书，以便对四处蔓延的疾病心理化发动全方位的进攻；这种心理化歪曲了大量关于疾病的思考，同时又歪曲了许许多多其他事情的面貌。桑塔格从未产生过向死亡屈服的想法。她希望继续生活下去。不为生命抗争的做法令她联想起她母亲的消极，这一联系不要紧，差点让她发疯。如果桑塔格再活两年的概率只有百分之十，那么，她为什么不可以是这百分之十的一分子呢？"总有人在这百分之十中间的，"她心想。

化疗是痛苦的，而且还有后续的试验性手术。迟至1978年春，桑塔格作为门诊病人继续治疗，一周一到两次。"我身上一直有点痛，"她说，"就现在，我左臂靠近手腕的地方还痛，这是因为一次手术中某处神经受了影响。"但是，与癌症作斗争让桑塔格感到身心舒展，也促使她对自己的创作生涯进行思考。她为什么对重新开始小说创作这件事一拖再拖？她为什么长篇小说动笔后又放弃？如同一贯的做法那样，她总是在他人的生涯中寻找灵感与洞见。甚至在被查出癌症前，她已经开始写画家弗朗西斯·培根；她将他称为"假早熟"，因为他是个"发育迟钝者"；这种说法她会开始用在她自己身上。

在长达两年半的时间里，每周去几次医院，这使得桑塔格以一种新的方式面对众人。他们在受罪，却几乎得不到医生的支持。桑塔格有次问一个医生怎么看待导致癌症的心理原因，他回答道："嗯，关于疾病,人们有许多滑稽的说法。"从医生那里你得不到帮助。桑塔格希望帮助病人,写本书来挽救他们的生命,办法就是告诉每个病人别因为患了癌症就感觉难堪,同时,要找到把癌症仅当作一种疾病而非其他来治疗的医生。癌症并不比肺结核神秘,能够找到治疗方案,也能够治愈。

桑塔格生过大病、有过亲身体验后,对病人的心理变得敏感起来。病友们不仅从她那里得到同情,而且知道该如何去克服自己的害怕心理。理查德·特里斯特曼被诊断出癌症后,必须做艰苦的试验性治疗,这时候,桑塔格总是支持他。医生告诉他治疗会极其痛苦,忍受不了的时候就只好停下来。"你到了这一步,"桑塔格对他说,"坚持再做一次治疗,接着再做一次。"特里斯特曼这样做了,他明白她有资格提出劝告。

桑塔格将患上威胁她生命的癌症称为"分水岭一样的经历"。她渴望有时间与戴维和她的朋友们待在一起,抚摸他们,依偎他们,抓牢他们。每当她出现在公开场合,每当她发表讲演,朋友们都簇拥着她,亲吻她、拥抱她。有他们伴随左右,她看上去像影星一样在展示她的力量,但她也是个脆弱的女人,认为自己像是"去过一遭鬼门关"似的。她不想失去时光。有两年半的时间,她不知道自己是能活下去还是会死掉。在某种意义上,她感到幸运:"去面对自己的死亡,我是幸运的。"她觉得她有时间去准备迎接死亡,去说再见。约拉姆·卡纽克记得,事实上还真的举行过一场告别聚会。她的朋友来给她也许是最后一次鼓劲,她看上去极其平静,甚至极其坚毅,让他惊叹不已。

桑塔格1975年10月的那次手术一周后,约瑟夫·蔡金致函剧作家阿瑟·米勒,告诉他有关桑塔格的病情,并提及她有一大笔医药费需要支付。蔡金也跟时任美国笔会主席的诗人缪丽尔·鲁凯泽提出向桑塔格提供经济援助;笔会以前对遭遇困境的作家有此先例。阿瑟·米勒在一次笔会会议上,提出资助"正在巴黎快死于癌症、急需用钱的可怜的苏珊"10 000美元。笔会理事托马斯·利普斯科姆便开始询问桑塔格病情的更多细节,米勒气愤起来,桑塔格都处于这种窘境了,居然还有人要责问他。但是,利普斯科姆指出,笔会资助有困难的作家额度很小——大约300美元,米勒要求的数额似乎是不可能的,经费预算无法承担。给了她,其他也需要钱的作家怎么办?利普斯科姆问道。米勒一气之下,拂袖而去。

罗伯特·西尔维斯总共筹集了150 000美元帮助支付桑塔格的医疗费,因为她没有医保。《新共和》杂志出版人马丁·佩雷茨捐了15 000美元。桑塔格的朋友和作家同仁的确向她伸出了援助之手。为桑塔格募捐的倡议书发出去了,在上面签名的有唐纳德·巴塞尔姆、约瑟夫·蔡金、芭芭拉·爱泼斯坦、马克辛·格罗夫斯基、伊丽莎白·哈德威克、阿瑟·米勒、威廉·菲利普斯、罗伯特·西尔维斯、罗杰·斯特劳斯,还有戴安娜·特里林。历史学家(小)亚瑟·施莱辛格——桑塔格的一个普通朋友,1976年2月的一天,在伊丽莎白·哈德威克家聚餐时见过她。施莱辛格曾收到评论家阿尔弗雷德·卡津的一封信,询问他是否会给杰奎琳·奥纳西斯写信,为桑塔格募捐。奥纳西斯寄了一张300美元的支票。在哈德威克家,施莱辛格和她交谈时,"苏珊看上去非常好,似乎愉快而且平静"。桑塔格"镇定地"和他谈到自己的癌症。当然,并不一直镇定——她在日记里承认感到害怕和气馁,不过,戴维·里夫说她"关于她在1974年与1977

年间恶性乳腺癌的手术和治疗,她所记的札记明显很少"。令人吃惊的是,罗杰·斯特劳斯并没有帮桑塔格付医疗费。"正好相反,"戴维·里夫告诉研究弗雷·斯特劳斯·吉劳出版社社史的鲍里斯·卡奇卡。梅尼家族、休斯敦的慈善家们付了部分的治疗费。"罗杰一分钱也没出,"里夫坚持说。桑塔格康复时,斯特劳斯将她列入了出版社的健康计划中。

即使有了这些帮助,桑塔格仍需努力工作来支付医疗开支。她找到了对付她面临的压力的最佳方式:撰写《疾病的隐喻》。她在打字机上敲出"死亡"、"痛苦"、"癌症"这些词语时,笑着说:"我赢了。"她强忍着内心的恼怒完成这本书。康复之神击败了病魔——病魔曾击垮了荒谬地屈服于他们所患疾病的神秘的那些病人;而她目睹了这一切。

十七、康复（1976—1977）

1976 年春,西格丽德·努涅斯这名 25 岁的作家、哥大美术学硕士,去为苏珊·桑塔格工作。桑塔格生病期间积压了大量的信件;她需要一名助手能够记下她口授的回复。她们在桑塔格简陋、"亮得令人眩目"的 106 街与河滨大道交界处的公寓里干活。在一次访谈中,努涅斯叙述了当时的场景:

> 那个城区那时候和现在比,要破旧些,也没这么安全,大家都抱怨那是个荒凉地带。如果你想去一家好的餐馆,那你得离开那个区域。那儿没有像样的中餐馆,所以我们总是去唐人街。你在那儿都买不到一杯好喝的咖啡或茶。最近的美食商店是扎巴超市,离着 25 个街区。幸运的是,他们送外卖。

桑塔格的公寓刻意地保持无装饰、不繁琐的风格,这样就不会干扰她的写作——大多数时候这一策略都不起作用,因为桑塔格渴望有人做伴,而且几乎每天都要出去看电影和参加其他文化活动。虽然化疗让她一头浓密的黑发变得稀疏,加上她灰黄的肤色令她看上去比实际年龄(43岁)要老,但努涅斯一开始并没有意识到她的雇主是个病人,更不要说正在从差点要了她命的癌症中康复。当桑塔格恢复体力后,头发又长出来了,只不过变成了灰白色,不过,这种结果在努涅斯看来反倒显得更年轻些。而且,桑塔格的精力依然惊人地旺盛。她几乎天天晚上出去。

处理信件的事情进展缓慢,因为电话铃不停地响起,而桑塔格对接电话从不厌倦。她的雇主聊着,努涅斯就干等着,往往要等上好长时间。桑塔格也意识到电话会干扰她。"我要告诉人家别在上午打电话,否则就不接,"她在日记里记着。她喜欢八卦,特别是和罗杰·斯特劳斯聊,他几乎天天给她打电话。在1977年2月20日的日记里,她写道:"我只和罗杰共进午餐。"

不和斯特劳斯联系的时候,她就转向另一个她关注的人,即和她住在一起的戴维。和她母亲一样,桑塔格也不喜欢把自己当母亲看,而宁可被当作戴维的姐姐——尽管几乎同时她又会吹嘘自己是一个多么出色的母亲,比她自己的母亲要好很多,这是桑塔格愿意用来作为她自己母亲之道的唯一的衡量标准。米尔德丽德·桑塔格有一次出现了,用努涅斯的话来说,看上去"像是一个上了岁数的轻浮女子——像是老年版的路易丝·布鲁克斯。红唇膏,长长的红指甲,戴着几枚戒指",可能甚至还用烟斗,努涅斯回忆。也许没有,但这些细节符合努涅斯对桑塔格的母亲的描述,也符合桑塔格自己对米尔德丽德的描述;米尔德丽德总认为自己年轻、根本就不是个妈妈——和桑塔格本人很像,尽管她老爱说:"我不像我母亲。"至少在一个方面,这个评价是真实的。米尔德丽德没有资助她女儿上大学,而戴维上的普林斯顿大学,不仅需要多少钱就能有多少钱,他还有钱在学校租一个房间，即使大多数时间他都住在河滨大道。

戴维叫桑塔格"苏珊"，从来不叫"妈妈"，这样做就助长了她姐姐般的行事方式。正如努涅斯所说，苏珊和戴维经历了多次关系疏远和紧张的时期，但母子俩继续住一起。努涅斯开始为桑塔格干活后不久，桑塔格就安排促成戴维和西格丽德成了情侣并且一起住在河滨大道的公寓里。努涅斯注意到了谣传，说这一安排是三人同居，但她从来不清楚桑塔格是否意识到关于她的八卦。最终，努涅斯很清楚，桑塔格永远不会心甘情愿地与戴维分开。两年后，努涅斯结束桑塔格的雇用、离开她的公寓时，一个朋友告诉她一些朋友曾惊恐地看待这一安排。

努涅斯自己很少说起她自己的情感，除了说到桑塔格成了她的导师，一个慷慨的，经常还飞扬跋扈的指导者，把她引进出版界。当然，桑塔格也有一些方面会引起一个有抱负的年轻女子的兴趣。与苏珊·桑塔格住在一起本身就是一种教育。桑塔格告诉她，你必须认对人。才华——甚至天赋——都不够。对一个年轻女子来说，桑塔格对文学的热爱是激励人的："我对她永远的印象就是那种学生模样，极其用功的一个学生：整宿熬夜，周围堆满了书籍试卷，开足马力，烟一支接一支抽着，阅读、做笔记、重重地敲击打字机；拼命、求胜心切。她要写出 A⁺ 的文章。她要名列班级前茅。"努涅斯描述那个公寓完全就是研究生院的样子，一本本平装书摆放在廉价的松木板做的书架上。

伴在苏珊·桑塔格左右不仅仅有趣，而且还有一种刺激感官的体验。她喜欢与人有肢体接触。她把自己这种表达爱意的行事方式归之为她的犹太性，她的这一方面很受卡米尔·帕格利亚的喜欢。

还有，桑塔格虽然会吹毛求疵，但也非常会恭维人、赞美一个朋友，"而那个人就站在边上，满面红光"。她喜欢听你的故事；"她并不总要成为关注的焦点，"努涅斯指出。而且，不管桑塔格声称有多忙，她总有时间聊上很长时间。

桑塔格从来不为女性意味着什么样子而烦恼。她嘲笑出去随身携带手包的女人。男人就不这么做。她建议说，就穿有口袋的衣服就行了。她不化妆，不过她倒是把头发染黑了，只保留她那一绺标志性的白发。她也用男性的古龙香水：迪奥·桀傲。她对自己乳房切除手术一点也不感到尴尬，只要对方（无论男女）感到好奇，她都会把刀疤给他们看。她称之为一道"擦痕"。她担心自己的体重，而且努涅斯和她在一起的时候她多半是超重的。

虽然桑塔格常被人描述成势利小人，但努涅斯坚持认为情况不是这样，这么说并不准确；桑塔格展示过的任何势利行为都与才智有关。你必须聪明才能让桑塔格关注你——不过，即使这种情况，也会有例外。如果你漂亮，那么聪明不聪明就不重要了。而且桑塔格并不介意暴露她自己早年间的无知。玛丽亚·艾琳·福恩斯到河滨大道的公寓时，桑塔格对她说："告诉西格丽德，你第一次见到我的时候，我是什么样子。讲，讲啊！"福恩斯说："她是个白痴。"桑塔格捧腹大笑，好不容易止住笑最后才说："我想要说的关键是你还有希望。"

妮科尔·斯特凡娜来到河滨大道，努涅斯注意到这个年纪大一些的女人对桑塔格的兴趣是出于母性，比如，她给桑塔格买吃的。一个人的时候，桑塔格就会只开一罐坎贝尔牌奶油西红柿汤。斯特凡娜很容易被激怒，而且"一天当中至少一次惹得她流泪或发火，或两样都发生"。虽然努涅斯没有说这么多，但显然桑塔格为这样的女神所吸引。然而,在这件事上,努涅斯意识到,这段恋情要"断了",虽然慢慢地,两个女人最终依然是朋友。有时,当桑塔格没有亲密伴侣的时候,她会向努涅斯承认,与菲利普·里夫的婚姻也有其吸引力:他会跟她形影不离,而且,他们从来就不缺交谈的话题。

1976年夏,桑塔格和斯特凡娜待在巴黎,她接下来的一本书《论摄影》(1977)就是献给她的。桑塔格仍然感到虚弱,担心会生什么病,使她身体状况更糟。约瑟夫·蔡金似乎对精心构造了自己的这个桑塔格特别敏感:"你花了好长一段时间塑造了一个模范的公众人物;这个人物引起的反响是同情与愤怒的最大程度的混合。这是一种真实而美丽的构造,但在我看来,与后台的形象不协调。"她"极其轻易、极其频繁地说出爱的诺言"。而他有时觉得被抛弃了,而且"对我们的友谊感到迷惑。只有我心中有你"。然而,几个月后,他似乎又因为他们暂时的分开而责备他自己,这次也许是因为他的心脏病引起的。不管抱怨什么,他都不希望伤害她,而且,他把自己的疑虑归因于"亲密的另一边——伴随而来的脆弱与指责"。在内心最深处,他爱着她。

桑塔格并没有改变什么习惯,她照样抽烟,照样孜孜矻矻地写她著作的头几稿,稿子铺了一床;然后坐在木椅子上,通宵达旦地打出后几稿来。1973年开始,桑塔格论摄影的文章陆续发表在《纽约书评》上,现在,她开始修改这批文章。她把这些分开的单篇重新整合,就摄影的性质写成连续、互相关联、自问自答对话式的文章。她认为,像她这样讨论该题材的文章此前还未曾出版过。这点没错。当然,桑塔格也从摄影家的著作中汲取养分,她向沃尔特·本雅明和约翰·伯格这样的评论家致意,但她理所当然地坚持认为,她的前辈中

254

没有人像她现在这样进行深入的思考,尤其没有人从一个思想家的角度来思考;思想家不是摄影师,事实上,思想家坚持认为,不应作为一名实践者而应作为一个消费者来讨论摄影。

《论摄影》一部分是历史,一部分是哲学思考,还有一部分是掩饰起来的自传。这是一项了不起的成果,虽然是一篇论文,却有着小说的精妙。这本书起笔不凡,是对历史所做的快速而权威的梳理,因此常为人引用:"人类至今仍旧顽固地流连于柏拉图的洞穴之中,并一如既往地以其亘古不变的习惯陶醉于真理单纯的映象之中。"这里能听到清教徒式的对改革的呼声、享乐主义者对纯粹的享乐的吸引,以及哲学家对存在于某种张力之中的真理的探索,正是这一张力才使得处于最佳状态时的桑塔格变得如此发人深省并拥有一种你根本无法忽略的声音。

对桑塔格来讲,写点关于摄影的文字的冲动可追溯到 1972 年 12 月在现代艺术博物馆举行的迪安·阿巴斯大型摄影回顾展。阿巴斯曾为《老爷》杂志拍过桑塔格和戴维那忧郁而充满温情的双人特写镜头,而桑塔格也去过她的摄影室。但是,桑塔格此前从未发现回顾展所展出的阿巴斯摄影作品涉及那么广阔的领域,与很多参观者一样,桑塔格为之"倾倒"。桑塔格认为,回顾展代表了"摄影意识中的分水岭"。影像的力量如此之大,参观者日复一日地排起长队前往观展,队伍沿 53 街绵延数个街区。尚未有哪次摄影展吸引过如此众多的观众,桑塔格认为,也许只有爱德华·斯泰肯[①] 1955 年(同样在

[①] 美国摄影家,生于卢森堡。他促使摄影成为一种艺术,对发展航空摄影做出了贡献。

现代艺术博物馆)举办的《人类大家庭》算是个例外。确实,斯泰肯在现代艺术博物馆摄影部门所起的领导作用培育了当代人对摄影艺术的渴望之情,但是,《人类大家庭》——桑塔格认为,这是"最精华的联展"——是围绕着一个"可以接受的,也无伤大雅的主题"而组织的,它赞美人类成员和谐相处的精神,而这一点在其世界巡展中被媒体做了大量的宣传。另一方面,阿巴斯的摄影展突出了一位主要是那些对摄影怀有特殊兴趣者所熟知的艺术家的"异乎寻常的、强烈的个人视野"。成千上万的人蜂拥而至,就是来观看一个摄影师的作品,桑塔格认为,这从根本上改变了摄影的观众构成。突然之间,照相机所具有的奇特的可能性,经过一种独特才智过滤后获得了一种首要地位,这一地位以前可是未被博物馆和艺术界承认过。

桑塔格一次又一次地回到阿巴斯摄影展,观察观众,偷听其他观展者的评价。她发现,像她一样,参观者中有许多人是来了又来的,他们三番五次地回来看阿巴斯的照片。几个月后,桑塔格与《纽约书评》的编辑之一芭芭拉·爱泼斯坦共进午餐时向她推荐这个摄影展:"这不只是一个作品集,这可是一个令人震撼的文化事件啊。"爱泼斯坦说:"那你干吗不写写?"桑塔格回答说:"哦,我没什么要说的。"但是,在爱泼斯坦的坚持下,桑塔格开始做在她当时看来是一件非常困难的差事:如何公平地评判这一摄影展本身,同时还要解释其受到的非同寻常的欢迎。然而,似乎必须首先就摄影说出"一番经过思考的话",然后才能尝试对阿巴斯摄影展的意义进行衡量。当时,桑塔格脑子里有几段话。令其感到惊讶的是,关于摄影这一现象以及它在文化中得以传播的途径,她竟然写出了 5 000 余字。摄影是如何被视为一种独特的知识形式的?人们通过摄影相信自己知道了什么呢?摄影又是为何如此抓住了公众的想象?这些问题开始以桑塔格从未想象过的方式打开了摄影这个话题。

有一次桑塔格打电话给芭芭拉·爱泼斯坦解释说,她现在好像得写一篇由两部分构成的文章,一是绪论,随后是对阿巴斯作品展的描述。爱泼斯坦同意了,桑塔格交上第一部分。可接下来,对这一篇文章,她又产生了更多的、似乎是必要的想法。每段话均逐渐变成一篇文章,需要六至九个月才能完稿。这本讨论摄影的著作写了近五年的时间才成形,这一旷日持久的写作某种程度上是其碑式文风形成的缘由;书中的每个想法均经过不断的删改和润饰而后成为精华。桑塔格还没有哪本书像《论摄影》这样在如此多的层面上出色地讨论问题;这一事实惹恼了喜欢直截了当风格的评论家和读者,却让其他喜欢从不同角度看同样问题的人兴奋不已。《论摄影》是一部意识到自身、意识到自己的形象——不妨这么说——的充满艰辛的杰作,从这个意义上讲,它也是其注重形象的作者的一个完美体现。《论摄影》同样是一部提出了不需要得到认同的观点的力作;人们几乎可以反对书中提出的任何观点,与此同时,却又会发现自己仍旧着迷于桑塔格就促使摄影本身变得魅力无限的一些问题所做的深入思考。

这个话题似乎包罗万象,所以,桑塔格意识到:"讨论摄影不啻是讨论世界。"对摄影的考虑带来一场关于成为现代人、探索意识的本质、分析知与行之间的关系意味着什么的讨论。她不可能公正地评判《论摄影》中涉及的所有问题,她感觉这本书可以永远写下去。当然,在认为自己写出了一本具有独创性著作的时候,她便停笔了。她深受鼓舞,因为她知道自己能够在摄影领域做出一份贡献,而其他艺术领域已经吸引了很多人写出了很多理论性很强的著作,在某种程度上,她是断不可能再献上什么新颖之作了。

与桑塔格其他论文相比,《论摄影》更多地讨论了相反观点之间的张力,讨论了济慈描述的客体感受力。它讨论的是黑格尔认识到的辩证法,其中,观点会转化为其反面;一种观点一旦走向极端即会自相矛盾,其中始终包含了对于冲突观点的合题①的寻求。《论摄影》探索了观点形成的过程本身、精神活动的张力。桑塔格通过加入最后一个部分,强调了她的辩证观点,该部分是向沃尔特·本雅明致敬的语录选段;本雅明曾企望做一本全是由引语组成的书,这是对任何观点都固有的那种分歧恰当的致意。

从她的书的第一句起,桑塔格就阐明形象打造是一种欺骗形式。她提醒我们,柏拉图曾经说过艺术家即骗子这句名言。如果说需要对摄影提出什么特别的指责,那么,这是因为人们对摄影是如此信以为真,或者正如桑塔格对其底特律艺术学院的听众所讲的,人们将摄影视为一个真实的十字架?。如果说她严厉地批评人类将照片当作一种真实来接受,那么,她的惩戒性宗旨同样适用于她自己。从彼得·赫贾到罗伯特·马普尔索普,再到安妮·莱博维茨,几乎没有人像桑塔格这样陶醉于照片或者如此沉浸在摄影者的生活之中。然而,对于桑塔格来讲,摄影是有问题的,因为它否定了叙事。照片使时间凝固。它们传达出一种幻觉,使我们以为我们能够使历史停住脚步,能够将世界包裹在“一本影集”之中——收集照片即等于收集世界。在文章第二段第一句里,她同样说了许多,宣传一种帝国主义

---

① synthesis,此处指黑格尔使用的三段式中的合题。

式的、夸张的观点,这一观点她将在《火山情人》中那位收藏高手即爵士的生活中进行探索。摄影比任何其他艺术都要更多地言说人类获取、控制和统治世界的欲望。第一版《论摄影》的书衣上没有作者的照片,第一版《疾病的隐喻》也一样;好像这一次桑塔格不希望自己的形象与其作品混淆起来。

　　《论摄影》的开篇是全书的一个概要,指责痴迷于影像的世界,桑塔格随后在第二篇文章《透过照片看美国,昏暗地》①中将惠特曼和阿巴斯组合在一起。标题让人想起圣保罗和陶布斯所阐述的诺斯替教观点,即真理只为少数人所知。不是人人都能掌握真理的——因而当然不是通过一本摄影作品集就能获得的。惠特曼希望对美国文化说"是",要拥抱美国文化所有的多样性,而阿巴斯的照片则要说"不"——美国的大部分东西不是可以那样轻而易举就被吸收的。桑塔格偏向将阿巴斯视为超现实主义的延续;超现实主义强调畸形人或物,注重对不可同化的元素之间的大胆组合。照片能制造一种幻觉,即任何两个元素看上去都是比邻的,因此,效果是超现实主义的。对桑塔格来说,美国是"超现实主义国家的精华版"。尽管她不赞同"廉价的悲观主义",也不能认同美国"是个畸形动物或畸形人的展览,是一片荒原"这样的浅薄观点,但是,她也无法提供不同于阿巴斯所提供的观点。与她早期斗士般的反美主义观不同,桑塔格在此处更标举一种文化观察家的中立口吻,而注意到"美国人对赎罪和谴责种种神话的偏好今天仍然是我们民族文化中最有活力、最吸引人的层面之一"。

---

① 此标题的译法参见黄灿然译《论摄影》,上海译文出版社。下同。

在第三篇文章《忧伤的物件》中,桑塔格继续沿着其超现实主义的路径探索前行,她表示摄影将世界变成可以找到的物件、总是稍纵即逝的生活的纪念品。摄影强调可以找到的物件,因为对生命的有限性而言,这是一个失落、死亡、悲伤、忧郁的世界——当然,这是桑塔格本人的悲悼。

第四篇文章《视域的英雄主义》是一个对位乐章[①],旨在展示摄影家是如何试图捕捉一个飞逝的世界,并将之转换成一件消费品的。这一观点在第五篇文章《摄影信条》中延伸到摄影师本人;他们为自己的艺术做出了夸大的,同时也是矛盾的声明,一方面强调其客观性(它与现实的直接联系),另一方面又强调其主观性(摄影师或艺术家的技巧、操作水准和聚焦)。桑塔格将作为投射者和记录者的摄影师的矛盾观点——巧妙地组合在一起,淡化或强化他的艺术。

在第六篇,也是最后一篇文章《影像世界》中,她又回到了试图让我们从对形象的癖好中摆脱出来的柏拉图等人身上。柏拉图担心,这个世界的形象会遮蔽人类的眼睛,致使他们看不到永恒的真理。桑塔格尽管也同意形象和照片有其自恋的用途,但它们也太容易拍下,流传也太广,对她来说被证实是太民主的一个概念。她的话来回摇摆,这是在模仿摄影的相反标示:"相机既是解毒药,又是疾病,是侵占现实之途,也是淘汰现实之路。"她担心,摄影已经"使我们对现实的理解去柏拉图化,结果使我们根据形象与事物、复制与原件之间的区别来对我们的经历做出思考这件事情变得越来越没有道理"。

---

① 作者告知,所谓对位乐章,是指桑塔格在该文中从对忧郁的关注转向摄影影像的消费主题。

在《论摄影》结尾,桑塔格写道:"如果有一种更好的途径使得真实世界能够包含形象世界,那么,这就不仅需要一种真实事物的生态学,而且需要形象的生态学了。"她这样写,是一种对康复和治疗的诉求,目的在于在某种程度上跨越生活与艺术之间的鸿沟。

十八、文学沙龙的主人们（1977—1985）

　　1977 年 11 月,《论摄影》的出版引起了轰动。罗杰·斯特劳斯喜欢关于这本书的那些"有争议的、有趣的"评论文章。《论摄影》首印 12 000 册后,弗雷·斯特劳斯·吉劳出版社又印了 3 000 册。接着,有两家小型读书俱乐部签下订单,斯特劳斯同意再加印 6 500 册。斯特劳斯兴高采烈,准备同意第四次印刷,他宣称,从销售势头看,这本书有望跃上畅销书榜单了。那个时候,有更多的独立出版商和书店,当时,类似桑塔格这样的书拥有更多的评论空间,如果严肃的非小说作品刚出版就能卖出五位数,那便是成功之作了。1978 年 1 月初,桑塔格从巴黎回国,斯特劳斯掐准这个时机,狠狠地做了一次广告宣传,使《论摄影》销售势头更旺。

　　1978 年 1 月 19 日,《论摄影》赢得美国国家书评人协会奖。小说家菲利普·K·迪克写信祝贺她。他最早 1975 年就给她写过信,那时曾这样回复她的回信:"谢谢您,可爱的女士。我曾经见到一次您的照片,是您一本书上的宣传照;我当时想,现在这个世上肯定也有漂亮的作家啦。您是那种能吓倒我的作家,因此对我来说写这一封信是很难的。"

　　获奖前一天,桑塔格向出版社交上《疾病的隐喻》,书稿是系列文章的修订版,文章原先发表在《纽约书评》上,增加了该杂志的发行量。四天后,斯特劳斯做出了一个他得意地称之为"战略性的决定",即将桑塔格的短篇小说集《我,及其他》的出版从春天或夏天推迟到1978年11月,以便为计划在6月下旬出版的《疾病的隐喻》留出空间。突然之间,他手上拥有了桑塔格的许多著作,足以让他进行一些战略规划,显然,他从对她作品的部署中获得了乐趣。快到1月底的时候,《论摄影》已经印了37 500册,还不包括另外订下的5 000册。这本书上了《华盛顿邮报》的畅销书榜。桑塔格4月份要回巴黎,她答应在此之前可以出席一些公众活动,并接受采访。2月5日,斯特劳斯以49 500美元的价格将该书的平装本版权卖给了戴尔出版公司。

也许桑塔格对《论摄影》所做的促销努力以及该书的瞬间出名激励了当时的一名图书编辑杰姬·奥纳西斯,她问桑塔格是否愿意为戴安娜·弗里兰的时尚摄影新书写推荐语,奥纳西斯称该书为"视角新颖"的作品,内有玛丽亚·卡拉斯和埃尔莎·马克斯韦尔似乎"纯粹的费利尼"的照片。奥纳西斯想做"一切我能做的来促成她取得成功。她是一个勇敢的人,我为之效力——(而且那是一本伟大的书!)"。即使奥纳西斯在信上落款:"充满爱意的,杰姬。"桑塔格从未给奥纳西斯回信,而是代表罗杰·斯特劳斯写信给"亲爱的奥纳西斯夫人",告知她桑塔格有一条"做事的原则:不评论任何'图画书'。这当然与她的书《论摄影》有关,而且,我肯定,当然她也肯定,你会理解"。理解什么?正如爱丽斯·卡普兰所言:"看了这样的通信交流后很难不鄙视桑塔格,她无视杰奎琳·奥纳西斯个人对戴安娜·弗里兰不同寻常的摄影集细致深入的支持……全都归为一本'图画书'。"被激怒了的卡普兰最后说:"就是这不肯劳烦直接给奥纳西斯回信的同一个人,在她的档案里却保留了一张奥纳西斯的请柬,邀请她到第五大道奥纳西斯家参加鸡尾酒聚会,请柬下面手写了一句说明:'苏珊,务必留下来吃晚饭,杰姬。'只有那种一直拼命不满足别人的人才会刻意地唱反调。"

20世纪70年代后期和80年代早期,桑塔格接连推出了《我,及其他》(1978)、《土星照命》(1980)和《苏珊·桑塔格读本》(1982),刮起了一阵出版旋风,也提高了她20世纪60年代后期业已确立的文学声誉。她写出了《论摄影》和《疾病的隐喻》这样的著作,成为大学课程和美国经典,甚至出现在医学文献书目中。在桑塔格的著作中,没有一本写得像《疾病的隐喻》这样直截了当,这是一本干净的书,一本净化心灵的读物,没有那些惹怒了《论摄影》的一些读者的障碍。与其最佳论文和著作一样,《疾病的隐喻》开头就是一个有力而响亮的句子:"病(illness)是生命的背面,是一种更为麻烦的公民身份。"与桑塔格讨论过的所有话题相比,病更是每位读者关注的一种现象。极为明显的是,第一段里没有出现"疾病"(disease)这个词,即使她的书主要讨论结核病和癌症。偶尔,读者还会将标题误记为 *Disease as Metaphor*①。桑塔格要到第三页才会用这个词,这是她精明的部分表现之处。我们都生病;但并非所有人变得不健全——至少,我们许多人都不愿意那样讲。身体上的病——桑塔格在首页使用的术语——影响我们每个人。即使健康人也害怕生病,害怕这"生

---

① 《疾病的隐喻》英文名为 *Illness as Metaphor*;illness 与 disease 的区别在于,后者除了指身体上的病,还指精神、道德上的不健全,社会制度的弊病等。

命的背面",他们记得生病的情形,甚至会想见有一天,因为生病而被带离这个世界。换言之,桑塔格设计的这个开头能够让她迅捷面对所有的读者说话,正如病本身会侵袭所有人一样。

第一句的结尾非常抓人。公民身份?哦,是的,这样措辞是有道理的,因为在第二句里,她谈及"健康人王国"和"病人王国"。"公民身份"这一术语表明了权利和义务。该词有一种高贵——与英国人的"臣民"这一术语的区别可谓大矣。一个人觉得自己生病了,这没有必要感到自卑,即使是就要与健康人的王国相隔离。既然桑塔格的观点是我们使用的语言隐喻贬损了病人,那么,她自己的文章就要——直截了当地——在旨在有益于健康的语言行为方面做出表率。

桑塔格首先讲述了疾病(如结核病)的历史。在 19 世纪,人们认为结核病与某些艺术的、敏感的个性是有关联的。等到科学家发现了真实的、身体上的病因,并研发出有效的治疗途径,心理方面的种种解释便不攻自破了。她认为,癌症的许多表现形式也是如此。

《疾病的隐喻》也是一部文学评论著作,因为桑塔格对把癌症用作一个隐喻的作家们——包括她本人——进行了抨击。把白人称为"历史的癌症"就是贬低那些真的患了病的人,就是使用语言来歪曲真相,而非揭示真相。桑塔格注意到,这一隐喻既不能深化对癌症的了解,又无法深化对癌症被比作的种种问题的了解。因此,桑塔格告诫人们不要用疾病来给个性下定义。假定某种个性类型易患癌症或其他疾病,就是剥夺了个人与该疾病做斗争的能力。桑塔格反对宿命论阐释,她相信,人们都能聪明地运用医疗手段来缓解大多数疾病的病情,如果不是总能治愈的话。桑塔格承认,人不能不用隐喻;隐喻是语言的重要部分,而且确立人的身份。但是,运用隐喻而不了解其可能造成的后果,实际上,就会抑制而非增强人们对其生活的控制能力。桑塔格不反对隐喻本身,如同她不反对阐释本身一样。

桑塔格的文章不加修饰的逻辑吸引着大多数读者。当然,有书评家与她商榷。假使不引起争论,那苏珊·桑塔格还有什么强项呢?书评人埃德温·J·小肯尼迪在《新共和》杂志(1978年7月8日和15日)上写道:"苏珊·桑塔格是个斗士,在反对某物,或者从总体上反对什么东西时,她会变得更加斗志昂扬、生龙活虎。"像许多书评家一样,肯尼迪希望弄明白,既然现在癌症的病因尚未明了,那么,致癌的病因为什么不可以是包括心理原因在内的多重原因?结核病和癌症的"真正的机能"为什么最终会被证明是相同的?在她"高尚地希望"减轻心理创伤的时候,她选择的是一种"清楚和有力到勇敢这种程度"的观点。在《评论》杂志(1978年10月)上,丹·雅各布森批评桑塔格除了身体意义以外,拒绝将任何东西归于疾病,与此同时,又"把对社会的道德状况和心理状态所做的空泛诊断,作为一个整体建立在她对最为可疑和含糊的病症的片面解读上"。比如说,她浸淫于文学,就认为自己有理由去评说作为整体的社会对结核病所持有的认识。文学只是对社会的一种衡量尺度,而且当然不是一种科学的衡量尺度。"知识上的无畏不应混淆于知识上的自我放纵。桑塔格小姐似乎不知道该如何将两者区分开来,"雅各布森严厉地下了断语。在《回音壁》(1989年春)上,阿尔伯特·霍华德·卡特争辩说,正如不可能将隐喻从语言自身中清除一样,要将隐喻从关于疾病的讨论中"连根拔起",也是徒劳的。桑塔格无法成功地禁用隐喻,正如柏拉图无法成功地将诗人从他的理想国中逐出一样。概言之,她这本书是乌托邦思想的产物。

　　但是，假使桑塔格按照她的评论家所劝告的那样去限定其论点，会是怎样的情形呢？在《党派评论》（1979年夏）上，彼得·布鲁克斯尽管对她的观点表示持保留意见，但他也注意到，用重新思考这一束缚去约束桑塔格的文章，就会剥夺她的"争辩活力"。显然，她不想提出更密集的观点。布鲁克斯得出的结论是，桑塔格已服从于她的"道德感受力"，而非屈从于她作为文化评论家的工作。桑塔格希望改变人们的想法——而非仅仅对他们进行一种训练。1992年，妇女全国图书协会将《疾病的隐喻》列为"其著作改变了世界的女性"的75本书之一。桑塔格的这本薄书是真正的辩论册子。正如玛吉·斯卡夫在《当代心理学》（1978年7月）中所言："我显然费了神来对她的观点表示异议、进行争论乃至争吵，但是，我发现她的书让人激动不已，它与我读过的同类书籍迥然不同。"作家感动人。苏珊·桑塔格用这本书拯救生命。

　　然而，桑塔格的争辩当然引发了一场反驳，比如作家-外科医生理查德·塞尔泽在他未发表的短文中，反驳她在论癌症和论艾滋病的篇章中对疾病的阐释。"我们能看出她的意思，"他的开场白非常友好。隐喻在道德家的手中已经玷污了像癌症和艾滋病这样的疾病。但他坚持认为，隐喻地思考是"人的本性"。"如果不使用隐喻，那么我们还能怎样去考虑我们垂死的自己？"同样，科学家和医生在对待这些病的时候，必须使用军事隐喻的方式。"毕竟，免疫系统是对身体的防御结构。而'防御'一词暗指有攻击者。"而且，"医学史与战争史一直就是密不可分"。塞尔泽特别指出：想想弗洛伦丝·南丁格尔的例子吧。他悲悼"辩论者乱糟糟的行文。一个作家（两次）用'culpabilize'①,那她就应该用肥皂把她的文字处理器好好洗一洗。书中持续的愤怒口吻、对资本主义制度的挥拳猛击,全都起到了削弱文本的作用。"塞尔泽对她表示质疑,因为她暗示,社会主义社会——比资本主义社会少了一些物质主义——中"社会的道德观念得到更高的发展……不会倾向于考虑一场针对艾滋病的战争。我们想知道,在我们这个时代,表现出如此崇高品德的社会主义国家在哪里啊?"

然而,塞尔泽只讨论了桑塔格的论点,并没有讨论她的个人要务。患病迫使桑塔格重新审视她本人想法的来源,她是如何使用隐喻,以及如何阐释自己的生活的。生病期间,她也开始重估她的政治主张,虽然她对资本主义制度所怀的敌意永远也不会消除。在1978年夏季号的法国杂志《如是》上,她对一种西方的倾向发表评论,这一倾向即"'谅解'在东方发生的事情"。然后,她承认:"是知识分子自己为了不丧失信心而拒绝接受真相。"她下结论说:"在这方面,我也不清白。"她和她的那帮人都过于轻信一句话了:"我们相信来自东方的东西,而这些东西在我们自己的国家我们根本就不可能相信的。"为什么? 这与"羞于成为资产阶级知识分子"有关。内疚促使知识分子谴责他们自己的社会,向苏联寻求一个更好、更公正也更平等的世界。别因为资产阶级社会是那么长于吸纳异见就去谴责它,是时候结束这种谴责了! 知识分子应当面对它:他们是统治阶级的一分子。他们应当努力去为健康和正义这类"真正的问题"而战斗。革命事业的想法(如她所赞同的古巴革命和北越革命)现在并未

---

① 指"使……有罪、可责备"。

过时。你无法改变一切；你试图改变一切时，就不得不去"压迫人"。桑塔格反对犬儒主义；还有政治方面的工作要做。她甚至希望继续做一个马克思主义者——不管那意味着什么。她对资本主义的种种矛盾及其剥削层面持续的揭露从来就没有动摇过。

桑塔格的政治思想发生转变，这是东欧持异见者涌入西方的结果。他们均是不容忽视的著名知识分子。即使是像丽莲·海尔曼这样的老资格斯大林主义者也不得不承认没戏了。对于桑塔格来讲，关键人物是约瑟夫·布罗茨基，在她对比如索尔仁尼琴的"反动"政治抱怨的时候，正是布罗茨基纠正了她的看法："你要考虑的是在政治层面上你希望从他那里得到什么，但是他曾经表明的，他现在所描述的，都是事实。"

桑塔格和布罗茨基于 20 世纪 70 年代中期，即苏联认为他是社会寄生虫而将其驱逐出境几年后成为朋友。他受审时被问及职业，他答曰"诗人"。法官又问，布罗茨基凭什么自称为诗人。那他凭什么被视为人类一员？布罗茨基反问道。因其毫不妥协，布罗茨基在苏联的一个劳改农场关了一年半，伐木、碎石、掏粪。但是，W·H·奥登等著名知识分子公开请愿，反对布罗茨基的监禁，最终，当局释放了他。他对美国充满感激之情。美国给了他一个家，还给了他在密歇根大学、哥伦比亚大学等高校的教学岗位。

布罗茨基和桑塔格都是清心寡欲方面的榜样，他们能够忍受巨大的痛苦而毫无怨言。桑塔格喜欢提及布罗茨基说的话，即他从国内的流放和农活中得到享受。那是实活，不管怎么说，整个苏联都"在深渊"中。这俩作家都抽烟，以此流露出他们强迫性的个性。布罗茨基不愿戒烟，即使他的心脏病和手术勒令他必须戒烟，他还是照抽不误。他说过,早上不能点上一根烟,就不值得起床了。桑塔格同样有烟瘾。她倒是尝试过戒烟,但更多的时候她并不觉得这个习惯有什么要愧疚的——即使在她的法国医生让她戒掉的时候。她有几个月的时间,的确努力自律,但她是靠着抽烟才写完《论摄影》这本书的。有个朋友曾经扬言,如果桑塔格不戒烟,她就再也不见她了。但是,不享受抽烟的乐趣,在抽烟方面让她过分克制自己,就只能让她更想抽烟。

布罗茨基并非胆小之人,但是,桑塔格的大无畏仍旧让他感到震惊。在威尼斯"异议"双年展(1977)期间,桑塔格邀请布罗茨基一起拜访奥尔加·拉奇;伟大的现代主义诗人埃兹拉·庞德流放意大利的最后岁月里,是拉奇在陪伴着他。桑塔格解释说她真的不想一个人去拜访,布罗茨基同意陪她去;他意外地发现拉奇是个强悍的人物,她信心十足地解释了她认为庞德并非真是一个法西斯主义分子的理由。布罗茨基自然有他自己的想法,但面对这样一个能说会道的对手,他抛开戒心,认同了她的辩护,而暂时感觉非常愿意宽恕庞德。似乎一切都快结束了,可就在这时,桑塔格突然说:"奥尔加,别以为是因为庞德做了那些电台广播而令美国人失望。假使仅仅因为那些电台广播的话,那他不过是又一朵东京玫瑰①而已。"布罗茨基后来说,他"差点从椅子上跌倒在地"!他无法相信桑塔格竟然将"一大名流比作东京玫瑰"!(桑塔格知道——用她的话来讲——布

---

① Tokyo Rose,二战期间,远东美军给东京电台英语女播音员起的绰号。东京电台自 1942 年开始用数名生于美国或加拿大的日裔女子用英语对美军进行宣传广播,其中包括户栗郁子。她曾以"孤儿安妮"的名义在"零点"节目做广播,后被捕,并因"叛国行为"判刑,被剥夺美国公民身份。1977 年福特总统给予赦罪,恢复其公民身份。现所谓"东京玫瑰"一般指户栗郁子。

罗茨基对"诗人的权威有着一种崇高的、苛严的认识"。)拉奇非常清楚桑塔格的意思,只是追问了一句:"那么,美国人认为埃兹拉身上什么东西那么令人厌恶呢?"桑塔格说:"哦,那很简单,是埃兹拉的反犹太主义。"当然,这又让拉奇开始努力为庞德去开脱了。毕竟,他有一个犹太的名字①,而且从未掩饰过,她指出。给布罗茨基留下深刻印象的是桑塔格希望把这场谈话重新来过。没有人像苏珊这样顶真,也没有人像她这样揪住一个难以处理的话题不放。

苏珊·桑塔格没有约瑟夫·布罗茨基不行。他做的远远不止为她重新定位她的政治方向。他也是犹太人,他理解桑塔格对流放的认识以及她想到处流浪的欲望。和桑塔格一样,布罗茨基也并非是一个宗教情怀浓烈的犹太人,但是,约拉姆·卡尼尤克认为,他俩对于所处场所均有一种局促不安的感觉。正如桑塔格在给布罗茨基的一篇赞辞中所写的,他是那种在精神上"同时在两个不同地方"生活的现代艺术家。桑塔格脑子里想到的是凡·高写给他弟弟西奥的一封信;信里谈到他在法国南方绘画,同时,他写信时又觉得自己"其实"是在日本。桑塔格一生大部分时间是人住在一个地方,同时梦想着另一个地方。1979 年在曼哈顿,她仍然有一种幽闭恐惧症感觉,即使大洋就在街的尽头。她在美国从未感到自在过;她对一家法国杂志的编辑说她宁可"远距离地看待我的美国人身份"②。至于布罗茨基,他拒绝接受所有去访问他的家乡列宁格勒的邀请,即使在苏联解体之后亦复如此。他说过,他什么都记得,可他不想回俄罗斯,就像

① 指 Ezra(埃兹拉)。
② 原文为法文。

乔伊斯不想回都柏林继续生活一样。

　　失去家园的强烈感受迫使乔伊斯、布罗茨基和桑塔格这些作家向文学要生活,同时找到至少接近于他们所理解的文学王国的真实之所。对桑塔格来说,有好多年,巴黎就是这样的一个地方:"对我来说,它曾是生活和思想强度的象征。"①甚至在纽约,她都无法寻找到她在巴黎体验到的那种对精神生活的全身心投入。人们在纽约过的完全是个人的生活,聚在一起的时候,似乎也只能是交换一些平庸的想法,她抱怨道。但是,现在,她的巴黎田园牧歌也接近尾声了,她想不出一个 50 岁以下的伟大作家的名字,她对《新观察家》的记者说:"目前的法国文化几乎一无是处。"②在她看来,甚至法国电影现在似乎也凋敝了。她认为,或许,它应该有段休整期,而她则必须继续前行。

　　桑塔格与布罗茨基的关系以及她登上世界舞台的感觉使她和老朋友——比如约瑟夫·蔡金、保罗·特克——之间的关系有点紧张。虽然她和特克后来还是朋友,但 20 世纪 70 年代末一种显然带着回顾的语气充斥着他写给她的信:"我不知道我是什么,一条瞎了眼的洞穴鱼或别的什么,您给我带来很多东西。"听上去像是其他幻想破灭的桑塔格的爱情俘虏说的话,特克继续说:"真是糟糕透顶,我中了你的魔咒,一个窘得说不出话来的男孩,手伸得太长了……你他妈的就是女神,你说'西比尔',我需要一些学识……你真的重新整理了我的脑袋,它现在在哪啊?溶解了消失了。"然而,像蔡金一样,特克无

-----

① 原文为法文。
② 原文为法文。

法放手:"我想要说,您好苏珊姐姐,无论什么地方! 我总是把您带在身旁……"特克的矛盾心态与桑塔格为了女名流的魅力而摒弃波希米亚有关。

1978 年春,特克和桑塔格大吵一架,事情是由戴维·里夫搬离桑塔格的河滨大道的公寓引起的。特克立马给她写了一封信:

> 我不会选择去与你没完没了地争论。非常无聊……搬走那个周末你改变了你在我心目中的形象;从原先那个宽宏大量、非常人性、温柔的形象变为霸道、泼妇一般,就因为她儿子(最后终于)想过他自己的生活,这把她吓疯了;而且你似乎变得愿意用所有令人极为不快的处理方式,来强迫人们进入他们被要求的位置,一点不尊重或不理解他们自身的需求,不管他们来自哪里……你关注美国文学界桑塔格王朝的建立(与可怜的戴维的合作)的情绪状态似乎是孤注一掷、荒谬可笑,甚至是贪婪的……难道你从来就没想到过要对人耐心点? ……可能你觉得不是这样,但你多年来对我的态度现在已变得相当尖刻,一副屈尊俯就的样子……至少可以说。有时,好奇怪地,莫名其妙地,我就能懂了,你便变得热情、友好、开朗,然后,不可思议地……超级黛客①……我们就别骗自己了,你也不是那么真正值得

---

① 独立电影艺术大师芭芭拉·汉默 1975 年的电影名,女同性恋题材,时长 20 分钟。旧金山的街头一队全副武装的女战士进军市政厅夺取公交线路,让消费主义威风扫地,堂而皇之地穿过性爱艺术博物馆。极富现场感和纪录风格的手持式摄影机紧紧攫住了旁观者的惊愕表情以及参与者的兴高采烈。

追求的东西，我的意思是，我们俩都不再是那么值得追求的
东西，我们都承受不起那种情感上的消耗、经不起大动
感情。

和阿尔弗雷德·切斯特一样，特克也有自己的痛苦。他在信的最后
求婚并约请一顿"美好的犹太式牛奶餐"——还问桑塔格要钱。这顿
饭似乎是对她指责他反犹太的回应；对她的指责，他回应说他是"反
一切的"，还补充道："难道你不是吗?"他们之间的通信会继续保持
十年。

　　与布罗茨基结成一对后，桑塔格将其知识分子世界的中心从巴
黎移到纽约。左翼政治和文学罗曼史——即萨特/波伏瓦时代——
已经拉下大幕。法国的影响将随着罗兰·巴特这样的思想家而告
终，而对新一代思想家她却几乎毫无兴趣——尽管她也读他们的书，
以保持信息灵通。她要把法国最好的东西带到纽约。她要开沙龙。
她已经在弗雷·斯特劳斯·吉劳出版社建立起自己的权力基地，但
是，她需要一种途径和场所，一个没有她认为会令人感到窒息的那种
有着永久学术联系的地方作为栖息地。

　　她在社会学家理查德·森尼特这里发现了自己的锚地和同盟；
森尼特当时在纽约大学正声名鹊起，他受命创办该校人文学院。20
世纪 70 年代中期，森尼特从哈佛大学来到纽约大学。当时，没人真
正清楚人文学院究竟要做什么，但宗旨是要将纽约的知识界、艺术界
和学术界联合起来。森尼特相对于纽约是初来乍到，他的思想是在
坎布里奇的学术氛围中形成的，因此，他得依靠像作家唐纳德·巴塞
尔姆这样的好友——当时执教于城市学院——在"社会与学校"之

间——正如学院的五年规划中所写的那样——进行接触并建立起稳定的联系。巴塞尔姆把森尼特介绍给桑塔格;桑塔格曾在城市学院教过书,与巴塞尔姆和他的同事、小说家弗雷德里克·塔滕成了朋友。桑塔格为成立学院这件事所吸引,她请森尼特筹到经费、准备好办学方案后就给她打电话。

1977年,即建院第一年,已是研究员的桑塔格把森尼特介绍给纽约大学以外的知识分子圈。她带过来的第一个人就是约瑟夫·布罗茨基。两位作家共事,学院在他们手里被用作创造一个文学社团的途径——而忽略了学院的一大部分其他兴趣,比如关于城市研究的研讨。学院将其视野拓展到欧洲文化领域。罗兰·巴特来美国时,把学院当作他的第一站。德国和中欧思想家也常常来访。森尼特目睹桑塔格在纽约重新打造起她在国外的生活。

当时,众多现今已开始左右美国知识分子文化的欧洲人还不为人知。布罗茨基带过来许多流亡者和持异见者。德里克·沃尔科特,这位加勒比诗人、日后的诺奖得主加盟学院,他在这儿越来越欣赏桑塔格和布罗茨基了。多年以来,他一直在努力创作打榜剧目,他喜欢知识界名流构成的文化。是的,曼哈顿这三位流放者均为弗雷·斯特劳斯·吉劳出版社的作者,他们自己成为一个团体,三人之间进行的对话大多将他人排除在外。

1980年秋,布罗茨基和沃尔科特在纽约大学合开一门每周一次的诗歌课程。在一个由畅所欲言的纽约人组成的班上,一个有着一绺显眼白发(通常坐在前排)的女人控制了讨论。大多数时候,整个课由她和布罗茨基对话。学生们很恼火,心想布罗茨基干吗要这样容忍这个闯进来的女人。她显然非常自我陶醉,而布罗茨基对她很尊重。有个学生拿起一份《村声》,看到了桑塔格的照片,这才意识到这门课其实是布罗茨基-桑塔格的合作表演。沃尔科特则几乎一言未发。期末考试仅有六个学生参加,其他人都只是来看看布罗茨基和桑塔格是怎么上这门课的。

有人愿意来学院讲课,在那里待上几周,有一搭没一搭地讲讲,这倒适合于校园以外的人士,却扰乱了一些依靠课程表来安排生活的教授。"他们喜欢知道从 4:00 到 6:30 他们准备去思考了,"森尼特如是说。桑塔格有个想法的时候,她便在学院组织个什么活动——像 1979 年 9 月举办的西蒙娜·德·波伏瓦回顾。丹尼斯·奥特曼——一位澳大利亚访问学者——说在该学院听课就好比与《纽约书评》共进午餐;该报编辑罗伯特·西尔维斯也是学院的一个研究员。奥特曼目睹过桑塔格唱主角的"放肆的研讨";桑塔格坐在那里,"双腿伸开,搁在长长的讨论桌上,一边津津有味地嚼着三明治,一边咀嚼着一些想法。有一刻,她对我说的话大为光火,朝我猛地转过身来;这本身就是一种令人感到威严的体验,尽管也是令人感到相当可怕的体验"。但奥特曼发现,这种爆发也是其他人都经历过的"一种过渡仪式"。他意识到,桑塔格可怕起来非常可怕,可迷人的时候则相当迷人。学院的副主任乔斯林·卡尔森跟朋友说,你永远都搞不明白她什么时候会抨击一个问题的哪个方面。这得看她当天的心情,她的不可预料性给予她一种巨大的力量,使她足以去吓倒别人、操纵别人。最近,桑塔格很容易就原谅了奥特曼在唐人街一次饭局上对她的冒犯。她将自己对生活的设计展示给他看,跟他解释做一个自由知识分子意味着什么,并告诉他"在隐喻的意义上不拿工资、独立生活的好处"。

学院里并非每个部门都相处融洽；它不是一个由共同的价值观结合在一起的团体，而是一个无政府主义集合体，桑塔格是其中一拨的领头人。一组人可能会与另一组人进行工作上的竞争。我们为什么要做那个事情？干吗要搞这个展览？布罗茨基声称，建筑是一门堕落的艺术。那学院为什么还要讨论这个？不管有着怎样的缺点，学院符合桑塔格的要求，既能与教育事业有联系，又没有俗务和责任要承担。她能够向院方为巴特或博尔赫斯争取到来纽约的机票。

学院是桑塔格试验思想的主要——但不是唯一的——场所。20世纪70年代后期和80年代早期，她偶尔也在社会研究新学院教书。她不愿意与学生分享许多，比如，只是自以为是地在一门自传课上大发议论；该课程讨论从让-雅克·卢梭到诺曼·梅勒的自我发展——她认为前者必然地发展到后者。小说家爱德蒙·怀特是她这个阶段的好友之一，也是学院的执行院长，有一次，他参加她关于尼采的讨论会，发现桑塔格备课不够充分，在那里一个劲地装腔作势地说着"难道尼采不伟大吗"这样的旁白，让他深感震惊。

但森尼特注意到，桑塔格也是"一个非常勇敢的人。她是一位置身于学术体制以外的知识分子，也是最后一位不附属于什么的那一类思想家"。他认为，知识分子的工作一旦被行政化而纳入教学，那么，一些东西便失落了。尽管冒险让位于可以讲授的思想，"向成年人解释事物就限制住了你能够解释的东西"。即使是思想独立的布罗茨基也还有其自己的学术研究任务。但是桑塔格则"真的是拒绝妥协"，森尼特说，他还记得与莱昂内尔·特里林的一次长谈。"他因为自己没有走自由知识分子之路而产生了一种可怕的内疚感。"

森尼特英雄化桑塔格，在诺曼·F·坎托看来太夸张了；坎托看了本传记的第一版，然后给桑塔格的传记作者写了一封信，上面满是修正内容。作为纽约大学文理学院院长，他渐渐把学院看成是一个浪费钱的开销，三年来，几乎花了大部分最初的埃克森基金（1978年秋拨下的款项），后来变成"实际上就是，一个星期五午餐俱乐部"，可能包括24个成员：纽约大学老师、《纽约书评》一伙人，还有其他一些知识分子和作家。"大量的时间和金钱花在星期五午餐设计菜单以及与酒宴承包商洽谈上。我看到了酒宴的账单，它们让我很不舒服，"坎托写道。但是，纽约大学的校长约翰·C·索希尔告诉坎托别去干涉。"您说桑塔格以前不从学院领薪水，"坎托强调，"我记得她领啊，年薪5 000美元。不过，我觉得给她的津贴主要是学院用来付给教职员工的大量的海外旅行开销。"桑塔格计划把学院变成"苏联那些心存不满的知识分子的一个地下通道，借此邀请他们成为学院的访问学者"。坎托否决了这个计划；他确信桑塔格因此与他反目。他怀疑，森尼特，也许还有桑塔格和罗伯特·西尔维斯，"在把我搞下台不当院长当中发挥了难以捉摸的作用"。

坎托，一位受人尊重的研究中世纪的学者，一个直言不讳的保守派知识分子，2004年去世，他对桑塔格的作品没有多少认同，甚至连尊重都谈不上，但是，他的说辞与她对企求她到场的其他高等学校所提出的那种要求并非意见不一。坎托说话不喜欢拐弯抹角，他下结论说，桑塔格是一个"装腔作势的人，一个搞阴谋的人，一个骗子"。他讨厌人文学院变成家庭作坊式的做派。罗杰·斯特劳斯是校董，也是捐资人（1977—1982）。戴维·里夫也有作用要发挥，他当了《人文评论》总编辑；这本写作杂志由学院委托编辑，用以记录学院的重大活动。

但是,除了桑塔格的一帮密友,学院还招待像爱德蒙·怀特这样的一些作家。他1940年出生,一直将她作为英雄来崇拜。20世纪60年代在纽约出道时,他就想见两个人:保罗·古德曼和苏珊·桑塔格。他希望他们在他的生活中扮演"改变命运者"这一角色。在理查德·森尼特家见到桑塔格母子就实现了怀特的梦想,为回报他的尊敬和爱戴,桑塔格为《一个男孩自己的故事》撰写推荐语,并推荐该书去申报奖项,他1982年获得美国艺术和文学协会的授奖,这一官方的认可和支持(该奖项同时含一张7 500美元的支票),使他的文学生涯开了个好头。

　　艾滋病出现之前的年代,一个公开的同性恋作家得到如此引人注目的支持,殊属罕见。怀特回忆起,作为一种"买卖双方直接交易的、有意识地命名的"现象,同性恋小说到20世纪70年代后期才出现。他认为,对桑塔格这个未出柜的人物来讲,对他表示热情而公开的认同,这似乎是了不起的姿态了。她重读了他写的全部作品,将《一个男孩自己的故事》视为他早年创作生涯中最大的成就,因此怀特认为她写的推荐语是一个深思熟虑的决定。但当怀特后来将她和戴维写进《嬉戏》(1985)这部小说时,桑塔格要求把她的推荐语从他前一本书后来所有的版本中撤下。

　　怀特把桑塔格当作他的赞助人,因此,曾在乔·帕普公共剧院对面的拉斐特街他的公寓里为她举办过许多次聚会。怀特很乐于将她介绍给一帮好玩的人,比如作家弗兰·勒博维茨,勒博维茨后来成为桑塔格的密友。怀特记得勒博维茨和桑塔格那时候成为闲聊专栏的话题,因为弗兰会把苏珊带到时装秀,而她以前从未在这种场合出现过。与此同时,戴维和怀特成了好友,戴维将怀特当作又一个同性恋

"叔叔"来看待——这些"叔叔"当中包括画家贾斯珀·约翰斯和诗人理查德·霍华德,他们都是看着他长大成人的。另一个同性恋叔叔,作曲家内德·罗雷姆,在一次桑塔格到他公寓来访当中,感觉有点不自在,因为罗雷姆教她说法语脏话的时候,未成年的戴维就坐在他妈妈身边。罗雷姆又一次想起戴维,是在怀特举办的一次聚会上,当时,桑塔格的一个好友斯蒂芬·科赫告诉罗雷姆桑塔格在欧洲。"那她现在在这里干什么?"罗雷姆指着一个人问道。这个人"身穿白色连衫裤,一头色调庄重的披肩发,低头垂肩地站在那儿"。"那不是苏珊,那是她儿子戴维,"科赫回答说。

怀特注意到一种有趣的矛盾,其他同性恋观察家也对此作过评论。怀特对桑塔格讲:"假使我写本关于你的书,那么,我会起名为《拉比与花花公子》。"桑塔格想知道为什么。"嗯,因为你的个性有两面性。和过于纨绔的人在一起,你就会变得非常拉比;和过于严肃、道德的人待在一起,你就会变得非常无法无天、非常纨绔。"接着,他提醒她那篇关于"坎普"的名文,在这篇文章里,她表达了类似的分裂的情感。桑塔格喜欢这一带有奉承的分析,只是不喜欢怀特用"拉比"一词。她说:"我认为书名你最好叫《牧师与花花公子》。"怀特觉得苏珊和戴维对他们的犹太性都很陌生。"他们对此似乎一无所知,真的。而且对它几乎没什么兴趣。"戴维似乎更喜欢与有厌食症的北美中上层白人约会——如果有时他们是犹太人的话,他们必须有钱。

记者安德鲁·科普坎德曾经陪桑塔格去河内,他也有怀特说的感觉。20世纪70年代后期,他带她去泡同性恋迪斯科舞厅。她有几次一时兴起,差点要公开自己的同性恋身份,那是其中一次。科普坎德和他的情人——电影制片人杰克·斯卡格利奥蒂——看着桑塔格在那里扮演学者——一直很矜持,就是不肯找乐子,而是需要永远保持自控那种样子,气就不打一处来。斯卡格利奥蒂回忆说,戴维同样也是这副德性。

桑塔格没有出柜,这让怀特很好奇。在法国生活了多年后,怀特感觉明白她为什么保持缄默不语了。即使是公开的同性恋,法国作家也拒绝被贴上"同性恋作家"这一标签。在法国传统中,人们普遍认为,一个人首先和最重要的是个公民,界定过细的话则意味着牺牲自由。当然,美国作家已惯于拒绝接受诸如"黑人作家"——或者,就威廉·福克纳的情况而言——"乡土作家"或"南方作家"这样的标签。怀特记得桑塔格讲她受不了有人会想到称她为"女作家",更别提"女同性恋作家"了(他们俩从未讨论过"女同性恋作家"这一说法)。桑塔格希望知道怀特为什么会接受像"同性恋作家"这种"糟糕的"头衔。怀特在学院写了一篇研究罗纳德·弗班克的文章,桑塔格鼓励他投出去发表,他说也许他愿意投给《鼓吹者》这份同性恋刊物。桑塔格感到惊讶不已,她再次想知道怀特为什么满足于在这么一本边缘杂志上发东西。但对同性恋政治,怀特怀有某种政治上的忠诚。他也认为桑塔格是政治的,但她却又希望尽可能从身份政治领域中抽身而出;她认为身份政治是狭隘而封闭的。

20世纪80年代初,怀特目睹了桑塔格在努力重塑其政治主张。保罗·霍兰德的《政治朝圣者》(1981)痛斥了西方知识分子对苏联路线表现出的奴颜婢膝,桑塔格对这类书籍感到愤怒至极;她告诉保守主义评论家希尔顿·克莱默她在积极准备回应。她认为,霍兰德错就错在他对批评对象缺乏同情心。戴维·里夫在《新共和》杂志(1986年7月28日)充分表达了他母亲的观点;他提及"正统西方知识分子的后代与冬宫风暴以来掌权的革命的共产主义政权之间的亲密关系"。里夫称之为"悲惨的"而非"引起怜悯的"故事,因为它需要对一个更美好的世界"抱有一种顽固的希望"。这是一个高尚的故事。"新保守主义缺少的就是对一个伟大的人类希望怀有体面的悲悼之情;其对待思想的方式与它批评的传统比起来是粗糙且粗俗的。"对里夫而言,同路人这一传统以外的任何人都不够格,因为他们从未爱过,也从未失去过什么。

桑塔格向怀特描述了她一直未写出的一本书中一个个案的概要,书名大约是《旅行》或《航程》。她将提供一种有向导的朝圣之旅,西方知识分子已经到苏联以及其他共产主义乌托邦朝圣过。桑塔格对怀特解释说,这些游客对工厂一无所知,现在将共产主义在现代所取得的胜利展示给他们看。他们一般不懂该国语言;一切都经过了翻译的过滤。这些知识分子很不熟悉工业景观,因而惊呆了;他们决心要喜欢一切东西。对桑塔格来说,这似乎完全是可以原谅的,比如,像西德尼和比阿特丽斯·韦布这样的英国费边社会主义者竟然带着一份赞许苏联的报告回到英国,尽管莫斯科大清洗已经开始。但是,她心目中真正的英雄是埃玛·戈德曼①和安德烈·纪德——两人都是放弃了原有信仰的真正的信仰者。

"苏珊非常擅长于说服别人接受她的观点,"怀特回忆说。"例如,1978 年,她不会说:'你与左派彻底决裂了吗?'而会说'你第一次聪明地发现左派是一个彻头彻尾的骗局是什么时候?'你会立即哽

---

① 俄裔美国女无政府主义者,曾在纽约被捕,获释后被驱逐至苏俄,后又移居英国、西班牙等国。

住,然后你会说:'哦,我想是在我看曼德尔斯塔姆①的《希望对希望》(1970)的时候。'她接口说:'啊,我明白了,那么晚。'"

桑塔格对怀特说她也希望重新审视她关于"坎普"的观点。她开始探索花花公子的角色;他们希望浓缩文化的不同层面,使自己成为世界的终极仲裁者。在我们的时代,花花公子常被人们混淆为同性恋,但她认为花花公子的概念——至少可以追溯到18世纪——不一定有同性恋因素。她想搞明白,纨绔子弟与同性恋的概念是何时联系到一起的。但是,怀特认为,通过她自己的性取向来探索这些想法让她害怕,因为她担心这一新视角会降低她的可信度和重要性。不管怎么说,关于"坎普"的新思路从未走得很远。

桑塔格希望阻止将她的性取向扯进来诱惑其读者——"苏珊可以是一个非常具有诱惑力的人,"怀特说。他记得,在他因为《嬉戏》和她闹崩之后,一位迷人的英国作家玛丽娜·华纳来访,她告诉怀特说:"关于苏珊,你全搞错了。她魅力四射,我们在一起开心极了。你只是有过一次糟糕的体验,如此而已。"怀特回应说:

> 那好,我来描述一下你和苏珊·桑塔格待上一天的情形。她请你上一家中国餐馆,告诉你所有可以点的东西,买单,然后同你逛格林尼治村,逛三四家不同的书店,因为有些书名你不知道她大发雷霆,然后帮你买下这些书,叫你一定要看。她谈起她的不幸和她的爱情生活,然后问你的爱情生活如何。她向你透露有关她患了乳腺癌等

---

① 俄国诗人,阿克梅派成员,著有《石头》(1913)等。

一些女人的事情。

华纳惊讶得张口结舌。"这就是你和苏珊待在一起的一天，"怀特说，"总是相同内容的一天，总是同样的迅速谈及私密话题那一套。她知道如何切入话题。"

法国名刊《如是》发起人之一、作家菲利普·索莱尔斯对怀特所说的关于桑塔格的诱惑性也深有同感。在其小说《女人们》里，索莱尔斯对她的自我主义表示厌恶，称她为一个名叫海伦的作家，"作家这支队伍里真正的明星之一"，纽约"官方的、有组织的同性恋反社会"的一分子。索莱尔斯来自巴黎，那里没有隐匿身份的同性恋文学界，他猛烈抨击他所认为的桑塔格的妄自尊大及其损人利己、虚情假意的亲昵行为。与海伦一样，她给他的小说中的叙述者送上"一个舒心的笑容，而我轻而易举地在笑容中察觉出强烈的敌意"。海伦对他讲述自己的生活故事，描述她的风流韵事，描述集中在简（影射艾琳·福恩斯）身上，并解释说"重归于好"是一件多么困难的事。海伦硬是把自己的文集塞给她的法国来客，告诉他因为他在纽约度假，所以，他会有时间"从头到尾"看文集，然后他们俩能够在一起进行"深度"交流。叙述者逃开了，把海伦十公斤重的文集统统扔进了哈得孙河。

怀特思忖，桑塔格是从理查德·霍华德那里学会施展她的魅力攻势的；霍华德总是拿出支票簿，为他的同伴买下重新找到的书籍。看着博学的霍华德在曼哈顿一次宴会上编制长长的作家名单，就是在向一个政治大师学习。在《嬉戏》中，怀特把霍华德写成了马蒂欧，摆出一副为"高雅文化忙碌"的样子。怀特说："苏珊和理查德都是那种旧式知识分子,他们什么都懂,而且认为你也应该什么都懂。"这是一个"美妙的、令人羡慕的品质"。

　　然而,桑塔格本人有时并不能给人留下深刻的印象。怀特从来都不认为桑塔格的讲话有什么特别的启迪作用,即使是在讨论中也是如此。她没有即兴发挥的智慧或聪明劲。她的反应不是特别敏捷。她赞赏幽默,但怀特看不出她本人有什么幽默可言,虽然她批评旁人没有幽默感。她以为她自己很容易就能表现出法国式的放肆和轻浮。但是,她开玩笑可能会是这样的:"哦,罗兰·巴特如果有几年没见我,而看到我在房间里朝他走过去,他会说:'苏珊,总是那么忠贞不贰。'①他真是太过自我了。"有一次,她跟怀特讲:"你知道吧,我的文章要比我这个人高明。知道为什么吧?那是因为我一改再改,慢慢地、慢慢地重写。我把它们轻轻地推上山,从我平平的资质推到更聪明的高一级的层面。"

　　年纪轻轻就成名,这形成了她的个性。和她一起去看电影也是怪怪的感觉。排在队伍里的人会掉过头去看她,然后窃窃私语——当然,纽约通常极少有人上前找她攀谈。就好像是王室成员出现在公共场所——而且,她当然清楚这一点。"大致说来,她应付自如。"尽管她的确喜欢耀武扬威,大骂她看到的那些人,说他们乏味、愚蠢、不够聪明。怀特搬到巴黎、开始写《嬉戏》时,他宣称"这一切都可悲地结束了"。他承认"这有点像是给逼急了之后的选择。我对苏珊太热心了——热心得超过我真正想要的程度。我认为,如果说,我身上不无奉承她、屈服她的一面,那么,我也有报复她的一面"。

---

① 原文为法文。

到 20 世纪 80 年代早期,桑塔格似乎在生怀特的气,她怀疑他不再是她的忠实信徒了。他断定,这麻烦的起因是他在《纽约时报书评》上发表的关于罗兰·巴特的《符号的帝国》以及桑塔格编辑的《巴特读本》的书评。怀特意识到,她认为自己的导读是重要的文字,但他不喜欢她对巴特所持的看法,因为桑塔格更多地把巴特说成是个花花公子。怀特更喜欢热拉尔·热奈特,他的巴特研究文章写得要有说服力得多,尽管怀特赞赏桑塔格和巴特的译者——理查德·霍华德,"却不足以令他们中的任何一位满意,"怀特懊悔地回忆道。他们俩都打来电话表示不悦。苏珊说:"你干吗要谈热拉尔·热奈特?他什么都不是,他什么都不是!他是无名小卒,而我写出了这篇了不起的文章。你怎么能不更多地关注我的文章?"怀特答道:"是这样,我想大家都知道我们俩是朋友,我如果再一味地夸你的文章有多么好的话,人们会认为我太过谄媚了。但是,我不同意你的观点。我认为热奈特是一流的。"最后,在巴黎的一场音乐会上,桑塔格说:"你知道我当时在这里,你可以设法联系我的,可你没有。"怀特则说:"我不知道你待在哪里。你倒是可以找到我的。"他们分道扬镳了,都觉得很受伤。

两个文友或同仁分手,往往会促成一部回忆录或小说的创作,保罗·索鲁和 V·S·奈保尔的情况就是例子。①《嬉戏》变成怀特"纽约生活的重述,使得学院成为一个聊天的地方"。怀特说,主角马蒂欧是他自己和理查德·霍华德的合成——尽管霍华德肯定地说这个人物完全是对他一个人的讽刺。怀特认为这个人物是"自嘲的,却并

---

① 索鲁曾师从奈保尔,后两人交恶。

非要出什么人的丑"。霍华德放出话去,叫人不要为怀特的书写什么评论(怀特在波士顿一家同性恋报社办公室的告示栏看到过霍华德写的一封信),明显是以此来进行报复。理查德·森尼特也成了小说中的一个人物,不过,他对此泰然处之,只是大笑着说"可恶"。

在怀特的《嬉戏》中桑塔格是玛蒂尔达,一个"以沉默寡言、脾气古怪的知识分子形象出现",而实际上却是个热衷于社交生活,"始终知道如何追求戏剧效果"的古怪名人。尽管怀特没有把歌剧爱好者玛蒂尔达写成一个女同性恋,她却不可否认地表现为同性恋。怀特抓住了对她来讲角色扮演即身份确立的那个桑塔格。这样的角色是一种风格、一种成为自我的途径,也是一个形成之中的感受力的种种展示。玛蒂尔达是一个戏剧性的桑塔格:"她是这样的一个文人,其大多数经历都是通过书中或舞台上的人物来体验,那都是些悲惨而生动的人物,她出于担心有抄袭之嫌而避开了这些人物的强烈情感。"像桑塔格一样,玛蒂尔达在道德家当中扮演美学家的角色,在美学家当中则扮演道德家的角色。道德家动辄生气发怒,美学家则热衷于参加社交活动,尽情享受生活。

在玛蒂尔达身上,怀特也传达出桑塔格对时机的绝佳把握、她对观众的操纵和她那飞扬跋扈的气势:

政治、诗歌和上帝
她谈论;爱情和食物,然后头点点
朝合适讥讽、折磨、困惑的谜语,
朝性、语文和最佳宠物
抱在腿上,猎物、开心、皮毛、利润。然后

她停下，夸张地，吸口气

从前她勇敢地面对死亡、赤字、法律、

媒体、自由贸易、花边袖口、熟的、生的。

最后一行以打趣的方式提及人类学家列维-斯特劳斯的《生与熟》，这表明桑塔格能够以其广泛的兴趣"炖"出一道色香味俱全的菜肴来。

桑塔格的如饥似渴似乎表明，她有着令人难以置信的精力和信心。但像怀特笔下的玛蒂尔达一样，她也不得不采取勇敢的行动，战胜阵阵袭来的忧郁（桑塔格说，她在写那篇关于"坎普"的名文时就处于忧郁的状态）。帮助她走出忧郁的是她与生俱来的戏剧感和怀特所谓的"是现在而非迟早得登场或者演讲这一无情事实"。

怀特说塑造玛蒂尔达这个人物时，他脑子里有桑塔格以及拿破仑的头号敌人即作家德·斯达尔夫人——这种合成构成了对桑塔格极大的赞美。这两个女人都利用了她们作为"国家的反抗者"的声誉。不过，他也展示自我宣传："在照片上，她（玛蒂尔达）总是显得高挑、镇定、不可一世地昂着头，在一双双智慧的、不同情的目光的注视下一脸的灿烂。"

丹尼尔（戴维）看上去就像玛蒂尔达的兄弟；玛蒂尔达称他为"亲爱的"，好像他是她的宠物一样。丹尼尔爱他妈妈，同时又喜欢中伤她，说她"对自己的了解要少于他认识的其他人"。母子俩经常吵得不可开交，却一致对外。如同一头母狮与她的幼崽，玛蒂尔达和丹尼尔①津津有味地品尝猎物——那是一种游戏：先激发起一帮人发

---

① 原文误为 David（戴维）。

表观点,然后驳倒他们,狼吞虎咽地吃着堆在"其爱的祭坛"上的"血淋淋的祭品"。(此处怀特是在预言他自己的命运。)甚至马蒂欧也觉得要对玛蒂尔达"以那么多的方式不断侮辱人"表示抗议了。玛蒂尔达一直把丹尼尔当儿子来提。对此,他感到十分恼火,同时又不断地加强与她的联系。尽管他穿着打扮得像花花公子,行为举止又像知识分子,但像他母亲一样,丹尼尔的眼睛盯着市场和最有利的机会不放。她利用他来"试探新沙龙里别人的反应",打听种种愚蠢的新游戏或念头什么的,并让他殷勤地陪她四处走动。她更喜欢他的陪伴并且不公正地对待她的女性崇拜者,即使她们将她的傲慢行为看作她刚正不阿的标志。在她的宇宙中,她只善待一个女人,这个女人就是她本人,但是,她又不希望有哪个人讲她的力量与她是个女人有什么关系。

然后,玛蒂尔达也已是强弩之末:"她不再有什么创新政治(甚或创新美学)。"她仍然渴望权力和地位。她参加一些活动是出于一种"史学家的好奇心"。作为一个鉴赏家,她仔细打量着陌生人,一直到弄清楚他们在音乐或餐饮——不管什么,只要能了解到就行——方面有什么专长。她总是马不停蹄地考虑接下来做什么事。没有什么纤绳能把她拖回到过去,讨论家庭生活让她感到厌倦。要是她不身陷什么争议,不受到公众的关注,那么,她就会一个人在房间里没精打采地来回转悠,不知所措。她要获得拯救,就得从她那巨大的书房拿起一本书,然后沉醉其中——或者专心致志地开写一本新书。因为"尽管她是个名人,却对自己一点没有信心,觉得应该什么都了解"。她必须挑战自我去采取行动。否则,她就会枯竭、过着呆板单调的生活、坐立不安,变得忧郁、着急。丑闻对她的新陈代谢更有好处。她更换朋友，经常出门旅游。

　　谣传桑塔格曾扬言要控告怀特。小说家戴维·莱维特说："作为言论自由的著名倡议者，那些作家在被人写到的时候，是第一个跳起来、第一个提出起诉、第一个叫起来的人。"（莱维特自己就曾经被斯蒂芬·斯彭德起诉，后者反对他在一部小说中用他的自传材料。）莱维特说这番话的时候，心里所指对象即为桑塔格。莱维特继续说，越来越接近要提桑塔格的名字："一旦局面对他们不利，作家们常常就是令人难以置信的伪君子，拼命为自己的言论自由辩护的作家会毫无顾虑地去压制他人的言论自由。"辛西娅·奥齐克请莱维特说得具体些，他就说了一条传闻：《嬉戏》中的"人物原型"桑塔格和"其他几位作家"曾试图阻挠人们对这部作品进行评论，阻挠书店进货。莱维特补充说："我感到有点震惊，倒不是因为我不能理解他们的恼怒，而是因为他们竟然试图不让人们知道这本书，以这种行事方式来表达他们的恼怒。"

　　也有谣传说，怀特无奈之下，只好做了些改动，与桑塔格母子妥协，怀特讲他从未"直接"收到过戴维或者苏珊的片言只语。然而，怀特在达顿出版社的编辑比尔·怀特黑德举办了一场化装舞会来庆祝《嬉戏》的出版——这个安排是符合小说本身的精神的——于是戴维·里夫企图来砸场子。据怀特黑德说，里夫打扮成摄政王朝的花花公子模样，带了根牛皮鞭子，宣称他是来抽怀特的。但保安进都没让他进去。

　　怀特觉得，桑塔格和里夫要不是先听到了某作家传的话，对《嬉戏》的出版是断不会这样紧张不安的；这个作家事先看了手稿，尽管他发誓保密，但还是马上就告诉了他们，暗示说对母子俩那可是一种相当负面的刻画。怀特认为,玛蒂尔达集激情与智慧于一身,这使她成为一个了不起的人物。小说让他们之间产生了疏远,他为此感到遗憾。他希望桑塔格认为这一刻画是对她史诗般的、高调个性的一种称颂,他又说:"我只是希望我在你的书里不是以恨她的人的面目出现。"他发现她既引人爱慕,又叫人无法忍受,"真是相当顽梗"。在他心目中,她就像是一个罗马女皇,剔着牙,等着大家取悦于她。她有着皇帝的无礼。但是,他又想她。《嬉戏》出版后他几次在报刊上提她的名字,说她的好话。他希望他们能够重新做回朋友,但他们再也没有互相搭理过。"不可能的事了,"他一声叹息。理查德·埃夫登①有次对怀特讲:"名声就像一个山谷,一旦人从山谷的一边到达另一边,你就非常有名了,也就绝不可能不那么有名了。""我们都在另一边了,没有回头路,"怀特下结论说。

---

① 当代美国时装摄影师。

十九、《我，及其他》(1978—1979)

在长达十多年的岁月里，苏珊·桑塔格仅出版了一部小说集——《我，及其他》，它的推出是一件出版大事。1979 年春，罗杰·斯特劳斯致函企鹅书局的彼得·迈耶，夸耀这部作品"令人瞩目的"销量，当时快卖到 20 000 册了。在《我，及其他》封底，桑塔格又以其 20 世纪 60 年代的形象出现：她上身黑色套头衫、下身是长裤，脚蹬靴子，慵懒地倚在窗台上。她的身后，在黑白照片的朦胧阴影中，依稀可见中央公园的绿荫和四周耸立的公寓楼。汤姆·维克多拍出了一张桑塔格造型的精华版。当时，她四十五六岁，看上去非常年轻，她的右腿弯曲着，膝盖有力地高高抬着，右脚的靴子稳稳地踩在她坐着的窗台上，而左腿则荡在下面，碰不到地板。桑塔格倚靠着，上身倾斜，左臂靠在一堆书报上，左手握住右手，在她身体中间成对角线般地交叉，她右手的手指碰在她坐的窗台台面，像个三脚架般地张开着，与她右脚的靴子处在同一条线上。这是她非常精密地组合在一起的"我"——其他所有一切也都经过精心设计。她看上去十分瘦削，当然，她的脸已经初显丰满的端倪：接下来几年里下巴会更厚实。灰发使其两边的头发更显优雅，类似于 20 世纪 70 年代早期第一次出现的那一绺头发的样子。到了 80 年代，这一绺头发变得更加醒目——不是自然天成,而是人工造就的。在化疗过程中,她的头发掉落后又长出来了,呈斑斑点点的深灰色;染后恢复了那标志性的灰白相间的条纹,使得桑塔格感觉更像桑塔格了。

马克斯·比尔博姆相信,包括他本人在内,所有的艺术家和作家均努力"产生自己的效应"。性喜争论且奇思怪想多多的画家兼作家詹姆斯·麦克尼尔·惠斯特之所以引起比尔博姆的注意,原因就在于他狡黠地将自己塑造于一个引人注目的视觉物之中。惠斯特是美国美学家和花花公子,长期侨居国外,大多数时间待在巴黎,惠斯特生性好斗,是个有争议的人物;传记作家 N·约翰·霍尔注意到,他有"一绺奇怪的白发"。比尔博姆称之为一种"白羽毛"。在比尔博姆为这个艺术家所作的漫画中,白羽毛就像一根长矛一样竖在惠斯特的头顶上,这是一件有个性的武器,也是一个荣耀的标志。在维克多拍摄的照片中,桑塔格志得意满,端坐巅峰,她那绺灰发成为其自封的殊勋的标志。

尽管曾有人对桑塔格书衣的程式化做过评论——当然,对她作为一名既创造又追赶知识分子时尚的作家,也有过许多的谈论——但是,没有哪个访谈者就造型——或可称为"比尔博姆效应"——的话题问过她(至少没有这样的记录)。不过,在《伦敦杂志》一次访谈中(1979 年 4 月/5 月),保罗·布伦南几乎就要涉及这一话题:"回顾你 15 年来的写作,你对出版商、评论家和读者对待你的方式感到满意吗?假如在同样的市场里由你自己来重新经营自己,你是否会采取不同的方式呢?"桑塔格听了火冒三丈:"你总是使用那些对我而言那么格格不入的话语王国的词语。我不经营自己。我认为自己不在什么市场里。什么经营,什么市场,统统都是媒体及其消费者调查领域谈论人们的方式。这种语言与我毫不相关。"布伦南"感到受了谴责……是的,是的,我把作家角色粗俗化了"。后来发表的访谈很快就收尾了。

布伦南都做了什么呢?他逾越了桑塔格强加在访谈上面的界限,大多数访谈者都对这些界限表示尊重,不去质疑她有什么权利来加上这些限制。很多访谈者像肖像摄影师一样,认为他们的角色只能是以最佳的灯光呈现出他们拍摄的对象来。他们觉得,能接近苏珊·桑塔格这类人物就已经享有特权了。采访前,弗雷·斯特劳斯·吉劳出版社就小心谨慎地挡住他,不允许他与桑塔格有直接的联系。这是他遇到的控制得最严格的情形之一。不过,在这个阶段,桑塔格授意罗杰·斯特劳斯压下苏珊娜·戈登为《时尚》杂志做的访谈;该杂志对桑塔格比较友好,发过她的文章。桑塔格坚持,有关访谈发表前必须征得她的同意,即她有权审查访谈中她不喜欢的任何内容,但是,通过其经纪人乔治·博尔夏特,戈登表示不同意这一要求。

1979年底,在法国电视上,让-路易·塞尔旺-施赖伯对桑塔格的形象又发起了一次攻击:

塞尔旺·施赖伯:至于你本人,我有种感觉,我们在看关于你的文章时,不管这些文章写于美国还是法国,你说的话总能引起人们的注意,但那是因为有你的而非别人的外表陪衬,这一事实在人们的印象中很关键。这难道不是你的经历中显而易见的事吗?

桑塔格:我从没想过。我还真说不上来。

讨论就此结束。

访谈者彼得·约克发现桑塔格不耐烦,蔑视他提的粗俗的新闻问题。她不让他带摄影记者。但是,他们碰巧遇上两人都感兴趣的话题时,桑塔格则变得很友好。以前,桑塔格也玩过这一套,总要与提问者先过几招,摸摸对方的长项和短板。这种开局招数不仅仅用来对付记者。爱德蒙·怀特多次目睹过她与人第一次见面时都用这一招。

当然,在名人当中,并非只有桑塔格这样,他们对自己在报刊上出现的方式都十分谨慎。她当然也不是唯一一个希望控制访谈的人。她明白,好些问题的性质有可能会歪曲她传达的印象。但是,她坚称自己从未考虑过她的"市场"、她的"形象"以及她的美貌是如何决定她的职业生涯的,这显然就是在自欺欺人了。不过,正如西格丽德·努涅斯在和桑塔格的对话中明白的那样,"职业生涯"是个肮脏的词。

桑塔格面对的显然是一个无法解决的难题。如果承认其美貌的力量,她担心自己就不会被认真对待了。然而,她之所以被认真对待,部分原因正是因其外表及其吸引大众眼球的本领。在我们这部传记写作前采访的人当中,几乎所有人正式开讲前都要说到她那俊俏的模样。她将女知识分子形象从穿花呢服装与平跟鞋转变到围飘逸围巾、脚蹬黑色高帮靴上。她那性感的屁股和时尚的气息引诱着读过或没有读过她的作品的男男女女。

私下里,桑塔格倒不怎么设防,她跟一个朋友抱怨说,"作为一个漂亮女人",她一直都得转移对她外貌的过分关注。她清楚自己外表的魅力,也知道如何利用它,但是,她也清楚靠形象来提升其作品所包含的危险,而这一形象有可能破坏她作为本世纪最重要的知识分子之一的名声。在相当大的程度上,她成功地在美貌与智慧之间保持了那种微妙的平衡。而且,正如她在塞尔旺-施赖伯访谈中所言,她能这样做,其途径是将生活分隔开来,使自身与其公开亮相相分离。她不是去处理与其公众形象有关的问题的实质,而只是不予考虑。她得以享受很少有人在公众生活中能享受到的奢侈。有哪个政治家或哪个影星能够表现出这样的盛气凌人? 不过,桑塔格不可一世的样子倒经常增加了她的神秘感,遂使她成为美国文坛真正意义上的神秘女郎。

《我,及其他》写的是一个个自我的构建。《美国魂》中的弗拉特法斯①小姐放弃了中产阶级家庭,而去过一种卖春和色情的生活,这是受到像本杰明·富兰克林和汤姆·潘恩这样的美国自我扩张之魂的怂恿。《假人》的叙述者因为厌倦了他的资产阶级生活,便找到一个替身,第二个自我,去过他那平淡乏味的日常生活,叙述者就能从社会习俗中抽身。《旧怨重诉》中匿名的叙述者愿其自身能够与要求她(或他?)忠诚的小组(始终没有命名)决裂。如同书的标题一样,弗拉特法斯小姐希望否认一个确定的身份,她说"我也不是我"。这些人物就像被访谈者问及信仰时的桑塔格,不愿意受到他们自己说的话或者有关他们行动记录的束缚。过去总能摆脱掉——尽管桑塔格最有力的短篇小说,如《心问》,带着巨大的反讽、悲哀,甚至是幽默来揭示一个人的过去无法超越。在那种意义上,《我,及其他》是一种自我批评,证明书衣上那不受外界影响的作者的照片是虚假的。正

① 弗拉特法斯,原文为 Flatface,意为"扁平脸"。

如书评家本杰明·泰勒所言,桑塔格这部短篇小说集表明"独立的自我性是不可能的"。然而,对独立的追寻又是不知疲倦的。泰勒说:"在桑塔格的作品中,自我总是一个意愿。"桑塔格的短篇小说有一种时髦的、现代主义的幻想的转折,这部分是唐纳德·巴塞尔姆的风格(请思考一下《白雪公主》),部分是最粗糙时候的阿尔弗雷德·切斯特的风格。比如,在切斯特的《精美尸首》中,人物的身体总是被打开,然后封上——塞满了止血塞,然后缝上。弗拉特法斯小姐就喜欢看专登丑闻的报纸,上面的标题触目惊心:《我的姻亲们在我脑袋上钉进了四颗钉子》。她的白马王子名叫奥布辛尼迪先生。①

对《我,及其他》的评论口吻是尊重的,也是谨慎的。小说家安妮·泰勒在(1978年11月25日的)《新共和》杂志上做出了代表性评价:"《我,及其他》并不总是一本容易读的书;它甚至并非一本总是值得一读的书。但是,它确实拥有其自身那种精神力量,当然,它也冒了很大的风险。"泰勒认为,桑塔格对自己的小说没有足够的批评眼光:"即使是最自由的心声,人们不带一丝批评地听着,到最后也影响了其可读性。"泰勒始终未用"自我中心"这个字眼,但她对桑塔格小说的读后感似乎包含了这层意思。然而,仅仅是《我,及其他》的小说形式及其视角的多样性就足以给人留下深刻的印象——从带有自传性的《中国旅行计划》和《心问》,到《旧怨重诉》的性别模糊的叙述者,到《宝贝》里那对父母共同的声音,再到属于斯蒂文森的古典小说之重写的《杰基尔医生》。桑塔格最后一个短篇小说《没有向导的旅行》代表了她自己及其笔下人物的不懈追求,他们周游世界,寻找

_____

① 英文 Obscenity,意为"淫秽"。

自我,击退死亡、厄运和忧郁,而这些正是桑塔格年轻时在爱伦·坡作品中发现的引人入胜之处。《我,及其他》以一名与低落情绪抗争的作家所表达的想法结束:"世界的尽头。这不是世界的尽头。"

1979年5月8日,苏珊·桑塔格结束了为期三周的日本巡回演讲返回美国,途中到夏威夷大学演讲,这时的她完全是另一个苏珊·桑塔格。主持人在介绍时,说她是"一个身上什么都未丧失的人",对此,她和蔼可亲地做了非常得体的反应。她朗读了《假人》和《没有向导的旅行》,然后回答了整整半小时的问题。她体贴周到——甚至还记得给坐落在火奴鲁鲁的夏威夷大学的英语系主任马克·威尔逊寄了封迷人的感谢信。演讲是威尔逊安排的,他回想起来十分愉快,特别提到她风格坦诚,待人友好。

桑塔格也去探望了她母亲和继父,他们20世纪70年代初从加州搬到了火奴鲁鲁。纳特·桑塔格在经营一家广告公司。威尔逊现在还记得跟他通过电话。纳特为苏珊感到自豪,跟威尔逊说起她书房里数量惊人的藏书,还加上一句:"每本书她都看过。"接着又说到她的那些朋友!纳特印象很深,说起她的生活仿佛完全有别于他自己的。继女的成功让他感到满足。在夏威夷,无论去看谁,桑塔格似乎始终都是轻松自在的。比如,1977年夏天,她探望了父母,与时任《火奴鲁鲁之星——记事栏》记者的科比·布莱克聊天。科比面对的是"一个实实在在的美人,头发蓬乱,皮肤晒得黑黑的,看上去整个一吉卜赛人",她刚游完泳,赤着脚,一身蓝牛仔服就如约而至。

为了给《我,及其他》做促销,桑塔格接受了一系列访谈并外出演讲,随后,她前往意大利。1979年暮夏,她在那里花了六周的时间排练皮兰德娄的剧本《你需要我的时候》(1931),她希望将这部戏导成一部带有歌剧色彩的现代女性主义教谕作品。阿德里安娜·阿斯蒂在戏里主演"陌生女郎";这个女人的身份受到一位名叫卡尔·索尔特的作家和她的家人的质疑。他们认定她就是那个失踪的西娅,西娅在战争期间被诱拐并显然遭到了强暴,离家(乌迪内附近的一栋别墅)已十年。西娅的遭遇故意按下不表。不妨说,这让她变得陌生,而这种情况正是充斥于《我,及其他》那些无中心的自我的体现。

桑塔格决定导演《你需要我的时候》,其中有多重原因,包括个人的、职业的、政治的原因。她对爱德蒙·怀特说,在《食人者二重奏》里主演过在鲍尔与托马斯之间的中心人物——弗朗西莎——的阿斯蒂是"其生命之爱"。正如桑塔格向怀特所描述的阿斯蒂,这个女演员一会儿是激情满怀,一会儿又是难以接近,怀特推断,桑塔格选择导这部戏,目的是讨好阿斯蒂。阿斯蒂演的是一个欲望之人,是荡妇,桑塔格讲:"一个人人想占有的女人。"

在表演方面,用评论家阿伦·布洛克的话来说,桑塔格决定赋予这出戏一种"激进的女权主义的"阐释。列奥纳多·夏西娅——一位皮兰德娄专家——同意她的处理方式,并说十年前他就想说《你需要我的时候》的"中心问题就是身份认同问题。今天,对我来讲,问题似乎是关于女性身份认同"。桑塔格希望强调欲望世界,这一世界已将一名女性从家庭——或者说从作为她存在基础的家庭观中解放出来。桑塔格认为,《你需要我的时候》是一部关于"绝望、一个具体的女人的绝望"的戏。作出如此自传式的阐释,桑塔格似乎是在从自传的角度演绎她自己那爆发性的、躁动不安的探索。

布洛克不喜欢桑塔格的导演,挑她的刺,认为她"戏剧效果粗鄙,还一味地去追求夸张的戏剧性,不免让人想起维多利亚时代的情节剧"。他也不赞成桑塔格将注意力从自毁的索尔特转移到西娅身上；西娅越来越成为一个性取向暧昧的人物。阿斯蒂的"搔首弄姿和轻浮行为"也好不到哪里去，还有她"在舞台前的象征性的镜子前对其形象"极其自我的"专注思考"也一样糟糕。但是，对桑塔格来说，皮兰德娄写的结局倒是她愿意为自己选择的："陌生女郎"决定和那个作家索尔特一起回柏林当个舞蹈演员，为自己的生活打造一片新天地。那时候，桑塔格也为舞蹈家露辛达·蔡尔兹所吸引；蔡尔兹也有几分像阿斯蒂，拒人于千里之外，却越发诱惑人。她曾告诉爱德蒙·怀特："我是个漂亮的紧张症患者。"怀特能够理解桑塔格对舞蹈和女性形体的情感；在接下来的十年间，她会对此做出越来越深入的探索。

二十、一个漂泊不定的犹太人（1980）

1980 年春，苏珊·桑塔格和包括乔伊斯·卡萝尔·欧茨和约翰·阿什伯里在内的一帮作家，参加了美国新闻署赞助的东欧游。桑塔格在华沙附近的杰德威辛举行的一次文学会议上表现非常完美。欧茨在短篇小说《我的华沙：1980》里写到了桑塔格："魅力四射的朱迪丝·霍恩，令人妒忌，记者的相机对着她直拍……吸引人的眼球，随意中包含了主动出击"，她的脸长得"有点像斯拉夫人"，"黄褐色的皮肤……未施粉黛"，以"银铃般清脆而无畏的"声音对波兰听众发表讲话。

桑塔格喜欢她待在波兰的日子，曾对采访记者讲到她的家族在波兰的根："我得承认以前我没怎么想这一点，但一踏上波兰的土地，我就意识到，我可能真的就是一个波兰人，生活在波兰。"她自称是一个"漂泊不定的犹太人，祖先从波兰来到美国"，又加了一句："然后，我就满世界漂泊……"密歇根州立大学的詹姆斯·麦克林托克教授和桑塔格当时均为杰德威辛会议研讨小组成员，他记得当时自己希望别被她羞辱得下不了台。他当时确信，她会讨厌他就当代小说所发表的观点，然而事实上正好相反，"她非常友好，心情愉快。她看上去从来没有这样快活过，从心底里为波兰人的好客而感动。她似乎对波兰知识分子总体上的,尤其是学生身上的活跃感到惊讶。我记得的就这些——她当时笑容可掬;我舒了口气,放心了"。伯纳德·小罗杰斯,一名在卢布林任教的富布赖特研究员,也记得亲切友好的桑塔格,她私下对他说出她的结论:"这整个体系都沦丧了,不是吗?"在卡尔·罗利森和莉萨·帕多克看来,在格但斯克教书,她似乎非常开心。

从波兰回来之后,欧茨会在纽约与桑塔格母子一起进餐,就此缔结金兰之好。但是她们当然是不同的一对姐妹:"你心目中的罗杰·斯特劳斯肯定与我两次看到的那个人截然不同,"欧茨给桑塔格写信说。"除非我没看出罗杰身上的敏锐之处,否则我搞不懂,每次我们见面的时候,他有什么必要告诉我,他的书做得有多好……在这些令人沮丧的时刻,一眼就能看出出版是做生意,而做生意就总是在推销产品,而产品就总是了不起的!"欧茨直接了解了对苏珊·桑塔格的营销。

在波兰,知识界的研讨水平和调情水准都很高,桑塔格的好奇心、她的怀疑精神,甚至是她那些突兀的问题(欧茨把所有这些都写到了她的短篇小说中),都被许许多多的波兰人大张旗鼓地炫耀。1980年那会儿,波兰知识分子对拜访美国人的欲望大得无法满足。美国人代表了权力与国外的新闻,代表了桑塔格所体现出的关系网。借用老套的说辞是:她如鱼得水。如果说波兰让桑塔格展示出她阳光的一面,那是因为波兰人比任何东欧人都要带着更强烈的爱和热忱来追随美国人。雅罗斯拉夫·安德斯是她的朋友、导游,同时也是波兰翻译家,真诚地问她:"难道你不觉得美国是这个世界唯一的希望吗?"

桑塔格和欧茨访问波兰后不到半年,波兰团结工会第一次罢工,欧茨的小说中包含了山雨欲来的一种预感。当时在波兰,人人都感觉到即将出现一场爆发。某个历史转折点就要到来,波兰因此变得欢欣鼓舞。1979年夏,教皇约翰·保罗二世访问波兰,这触发人们渴望以某种确定的事件形式来表达;静观事态进展的桑塔格近距离地目睹了这一事件。她的确目睹了波兰更黑暗的一面,通过反犹主义和单调乏味的斯大林式建筑展现出来,所有这些欧茨都记录进了她的短篇小说里。她还记录了霍恩的脆弱感、她对现实的天主教国家里犹太人受害现状的同情,以及让一个美国人感到震惊的山雨欲来风满楼的历史感:"朱迪丝想,在我们国家,历史仅仅是几周前发生——或者并未发生——的某件事。"桑塔格在波兰之行后接受的访谈反映出她思想上的一个巨变,这表明有必要将其批评中的美学与道德之争置于一个更广阔的历史语境中来考察。

五个月后,约翰·伦纳德在为《纽约时报》(1980年10月13日)撰写《土星照命》书评时,发现了一个"对爱与反讽更为熟稔的"苏珊·桑塔格。与《反对阐释》和《激进意志的样式》相比,这本新书似乎并不怎么跟得上潮流,而是更多地为"历史视角"这一理念所吸引。与此相仿的是,列奥·布劳迪在《新共和》杂志(1980年11月29日)上宣称桑塔格"发现了一种美学姿态,既带有自我放纵色彩,又带有法西斯主义意味"。他认为这一变化的部分原因在于她业已成为批评界权威人士之一。在《村声》(1980年10月15日至21日)上,沃尔特·肯德里克则更进一步,他把桑塔格称为一个"著名的维多利亚人"。尽管被人看作赶时髦者,但是,她考察起现代主义来总好像这是个新现象,总好像她是采用一种平静、理性和古典的风格用19

世纪的眼光来研究它的。即使探讨有关色情和其他性变态的话题，她也从来不使用行话。她远离当代人关心的事情，躲进"超文化的与世隔绝"之中，自成一统。肯德里克认为桑塔格是个真正的"精英分子"，因为她写到过"她自己的小集团所表现出的种种热情，她的朋友们已经赞同的东西大众最后都会接受；她的期待每次都能得到满足"。《土星照命》显露出从对大众文化的支持中的撤离。肯德里克认为，她的撤离也许就是一个小集团知识分子的撤离："这些年来，她一直和《纽约书评》打得火热，因而已经变得有点小心翼翼了。"肯德里克将《土星照命》比作塞缪尔·约翰逊的《诗人传》。桑塔格刻画出了老式的文学画像。他下结论说，她就像维多利亚时代的文化仲裁人马修·阿诺德——《反对阐释》抨击的对象之一。

《土星照命》无疑带着一种怀旧、过时的腔调。在《泰劳斯》（1981年夏季刊）上，戴维·克雷文称之为平庸的努力，意欲唤醒忧郁的艺术家那"困倦的文艺复兴自负"；这一点鲁道夫和玛戈·威特科尔在《土星下出生》（1963）中就有过探讨。虽然克雷文没有援引阿诺德的话，但他指责桑塔格采取阿诺德式的伎俩，屈从于一种维多利亚女王时代的愿望来驯化她写到的那些对象，使他们显得更为主流。她把激进的沃尔特·本雅明变成了一个开明的人道主义者，一个维多利亚女王时代的怪人，那种约翰·斯图亚特·穆勒会认同的人。同样，在《纽约时报书评》（1980年11月23日）上，戴维·布罗米奇指出，桑塔格关于阿尔托的那一篇驯化了诺斯替教，而且使他"听上去比他自己说的话还要驯服"。不过，弗兰克·克莫德在排外的《纽约书评》上撰文提出，桑塔格"性格特征的力量"，一如在阿尔托这篇文章中所展露的，是欲"驯化"其对象，来"让他有用，让他的作品有可能像其他文学作品一样为人理解"。

桑塔格在紧接着《土星照命》出版后接受的采访中表明,她这本书是一部伪装起来的自传。每篇文章都构成苏珊·桑塔格的一种版本。她意识到不管所写对象是本雅明,还是艾利亚斯·卡内蒂,她均已从文章中剔除掉让这些作家显得与她不同的许多层面;换言之,她紧扣的是他们的生活与作品中那些直接诉诸她本人感受力的层面。关于他们,她所说的是真相,但并非全部的真相。正如肯德里克表示的,她是在运用随笔这一形式使自己变得有创意、有批判性。不管怎么说,对桑塔格来说,批评她没有完全公平地对待其笔下的人物,那就不着边际了。

讨论本雅明的标题作——《土星照命》——排在书中间,该文是桑塔格为自己所做的辩护①。抑或正如她谈到本雅明时所说的:"我们不能通过生活来阐释作品,但是我们可以通过作品来阐释生活。"文章开头四段对该作家的照片进行了详述。她不愿意评论自己偶像般的魅力,但她表明了作家与她的相像对她而言有多么重要。本雅明的自控力对她颇有吸引力,因为这体现了她的自控力。

本雅明童年时代就是天才,"渴望按照自己的意愿高人一等"。他自视为建构之中的一个文本、一项工程。他"无情地"抛弃朋友,他不顾羞耻地奉承人,他轻视地位比他低的人,所以说,他"对人不忠实"。他是个收藏家,一个精明的淘书者。她甚至让他全力"反对任何显而易见的阐释"。他喜欢将现实讽喻化,因为就像照片一样,讽喻将世界缩微,是一种控制世界的方式。因为他饱受抑郁症的折磨,

---

① 原文为拉丁文。

所以,意志遂成为至关重要的题材。对他而言,正如对所有的抑郁症患者那样,就看他能否接受挑战,成为"意志的英雄"。当然,他抛开了足以耗尽意志的家庭纽带。但保住意志的需求让他发现,随笔之外,要写别的都很困难;对于抑郁症患者来讲,随笔顺应他们那心思专注、耗损体力的自然的限制。抑郁症患者没有耐力。

几乎每一句关于本雅明的话都构成了一幅桑塔格的自画像——包括她说他的所有句子念起来既像开头,又像结尾的方式。(《论摄影》的第一句话既是桑塔格下的结论,又是她据以阐述的观点的前提。)桑塔格把本雅明最吸引人的层面留到了文章的末尾,她下断语说他是个拥有多重立场的人:超现实主义的,美学的,共产主义的,不一而足。她写道:"一种立场更正另一种立场;这些立场他全需要。"桑塔格也是这般。像他一样,她坚持着,为资本主义社会中独立的精神生活而辩护;而资本主义社会正忙于淘汰自由知识分子。

在她接下来的文章《西贝尔贝格的希特勒》里,桑塔格揭示出该导演那部长达七小时的巨片是如何处理希特勒这一人物如此之多的镜头的——这本身就是电影艺术上的创举。《希特勒:一部德国电影》是一部采用多媒体手段制作的艺术作品,一部桑塔格认为很有诱惑力的那种气势恢宏的瓦格纳式巨片。在《西贝尔贝格的希特勒》里,她哀叹电影的"失乐园",她此时认为电影已经跌入平庸的低谷。她强调说,西贝尔贝格的杰作是"高贵的",这样的片子诉求忠实,而且观众也会不由自主地忠实于它;很有趣,《土星照命》里,"忠实"这个词她还会用到,显露出她那几乎是中世纪的大师-信徒观。

桑塔格将西贝尔贝格处理成一个对抗性人物。与此相仿,她接下来谈罗兰·巴特的篇章描写了一个极具吸引力的人物;与桑塔格本人一样,他也排斥"被普遍接受的观念",认为"一种观念总是与另一种观念发生冲突",他满怀热情地撰写辩论文章,但同时也带有赞美的口吻,而且他急于与人分享他那知识的激情,热衷于吸引听众。桑塔格又一次聚焦在这样一位思想家身上,其标志性写作样式即是随笔——带有创造性、游戏倾向写就的随笔。

桑塔格最后一篇文章开头就认为,艾利亚斯·卡内蒂对同为作家的赫尔曼·布罗赫的赞辞"创造了接替前辈作家应具备的条件"。这里,她终于为读者提供了一条线索:《土星照命》里,她是将自己确定为她心目中的英雄之列中了不起的后来者。卡内蒂对长寿的渴望和对知识永不满足的追求当然就是她自身的状况。像她一样,他向往"强大的,甚至是强悍的榜样"。他"以独特的非个人的方式变得极其自我关注"。他生怕自己"态度不够傲慢、不够雄心勃勃"。

桑塔格重述卡内蒂传记时摘选的细节令人想起她自己的生活:颠沛流离的童年,在流亡者的世界里对自己身份的寻求,将自己培养成博学者和收藏家,创作一部长篇小说,书中主人公被"头脑中的世界"逼得自杀,等等。然后有卡内蒂"与知识和真理之间所建立的获取关系",及其"对摆脱负担所怀有的更渴望,也更审慎的幻想"。尽管桑塔格与母亲的关系经历根本不像卡内蒂与他母亲的那么亲近(他母亲成为他"最赞赏的人"和"充满激情、毫不宽容的倡导者"),她却通过戴维而复制了这一母与子的纽带关系。我们又回到了《嬉戏》的世界里,当时桑塔格强调卡内蒂母亲的"赞赏的方针创造出一个紧张的世界,由忠实和背叛来界定"。

卡内蒂提供给桑塔格某种她笔下其他自我讽喻性人物没有提供的东西,即对权力的全神贯注的迷恋,而这一迷恋拒绝接受悲剧与死亡。卡内蒂感觉到他要将"忠实"归功于他那些令人生畏的精神导师。又是"忠实"这个词,它让人联想起桑塔格生命中大师-信徒关系的连续性。但卡内蒂是《土星照命》里最后的替代者,因为用桑塔格的话来讲,他不只是又一个"意志的英雄",他还是一名幸存者。在杰作《群众与权力》(1960)中,他说明了权力是没有止境的。对名利的一味追求或对知识的积累同样是不够的。人们应当吸收世界——桑塔格称之为"呼吸"——这就意味着"超越利欲之心,认同超越成就、超越集结权力的东西"。

说完这些话,《土星照命》就结束了——必须结束了,因为桑塔格本人还在前行。弗兰克·克莫德在其评论结尾说,也许,桑塔格会适时地注意到卡内蒂提出的忠告:"学会呼吸;寻找超越集结权力的东西。"列奥·布劳迪这位声名显赫、有权有势的精明学者也有其疑虑。他将桑塔格书中的两篇揭露之作——《迷人的法西斯主义》和《西贝尔贝格的希特勒》与其他五篇有关英雄崇拜的文章对读:

> 从根本上讲,我认为,桑塔格难以坚持一种抨击浪漫派的个人主义的一面(导致政治狂妄),以接受另一面(导致艺术上的自我膨胀)的观点。我本人不想将两者等同起来:趾高气扬的艺术家所造成的伤害比神气活现的独裁者少得多。但是,自高自大的艺术品抨击公共政界中自高自大的姿态,这确实是个微妙的悖论,桑塔格提出的竞争规则并不令人感到信服,这也许是因为她本人就纠结其中的缘故。

二十一、苏珊：改变信仰者（1982）

　　支持被波兰军事管制取缔了的团结工会组织的市政厅事件就像是一次团结工会大会：集会不仅包括作家和知识分子，还有左派歌手（皮特·西格）和来自PATCO（被里根解雇的职业空管人员协会）工会和联合汽车工会的代表。小说家戈尔·维达尔、E·L·多克特罗和库尔特·冯内古特也到场了，还有约瑟夫·布罗茨基。市政厅是左派偏爱的场所，有1 500人在那里集会，不仅仅支持团结工会，而且谴责里根政府。里根政府对波兰团结工会的支持不可能被认为是真诚的，因为它已经解雇了入会的工人，而且支持萨尔瓦多的压制政策。

　　一个个演讲者试图将波兰的苦难等同于PATCO的困境以及美国在萨尔瓦多的政策，听得桑塔格和布罗茨基十分厌恶；布罗茨基后来致函《新共和》杂志（1982年5月26日），对演讲表示不屑，称其为"悲苦的市中心左派典型的治疗集会"。桑塔格则小心翼翼地起草演讲稿，使它听起来一开始还是和大家一样，要抨击里根政府，并觉得有必要"在一片义愤中把我们自己与他人区别开来"。到了第三段（她才讲了几分钟时间），她便示意"把我们与他人区别开来"这一努力本身可能会"将我们引入某些虚伪和谎言之中"。转眼间，沾沾自喜的神态便逐渐消失。尽管在她的控诉中,桑塔格一直将自己包括在内,但她不看着听众,也不再与听众"站在一起"。到了第四段,她毫不掩饰地说,关于共产主义,左派可是谎话连篇。下面已是一片嘘声——但也有一些喝彩声(其中有来自保守派周刊《全国评论》的经常撰稿人 D·基思·马诺)。桑塔格解释说,切斯瓦夫·米沃什《被禁锢的心灵》1953 年出版时,她不想相信其中的话,而宁可视之为"冷战宣传工具"。但现在重新读了,她认为也许米沃什当时对共产主义的态度不够强硬。

在这里,桑塔格的话又完全是大家非常熟悉的老调重弹——吐露出一副改变信仰者、前共产党人或同路人的腔调。这种形式她的听众很熟悉;事实上,是太熟悉了,所以,许多人,包括 E·L·多克特罗和拉尔夫·舍恩曼,都感到纳闷。为什么 1933 年出生的苏珊·桑塔格,年龄太小不可能参与 20 世纪 30 年代的辩论,却要像她的上一代左派人士那样为自己曾经的亲苏行为而认错呢? 她的"错误"在于认为像古巴和北越这样的社会最终会挽救共产主义,但她从来就不是一个斯大林主义者。年长的听众被激怒了,因为所有这些他们以前都听过。这些不仅是旧闻,而且是由一个本人从来都不是其中一员的人来讲。那个晚上以后,市政厅里的人当中再也没有人信仰苏维埃乌托邦了。

桑塔格公开的悔过激怒了听众,却让约瑟夫·布罗茨基很感动,后来,布罗茨基仗义执言,为她辩护,称赞她对世界文学的奉献,夸奖她在"认识哲学及其发展途径"方面的写作(《新共和》杂志 1982 年 5 月 26 日)。的确,她的演讲涉及的是她和左派人士作为忠诚的反法西斯主义者看待世界的方式。她甚至抨击左派人士的自鸣得意:"我们曾经如此肯定谁是我们的敌人（其中有专业的反共产主义者），如此肯定谁是有德行的,谁又是不明是非的……我们认为我们爱好正义；没错,我们许多人确实爱好正义。但是,我们爱真理还爱得不够。"改革共产主义的努力,就像1968年的布拉格之春一样失败了。她表示,为了真诚地团结团结工会,左派人士就必须抛开自以为是的想法,别认为自己是站在进步、正确的一边的。几十年来,左派的辞令已经为滔天罪行做了开脱,并为镇压了像团结工会这样的运动的政府而辩护。对俄国出生的共产主义革命的伟大观察家以赛亚·伯林而言,桑塔格的公开改变信仰的行为似乎是令人感伤的。他对她说："我对那张面孔不是十分肯定。"

面对市政厅里的一片愤怒声,桑塔格站起身来,扬长而去。马诺评论说："考虑到她的听众在知识方面的接受习惯,这是一次勇敢的努力。我对此印象深刻,同时又很感激。"对桑塔格的抨击也是激烈的,常常还是蔑视的。比如,有人讲,她不过是跟在巴黎的新哲学家们后面鹦鹉学舌罢了；他们排斥萨特及其对斯大林主义的支持,并给法国很多知识分子扣上集体罪名,说他们为苏联内务部劳改局开脱,还大赞苏联及其冷战卫星国。她在《国家》上遭到痛斥,该刊重发了她的演讲稿,然后请了几个作家——都是刊物的一些长期作者——对她提出尖锐批评。似乎没有哪个人真正信仰苏联共产主义。安德鲁·科普坎德回忆起1968年越南春节过后几个月的时候他和桑塔格同访河内的情形,嘲笑她没有胆量一直站在北越一边,北越"正在根据现实世界的势力和怒火程度继续（辩证地说,我敢用这个词吗?）它的发展"。把桑塔格惹火的某些恶劣行径是由图书编辑菲利普·波乔达干的；他称她为"名气不大的名人",说她将"对共产主义的极其不同的体验"简单化了。桑塔格的两个朋友——人权斗士阿里耶·奈尔和克里斯托弗·希钦斯——对她比较宽容,总体上接受她的言论,没有多少苛责。事实上,是希钦斯促成了《国家》研讨会的召开,他赞扬桑塔格批评左派人士揪住斯大林主义不放,当然,他也责怪她"那坏脾气的、非历史的话语"。他认同她对论战的偏好,最后讲:"我们厚道些吧,只当她是希望唤起观众的注意力才故意夸张的。"

桑塔格在《国家》上回应的口吻是嘲讽的。她驳斥了阿里耶·奈尔的道貌岸然。她说安德鲁·科普坎德是"20世纪70年代出了名的蹦迪专家",一句话就把他打发了。而波乔达之流心里想着什么样的"对共产主义的极其不同的体验"呢?她极其精明地否定了那些左派人士,他们相信团结工会的出现是一个失败的共产主义制度的产物,或者会以一种更好的共产主义来取代那种制度。"东欧正在酝酿的不是民主社会主义,"她这样预言。"我们那时候错了。是在那些国家生活的民众告诉了我们这些,"她坚持认为。

戴安娜·特里林欢迎桑塔格加入"她作为反共主义者的艰难的新生活",她拒绝了,说"谢谢,但不用了"。仿佛是要再次确认其左派资格似的,桑塔格在《国家》上的文章最后表示支持"萨尔瓦多国内的民主运动;我大力支持美国政府撑腰的、萨尔瓦多进行的推翻专制的斗争"。然而,正如利昂·韦塞尔蒂尔在《党派评论》(1982年夏季号)上所说,萨尔瓦多的反对党从改良派到革命派都有,但它们没有一个像"一场民主运动"那样纯洁或完美。桑塔格的评论表明她这个人"政治上很幼稚,不了解政治上那一套行事方式。她只是在表明立场而已"。韦塞尔蒂尔的意思是,她说的是美学家的语言:"政治不美好。表明立场美好。"马歇尔·伯曼在《索霍新闻》(1982年3月2日)发表文章,哀叹桑塔格"大量的政治谎言,无论是早期的,还是后期的",伯曼认为,这些谎言均是她认为的"精神冒险"、"现代主义危险的联系,一个什么地方都去过的知识分子的最后旅行"的一部分。伯曼回忆起这样的桑塔格,她很享受像蜕去死皮一样地抛弃旧立场,她在《中国旅行计划》里宣称"人必须更简单……简单,就好像是处于大遗忘之中一样"。

尽管像威廉·F·巴克利这样的保守主义分子赞扬桑塔格勇敢,但是,右派人士和左派人士几乎马上就开始重新思考她所说的话。《新共和》杂志的出版人马丁·佩雷茨发现,桑塔格的演讲让人感到极其迷惑不解,因此,他说:"像苏珊·桑塔格这类人在这个世界上真的应该没有政治立场。"D·基思·马诺开头一阵儿热情过去后,发现她的演讲"不过是一个语义骗局"。克里斯托弗·希钦斯在《旁观者》(1982年3月6日)上争辩说桑塔格"其实没有抛弃她以前的忠诚";她的演讲更像一种治疗体操。

阿奇·帕丁顿在《美国旁观者》表明了很重要的观点:桑塔格已经摧毁了一类左派人士的冷战认同,他们顽固地"认为当今世界是在同样的程度上受到苏联和美国的威胁的"。她不辞辛苦,远访波兰,当时,"几乎没有美国人这样做,不管他们属于哪个政治派别"。她倾听波兰团结工会积极分子给她讲述的事情,接下来,她没有曲解这些话,去迎合美国左派的情感。桑塔格破坏了一条左派规则,即"批评个别的共产主义政权的宗旨,这是允许的;批评作为一种制度的共产主义,则不允许"。

可当桑塔格向纽约的美国地方法院提出诉讼,控告《索霍新闻》

在未征得她同意的情况下就重发她在市政厅的演讲稿的时候,她在市政厅集会上所扮演的角色就令人费解了。她要求得到 50 000 美元的损害赔偿,因为她发现她的演讲稿末尾两段被删,这样做便歪曲了她的意思。她的律师——利昂·弗里德曼(弗雷·斯特劳斯·吉劳出版社的律师,也是笔会的法律顾问)称,桑塔格本拟设法把演讲稿发在《纽约时报》上的,现在《索霍新闻》抢先发表,使她无法在自己所选刊物上登载,同时剥夺了她通过自己的作品获益的权利。"我并不是一个好打官司的人,"桑塔格说,"这是我生平第一次打官司,我非常希望也是最后一次。"她虽然同意该报发表演讲稿的大部分,但她不能同意其行事方式,声称该报"拐走了我的演讲稿,并脱离其语境将它发表出来"。

桑塔格所说的话很能反映她的自我保护心态——这部分是因为《村声》在攻击她。专栏作家纳特·亨托夫这个第一修正案的著名捍卫者得知桑塔格要打官司时真是惊呆了,他认为她这样干是危害了言论自由的理想,也表明了她的傲慢态度:"苏珊·桑塔格,不管你怎么想,你可不是皇亲国戚。"动用国家机器来对付一家小报似乎不值,他认为这种行动并不比简·方达扬言要诉诸法律来禁止一本她没有授权的传记好到哪里去。事实上,桑塔格的表现更糟糕,因为简·方达至少没有真的提出诉讼。桑塔格声称《索霍新闻》盗用了她的"践约权",因此违反了纽约不公平竞争法的时候,亨托夫说:"这简直是一套不讲道理的政治话语!"市政厅会议不是一次文学朗诵会,而是一次旨在影响民意的政治活动。桑塔格当然有权对篡改其演讲稿的报纸表示愤慨——亨托夫自己的许多公开演讲就被媒体歪曲过,但参与到"闹哄哄的公共话语之中"就得付出这样的代价。"如果你希望像玛丽·波平斯①一样，做到政治上完美，那就请你待在家里看校样去，"亨托夫劝桑塔格。

亨托夫争辩说，桑塔格真正希望的其实是控制历史对她的评价。她为什么修改演讲稿再在《国家》上发表？比如，把《国家》与《读者文摘》作比较时，她的言辞就缓和下来，而且更改了她对《被禁锢的心灵》的评论的措辞，说她为该书所"困惑"。"这不就像一些国家改写公共历史一样吗？"亨托夫责问道。亨托夫注意到，《国家》编辑维克多·纳瓦斯基在杂志上介绍桑塔格的演讲时，补上了一个被删改过的段落，他不想配合桑塔格所做的"清除"。接下来，亨托夫又反驳利昂·弗里德曼的辩辞，后者认为，《索霍新闻》发表了桑塔格的演讲词，遂使她无法再将稿子卖给《纽约时报》。心存怀疑的亨托夫问《纽约时报》为何要担心发行量很小的《索霍新闻》所产生的影响？紧接着亨托夫的疑惑，《村声》另一位名叫亚历山大·科伯恩的专栏作家与《时报》专栏版编辑夏洛特·柯蒂斯说起这件事；柯蒂斯透露，《时报》拒绝刊用桑塔格的演讲稿是因为稿子没有新意，也没有什么新闻价值，而不是因为《索霍新闻》已经发过。公开争论的关键在于，这样的争论应当是自由、公开的，"听的人越多越好，"亨托夫提出。而桑塔格倒好，她采取了缩小范围的策略，亨托夫表示不满地说："那多不自然，多么自恋，又多么自我中心！"像桑塔格的诉讼对公共事务的报道将会产生"寒蝉效应"，亨托夫悲叹："对詹姆斯·麦迪逊②做

---

① 指英国作家 P·L·特拉弗斯笔下以玛丽·波平斯为主角的系列童话中的这个人物。

② 美国第四任总统（1809—1817），美国宪法主要起草者；1791 年提出《人权法案》。作者解释说，亨托夫这里是将詹姆斯·麦迪逊用作隐喻或一种简述方式，旨在批评桑塔格以诉诸法律来胁迫报纸保持沉默。

这种龌龊的事情!"

桑塔格有自己的支持者——像她的朋友阿里耶·奈尔,一个人权活动家——他声称,她的版权受到了侵犯,但是,甚至奈尔也承认,他担心"法院可能会做出比情况所证明的更加绝对的判决"。因为打官司,桑塔格受到了许多攻击,得不偿失。他在一封几乎是致她的公开信中劝她最好撤诉。"桑塔格应该受到批评,"奈尔最后说。但是,"对她的一些抨击手段是卑鄙的,劲道足得好像他们要反诉她似的",她不该受到这样的对待。

《索霍新闻》于1982年3月15日歇业。随后不久,桑塔格撤诉。但是,市政厅引起的争吵及其后果对桑塔格下一本书《苏珊·桑塔格读本》的被接受产生了极为不利的影响。戴维·里夫和罗杰·斯特劳斯感到有必要去维护一名女子的声誉了,因为在纽约的某些圈子里,已经有人将她戏称为"那个桑塔格"。

二十二、回顾与回击(1982—1983)

1982 年秋,弗雷·斯特劳斯·吉劳出版社推出《苏珊·桑塔格读本》。罗杰·斯特劳斯当初提出这一出版计划时,桑塔格并不赞成。正如她对采访者查尔斯·鲁阿斯所说的那样:"我当时的感觉就像我想象一个画家有的感觉一样。我喜欢再来一次作品展,但我认为我不喜欢搞一场作品回顾展。'读本'的传统毕竟是针对作品已经写完了的作家。"但她改变了想法,因为她注意到她出版作品已经有 20 年的时间了。她不仅已经创作出了一系列作品,而且,她现在可以在戴维的帮助下,再次将它们呈现给读者,因为他现在是她的编辑,而且在许多重要方面,还是维护其声誉的人了。

沃尔特·肯德里克在《国家》杂志(1982 年 10 月 23 日)评论《苏珊·桑塔格读本》时,称她为"我们文坛的非官方女掌门人",是欧美之间的中介:"她站在两大洲之间,就在人们或可称为思想马尾藻海①的地方。她在那里的姿态是独特的,但总有些不稳。"对肯德里克来说,《苏珊·桑塔格读本》使她以一个"完全是功成名就的美国人物……可以青史留名的"面貌出现在读者面前——有伊丽莎白·哈德威克那"忧伤的导读"在前,她便越发如此了;哈德威克的导读"啧啧称赞着她'那独特的才华'和'深刻的权威',直到你差不多闻

317

到了甲醛的味道"②。肯德里克发现桑塔格的思想基本上没有发展——其小说当然根本没有发展,(除了某些短篇小说以外)无法激发起任何热情。即使是她的评论在肯德里克看来似乎也已经过时,那个时期,把欧洲的新闻带到美国似乎仍然是有益的。美国的气候不再需要桑塔格的"美学印象主义"的牌子。她几乎没有证据显示她已经读过最近的欧洲思想家的作品,而这些思想家已经引起了美国知识分子的话语的注意。他认为:"她的思想质量与她在美国文学界享有的卓越地位是不相称的。"当年看上去先锋的东西现在似乎处于"温文尔雅的文学话语的传统"之中了。肯德里克最后以个人的口吻说道:

> 我得承认,我不知道有哪个人指望从桑塔格那里得到美学上的指导。但她太把自己当回事了,她的出版商对她又那样敬畏,因此,我只能假设有一大批不露面的读者在如饥似渴地等待着桑塔格的珍品出来。如果真有这些读者,那么,他们的敬重就是桑塔格唯一取得的真正成就,当然,这是了不起的成就,但这也是对美国文学界的批评,其尖锐程度远远超过她写过的所有文章。

戴维致函《国家》杂志编辑维克多·纳瓦斯基,谴责他对外公开他们与桑塔格"未了结的事情"。"你们真该为自己感到羞愧,"他斥责

---

① 北大西洋的一部分,位于西印度群岛东北,以有大量马尾藻漂浮水面而得名。
② 此处为贬义,甲醛有防腐能力,意谓《苏珊·桑塔格读本》过于抬高桑塔格的地位,过早地希望她的作品成为经典,将她放置在文学先贤祠里。

说。里夫指的当然是桑塔格的政治见解和那场市政厅骚乱。纳瓦斯基回复说,杂志的文学板块是独立的;他还补充说,书评之类的东西不用来算总账。里夫应收回他那"肮脏的想法"。此前,里夫曾向纳瓦斯基抱怨过关于凯瑟·波利特这位时任文学编辑的事;她给里夫写过信,说她不同意肯德里克评论中的部分内容,但他"坚持己见",她便将他的文章发了出来;她称这是她收到过的"最佳稿件之一"。里夫的做法让她为难:"我自然希望你那封信是写给我而不是写给维克多的——在书评版面,维克多绝对说了不算;想到不是人人都知道这一点,不免有点令人感到沮丧。"里夫接着给纳瓦斯基和波利特两个人都回了信,重申他怀疑《国家》杂志是在报复,并称肯德里克是个人恶意在作祟。但里夫接受了他们的诚意,收回了他肮脏的想法。

由戴维来编他母亲的书稿,母子俩都觉得没有什么不合适。她对查尔斯·鲁阿斯说:"有人对戴维讲:'你不认为自己是在将宗教与政府搅在一起吗?'①但我对此安排非常开心。对于里夫先生的判断力,我信心十足。"事实上,她在另一次访谈(载《索霍新闻》,1980年11月12日至18日)中对鲁阿斯说,戴维是她的"屏保"。他会看她的作品评论,然后告诉她该知道的内容。比如,他告诉她一篇关于《土星照命》的恶评。评论者声称他从未看到过她的作品有什么创造性。这个未署名的作者是谁?是沃尔特·肯德里克。

肯德里克关于《苏珊·桑塔格读本》的评论没什么不正常。类似的评论有很多,比如安·莫里塞特·戴维森发表在《费城问询者》(1982年12月26日)上的评论,斯坦利·阿罗诺维茨发在《村声·

---

① 指戴维作为家人,不该负责母亲桑塔格作品的编辑工作。

文学副刊》（1982 年 11 月）上的文章,格雷尔·马库斯发在《加利福尼亚》杂志上的评论（后收入其文集《历史的垃圾箱》）,希尔顿·克莱默发在《大西洋月刊》（1982 年 9 月）上的文章;还有马文·穆德里克发表于《哈泼斯》上的文章,题为《苏茜奶油干酪做爱,不作战》。最后这种腔调让罗杰·斯特劳斯火冒三丈。《哈泼斯》把毛样寄给了他一份,他称之为"编辑上的下流行径"。与戴维·里夫一样,斯特劳斯也是直奔头儿——杂志的编辑——麦克·金斯利而去,立马又冲到其成员包括外交家乔治·鲍尔和巴德学院院长利昂·博特斯坦的杂志编辑部。对桑塔格进行的粗俗攻击"是给一本素以质量著称的杂志抹黑",斯特劳斯怒气冲冲。

什么东西那么下流? 是这样,弗雷·斯特劳斯·吉劳出版社广告部主任海伦妮·阿特万记得中学时代的一句脏话:"苏茜奶油干酪,你都无法相信,她那么容易被人揩油。"在《哈泼斯》编辑部,他们也仅仅是把苏茜奶油干酪看作 20 世纪 60 年代开始流行的一首弗兰克·扎帕①歌曲中的"可爱的粉丝"而已。《哈泼斯》杂志助理编辑海伦·罗根承认,这一标题"没什么特别的性暗示,但一下子把桑塔格从宝座上"拉了下来。穆德里克不承认有什么黄色的意图,当然,他也不能保证他的潜意识里没有。

在《华盛顿邮报·书界》（《棍子与石头》,1983 年 1 月 9 日）,米歇尔·斯朗提了个问题:"罗杰·斯特劳斯应该像他做的那样,催促《哈泼斯》杂志去'重新考虑'吗?"斯朗向他发问的时候,斯特劳斯重

---

① 美国作曲家、吉他手、乐队指挥,其创作突破传统,标新立异。1964 年创建"发明之母"乐队,后更名为扎帕乐队,以演奏硬摇滚风格的音乐著称。

申,那个标题"让人反感,不体面",并说他"看不出他抗议《哈泼斯》杂志使用这个标题有什么不合适的地方"。斯特劳斯当时在巴黎探访桑塔格,斯朗问他是否与她讨论过那篇评论。没有,他提都没提。为什么没提?"提了也没多大用处,"斯特劳斯不耐烦了。但是,好打听的斯朗很想知道,桑塔格难道不应该知道别人在为她做的事情吗?斯特劳斯说,嗯,他手头没带文章,无法给桑塔格看。斯朗心想,这事可就怪了,因为斯特劳斯的怒火集中在标题上。他和桑塔格讲话时,肯定没忘记吧?就像在肯德里克挑起的事端里一样,由穆德里克引发的争论也没有将桑塔格本人卷进去。波利特不清楚桑塔格的感受。正如弗雷·斯特劳斯·吉劳出版社以前的一位作者希尔顿·克莱默所言:"罗杰总是小心翼翼,不让苏珊染指任何事情。"

《新标准》的创办人克莱默是桑塔格有名的劲敌(你只要读一下他那篇1986年9月的文章《反共产主义与桑塔格圈子》就明白了),他记得罗杰·斯特劳斯打电话煞有介事地问:"你是否一定要办本杂志来攻击苏珊?"左派人士也炮轰桑塔格。下面是亚历山大·科伯恩加了标题的笔记,标题是《永远的苏珊》:

> 《名利场》杂志封面上有张苏珊·桑塔格的照片,一副拒人于千里之外的神情。她早年的照片看上去那么快快乐乐的——爱玩闹,不过很有头脑。我想,苏珊对打造偶像可是有过一番研究的,她拿定主意,她提供给欧文·佩恩的照片就是这张铁板的脸,这是1983年她的最佳自我展示。我期待着苏珊·桑塔格牌练习本也一样,上面一条彩带上写着:"接下来是一个180度的大转变……"(《村声》,1983年

10 月 11 日)

1978 年桑塔格曾接受《滚石》的一次重要的访谈,但是,这也没能阻止该杂志将她列入其 1983 年美国最被高估的名单当中。

否定意见没有伤到桑塔格,相反,她在媒体上蹿红。约翰·西蒙在《纽约》杂志(1984 年 12 月 24 日至 31 日)上将她称为"永不熄灭之灯",高度赞扬她"多才多艺,充满好奇心,胃口大,精力充沛,愿意四面出击,追寻有趣的新人物与新思想,甚至不惜冒险偶尔闯进死胡同"。她在伍迪·艾伦的电影《西力传》①(1983)里的出演是西蒙此言不虚的一个例证。桑塔格,还有诺奖得主小说家索尔·贝娄、儿童精神病学家布鲁诺·贝特尔海姆、批评家欧文·豪、约翰·莫顿·布卢姆教授全被选中,艾伦说,是为了赋予其影片"以知识分子的分量和严肃所带来的光芒"。这群名人负责对伦纳德·西力怪诞不经的生涯进行评说;西力能够改变肤色和体型,甚至是种族和民族身份,能够与他追寻的一帮人打成一片。艾伦以模仿纪录片的方式,运用旁白、专家做证以及假照片,扮演西力这种类似于杰伊·盖茨比②的人物。

艾伦似乎要借此影片阐明《论摄影》的主题。在《论摄影》里,桑塔格认为照片不是现实的,而是超现实的,这完全是因为照片能将不属于一类的特征融进一个可信的形象之中。她认为,照片已经成为

① 系伍迪·艾伦自导自演的片子,主人公西力是一个性格脆弱、神经质的男子,像变色蜥蜴一样善变,在狂热趋附时尚的 20 年代居然成为名流,但最终不过是一个墨守成规者。现在成为"变色龙"的代名词。

② F·司各特·菲茨杰拉德《了不起的盖茨比》中的男主人公。

判断现实的标准。艾伦讽刺了照片作为记录的权威,讽刺手法是,他让西力躺在手术台上,边上围了一圈护士。照片上每个人目光都对着相机镜头,治疗后,电影观众则看到西力坐起来,他的双脚伸出病号服,旋转,这样,他的脚后跟朝上,而本该是脚趾朝上的——换句话说,他已经扭转双腿,所以,现在后面调到前面来了,而前面呢,调转到了后面。

桑塔格首先出场。先听到她谈论西力的旁白:"他曾是个现象……"然后镜头切换:

> 当天,阳光灿烂。苏珊·桑塔格正坐在露天咖啡馆里,面前放了一只咖啡杯。她面对镜头,仍旧在讲着话,背后可以看见一派威尼斯田园风光:湛蓝的天空,运河上一艘艘凤尾船,海鸥飞过斜樯。她的名字在银幕下方跳出:**苏珊·桑塔格**。

> **苏珊·桑塔格**(继续说着,一边用手指拨弄着餐巾):……20年代的现象。当你现在想到他当时就和林德伯格一样有名,那就真叫人吃惊了。

桑塔格似乎演得很来劲。她看上去开开心心的,好像快要咧开嘴笑起来,好像她知道你知道她知道这全是坎普。

罗杰·斯特劳斯告诉他的朋友,经纪人哈丽雅特·沃瑟曼,桑塔格出镜不多,他却为她多争取到了5 000美元的片酬。沃瑟曼心想你就吹吧,直到有一天发现她的委托人索尔·贝娄拿到了类似的一笔钱却没有告诉她时,她这才相信罗杰·斯特劳斯讲的是真话。那么,桑塔格对她扮演的这个小角色有什么反应呢?一次在西海岸举办的波特兰艺术与讲座系列活动中,有个听众问她与伍迪·艾伦合作的感受。"下一个问题,"桑塔格回应说。在后台,她抱怨起美国听众来。欧洲绝对不可能有人问她这种问题。

1982 年,艾伦在拍《西力传》的时候,桑塔格编剧并导演了她的第四部片子——《没有向导的旅程》,这是根据她的同名短篇小说改编的。小说里,一名"文化女性"在和她的情人(可能是男性,也可能是女性)讲话。到了电影里,这个情人成了男的(由克劳迪奥·卡西内利扮演),女演员是舞蹈家露辛达·蔡尔兹——桑塔格当时的情人。《没有向导的旅程》中普通的一对要同去威尼斯旅行;事实上,那是旅行中的一场身份危机。正如书评人加里·印第安那所说,这一对在这个"忧郁之都"似乎快分手了。该片是桑塔格又一神秘之作,其中的人物得到对方,然后又相互摆脱以求解脱。究其个中缘由——即他们疏离的心理原因,那就又是不得要领了。

20 世纪 80 年代早期,蔡尔兹是桑塔格沉默美学的色情化身,一个难以捉摸、迷人的、自述为紧张症患者的人。片中,桑塔格让蔡尔兹在印第安那所谓的"谜样的、屋外即兴的舞蹈中"做了身体上的释放。这部片子与小说相比,更多的是讨论该艺术家及其艺术,还有对完美表达的努力,这在舞蹈和舞蹈家身上得到了最佳体现;这个主题桑塔格很快会在一篇文章和一篇有关电视的论文中进一步地展开。

蔡尔兹与桑塔格热衷于很多同样的东西:"我在电影中更容易与人建立联系,"她告诉一位采访者。"在时间中将自己展开的事物,在时间中反复出现的因素,闪回,时间中行动的改变,以及你一看再看的东西。我对布列松着迷极了。"同时,她的作品也招来了桑塔格同样遭遇到的种种反对意见,舞蹈评论家们抱怨蔡尔兹的编舞太理性,有人说它"太抽象,太审慎"。

与小说相比,影片中情人间更为痛苦的对话方式预示着桑塔格和蔡尔兹艺术上将发生的种种变化。就桑塔格而言,她已开始摆脱限制她早期长篇小说创作的沉默美学,而在畅销小说《火山情人:一部罗曼司》里朝着与一个更大的观众群激情交流的方向迈进。

二十三、桑塔格主席（1984—1989）

20 世纪 80 年代中叶并不是一个特别成功或多产的时期。桑塔格先是放弃了一部小说，接着是一个短篇小说集，随后又是一本关于日本的书。她导演的米兰·昆德拉的剧本《雅克和他的主人》没有激发出观众的热情。她发表了几篇艺评文章（后收入《重点所在》[2002]）、在《纽约客》或其他刊物上发表了短篇小说。主要针对欧洲作家的作品，她写了一系列的序言和导读，这些文章在她去世后结集发行，书名为《同时：随笔与演说》（2007）。

有时，她会忍不住又回到课堂，比如，1984 年秋季，在布朗大学教一门课。"毫无疑问，这是一张得 A 的卷子，"桑塔格给一个学生这么写道，"而且我对 23 个学生只给出了四个 A……我很高兴这学期你在我班上。你是一个特别聪慧的学生，祝你学业愉快而成功。"1985 年春，每个星期二，她在费城的坦普尔大学教一门关于自传的课程，内容包括奥古斯丁、蒙田和梭罗的作品。她针对自己的学生及其作品做了一些笔记：

自命不凡到令人讨厌地步的"诗人"

文理不通的黑人语言

可怜的

政治领袖

没完没了的平庸手稿

不是文盲

正如她向新学院大学校长解释的那样,她发现教书太分散精力;她1981年曾在新学院教过两个研究班的课程:"我知道我会又一次喜欢教书,而且我真的非常喜欢。但是,我感觉到——又一次——教书并不是我能用左手就能做的事情。这件事只是太有趣了,而且,对此,需要脑力上的投入。"教书"严重影响了"她写作所需的"精力和内心的自由"。

然而,并不是写作本身而是一名作家的生活占据了她的时间。在"作家内部谈"(《纽约时报书评》1986年1月5日)中,桑塔格报告了将在纽约召开国际笔会会议的消息。这是20年来首次在美国举行这样的集会。"随着年龄的增大,并取得一定的成就",作家们便成为公众人物并产生公益心。即使他们说起"这些会议时是一副屈尊赏脸的样子,但如果从来不邀请他们,他们又会不高兴",因为像笔会这样的组织是他们"神圣职责"的一部分,也会在"作家队伍"里正式认可他们作为长辈的地位。况且,她承认"没人讨厌免费旅行",或者"不愿成为吸引眼球的明星"。

桑塔格认为,这最近一次世界大会值得关注,因为它"对习惯做法做了些微调,把议题确定为《作家的想象与国家的想象》"。作为笔会组委会成员,她发现这个议题是"振奋人心的",也"有点儿创意"。是诺曼·梅勒想出了这个会议计划。1985年6月,梅勒当选笔会主席,他使一个约有 2 000 名成员的小组织重新焕发出活力,让它在曼哈顿扮演起颇具影响力的新角色,这次作为东道主,要迎接也许是迄今为止人数最多的国外作家来到美国东海岸。梅勒有近 1 000 000 美元的预算,外加免费入住的旅馆房间,这些是唐纳德·特朗普①和其他一些有钱的捐助人赞助的。"承办那次会议的事情我们谈了三四年,"笔会的一个理事说。"但我们不知到哪里募捐。但是诺曼知道做什么、怎么做。"像桑塔格一样,盖伊·塔利斯②也是笔会副主席、笔会资深会员,他宣称要是没有梅勒,要是"他不去出力募捐,这次国际会议我们就开不成"。1985 年秋,梅勒出主意,说可以在百老汇举办"文学之夜"系列活动,由 16 位名作家登台,每张门票定价为 1 000 美元。库尔特·冯内古特、阿瑟·米勒、汤姆·沃尔夫③、伍迪·艾伦、威廉·斯泰龙、琼·迪迪恩和苏珊·桑塔格均参演。

笔会辉煌的历史可以追溯到 1921 年。是年,小说家约翰·高尔斯华绥创办了 P.E.N. 俱乐部④(诗人、剧作家、散文家、编辑以及小说家),认为"如果世界上的作家能够学会张开双臂互相拥抱,那么,世界各国也就能适时地学会做同样的事情"。他说这话是在一战浩劫之后不久,当时,不同国家作家之间态度敌对,状况很严重。后来,笔会官员说到作家时,认为他们是"人类本性的受托人";这一溢美之词充斥于笔会官方的历史之中。确实如此,该组织在 50 个国家建立

---

① 美国第 45 任总统,当时为纽约地产大亨。

② 美国当代作家、记者。

③ 即托马斯·沃尔夫。

④ the P. E. N. Club,由 poet(诗人)、essayist(散文家)和 novelist(小说家)三个单词的首字母组成,而 pen 正好是"笔"的意思,由此而成"笔会"。

了 80 多个分会,促进了国际文学共同体的发展,安排译作的出版,组织翻译奖的评选,抗议对作家的迫害,有时还成功地让他们获释,促成监狱中的写作计划,并在总体上传达出美好的祝愿。

桑塔格于 1964 年秋加入美国分会,主要是因为那些国际会议的理念吸引了她。但是,那时候笔会的不作为让她颇感不安。在 1966 年 11 月 7 日的笔会餐会上,她站起来支持阿瑟·米勒对美国分会地位低微表示惋惜的演讲。米勒时任国际笔会主席,他说笔会俱乐部总在帮助海外作家,却不了解作为一个文学共同体的自身。美国作家完全是个人主义的,而像俄罗斯作家则认为所有作家都在"推动着一个车轮向前",从而为文学自身的荣耀做出贡献。当然,俄罗斯作家可以和他们的美国同行一样求胜心切且个人主义,米勒承认,但是,他们也拥有一个伟大的整体,而他们全都属于这一整体。对美国作家来说,签名请愿支持受压迫的作家是必要的,然而这也太容易了,但是,构成美国国内共同纽带和使命的终究又是什么呢?

米勒坦率地指出笔会的主要缺陷,而这一缺陷即使是精力旺盛的梅勒,以及后来的苏珊·桑塔格都无法克服它。不过,1967 年,桑塔格无疑被米勒的批评所鼓励,她对忠实的会员们说:"笔会不是个非常有趣的地方。那么,这是为什么? 能拿它怎么办? 这显然与阿瑟·米勒所说的打造一个争议的战场、一个交锋的地方相关。怎样才能把它弄得更有趣呢?"她用修饰语来缓和她的直言不讳。她是笔会的新人,而且,也许她说起话来无知者无畏。虽然如此,她最后说道:笔会为什么要在皮埃尔宾馆聚会? 它应该在别处,比如说第 17 街那破烂的顶楼开会。(她是在描述一个邻近弗雷·斯特劳斯·吉劳出版社那些破败不堪的办公室的地方。)忘掉鸡尾酒会和餐宴这档子事。让出版商去操办吧。她自称"滴酒不沾",所以,她从这些挥霍闹腾的活动中一无所获。笔会应该是为严肃作家设立的一个严肃机构。它应该在纽约这块土地上发挥作用,应该为自身做点事,而非仅仅为世界上其他地方的作家效劳。

对于桑塔格的批评,一些笔会会员犯了嘀咕,他们心想,别老拿鸡尾酒会和餐宴说事,那不公平。作为一个"积极分子",她准备干些什么? 笔会的一个资深会员乔伊·丘特质问道。桑塔格没有理睬丘特的发难,不过她后来成了理事,就在梅勒要将笔会搬到百老汇去之前的 20 世纪 80 年代,她也增加了参加笔会活动的频率。

1986 年 1 月,国际笔会纽约年会前特别忙碌——但接下来,笔会雇用了一家公关公司,除了桑塔格会前那篇文章之外,还有 E·L·多克特罗发表在《纽约时报》上的专稿;文章抱怨笔会不应当邀请乔治·舒尔茨国务卿在开幕式上发表讲话。多克特罗反对里根政府在尼加拉瓜和南非的政策。他谴责美国国务院继续强制执行 1952 年的麦卡伦·沃尔特移民和国籍法案,禁止某些被视为"颠覆分子"的作家入境美国。多克特罗认为,邀请了舒尔茨,笔会"就把自己置身于一帮像东欧的雇佣文人那样的境地;那帮作家聚集到一起就是为了听文化部长夸他们几句"。不过,笔会也邀请过奥马尔·卡贝萨斯,尼加拉瓜一位负责监狱的国务大臣,也是政府审查官。他当然也是作家,出版过《山上来的火》——一本关于他激进的学生时代和成为桑地诺主义者①的回忆录。

保守派评论家罗杰·金博尔对多克特罗专稿中暗指的政府之间

---

① 指尼加拉瓜桑地诺民族解放阵线的成员。

"道德上的等同"深感遗憾。金博尔指出,国际笔会的议题清楚地指出作家的想象力与"全世界"国家的想象力处于"激烈的冲突"之中,藉此也暗指道德上的等同。换句话说,搞得似乎莫斯科作家面对的境况与生活在纽约的作家是一样的,而实际上,像桑塔格、梅勒和多克特罗这样的笔会成员确实将不同的政府做出了区别,但他们也并不反对从政府那里寻求经费和支持。金博尔指出,这次国际笔会会议的一部分资金就来自美国全国艺术基金会。

像唐纳德·巴塞尔姆和理查德·霍华德这样的资深会员拥护并力挺笔会振奋人心的年会议题,这正与执行理事、幕后调停人卡伦·肯纳利不谋而合。但梅勒邀请舒尔茨之前没有征求笔会理事的意见,这便犯了个错误。但是,理事会成员(包括桑塔格副主席)并没有撤回邀请,肯纳利向媒体指出,国际笔会在其他国家召开年会时,邀请承办国一位政府官员前来致欢迎辞,这一做法一直是个惯例。然而,甚至在大会开始前,梅勒主席还不得不去张罗请一些著名的笔会会员(包括桑塔格在内)签署一份请愿书,赞同多克特罗的观点,抗议舒尔茨到场。

关于接下来几天争论的描述,几乎没有哪个像作家理查德·斯特恩的综述那样理智:"国际笔会本身是个组织,因此,它陷入其章程反对的那种官方行为和言辞将是这次纽约周的又一进展,而这一进展让一些与会者感到既开心又惊愕。"为请不请舒尔茨而吵起来之前,用斯特恩的话来说,梅勒一直是一个"高效、尽职、八面玲珑的官员"。而且,桑塔格一帮人也非常愿意接受他的领导。但每次有人在大会上向梅勒发难,桑塔格总是站在反对派一边——尽管她从不领头。她的策略非常适合那种冲突的场面。笔会正逐渐发展成一个赫赫有名的组织,它很快就会看到有必要选出一位女主席。该女性必须被认为是有能力的,同时,又站在反对派一边,但她又——千万不能像格雷丝·佩利还有那帮抗议声更高的反对派——决不能使自己出丑。桑塔格在他们的请愿书上签了名,但是,她也据理力争,表达其意愿,即作家应当少谈政治,多谈文学。

作家们不是互相责备就是互相吹捧。正如斯特恩所注意到的,桑塔格"像个人民委员①一样",到处说人好话。她对媒体宣称:"我觉得在情感上,我和任何地方的作家都心连心。"当然,她有时也牢骚满腹,比如她听到约翰·厄普代克讲"政府给艺术投钱只会让艺术家不去承担起为自己的作品寻找真正市场的责任"时,她说,这话讲得倒轻松,"不过,前提是你20多岁就能与《纽约客》签合同"。桑塔格多年前就收到过那本杂志的退稿通知,虽然她逐渐成为该刊的主要写手,但早年被人忽视的经历依然令她耿耿于怀。

在纽约公共图书馆巨大的南阅览室,斯特恩坐在桑塔格边上,看着她在等舒尔茨的到来。她指指两个人,斯特恩看得出来那两人"正在讲台上巡查着多层书架"。桑塔格说"看看那两个傻瓜"。他们当然是舒尔茨安全细节的一部分,是政府高官享受的保安措施,但在桑塔格看来,却过于邪门。

对舒尔茨嘘声一片的作家们当然很厌恶其政府的种种政策,但是,他们也很恼火,因为里面在检查安全措施落实情况而让他们站在外面的寒风中等待。而且他们感到沮丧,因为像舒尔茨这样的人成了大家注意的中心。要知道,正如斯特恩所承认的那样,作家们来参

---

① 1946 年以前苏联政府部长的称呼。

加大会"除了相互看看,也是为了让别人看看他们,他们既想让他人给他们留下印象,也想给别人留下印象"。结果,舒尔茨做了一场得体的演讲。斯特恩和许多评论者(包括梅勒)都认为国务卿表现不俗。舒尔茨在演讲中提及梅勒对他的邀请,并视之为"纽约文学界素来以之闻名的宽容精神的又一个闪光的例子",引得全场都笑了。接着,梅勒对反对者进行抨击,认为他们是"严厉刻板的左派分子"。

舒尔茨温文尔雅的善意嘲笑间接地涉及对纽约文坛的一种看法,其他人谈起文坛来可要更为敌对。比如小说家詹姆斯·珀迪就蔑视地拒绝对其入会的邀请,他写了封信(1978年6月16日)给入会资格审查委员会,严厉抨击《纽约时报》和《纽约书评》宣传一个充斥着任人唯亲和趋炎附势者的文学机构。这些作家和编辑也占领着笔会,他们构成一个"小团体的、身份隐匿的、没完没了的鸡尾酒会"。他们滥用权力,同时又为外国作家受到的迫害以及国外的非正义而痛苦不堪。珀迪不会参加笔会,正如一个"南方黑人不会再考虑加入三K党一样"。已故作协主席安东尼·卢卡斯有一次对笔会一位理事说,不能拿笔会当真:它有点假。

鄙视舒尔茨的会员中,小说家乔治·加勒特持有一种更有分寸,但谴责程度并不逊色的观点:

大多数作家(事实上是你听说过的所有作家)都融入了与出版界的一种亲密的共生关系中,你也可以说这是一种令人舒适的关系。没有作家(特别是那些最成功的作家)的默许和暗中的支持,整个摇摇欲坠的体系就会崩溃。当然,他们也会愚弄你们,作家们。以笔会为例。笔会永远都会利用我们应得的权益来反对这里那里以某种形式出现的公开审查制度,反对在南非,要不就是肯尼亚或加纳的种族隔离,坚决反对除了某些东方集团①国家以外的世界各地的酷刑,对同样这拨子人造成的长存于美国公众身上的琐屑或深重的不公平和不公正行为大都保持缄默无语;也正是这拨子人给作家们预付版税、出版作品。不管什么价,反正不包括立誓缄口保密,甚至也不包括多少自我牺牲。

笔会成员曾尝试改变这种谋私利的机制。关于笔会不民主的性质,已经发生过多次抗议,包括评论家西摩·克里姆发表在《笔会通讯》(1979 年 5 月 30 日)上的声明,他说"身处一群过于腼腆、无法掀起什么风浪的作家队伍中深感苦恼。大家的意见似乎是:我们不得已,只好寻找一个更民主的途径来选举主席"。他严厉抨击组织里充斥着精英主义;草根的声音听不到。

以色列小说家阿摩司·奥兹和秘鲁小说家马里奥·巴尔加斯·略萨后来道出了舒尔茨最重要的观点,即与金博尔关注道德上的等同相类似的观点:"不分青红皂白便宣布自己疏离,就是放弃判断、分析、辨别,就是不动脑子。这样会存在被边缘化和背离培养创造性思维的传统的、社会生活之基础的风险。它会成为不相干的权宜之计。"说得更加直截了当些,作家有充分的理由脱离国家、脱离社会。但是,并非所有的社会和国家都是一样的,都是在假装它们是脱离现实世界的结果。就好像是在证实奥兹的警告一样,奥兹看到了作家

---

① 指前华沙条约成员国的苏联和东欧国家。

在大会上发言的简单化方式与他们写作的复杂性之间存在的"鸿
沟"。他强调说:"有些国家差不多是好的,另一些是糟糕的,还有一
些则是危害极大的。"认为问题只出在作家与国家之间,这是骗人的
假象,他下结论说。

> 历史悲剧不是圣洁的个人与恶魔般的权力机构之间存
> 在的无望的永久冲突,而是相对体面的社会与残忍的社会
> 之间的永恒冲突。说得再准确些,是相对体面的社会一旦
> 遇到暴虐社会的残暴便表现出永恒的怯懦。

这是一种桑塔格决不会使用的语言,因为这与她类似于卡莱尔对文
学和政治人物的英雄崇拜形成对照,她的英雄崇拜对象从胡志明、菲
尔德和切·格瓦拉轻易地转向了像瓦茨拉夫·哈维尔①这样的领
导人。

关于纽约大会的第二个主要争议是,诺曼·梅勒没有邀请足够
多的女作家来做专题发言。对此,桑塔格是小心翼翼,几乎缄口不
语。117 名发言人中,仅有 20 名女性。格雷丝·佩利对媒体称:"我
们都被这一情况搞得惊呆了。"梅勒是《性奴》(一本反驳其女权主义
论敌的书)的作者,他讲了下面的这番话,根本没有想去做什么来把
批评他的人争取过来:"因为专题讨论的构成很合理地是知识分子,
而又没有那么多女性能像苏珊·桑塔格那样首先是知识分子,然后
才是诗人和小说家。更多的男性首先是知识分子,所以,就存在某种

① 捷克剧作家,曾任捷克共和国总统(1993 — 2002)。

自然的倾向,选的男性要多于女性。"对这一言论提出反对意见的作家,举其中三位最杰出的为例,有纳丁·戈迪默、埃里卡·容和玛格丽特·阿特伍德,她们一起反对梅勒。他报出了24名决定不来参加会议的著名女作家的名单,以此表示了不同的意见。他可不打算退而求其次,用知名度不那么高的女作家来代替。盖伊·塔利斯也为梅勒辩护,说女性也参与了大会的策划工作,对于男女代表的比例失调她们理应分担责任。佩利承认自己对此没太关注。乔伊斯·卡萝尔·欧茨拒绝在谴责梅勒的请愿书上签字:"我真的同意你们的观点,"她对抗议者说,"不过,事情相当复杂,诺曼一直处境艰难,他整整一周日子都不好过。这次大会他干得很卖力,我真不能签这个名。"梅勒对苏珊·桑塔格特别恼火,她明明也是大会组委会成员。她为什么就不能早点打个电话来,说出她的抱怨来呢?

女记者们仔细观察她,她们知道她的出场与她的所作所为一样吸引眼球。罗达·凯尼格发现她"身穿呢裤子,脚蹬靴子,一件扣了纽扣的衬衫或是高领毛衣外面套了一件未扣纽扣的衬衫;有一天,加了一件棉皮马甲,围了一条未系起来的围巾"。来自《新闻日报》的莱斯利·汉考姆有一次看到托妮·莫里森抢了桑塔格的风头时惊叹不已。毕竟,桑塔格似乎

天生就是适合参加这样的文化会议。她是个艺术女王,不特别说什么,但是,一旦讲什么便极有吸引力,听众都会想记下来,带回家好好琢磨。她也是个美人,一头黑发,其中有一绺明显的白发戏剧性地勾勒出她一边脸的轮廓。她坐在一群演讲者当中时,你就很难将目光移开去看别人。

但是，一个寒冷的冬日，莫里森出现了，"这位男性论坛上唯一的另外一位女性"戴着一顶加勒比遮阳草帽，帽檐有伞那么宽。进行到后面的议程时，她摘下帽子，露出一块五彩斑斓的头巾，和那顶帽子一样吸引眼球。这是唯一一次人们的视线能够从苏珊·桑塔格身上移开。

诺曼·梅勒认为这次笔会大会是失败的，但他默默地工作到卸任，1986年6月，小说家霍滕丝·卡里舍接替他而成为笔会新一任主席时，他仍旧担任理事会副主席。经过这次大会的争吵，选出一位女主席似乎是势在必行了，但是，像其他笔会主席一样，卡里舍也是靠圈内人物来进行管理。当她试图在该组织搞出点名堂时，她遭遇到地位稳固的笔会执行理事卡伦·肯纳利的对抗。正如一位前笔会主席所说，是卡伦，还是霍滕丝，这要看谁能证明是更加不择手段。肯纳利寻找到她该获得的支持，而且卡里舍年内就离职，正如以前的一位理事所言，奔向"一个更好的约会对象"，成为声名卓著的美国艺术和文学学会会长。

下一届笔会主席由谁来担任似乎是事先就已经明了。她的名字挂在主席候选人名单上已有多年。没有多大的反对意见，她就当选了，获此晋升差不多是她应得的权利。桑塔格当主席在笔会内外都得到了肯定的评价，即使那些不欣赏她风格的人也肯定了她。有人要诺曼·梅勒评价一下桑塔格任内的表现，他只说了一句（还是通过他忠实的秘书朱迪丝·麦克纳利在电话里说的）："苏珊·桑塔格是个好主席。"有个理事抱怨桑塔格霸着话筒，一直在那儿回应一个个理事并重述着他们的话。但是，正如另一位理事反驳的那样，那又有什么特别的呢？笔会一个叫悉尼·奥菲特的老会员说笔会对其主席素来非常苛刻。另一位前笔会主席——缪丽尔·鲁凯泽发现这个活令人紧张不安。作家们喜欢对别人的观点、建议和倡议吹毛求疵。一位前理事说过，说白了，作家组织就是一个矛盾的说法——"如同牧猫。"①毕竟，主持笔会的工作不会有助于提高一个人作为作家的声誉，一点儿都不会。

奥菲特目睹了多位在任上的主席，正如其所言，苏珊·桑塔格这样的人同意当主席，必须掐好时机。这个作家必须出过一本书，必须在写或准备写一本书，或者在某些方面有可能成为领军人物。让卡里舍做笔会主席是要她来当调停人的，但事实证明，她无法制止由纽约大会激起的争吵。笔会的自由平等派痛恨该组织近来与提供大笔资金的支持者建立联系。从本质上讲，大多数作家择业都与梅勒引入笔会的金钱世界和市场经济保持距离。笔会一直是个小型组织，根本原因就在于它的资金大多来源于自己手头也十分拮据因而捐不出那么多钱来的作家。

桑塔格尊重金钱和金钱的力量。有一次，爱德蒙·怀特得请几个无名小卒吃饭，她便抱怨起来，他听后扯了个谎，说他们很有钱。"哦，是这样，"她会意地点点头。她喜欢奢侈——外出旅行时坐飞机头等舱，诸如此类——如果是别人付钱的话。这种额外的待遇似乎是她应得的，完全是因为以前她选择过节俭的生活，不喜欢去拼命挣钱。奥菲特刚认识桑塔格那会儿，她喜欢大家一边一小桶一小桶喝着啤酒一边讨论文学，奥菲特心里琢磨这下桑塔格该如何适应如今

---

① 源自美国南加州大学校长沃伦·本尼斯的一句名言："管人如同牧猫。"猫是难以驯养（管理）的，人亦如此。

这个有索尔、盖伊弗赖德·斯坦伯格夫妇这样的大财主支持的笔会。索尔·斯坦伯格曾与麦克尔·米尔肯关系密切；米尔肯是垃圾债券商，被定罪的重罪犯。记者肯·奥莱塔称笔会与斯坦伯格间的关系"肮脏不堪"。但是，在 1986 年，大多数描述都幽默地写道，笔会成员以为他们是在作家索尔·斯坦伯格的公寓里，他们不明白他怎么买得起如此贵重的陈设、18 世纪前欧洲大画家的作品等等。而奥菲特注意到桑塔格却是在优雅热情地结交斯坦伯格夫妇，奥菲特认为，桑塔格这样做是一件理所当然的事情，她视之为买单的一种方式。

"笔会成员要在苏珊·桑塔格面前开始说教，是非常困难的，"奥菲特说。即使像 E·L·多克特罗这种坚定的左派作家也十分敬重桑塔格。"懂得如何达成和解又不妥协，这是一门艺术，"奥菲特在说的是个注重实际、脚踏实地的人，他能够从这样一个人那里得到忠告。当然，特别让他感到惊讶的是桑塔格的不可预见性和独立性。他从来都没把握弄清楚她对具体的笔会成员的看法。她不在保护什么战线或立场。他记得桑塔格非常乐于倾听，而非自己讲——在他供职于笔会长达 35 年之久的经历当中，他发现作家要做到倾听真是一件难事。桑塔格养成了一种"尊重人的习惯"，听完一个人的讲话，而奥菲特肯定，她对作为作家的这些人没有什么用处。他回忆说，她发表观点时不带说教。

桑塔格确信有必要通过支持其行政人员来加强领导，来把像笔会这样一个混乱的组织凝聚在一起。1987 年 2 月 18 日，在霍滕丝·卡里舍任内召开的一个理事会上，桑塔格"对委员会讨论执行理事（卡伦·肯纳利）权限的权利提出质疑"。桑塔格任职期间，不仅要人尊敬她，而且要人忠于她。奥菲特承认他难得看人的负面，他认为桑塔格与卡伦·肯纳利相处得很好。"卡伦是真正掌管笔会的有影响的人，"奥菲特指出。而其他笔会成员看到这两个女人关系相当紧张。

早在1987年3月，笔会理事会就知道桑塔格要来接管笔会，担任主席，尽管其他事务让她忙忙碌碌直到6月份才到任。上任主席前的一段时间，她每个月都坚持参加理事会的会议。有两大问题摆在理事会面前：即将在韩国召开的国际会议和促使笔会日趋民主的运动。在1987年3月18日的会议上，理事会成员、《美国评论》(桑塔格的若干小说曾在该刊发表)的编辑特德·索罗塔洛夫"担心现在的领导看上去越来越像政治局了"。但没人采取措施去处理他提出的问题。在过去的15年间，笔会已经成为一个壮大了许多的组织。

桑塔格支持笔会在少数族裔当中发展成员的活动，但是，对于理事会成员轮流担任，以减轻"任人唯亲这一看法"的激烈争论，她显然拒绝发表意见。她将大部分精力留着考虑即将在韩国首尔召开的笔会大会。这个国家人权记录不佳，关押作家，并且以盗版美国图书而臭名昭著。在1987年9月16日的理事会上，时任主席的桑塔格将韩国年会称为一个"复杂的问题"。如果笔会能够发挥积极的作用——能利用这次会议来对他们施加影响从而释放被关押的作家，并在该国发起一场辩论——那么，一言以蔽之，美国分会应当派代表赴会。而且，她赞赏讨论"韩国文学的整体"的提议，只是她担心可能没有足够的时间找到专家来做这件事情。

在1987年11月2日的理事会上，美国分会继续在为参加韩国会议是否合适而争论不休(会期已确定为1988年8月28日至9月2日)。桑塔格决定将有关韩国会议的决定推迟到12月份的理事会上来讨论。在此期间,笔会 11 月份的通讯刊发了一篇关于《首尔:1988》加框的社论,表示在那里举行国际会议的最初决定(1986 年 6 月汉堡召开的第 48 届年会上提出)是仓促之中通过的。在国际笔会 5 月在卢加诺举行的会议上,美国分会竭力主张不在韩国召开年会。只有斯堪的纳维亚分会、澳大利亚(墨尔本)分会、德意志民主共和国分会和南斯拉夫四个分会支持美国分会,这引起国际笔会的各个阶层无不怨声载道。但美国分会决定参加韩国年会,部分原因是首尔在会前将承办奥运会。笔会将拥有一个世界舞台来履行其职责,(由桑塔格执笔的)通讯社论宣称"将不会以被动的面貌出现。我们将周密计划,接待和会见代表韩国文学活动方方面面的作家",并"表达我们对在韩国努力捍卫文学表达自由的力量的支持"。

为了完成去韩国的使命,桑塔格需要助手。她向笔会理事会宣布她要带戴维一起去。一名理事对她的这一决定提出质疑。为什么是带戴维去? 她答道,韩国人提出要他去。另一位理事会成员纳闷:桑塔格真的相信她自己那套鬼话吗? 他想象不出她要不这样又能怎样厚着脸皮扛过去。但情况就这样,戴维真去了。媒体提到了他,不过,在 1989 年 1 月报道这次颇有争议的韩国年会的《笔会通讯》上并没有看到他的名字。实际上,他是写了一篇相关文章,并在里面对他母亲的话作了对她有利的引用,发表在《采访》①杂志 1988 年 12 月号上。《新闻日报》的 D·D·古滕普兰问杂志编辑,她为什么没有讲明里夫是桑塔格的儿子(见《访安迪》,1989 年 1 月 3 日)。"你认为他本来应该提及这一点,"谢莉·万格回答道。"嗯,是我的错,我

---

① 原文为 Inter/View。经与作者确认,应为 Interview。

以为人们会知道的。但很可能你是对的。"

桑塔格带领卡伦·肯纳利,自由写作委员会联合主席、驻帕特南的执行编辑费丝·塞尔以及诗人罗伯特·哈斯和戴维一同前往。代表团的第一份快讯发表在 1988 年 8 月 24 日的《纽约时报》上。在《笔会的更高宗旨》一文中,赫伯特·米特冈报道说,美国笔会将举行餐会,向被关押的作家和出版家表示敬意。"我们的目标是说服政府释放他们,作为对笔会大会的一个友好姿态,"肯纳利这样解释。《时报》8 月 31 日还发了美联社的新闻报道,引用了桑塔格的话:"参加这样一个聚会,想到我们的同行现在还关在狱中,其中一些人病了,具有讽刺意味的是,他们所有的人都被剥夺了笔和纸,对我们许多人来说,都是令人失望的,而且在道德上是令人忧心忡忡的。"这次餐会还有来自其他七个国家的代表参加,桑塔格说,餐会"允许我们对韩国民主运动的勇气表示我们的钦佩和支持,同时还有我们对全世界作家的问题和文学关注的讨论"。该报道未解释为何仅有七个国家的代表参加餐会。

1989 年 1 月的《笔会通讯》报道说"整整一周,笔会内部对于如何行动争论不休"。笔会前理事维克多·纳瓦斯基后来指出,这是老大难问题了。你是在通过唤起世人对受迫害作家所遭受的痛苦的注意来帮助他们吗?你这样做,或许只会引起关押者的对抗,结果会不会使得你想要帮的人的命运更惨?真麻烦!国际笔会主席弗朗西斯·金采用了外交辞令,让美国代表团感到愤怒,他们反对使用像"非同一般的殷勤款待"这样的词藻,而金正是用这种话来描述韩国政府对笔会的接待的。美国代表反感他们所认为的金的屈从,他宣称"我们得到允许参观韩国监狱内部,这是破天荒第一次。此前,还没有哪个国外组织获准进入韩国监狱察看"；美国代表团没有因此而动摇自己的立场。

对于美国代表团对媒体说的话，金表示忧虑；美国代表团则在1989年1月的通讯上刊登报道对金的担忧表示嘲笑。通讯尤其针对了他对卡伦·肯纳利表示的愤慨；她早到两周，因为她"要完成英勇的任务"——举办美国分会的聚会，向受迫害的作家和出版家表示敬意。桑塔格一抵达金浦机场，便召开了记者招待会。笔会领导人认为她的这一登场方式是"美国媒体闪电战"的一部分。美国代表团毫不客气地说外交上的那一套不过是一种虚伪，他们拖长声音说："笔会领导人开始谈论获许去看狱中的作家这一荣耀的时候，真出大问题了。"

尽管道德上很高调，美国代表团也做了让步："当然，没有人真的知道笔会有多少使人尴尬或者说服人的力量。"金对桑塔格的无礼和急于抛头露面感到悲哀。她反唇相讥，说她"认为自己不是个房客，而是国际作家组织中的一名作家"。笔会其他领导人试图从中斡旋，说美国人的"出发点无疑是好意"。美国代表团发现会议的意向对他们不利，便嘲笑这些想法，比如暗示韩国人需要密谋于暗室，暗示羞辱他们于事无补。其他笔会成员感觉到美国人简直是令人无法忍受，太过霸道。美国分会则觉得受了胁迫，只是在讨论关于关押的作家这类会议和有数百名大学生参加的一次活动时才感到心情舒畅些。"那气氛非常像民权运动和反战运动达到巅峰时的美国大学。"美国代表团在1989年1月的《笔会通讯》上写道："空气中洋溢着一种严肃而相当甜美的正义感和道德清白的气息，因此，在华克山庄喜来登酒店待了一周后，发现要认同很困难，还不如晒太阳爽。"

美国代表团谴责国际笔会领导人做事"像外交家而非作家",是"倾向于重视组织而非其宗旨"的达官显贵。笔会旨在采取"有原则的立场",美国分会则将必须"坚持原则",并继续"看上去是在与国会交锋一样",美国分会官方代表罗伯特·哈斯和费丝·塞尔这样写道。

弗朗西斯·金发现不可能认真对待苏珊·桑塔格。她坐在宾馆金的房间里,跟他和其他作家大侃其早熟的童年,她的讲述经常被戴维打断,因为他老去金房间里的迷你吧,一次次去想拿什么就拿什么,连一句"我能拿吗"都没有。金认为,桑塔格自以为是且哗众取宠的表演把笔会弄成了一出闹剧。他把她和戴维写进了一部小说《名片》。小说里,她叫玛格丽塔,为自己童年时代就看普鲁斯特的书而感到自豪。她和她的一帮"小伙伴"一起昂首阔步地闯进世界作协(WAA)国际会议会场,纠缠世界作协主席——阿莫斯·金斯利。戴维成了玛格丽塔的"亲爱的小赫尔加",他在玛格丽塔慷慨陈词尚有作家在狱中挨饿的时候大开聚会是多么"不道德"的当口儿,洗劫了金斯利的迷你吧。玛格丽塔讲的一些话直接引自1989年1月的《笔会通讯》:"原则面前免谈礼仪。"她自鸣得意的优越感让金斯利无法忍受:

> 你来这儿。你为自己要一张头等舱机票,而所有其他代表有经济舱就满意了。然后,你又为你女儿要一张票,而她甚至连世界作协会员都不是。你代她接受一个单间住宿。然后,你开始故意和主人唱对台戏,叫你做什么,你偏不做什么。你和你的朋友就像——像一群丧家犬,在好心

收留并喂饱它们的家庭的门前台阶上留下不快的痕迹。

金极为精准地掌握了桑塔格的调子,他让玛格丽塔喊出,称阿莫斯的行为"极其粗俗"。

阿莫斯·金斯利也非完人,他也加入了谴责世界作协会员的行列,这些作家至多是"半诚实"而已。阿莫斯承认,这些作家对别的作家的堕落感到"真正的愤慨",但是,"他们身上也有着太多的自以为是——随之而来的是太多的道德优越感和太多的道德谴责……决意谴责这样或那样无法无天的行径,要求采取这样或那样的行动,这非常好——对一个人的自我非常安慰——极能维护一个人的自尊心"。

人在国外也更容易产生这样的感觉;在国外,对作家来讲似乎有多得多的事情或问题。在国内,笔会回避了内部纷争和特德·索罗塔洛夫所倡导的自查。比如,1987年12月3日,同性恋作家、激进主义分子拉里·克莱默给桑塔格主席寄了一封语气愤怒的信。他控诉,笔会"对任何同性恋的事情所持的态度均令人无法容忍"。该组织仍然对"艾滋病保持缄默"。《笔会通讯》什么事都要追根究底,就是不去过问在戕害整整一代作家的疾病。笔会甚至都不能与保守的《纽约时报》保持同步。没有利益,没有抗议,真的什么都没有。克莱默宣称:"我为你们所有的成员感到羞耻——你们的组织拥有为数不少的男女同性恋作家,而且很多还是公开的。"笔会获得过许多奖励,搞过许多运动,这样一个组织为何拒不承认其同性恋作家在受折磨、拒不承认这些作家为文学所做出的贡献呢?

桑塔格未予以回应。克莱默要求《笔会通讯》发表他这封信。结果没有发表。笔会一名工作人员约翰·莫伦认为克莱默的指控是

"荒谬的",但他意识到"拉里可不是一个你不睬他他就走开的主儿"。莫伦必须承认笔会对一些愤怒的声音——比如琼·乔丹的,关于少数族裔代表人数少的抱怨——做出过积极的反应。莫伦在致笔会中很活跃的同性恋作家格雷戈里·克洛瓦科斯的一封信(1987年12月10日)中,对他的忧虑做了概括。也许,克洛瓦科斯能够直言不讳地讲出筹备之中有益于同性恋作家的计划,以此来安抚克莱默。

12月16日,克洛瓦科斯以笔会艾滋病利益委员会委员的身份致函克莱默,同时,也是以一个男同性恋的身份回答另一个男同性恋的问题。克洛瓦科斯争辩说,在整个社会对艾滋病的反应普遍迟缓的情况下,单单挑出笔会似乎是不公平的。在一个其中的作家都是极其自我的"四分五裂的艺术界",你克莱默怎么可能指望有统一行动呢?克洛瓦科斯没有为拒绝表态的掌权的自由主义者或男同性恋辩护。而且笔会在其所有的公众活动中都将他包括在公开的男同性恋作家之列。不管怎么说,真正的敌人是联邦政府和天主教这类机构。一些保持沉默的男同性恋也是敌人。笔会的档案里没有克莱默回答克洛瓦科斯的记录。但很清楚,克莱默指望一个在国内外到处谴责政府的审查制度的组织能做出表率。

桑塔格留给笔会的财富,是她对作家对有争议的事件和人物的言论权所做的毫不动摇的辩护的结果;1989年2月18日,这一做法遇到了最大的挑战,因为就在当天,《华盛顿邮报》报道说:"霍梅尼对《撒旦诗篇》的作者萨尔曼·拉什迪判处死刑后,整个北美文学界和出版界笼罩在一片恐惧之中。"加拿大禁止再进口该书。巴诺书店、B·多尔顿书店,以及加拿大的科尔斯书店宣布这本书下架。记者劳埃德·格罗夫和查尔斯·特鲁哈特发现,"一群平常十分健谈的美国作家近日被邀请上电视为拉什迪的出版权利辩护时,都一反常态地缄口不语"。霍梅尼认为,拉什迪这个作家亵渎了伊斯兰教及其创始人穆罕默德,因此悬赏5 000 000美元要他的脑袋。一些作家愿意公开谴责这一死刑令,桑塔格是其中的领头羊。

《新共和》杂志文学编辑利昂·韦塞尔蒂尔和威廉·斯泰龙谴责那些怯懦的作家。约翰·厄普代克在媒体访谈中说:"如果在这个问题上,我们不能站出来算上一个,那么,我们宝贵的言论自由岂非一文不值吗?"盖伊·塔利斯说:"美国作家这个时候的表现完全是骑墙派,他们许多人似乎缺乏勇气去相信他们整天嚷嚷着要拥护的东西。"卡伦·肯纳利的说法要宽容些:"我看这是因为他们一下子蒙了,不知道该做什么才对拉什迪有利。"美国广播公司的《早安美国》节目无法就这一话题请到诺曼·梅勒和阿瑟·米勒现身谈论针对拉什迪的死刑令。"我惊讶极了,"格罗夫和特鲁哈特引用桑塔格的话说。

> 这种威胁成功的可能性非常大。我们以为,我们在那些在1933年和1934年看到他们的犹太同行被枪杀,或者半夜里被抓进集中营而没有表示抗议的德国人面前有一种优越感。显然,被人们视为狂徒的那些人所进行的暴力威胁是令人非常恐惧的……但是,我们得勇敢。

桑塔格宣布笔会计划在全世界各大报上登广告,抗议对拉什迪的迫害,笔会还要在曼哈顿召开群众大会。

由桑塔格领头,塔利斯、韦塞尔蒂尔、斯泰龙,还有一些作家继续大声疾呼。很快,梅勒等人都大胆地站出来反对死刑令。书店重新进这部小说,布什总统发表对伊朗领袖的谴责(尽管语气相当温和)。桑塔格说,这一连串事件的发生"很有教育意义"。作家们向她坦承他们都吓坏了。她体谅他们的感情,却不能谅解他们的行动:"我们不是在谈这里的抗议群众。我们是在谈暗杀。"她当然不知道作家们的抗议会带来什么样的后果,但她想知道:"如果伊朗人变本加厉,加判拉什迪的辩护者和出版商死刑,那怎么办?"后来,加州伯克利两家书店遭到火焰弹袭击,拉什迪的日本译者被谋杀,他的意大利译者被人用刀捅伤,他的挪威出版商遭枪击。

桑塔格以笔会主席名义发电报给布什总统,敦促他"采取必要的措施,以保护美国公民自由而无畏地行使他们的宪法权利"。她认为霍梅尼的行为是"通过恐吓手段实施的审查制度",加上"已经造成人们的惧怕,打击的不仅是作家、出版人和书商,最后也包括图书馆、学校和作为一个有文化修养的自由国家的美国整个的基础"。2 月 22 日,桑塔格在索霍区一栋大楼的顶楼对几百名听众发表演说。她说,这些人来听,"就是要表明威胁之下的一点点公民的坚毅"。

笔会许多人认为,桑塔格毫不犹豫地支持拉什迪构成了她的最佳时刻。她指出,拉什迪是她的朋友,也是一个需要帮助的作家。这个时候露怯意味着"我们所有的机构都被劫持了"。她对观众说,这不仅仅是关乎一名受迫害的作家,"这是一个针对精神生活的恐怖主义行为。"桑塔格呼吁更多的人参加抗议,得到了波士顿、华盛顿、芝加哥、明尼阿波利斯和旧金山的作家的响应,他们纷纷举行抗议集会。波士顿一家书店许诺,书店决定将出售拉什迪小说的所得全部捐给笔会。影协主席巴里·戈登致函桑塔格,盛赞笔会的义举。《圣路易斯邮政快报》的理查德·科恩报道说,在这场声援拉什迪的运动中,"苏珊·桑塔格无处不在"。

大约一个月后,桑塔格出席美国参议院反恐怖活动小组委员会会议,证明"令人难以置信的是,在这个问题的任何环节上,总统、国务院,或者任何政府官员均未真正发表过正式声明。在拉什迪问题上发表的任何讲话——没有多少——都是以应答新闻媒体的提问这种形式出现的"。然而,死刑令对有争议的书籍的出版肯定会产生"寒蝉效应"的。如果美国政府不"抵抗伊朗",哪个出版人会去冒险呢? 桑塔格又说:"务请尽你们所能去使你们自己、执行部门和你们的选民增强一种意识,即如果我们的作家受到袭击,就如我们的油轮受到袭击一样,那么,作为一个国家,我们的整体就处于危险之中了。"参议员帕特里克·莫伊尼汉向她提了个问题:"你准备赞成使用多少暴力来对付暴力?"换言之,她的战斗词语的实际效应应该是什么? 桑塔格答道:"如果你是在问我是否认为因为这件事情我们应当向伊朗宣战,那么,我的回答是否定的。"

尽管桑塔格继续受到媒体的赞扬,查尔斯·克劳萨默却断言:"噢,有胆量。在索霍区顶楼对伊玛目①嗤之以鼻,的确令人兴奋。但只有百无聊赖和虚荣之辈才会视之为英雄主义行为。"但理查德·科恩回应道:"蔑视知识分子是典型的美国做派,这是保守政治的一

---

① 指伊斯兰教国家元首哈里发、什叶派宗教领袖或声称继承穆罕默德的任何政教领袖。

项基本内容。"任何组织都会寻找能够凭自己的能力来掌控公众注意力的人物。一个领袖如果能按组织原则行事,并让全世界都清楚地了解这些原则,那么,笔会怎么可能不对他表示满意呢?

二十四、隆重推出苏珊·桑塔格(1986—1989)

1986年底,桑塔格在夏威夷大学的东西方中心担任电影节评委。她是应电影节一位组织者珍妮特·保尔森的邀请去的;保尔森在她们一个共同的朋友——对该电影节评价很高的影评家唐纳德·里奇——的鼓励下,把信直接寄到了桑塔格家。保尔森记得桑塔格当时非常平易近人。桑塔格对别人似乎极感兴趣,一点儿都不自我。其他评委当中,有一些名气很大,她是一个令人感到精神为之一爽的调节剂。保尔森记得,(由一名菲律宾人、一名日本人、一名澳大利亚人和一名印度人组成的)评委会也都有这种印象,他们热情地选桑塔格当评委会主席。事实证明,桑塔格不仅受人拥戴,而且是个优秀的组织者,并擅长主持讨论,是评委会能说会道的代言人、精力旺盛的公众活动参加者。保尔森后来收到过桑塔格寄来的优雅的信札,还有一部签名本作品。观看亚洲新片令桑塔格非常兴奋,她有时还写信给保尔森,把片子推荐给电影节。她们都相信,电影应该走向大众;保尔森相信,桑塔格对电影节免费向公众开放这一点很欣赏。

1986年12月初(电影节从11月30日办到12月6日),一件烦心事让桑塔格未能参加电影节最后的活动。米尔德丽德·桑塔格突然生病,因肺癌去世。12月10日唐纳德·里奇写信给苏珊·桑塔

格,赞扬她应对事情的能力:

> 长期以来,我一直佩服你,敬爱你,这次尤其如此。
>
> 我看到你刚从医院回来,回到酒店,对一切作出了极其完美、幽默的总结。你这么做的时候是面对你母亲去世,且死于你长期与之作斗争的同一种病。你现在一定百感交集,因为你母亲对你的成长是多么重要,而且你有那么多不一样的情感,这些情感现在都在自行消解。

桑塔格在夏威夷期间谈到她母亲时语气温柔,不过,里奇的最后这些话揭示了真相;桑塔格对她母亲的情感永远也不会消解。一年后,纳特·桑塔格也去世了。

1987 年 12 月 21 日,也就是母亲去世后一年多,桑塔格在《纽约客》发表了她唯一的回忆录《朝圣》。《朝圣》中她充满反感地描写了她在南加州的岁月,作品贬低了她的继父,并让她母亲显得疏远。每次去夏威夷都要深情地谈起母亲的那个充满爱意的苏珊·桑塔格在《朝圣》中没有出现。对母亲怀有的更为复杂的情感,她藏在了心里,而着墨集中在她的孤独感,集中在少数几位能与她分享知识和美学兴趣的朋友身上。在这一点上,回忆录似乎是忠实于桑塔格的经历的。正如桑塔格在其他一些简短回忆中那样,她妹妹朱迪丝似乎差不多是不存在的。

与其说《朝圣》标志着桑塔格自我展示时的一个变化,不如说它确认了人们所熟悉的她的姿态:她一方面还是要抛头露面,让人找得到,另一方面又强调她的疏离,以及她希望没人烦她。记者海伦·

本尼迪克特1988年夏天接受了一个专访桑塔格的任务。她说"要见桑塔格就有点像想见休息日的圣女贞德一样"。弗雷·斯特劳斯·吉劳出版社要求先看一下本尼迪克特的文章剪报,而即使在审查通过以后,她还是被告知,"哦,我不知道我们什么时候能安排你去见她……哦,她决不会让你进公寓的"。受到这种刁难,她便自己打电话,发现很容易就打通了,并与桑塔格确定了访谈的时间,这时,她感觉被要了。"我不知道我的生活在他们看来是什么样的,"桑塔格很恼火,她对本尼迪克特说。"我所做的一切不过是整天坐在我热烘烘的公寓里写作。"本尼迪克特拼命去争取怀有戒备心理的桑塔格的认同。"她真的喜欢我写的布罗茨基专访,"本尼迪克特讲。她看得出来,桑塔格感觉松了口气,因为她没有"让一个净问些愚蠢的问题并且把事情琐碎化了的白痴进她家。我以前还从未被这样考验过"。但是,桑塔格对她产生了好感,本尼迪克特说:"有件事我真的很感谢,她与我采访的其他人不同,她对我本人也很感兴趣。"尽管这是一次严肃的访谈,但她们也一起格格大笑过。本尼迪克特记得,真是不可思议,"在出版社,斯特劳斯把她讲得跟凶神恶煞似的"。

本尼迪克特的访谈显示了桑塔格对被视为公众人物而公开表现出极度的恼怒。"有些人和我在一起很不自在,"桑塔格对本尼迪克特讲。"他们朝我走过来,然后说:'我钦佩你的作品,但你让我感到害怕。'我感觉被人扇了一记耳光。这种行为太敌对了。"但是,后来在访谈中,本尼迪克特报道说,莎伦·德拉诺这个与桑塔格母子关系密切的纽约编辑宣称"苏珊很凶"。

像许多记者一样,本尼迪克特也希望找到某种视角,来看看在公众视线里出现了差不多有25年时间的对象到底是个什么样的人。

她看到的桑塔格是个肥臀女人，自嘲去冰箱找东西吃的次数太多。她看上去身材高大壮硕，但脸色暗淡疲倦，神情凝重，却又会突然大声"傻笑"。这些轻松时刻让桑塔格差不多年轻了20岁，所以，本尼迪克特得以一睹这位被赫伯特·米特冈称为"文学美人"的青年女作家的风采。但是，追求时尚的说法让本尼迪克特的采访对象很恼火：

> 我写一些别人都不写的东西。马上就有人过来说我这是赶时髦。我现在极少再写当代的东西，原因之一就是这种谴责。当时，我还以为自己是在为大众做好事，与大家分享发现东西的快乐呢，但是，如果我还要受到赶时髦的苛评，那就让它见鬼去吧！

不过，桑塔格也无法反驳人们对其形象的看法，她透露自己染黑了她灰白的头发，除了那一绺标志性的白发。本尼迪克特很怕问关于桑塔格的头发，但她的编辑们坚持要她问。桑塔格笑笑。本尼迪克特说："她认为这是个滑稽的问题，但它带出了上面这个真正有料的回答。"

除了保持她的形象，桑塔格还又一次对市场做了让步。她带着罗杰·斯特劳斯公开的祝福，找到了心气很高的安德鲁·怀利做她的经纪人。斯特劳斯70多岁了，他接受了不可避免的现实，即纽约独立出版社事实上的转让，他快要把自己的公司卖给霍茨布林克了。虽然斯特劳斯还负责他的公司，但他意识到桑塔格迟早都会需要一个更年轻、有地位的人来保护她。出版这个圈子里，多国联合大企业控制着出版公司，编辑从一家公司流动到另一家公司，因而难以维持一个作者-编辑联盟,像怀利这样的超级经纪人具有巨大的影响力。

但是,正如鲍里斯·卡奇卡在其对弗雷·斯特劳斯·吉劳出版社社史研究中报告的,转到怀利手上一点也不顺利。公寓一场大火后,桑塔格意识到,用她儿子的话来说,她的"保险投保额低于实际价值"。她向斯特劳斯求助,而他拒绝了。"他一分钱也没给她,"戴维·里夫告诉卡奇卡,"而且他还克扣她的稿费。"桑塔格当时已开写一部新小说,即后来非常成功的《火山情人》,她需要时间,而这只有钱能买到。"经济问题摆在我面前,"她在一次访谈中宣称。"我现在赚的钱并不比十年前多,所以,我比那时穷多了。"怀利给斯特劳斯写信,建议一下子出四本书,付"真金白银"800 000美元。据卡奇卡说,斯特劳斯接连几个星期的时间在他公司破旧不堪的走廊里怒吼,抱怨那个"女的"①。当斯特劳斯屈服时,他认为这份新合同是"慷慨的"。戴维·里夫鄙视地称之为"付了市场价购买某物,没有得到折扣,因为他是罗杰·斯特劳斯"。

公开场合,斯特劳斯和桑塔格的所作所为像是亲切和忠诚的伙伴,但是,戴维·里夫向卡奇卡保证,出版商和被看作有价值的作者决不会恢复融洽和谐的关系。斯特劳斯的继任者乔纳森·加拉西承认,斯特劳斯是家长式工作风格——对待他的作者,你可以说就像是黑手党大佬对待手下经过严格训练的党徒一样。霍默·斯特恩,加拉西隐匿真名的纪实小说《缪斯》中的斯特劳斯,就是这样行事的。而现在,有个女人来违抗他。对桑塔格来说,这很简单,正如她对加拉西所说:"以前我在纽约做个穷知识分子也很开心,因为大家都穷,

---

① 原文为cunt,作者说此处指桑塔格。

但是后来到了 80 年代(高速发展的时代)有钱了,一切都变了。"当
然,桑塔格选择怀利有她自己的理由,她对一个记者说:"我已决定稍
微多关注一些我的书的情况了。我真的认为我过去是生活在月球
上,要不就是 19 世纪。"找怀利前,桑塔格感觉她是"美国唯一一个没
有经纪人的作家":

> 我以前真的在假装自己好像是个非营利的基金会,假
> 如你有非劳动收入,那没问题,但假如你只有靠自己劳动所
> 得,没有其他来源,也没有家人帮助你摆脱困境,那就有点
> 问题了……我不想做那种毫不设防的人,只是说:"哦,给我
> 一份合同就行了;用不着看合同内容我就会签的。"

到了 20 世纪 80 年代后期,安德鲁·怀利得到了一个可怕的绰
号——"骗子"。经纪人莫特·詹克洛对此的陈述令人印象深刻:
"怀利之于文学界就像罗伊·科恩①之于法律界一样。"其他经纪人
指责他偷偷夺走他们的委托人。被激怒的哈丽雅特·沃瑟曼感到怀
利侵犯了她与索尔·贝娄长达 25 年的关系,她告诉怀利:"在文学疆
域,你的范围大于亚历山大大帝。"怀利诱惑小说家马丁·艾米
斯——到那时为止仍习惯于拿微薄的预支稿酬——加入他的作家名
单,将一个文学奇才变成了一个很火爆的商业签约雇员。

---

① 美国律师,曾任麦卡锡主持的一个反共委员会的法律顾问,后加入纽约一家律
师事务所,逐渐成为该市最有权势、最引人注目,也最有争议的律师之一。曾被
起诉犯有间谍、受贿、欺骗等罪,后被宣告无罪。死前数周因滥用委托人专款等
问题被取消律师资格。

怀利刚刚开始一个企业家活动的新阶段。他的客户名单上有萨尔曼·拉什迪、诺曼·梅勒、索尔·贝娄、菲利普·罗斯,以及许多成熟的、前程似锦的文学才俊,于是,他的代理模式由考察转为固定。媒体报道了怀利的新思路。弗兰克·布鲁尼在题为《作为变色龙的文学经纪人》的文章(《纽约时报杂志》1996 年 8 月 11 日)中这样写道:"安德鲁·怀利把粉丝对名作家的追捧、会计对账本底线的警觉和短跑运动员的竞争意识变成了一个综合计划。"变色龙般的怀利对伟大的文学家是极其崇拜的,他会成为桑塔格的市场知音。怀利论自己听上去就像苏珊·桑塔格写《土星照命》,将自身投射到她所爱戴的作家的生活之中。怀利在丽贝卡·米特写的人物侧记《广告先生》(《纽约客》1996 年 8 月 5 日)中热心地说道:

> 我本性上有点容纳倾向。我自己的性格并不是非常稳定;我有一系列可以说是借来的个性。所以,我想,我经常能够成功地代表什么人,其原因就在于,我实际上不仅能从他们的视角看世界,而且真的能够成为他们那样的人。所以,我非常精准地知道他们所要的东西,因为我已经放弃我原先的个性,而爬进了他们的个性之中。所以,如果我和苏珊·桑塔格待上一天半,这段时间结束时你看到我,你可以打赌我就成了苏珊·桑塔格。

1989 年 2 月底,怀利刚刚宣布桑塔格签下多本书的合同,她就在曼哈顿的恩迪科特书店露面,就新书《艾滋病及其隐喻》发表演讲。负责这项活动的斯图尔特·伯恩斯坦盼望着见到心仪已久的作家。

坏天气让桑塔格迟到了大约半小时，当时，大约 200 人包括三四名记者和摄影师挤满了书店。伯恩斯坦对记者到场感到有点惊讶，这些记者说有人答应过给他们预留前排的位置。书店一般很难请到媒体参加作者见面会。《新闻日报》的乔纳森·曼德尔注视着脾气暴躁的桑塔格巧妙地回答刁钻的问题。有个提问者对她的观点——用隐喻来抵抗疾病是极其错误的——提出质疑。她厉声说道："我不明白你在讲什么。"

见面会结束后，伯恩斯坦护送作者走到书店前面的一张桌子那里，桑塔格在此准备为排成长队的读者签名售书。他站在旁边照看着书的供应，并确保桑塔格不出现什么状况。她声音非常高地向伯恩斯坦宣布："我考虑取消这次作品朗诵环节，因为恩迪科特书店取消过萨尔曼·拉什迪的一次作品朗诵。"桑塔格发难的声音让伯恩斯坦大吃一惊，他不明白她为什么就不能事先打个电话沟通一下呢。伯恩斯坦回忆起，拉什迪曾计划朗读《撒旦诗篇》，那是早在死刑令发出之前，也是在公众对宪法修正案第一条①受到的威胁密切关注之前，尽管当时已有谣传，说拉什迪的出版商维京企鹅出版社已经接到炸弹威胁。恩迪科特书店老板——恩卡尼塔·V·昆兰确实意识到设在居民楼的这家独立书店无力满足安全的要求，也承受不起这一活动可能付出的代价，于是，认为出版商应当为其作者找个更安全的场所。

伯恩斯坦想尽力显得礼貌些，他觉得现在不是和她争论的时候，

---

① 即《人权法案》第一条，规定公民享有宗教信仰、言论、出版、集会和向政府请愿的自由。

但是,大约有十分钟时间,桑塔格仍旧在那里(在他看来是)慷慨陈词,开口就是"作为笔会主席……",滔滔不绝、激动不已。其间,桑塔格三番五次地问他这次活动商业上的收益:"你认为我们卖出了多少本啦?"搞得伯恩斯坦最后只好到书店后面库房去核准销售额。等他回到桑塔格的桌子那里时,发现她已经不告而别。

桑塔格离开之后,伯恩斯坦还有点指望听到她的某种道歉或者解释,比如"我今晚不舒服……"之类。但是,什么都没有。他向弗雷·斯特劳斯·吉劳出版社投诉,营销代表对桑塔格的行为并不感到吃惊。他们告诉伯恩斯坦,说她可是已被送到一个教练那里,学习如何做一名巡回宣传中的作家。伯恩斯坦说她的行为对他是一次"改变人生的经历",从今以后,他再不会动辄去将那些个文化大咖理想化了。对伯恩斯坦的这种经历,加里·印第安那就不会感到吃惊。桑塔格很少有时间理睬那些她认为是无足轻重的人。正如他在《除了爱,我什么都可以给你》中所说:"对那些苏珊私下评价很低的人,她经常对他们进行培养,如果他们足够有名的话。"而其他人,印第安那说道:"她对服务员、出租车司机、酒店工作人员则绝对粗鲁。"

也是这个时候,布兰登·拉森开始在苏珊·桑塔格最喜欢的书店——图书公司——工作。第一次见面时,他没有马上认出她来。"能为您效劳吗?"他问道。她瞪着他,反问道:"你是谁?"(她习惯于和彼得·菲尔布鲁克打交道,现在拉森接替他了。)拉森吃了一惊,突然意识到他是在跟苏珊·桑塔格讲话。她的口气让他觉得很不舒服。以后再来书店,桑塔格似乎友好点了,拉森认为她一开始对他的反应实际上反映出她对待主动和她搭讪的陌生人的方式。很快,他开始为她订书,她也很喜欢浏览一下书架,并对他谈谈作家。她看了一本书又会去看另一本。就像上一门课似的："这本书你看过吗？……他受过……的影响。你得看这本……"她兴致勃勃地徜徉于书架间，过了打烊的时间，工作人员照样让她在店里浏览书架上的书籍。

有时候，在上午，桑塔格会大惊小怪地走进书店，这是常事。拉森喜欢看到她的这一面——当作家的戏剧性的证据所在。他记得有天早上桑塔格边走进店边说："上帝，我写了个通宵。"那是个大夏天。她声称自己一边写作一边淌汗，一边写作一边淌汗。拉森相信，写作"对她而言肯定是个真正的体力活"。"你知道，写作，它可不是个很爽的文字处理。"桑塔格把写作搞得像一场搏斗，一次充满激情的性爱。

二十五、《我们现在的生活方式》(1987—1992)

1987 年 1 月 15 日,保罗·特克写信给苏珊·桑塔格,告诉她他患了艾滋病。他然后回忆了他们俩争争吵吵的关系以及她对他的意义。他认为,他们都辜负了对方。

> 我就不是那种可托付的人……恰好在这个时候……我把你(我告诉过你吧)当作类似罗莎·卢森堡那样的人,红色反政府者,而且,我迷恋的就是你政治上的优秀……我想起……你被告知你有个肿瘤而你在失去选择之前想再生一个孩子……我真的被你的要求吓晕了,这太出乎意料了!这之前我们才一起睡过一两次啊……(我考虑的是你的医疗状况,你的身体健康的可能性……有个肿瘤……假设你还能生孩子)当你看出了我的犹豫……你勃然大怒……你切断了所有的联系……我无论如何都原谅你。

特克的信表明桑塔格能够对朋友和恋人们施加的影响力——还有当想到她自己终有一死时她可能经受的那种恐慌。只有少数几个朋友,比如纳丁·戈迪默,知道桑塔格感觉有多么脆弱。当桑塔格写信讲述她的失望和孤独,还有她一次次失败的爱情时,戈迪默回信说:"很难想象还能有人不爱你。我忍不住相信那个古老的观念……当你扭头看其他东西时,爱情就出现了,就像现在,当你扭身转向你永远的资源——你的工作时。我就不信爱情不会回到你身边,以一种或另一种形式,就像是不请自来的独角兽,将头搁在你的大腿上。"

桑塔格寻求安慰和支持,但她常常无法理解其他身陷苦恼的人的感受,比如对辛西娅·奥齐克。在桑塔格看来,奥齐克对她要求太多,这时,她显然非常厌恶地退缩了。像特克一样,奥齐克也像某个令苏珊·桑塔格失望的人那样把感受写了出来。在奥齐克看来,桑塔格有其"权威和成就",似乎不可能想象"没有信心,无论是内在的还是外在的"是什么样子。奥齐克讲述了她自己的烦恼和屈辱,桑塔格听了回应说:"好像是我虐待了你似的。"奥齐克惊呆了。桑塔格把奥齐克当成了冒犯者,而奥齐克希望她从另一个角度思考:"这个瘸子在这儿,苏珊·桑塔格也在这儿,她叫道:'往前走啊!继续走啊!怎么啦,有什么拖住你啦?'"

特克的信到的时候,桑塔格正遭受来自同性恋社群的压力,要她为艾滋病说点什么。但是她拒绝了,她写信给安德鲁·布里滕说:"正如你所说,艾滋病也许等同于同性恋。然而,当同性恋中艾滋病的事件在上升时,我不能从这些惩罚性的观点中预料多少宽慰的话。"最后,她被迫说出该病毁灭性的影响。1986年11月24日,《纽约客》发表桑塔格的短篇杰作《我们现在的生活方式》。小说立即成为经典作品,作为首篇收入《1987年最佳美国短篇小说》出版。小说被搬上舞台,在全国演出,在有关艾滋病在文学上的处理的书籍和文章中受到广泛的讨论。小说家戴维·莱维特称该小说具有疗效作用,使他感觉"在恐惧中不那么孤单了,因而产生了足够的勇气去看更多有关的书籍"。小说"超越了恐惧与悲伤……因此,如果说救治不了艾滋病本身,至少足以鼓励人们去面对艾滋病的一个个过程……它提供了一种净化的可能,在那个时刻,净化是我们都非常需要的东西"。

莱维特指的是那一时期,患上艾滋病似乎就立即被判了死刑,像罗伯特·马普尔索普这样的艺术家怀疑自己得了艾滋病就拒绝去医院确诊。桑塔格看到与艾滋病联系在一起的污名使病人感到被隔离了,感到恐惧,很像当年的癌症使得社会躲避病人、病人躲避社会一样。

桑塔格接到一个电话,说又一个好友得了艾滋病,此后她写下了《我们现在的生活方式》。她开始哭泣。她无法入睡。她洗了澡。接着,小说的开头几句开始成形。"该小说是赐给我的,"她对采访记者肯尼·弗里斯说。"准备好了出世的。我跨出浴缸,站在那儿开始写。小说写得快极了,两天就完稿,是利用我自己的癌症和一个朋友中风的经历创作而成的。极端的经历性质上是相似的。"她几乎每天都去探望那个中风的朋友,约瑟夫·蔡金,就像别人当时到医院看她一样。蔡金不能讲话,可能就是因为他不能讲话,桑塔格才找到了架构这篇小说的关键所在;小说里大家都会发出声音,除了那个病人。

正如桑塔格日后说到《艾滋病及其隐喻》那样,《我们现在的生活方式》不只是关乎艾滋病,它也关乎社会中一些极端的变化。小说的篇名取自特罗洛普①的小说,暗示她那至关重要的主题是评论家

① 英国小说家,著有《养老院院长》《巴塞特寺院》《我们现在的生活方式》等。

伊莱恩·肖瓦尔特所说的"共同体与道德价值的缺失"。小说对"艾滋病"只字未提,这就如同桑塔格那么多小说一样,是带有普遍性和讽喻性的,从文化的具体细节转向她一直执著追求的理论上的普遍性或者基本原则。然而,让《我们现在的生活方式》引人入胜的是它基于人的谈话,共 26 个说话者(26 个字母从 A 到 Z,每个字母代表一个人物),他们构成了对艾滋病现象做出反应的社会。

该小说也关注一个生了病的社会。其复杂的层层叠叠的言说和社会的、心理的观察由不断切换言说者的长句子而得以加强,结果,一句接一句地博得持不同观点的朋友圈的共鸣。在效果上,该小说堪与将特罗洛普那部杰作的一百章压缩成一百句的效果相媲美。说话人保留了自己的个性,却又成为一部希腊悲剧中的合唱。他们并不同时讲同样的想法,但句子的句法却使他们似乎是互相牵连——就如构成桑塔格的那些句子的从句那样,由他们的感觉的共同性互相牵连着。某个说话人在句子开头说出的想法由句中后面的说话人接下去讲,或反驳、更改,或略述。每个句子都是将说话人互相联结在一起的一个语法单位。不管他们对病持有什么样的态度,他们都无法不去想这个病,想来这便是,正如其中一人所言,他们现在的生活方式。

与《我们现在的生活方式》相比,《艾滋病及其隐喻》似乎是对该疾病所做出的个人色彩较淡的反应,因为桑塔格在本书中是希望继续讨论《疾病的隐喻》中的观点,旨在"去疾病戏剧化"。不过,桑塔格将此书献给"保罗(·特克),1988 年 8 月 10 日";特克这时已死于艾滋病。她定期去探望奄奄一息的特克,在他病榻前给他朗读里尔克的《杜伊诺哀歌》。特克的朋友安·威尔逊记得特克在他们俩有了一段时间的疏远后,是多么珍视桑塔格对他的关心。

《艾滋病及其隐喻》在一个政治化了的氛围中面世,这一氛围几乎把桑塔格要说的一切都归入一个个急切的呼吁之中,呼吁政府必须重拳出击,采取行动,治愈艾滋病。她对艾滋病隐喻的抨击并不让多少人心存感激,部分原因是一些代表艾滋病研究和治疗的激进分子发现,他们需要这些她谴责的隐喻来为宣传服务。比如,称艾滋病为瘟疫也许会让桑塔格反感,但如果产生的不只是恐惧而更多的却是来自政府的帮助,那么,你又怎么看待它呢? 在关于艾滋病的系列讲座中,她对此问题的完美的回答重复了她对危言耸听是自我挫败的观点的反对。她推测,公众很快就会厌倦于从未真正降临的大灾变的种种预言,反而会被"从现在开始的大灾变"的气氛搞得无动于衷。

桑塔格冷静而保留的口吻——对于摧毁笼罩在结核病和癌症等疾病头上的浪漫主义和恐惧极具杀伤力——令某些同性恋者火冒三丈。她使用的语言听上去似乎是她与这整个群体的受罪无关似的。她用了"同性恋"和"鸡奸"这样的词语,却一次都未用"同性恋者"①这个词。她的措辞如果不被攻击为模棱两可,也会被视为保守的——甚至是反动的。她书中一段又一段话引起那些吹毛求疵的批评者要求她把话说得更加直截了当些。她究竟持什么立场?

书中有一段似乎特别令人感到不安,因为它集中体现了她回避问题的习惯:

---

① 指桑塔格用的是 homosexual(同性恋)这个词,而非 gay(同性恋者)。

当然,在永远存在的官方虚伪和近数十年变得时尚的放荡之间,存在着一个巨大的鸿沟。有人认为性传播疾病并不严重,这种观点在 1970 年代达到了顶点;许多男同性恋重新自认为他们是像族群团体一样的群体,这一团体表现出的显著的民风习俗特点即纵欲,都市同性恋生活的种种习俗以史无前例的速度、效率和规模成为性传递系统。对艾滋病的恐惧对性欲更为节制起到一种强制作用,这不仅仅在男同性恋中间是如此。1981 年前美国的性行为,现在对于中产阶级来讲似乎是一个失去的纯真时代——当然是伪装成性放纵的纯真。经过 20 年的性挥霍、性投机和性膨胀,我们现在处于性萧条的早期阶段。如今回顾 1970 年代的性文化,就好比从 1929 年大萧条这一不合适的角度来回顾爵士时代。

像"放荡"和"性放纵"这些词有点老掉牙的味道,对于曾经时尚的桑塔格来讲似乎被视为对词汇异乎寻常的运用。这一道德化的语言因为"性传递系统"这一被用来描述都市同性恋生活的几近客观的学术术语而达到了平衡。她断言"我们现在处于性萧条的早期阶段"时显得更加直接。问题是,这段话的末句中苏珊·桑塔格的立场是什么?谁在回顾? 是我们吗? 谁又在做比较? 是别人,还是苏珊·桑塔格?抑或都是?

这段话严谨而又模棱两可的措词使同性恋者感觉桑塔格不诚实。她用的术语隐含了对同性恋行为的谴责。好像她对同性恋美学有免疫力似的——她确实不承认同性恋美学的存在,而是退回到关于同性恋的含含糊糊的陈词滥调之中。对她最直言不讳的那些批评者相信，如果她公开宣布自己的性取向，那么，她会令她的作品更具权威性和可靠性。

实际上，桑塔格的性取向并非从未公开承认过——最早在与菲利普·里夫的那场官司中。一本参考书《男女同性恋传》上有关于她的条目，但对她的性取向没有专论。她也被收入《男女同性恋传统》，其中提及她的"女同性恋倾向"。在《我们必须互爱，否则就死去：拉里·克莱默生平与遗产》(1997) 中，作者拉里·马斯提到桑塔格"公开（正式）场合不以女同性恋的身份出现"，并举出她与其"长期的伴侣——安妮·莱博维茨"的关系为证。

不过，一些男女同性恋者赋予了桑塔格一个特殊的地位。拿男同性恋活动分子/作家拉里·克莱默来说吧，他以揭露始终未出柜的男女同性恋公众人物的同性恋身份而出名。他觉得他们保持沉默有害于同性恋权益运动，有害于反艾滋病斗争。但是，马斯逼迫克莱默揭露桑塔格的时候，克莱默回应说：

> 苏珊除了是个女同性恋者，她还是……我知道我很可能在说着什么政治上非常不正确的事情，但是，除开她与其他女人发生情事的事实以外，她并非真适于归入这一类……她比任何其他身份的影响都要大的是其知识分子身份，一个大写的知识分子……我把她看作……奥林匹斯山上的某个伟大的女神，跟具有什么性取向、是什么样的人已毫无关系。

也许,桑塔格也是这么看待她自己的。

内德·罗雷姆谈及桑塔格与妮科尔·斯特凡娜的亲密关系时,用委婉的"伴侣"替代了"情人"。马斯和其他批评桑塔格的男女同性恋者想要某种认同,即桑塔格自己的性取向与她写的那些人物或者她对他们所采取的立场有关。在他们看来,桑塔格一直是在骗人,可以说是将一个虚假的自我呈现在公众面前。

换言之,让桑塔格在其中获得滋养的女性社会是文化史的一部分。不过,即使是哈维·特雷斯这样的文化史家,也在《让左派重新焕发活力:政治、想象和纽约知识分子》(1996)中解释,关于一个精英分子怎么会变得如此讳莫如深这个问题,那可真是一言难尽:

> 女人之间的关系常常是在私下里确定的,不妨说,这些关系远离了公开的结盟与纷争。女同性恋者当然更是如此;学者们对她们生活和文化的考察才刚刚开始。女性之间有着层层叠叠的相互影响、同情以及敌意,史学家们必须对此理出个头绪来。但是,除开提及女性经历的——文学的或其他的——"传统",或女性"群体",我们尚未找到任何大家都能接受的词汇来描述这种种关系。像支援团、亲和团体,甚或亚文化这样的范畴,都还不足以客观地描述其种种经历的实际范围。

桑塔格生活其中的背景在其写作中均未有所反映,仿佛她生活在一个与"同性恋"相隔离的异性恋世界中一样,这自然让某些男女同性恋作家感到郁闷。对他们来说,社交场合的女同性恋者桑塔格与异性恋作家或临床医师的形象并不吻合。正如伊夫·科索夫斯基·塞奇威克在《隐蔽状态现象学》（1990）中所言："同性恋隐匿身份本身就是一种表演。"通过对自己的性取向保持沉默，桑塔格在尽情享受她自己的"沉默的美学"。

1992年10月，在出版三角①的作家周末活动中，一名年轻的女同性恋作家——萨拉·舒尔曼——发表演讲。她旧话重提，吁请桑塔格出柜。舒尔曼抨击《纽约时报杂志》做的封面故事特别报道（为《火山情人》销售造势的一部分），该报道呈现的桑塔格是异性恋的形象。

> 作为世界上最受敬重的女性之一，她为什么就不能想想她拒绝出柜是不支持我们呢？女同性恋者面临着人才外流，因为我们这么多伟大的艺术家、领袖和社会思想家都隐蔽她们的女同性恋身份。关于怎样建设一个享受平等对待的同性恋生活，怎样开展积极分子运动，以及采取怎样的策略来战胜艾滋病，桑塔格有什么要说的？对，她的确写过一本书……但是，她不出柜使她无法完全像她当年公开承认患了癌症，使其对因为疾病蒙受耻辱的分析变得更有说服力那样，来处理对同性恋的恐惧及其传播的影响……桑塔格不出柜，其根源是否在于她渴望被异性恋者接受呢？

舒尔曼在其小说《不羁的波希米亚》（1995）里，绘声绘色地描写了一

---

① 美国出版界的一个同性恋组织。

个与父母脱离关系、为社会所抛弃的年轻男女同性恋的孤寂世界。《不羁的波希米亚》叙述者丽塔在讲到她自己和她的朋友时说："问题是如何将我们排斥在外。"丽塔渴望"有人在她身边,有个保护她的人"。小说里的另一个人物叫穆丽尔·凯·斯塔尔是个高调的作家,以一个权力经纪人和吹捧大师的形象出现,她抱怨她的男同性恋朋友戴维(《嬉戏》?)写文章攻击她,辱骂她的慷慨大度。她对丽塔大讲特讲她是如何为忘恩负义的戴维效劳。丽塔回了一句:"你省略了一些非常重要的信息。""比如?"斯塔尔问道。"他恨死你写有关未出柜的小说了。对你就连在小说封底的作者小传中都仍旧隐瞒自己的女同性恋身份,他很光火。"斯塔尔提到她在上面发表文章的一本男同性恋出版物(是那本登了桑塔格访谈录的《同性恋周刊》吗?),说戴维不过是又一个嫉妒心强的男作家罢了,根本无法容忍比他厉害的女人,就这样把丽塔应付过去了。拉里·马斯有一次在聚会上见到舒尔曼,跟她说起斯塔尔和桑塔格两个人很像,他认为,虽然舒尔曼后来否认她当时想到了桑塔格,但当时她默认了这一相似性。

后来,舒尔曼不想卷入吁请桑塔格出柜当中。"我非常钦慕苏珊·桑塔格,"舒尔曼讲,"我只能告诉你这么多。我想她是个同性恋,但她从未对我讲过。"据马斯看,舒尔曼其实没有否认她先前说过的关于桑塔格的那些观点,而只是与它们保持距离。用马斯的话讲,她坦承自己担心"如果她讲的话知道的人太多,那对她会极为不利"。卡米尔·帕格利亚写信给桑塔格的传记作家,解释说,在她的文章《桑塔格,令人讨厌的桑塔格》的一份草稿上,兰登书屋的律师"删除"了痛斥以下行为的一段话:

桑塔格把精挑细选出来的照片交给《纽约时报》是虚伪至极。她总是声称她的个人履历与她作为作家的职业是不相干的。但把和家人的合影交出去与这种姿态却难说是一致的。大肆渲染她早年与一个男人(菲利普·里夫)的关系,而只字不提她日后与一些女人的关系,包括现在与一个著名媒体人(安妮·莱博维茨)的关系,则几近欺骗,而《纽约时报》自身的行为——允许文章涉及的对象来横加删改,真是不道德到家了。

兰登书屋的律师警告帕格利亚,如果将她知道的桑塔格性取向的情况讲出去将引来法律诉讼,他们特别提请她注意桑塔格对《索霍新闻》的诉讼。

桑塔格的性取向不可避免地成为其传记的一个层面,而且,因为可以理解的原因,正如她中学同班同学贾梅克·海沃特在《逾越之神话:作为隐喻的同性恋》中所言:

> 无论我们如何卖力地试图去重新界定"同性恋"这一术语,它仍然作为异性恋变异的内在的病理学语境存在。同性恋不是关涉成为某个人。恰恰相反,它关涉的是不成为某个人们应当成为的人,即异性恋者。我们说自己是同性恋者,只是因为我们的性取向已经被赋予一个名称,该名称没有规定我们是什么人,而标明我们未能成为什么人。

在创作中,桑塔格无数次把"同性恋者"和"同性恋"这两个概念具体化,巩固了她和她的社会设置的一道障碍,它把另一种语言、一种不同的美学排斥在外。

寻求一种新的语言,树立其既非同性恋者又非异性恋者的形象,这会是一桩难事。什么样的标签会令人满意呢? 究竟为什么要贴标签? 海沃特的书对这类难题提供了见解:

> 许多人不愿意透露自己是同性恋者,这里面有诸多原因,其一很可能是因为他们对武断地将他们界定为谁、什么的人,以及他们和谁分享或不分享他们的身份感到不舒服。譬如,公开的同性恋小说家朱娜·巴恩斯就痛恨人们称她为女同性恋者,似乎不是因为道德上的正当与否,也并非因为她社交上的腼腆,而是因为在她看来,对她性倾向的范畴所做的描述似乎承载了太多让人无法接受的先入之见。

20世纪80年代早期,桑塔格详细讨论过出柜的种种可能性,这一点在罗杰·斯特劳斯在家里为詹姆斯·洛德举行的一次聚会上变得清楚起来;洛德是弗雷·斯特劳斯·吉劳出版社的作者,刚出版一部论艾伯托·加柯梅蒂①的著作。饭后,客人们聚在起居室喝咖啡。希尔顿·克莱默记得,当时他走进去,看到桑塔格坐在椅子上,一群仰慕者"真的是围在她脚边席地而坐":沃尔特·克莱蒙斯——《新闻周刊》书评人,弗雷德里克·塔滕——和桑塔格都在城市学院教书的小说家,以及塔滕的妻子,时任弗雷·斯特劳斯·吉劳出版社职员。

---

① 瑞士雕刻家、画家。

克莱默回忆说:"那天晚上在讨论同性恋者出柜是得还是失。"像沃尔特·克莱蒙斯一样,詹姆斯·洛德也是同性恋者。洛德固执地认为不出柜更好。"桑塔格则举双手赞成出柜,"克莱默说,洛德并不是克莱默的朋友,却肯定了他对往事的回忆。洛德记得,克莱默极力反对她的观点。洛德关于出柜的立场就此改变(见他的回忆录《毕加索与多拉》,从中能找到他是如何将自己的同性恋特征纳入其艺术与艺术家经历的一个得体的例子)。克莱默希望知道桑塔格自己那不出柜的生活情形,他得出结论说,她觉得"其他人出柜是对的。有趣的是,不知是否因为大家都假装有一种微妙的感觉,大家谈的全是男同性恋的话题,丝毫没有涉及女同性恋的话题"。

多年来,理查德·霍华德和桑塔格身边其他公开的同性恋朋友都怂恿她出柜,他们对她的态度或回避行为一直深感失望。有一次,霍华德把一群男女同性恋作家召集到一起,指望桑塔格也能加入进去——如果做不到完全出柜,至少朝那个方向迈出一步也好。但弄到最后,她还是婉言谢绝了邀请,这激怒了她的一个好友,称她顽固的不出柜状态是病态的。

塞奇威克表明,不出柜有"一大堆原因"。就桑塔格的情况而言,出柜就要冒对其形象失去控制的风险,并会使其偶像力量处于险境。出柜常常不能解决身份问题,①反而招来这些问题,尤其是男/女同性恋者——更不必提整个文化界了——已经在争论有关性别身份遗传的、社会的根源了。当大胆的佐薇·海勒(从朋友处证实桑塔格所

---

① 原文为 Often coming out does settle questions of identity。经与作者确认,此句应为 Often coming out does not settle questions of identity(出柜常常不能解决身份问题),才合乎逻辑。

有的风流韵事的对象都是女人,因而有了信心后)直截了当地问她性取向的时候(见《与桑塔格肩并肩》,《爱尔兰时报》,1992 年 9 月 26日),海勒说:

> 桑塔格拒绝被划入女同性恋者一类,也不愿意承认她与她长期的伴侣——摄影师安妮·莱博维茨——之间的关系:"当然,我认为,一个 59 岁的女人还被外人认为过着一种积极的情感生活——我就是这样过的——是件很棒的事,不过,就像我不想多谈我的精神生活一样,我也不想多谈我的性生活。它……太过复杂,谈到末了听上去总是乏味得很。"

桑塔格作为偶像的地位是稳固了,但她也面临许多明星都会面临的两难境地:其他人想为了自己的目的而利用她,将她塑造成他们心目中得体的楷模。然而,完全避而不谈她的性取向似乎是一个残酷的选择,它使得桑塔格的作品更加成为问题,也使得她看上去比实际情形更加远离她的时代。

二十六、《火山情人》(1990—1992)

我心中有座火山。

——桑塔格与玛丽安·克丽斯蒂交谈时如是说。

《芝加哥论坛报》,1992 年 9 月 27 日

1990 年 7 月 17 日,苏珊·桑塔格获得"创造性贡献奖",即约翰·D 和凯瑟琳·T·麦克阿瑟基金会为"杰出个人"所设的研究基金。桑塔格当年 57 岁,有人偶然中听到她说:"是时候了。"多年以来,她一直抱怨没有获得她应该获得的资助。E·L·多克特罗对她的困境比较同情,他现在依然记得,桑塔格对她视为忽视的状态有多气恼。拉里·麦克阿瑟写信给她:"多么好的消息啊,你的麦克阿瑟奖。我记得早年在我俩的友情交往中,你曾郁闷地说你永远也不会获得一次:我当时想,她也许是对的。我们俩当时都大错特错啦,这样真好。"他当时一直在努力帮她卖掉她的档案,但一直没找到买家。现在,她获得五年期资助,数额为 340 000 美元。这笔奖励的钱能帮她付房租,这下她可以减少外出讲学了。

1991 年初,桑塔格在曼哈顿的切尔西区 16 层的伦敦排楼买了一套顶层公寓;排楼亦称"时尚工程",因为许许多多的设计师都住在这

14 栋楼里,它们占据了 23 到 24 街和第九到第十大道的整个街区。桑塔格的情人——安妮·莱博维茨在那里也有一套公寓,她们俩合用一个储藏室。从 20 世纪 80 年代开始,切尔西就与索霍区竞争,成为艺术家们的聚居区。从伦敦排楼很容易就能走到莱博维茨在瓦里克和范丹姆的工作室。伦敦排楼建于 1929 年至 1931 年间,原本发挥的是一个城中城的作用,它有齐备的设施和提供全面服务的物管人员,拟将自己打造成世界最大的公寓群。现在,它不再那样包罗万象了,但仍然是一组给人深刻印象的楼群,是一种将哥特式和罗马式风格融于一体的建筑,用《纽约时报》上的话来讲,它对"时髦一族"和具有"更发达的美感"的艺术家具有吸引力。在装饰和格调上,顶层公寓与桑塔格以前的住处差别不是特别大,通风好,一色的白,木地板,墙上挂着艺术品原作,一书架又一书架的书(12 000 到 15 000 册)"像疯长的野葛那样攀援上升,"一个记者说道。公寓里还有一张破沙发和一张使徒式椅子①。桑塔格的顶层公寓空旷、宽敞、简单、朴素,跟修道院似的。

　　到了 20 世纪 80 年代初,桑塔格和莱博维茨在纽约已成为人们广泛议论的话题,有时一起出现在媒体刊登的照片上和新闻故事里,其中会提到她们的"友谊"。据莱博维茨说,她们俩第一次见面是 1989 年,不过,莱博维茨给桑塔格拍的照片上署的日期是 1988 年。莱博维茨说想到要与桑塔格谈话,她都出汗了衣服都湿透了。她承认,桑塔格"告诉我她认为我可以很棒"。或者,像莱博维茨在后来一

---

① 使徒式椅子属于使徒派家具系列。使徒派家具是美国工艺美术运动在家具设计方面产生的一种风格,这方面的杰出代表是斯蒂克利,他的风格基于英国工艺美术运动的风格,但采用了有力的直线,使家具本身更为简朴、实用。

次访谈中所说,桑塔格说:"你可以更好。"莱博维茨敬畏于桑塔格的权威,也对她的关注感到荣幸,在桑塔格一次次入场曼哈顿演讲时陪伴或迎接她的追随者中,她开始扮演起一个随从的角色。一直到桑塔格去世后,莱博维茨才承认她们俩是情人关系。

在《一个摄影师的生活》(2006)中,莱博维茨提供了一个鉴赏家眼中的桑塔格在国内外的影集。该影集以佩特拉——约旦的一座古城——开始,桑塔格站在那里,仿佛是一个由峡谷的岩石的轮廓构成的人柱,她背对着镜头,凝视着巨大的古典建筑的正面。她被拍下的画面还有

·骑行于长岛温斯科特树篱巷;

·卷着牛仔裤裤管,赤脚走在长岛南安普敦海滩上;边上是她的经纪人安德鲁·怀利;

·在墨西哥一辆车内,把她的头发往后梳;

·在威尼斯格瑞提皇宫酒店用早餐;

·在柏林,伸展双腿躺在一张凌乱的床上,脚上的网球鞋后跟正好触到地面;

·在伦敦排楼,慵懒地坐在沙发上,身后是一盏巨大的摄影师的灯;

·在卡普里岛奎西萨那大酒店,交叉双腿、微笑着,光线穿过开着的门照到阳台上;

·在纽约她摆满书的书房,戴着老花眼镜,一手拿着铅笔,查看着她的助手卡拉·埃奥夫正在做的什么事情(后面一张照片显示的是麦金托什型号的苹果电脑屏幕上《火山

情人》草稿的一页）；在伦敦排楼公寓的阳台上，浑身裹在毯子里，只有头露在外面，在这浪漫的黄昏时分，风吹拂着她的头发；①

·埃及的尼罗河畔；和彼得·佩龙坐在吉萨金字塔上；

·在萨拉热窝《解放报》②地下办公室与一名记者交谈；在烛光下与演员们一起排练她的萨拉热窝作品《等待戈多》；

·坐在萨拉热窝被炸后的废墟上；在贝尔格莱德一个树木繁茂的公园里；

·在加州阿纳海姆海伦娜·莫杰斯卡的农场里，《在美国》创作中；

·和小烟一惠在京都俵屋旅馆；

·抽着烟，和罗杰·斯特劳斯一起参观纽约珀彻斯的萨科沙（Sarcosa）农场；在弗吉尼亚州克利夫顿角的池塘屋（Pond House）休息。

这组桑塔格晚年的照片一览，后面跟着的是更多随后拍摄的以及她生命终结时刻的照片。这些照片将桑塔格对莱博维茨的意味留存下来；在《一个摄影师的生活》中，莱博维茨为她的情人"对冒险的体验和需求的那种好奇心"和"巨大的胃口"感到狂喜。"世界召唤着苏珊，"这是莱博维茨对桑塔格的重要性所做出的最贴切的形象重现。

---

① 此处作者有误。该照片的拍摄地点应为埃及尼罗河的一艘船上。

② 应为 Oslobodjenje，作者此处误为 Oblobodjenje。

莱博维茨是一名拥有高调摄影对象的高调摄影师（这些对象包括比尔·克林顿、朱迪·福斯特，以及实际上所有上过《名利场》杂志封面的名演员或政治家），她被《生活》杂志列为"50名最有影响的生育高峰儿"之一；在《美国摄影》"摄影百强人物"榜上她名列第二（仅次于戴妃）；在英国国家肖像画廊开个人作品展的在世的摄影师中，她排第二（欧文·佩恩名列榜首）。但在20世纪80年代后期，莱博维茨感觉自己的创造性已经"枯竭"，她就转向桑塔格寻求自信。莱博维茨对《生活》杂志的戴维·范比玛解释说："我以前一直有这种优越感。我是那个来自摇滚杂志（她在《滚石》杂志出道）的坏女孩，我的优势似乎有点在剥落了。"像桑塔格一样，莱博维茨对她作为创造潮流者感觉不爽，她追求严肃。不过，也像桑塔格一样，莱博维茨崇尚赏心悦目的外观。她喜欢琢磨名人照片的形式。正如她对范比玛所说："有时候，我就喜欢拍外观，因为我认为，和深入事物的内在中心比起来，外观同样能够发人深省。"

　　桑塔格比莱博维茨大17岁，她们之间建立起一种大师-信徒的关系。在美术馆里，桑塔格看着一幅莱博维茨的摄影作品，这时她掉过头来对莱博维茨说："嗯，你也许终究会成为一个摄影家的。"她说的话边上人很容易就能听到。这一断语听上去刻薄，不过，这与桑塔格在一次电台中对莱博维茨的艺术所做的更正式的评价比起来，差别也不是那么大。莱博维茨为《火山情人：一部罗曼司》拍过一张浪漫的书衣照片——照片上的桑塔格斜倚着，抬起右臂，右手放在采访人葆拉·斯潘所谓的她的灰色"作战头带"上面——被问到这张照片时，桑塔格怀着对莱博维茨的种种歉意回答说，她斜倚着的这张有创意的出色照片彼得·赫贾以前拍过。只是要公平对待赫贾吗？确实是的,但这也是要煞煞莱博维茨的威风,让她的殷勤对准对象。这并非说桑塔格没有鼓励过莱博维茨,或者在别的场合没有对其作品做出慷慨的评价。她说:"我高兴极了,59 岁的人了,我依然能够摆出这样的姿势拍照而又并不显得可笑。也许,没有摄影师的鼓励,我是没有勇气这样做的。"

这对情侣 1991 年 5 月一起在米兰待了一段时间。正如桑塔格的助手卡拉所说:"安妮和在印刷她的摄影集的人一起忙活。苏珊在勤奋地写那部小说(仍然!)。"莱博维茨用摄影记录了她的情人在圣神公寓酒店日日夜夜的工作状态,照片上的桑塔格身穿休闲服,脚上是网球鞋,蜷缩在一张大床上,四周堆放着密密麻麻的加了注释的打印稿,床边一张桌子上是一台电动打字机。桑塔格头靠在枕头上,左手支着额头,正在稍事休息的作家——她的老花眼镜放在那部小说的草稿上—— 一脸疲倦,不过依然迷人且愉悦。照片的视角让观众随着莱博维茨的镜头从床尾俯看着这个漂亮的工作中的作家。

《火山情人》的缘起可以追溯到 1980 年。这一年,桑塔格去一家伦敦书店兼书画刻印作品店,希望找些 18 世纪的建筑书画作品(建筑一直是其狂热爱好之一)。一系列手工上色的维苏威山的版画吸引了她,店员告诉她,它们是威廉·汉密尔顿爵士——英国驻那不勒斯大使——1776 年为一本私人印行的书定制的。桑塔格买下五幅,第二天再买下五幅,然后又去买了七幅。它们展示出该火山处于爆发和休眠时的各种状态。像汉密尔顿一样,桑塔格承认对"灾难场面"有一种着迷——这一冲动当然让她写出了关于科幻小说的里程碑式论文——《灾难之想象》。

桑塔格把画挂在墙上,就像一帧帧电影画面似的,那么醒目地,可以说,挂了整整十年,这才开始她所认为的一部关于汉密尔顿——对科学、艺术、政治及收藏有着广泛兴趣的开明男子——的小说的创作。一如她敬爱的沃尔特·本雅明这样的学者鉴赏家,汉密尔顿也是一个属于所有时代的人,尽管因为他卷入他妻子埃玛·汉密尔顿夫人与英国最伟大的海上英雄纳尔逊勋爵传奇般的三角关系而遭到不公正的贬损,并令自己失色。

店员第一次跟她提汉密尔顿这个名字时,她几乎想不起来他是谁。她只得查阅《全国传记辞典》。有关电影《汉密尔顿夫人》(1941)的模糊回忆浮上心头;她依稀想起自己曾对扮演纳尔逊的劳伦斯·奥利弗与扮演埃玛的费雯·丽表示过惋惜。桑塔格忘记了扮演汉密尔顿的演员的名字(阿兰·莫布雷),她想大多数观众也忘了。桑塔格很快就发现,让英国蒙羞的这一浪漫史有许许多多的重述,但她只找到唯一一本汉密尔顿传,1969年出版的。如果将视线集中在他身上,她便能消除掉故事的感伤色彩。1965年出版的戴维·斯塔克顿的小说《威廉爵士》,可能是更为重要的资料来源。美国科幻小说家、诗人托马斯·迪施认为桑塔格的《火山情人》某些动人的段落就是剽窃自斯塔克顿的小说。剽窃这个说法似乎太严重了,不过,斯塔克顿的警句的天赋令人想起桑塔格这方面的才能,而且,他重点关注威廉·汉密尔顿爵士,而非聚焦纳尔逊或汉密尔顿夫人,这是在桑塔格之前采取的方法。但是,看了斯塔克顿的作品则加深了一种印象,即桑塔格理想化了汉密尔顿夫人,就像她在《在美国》中理想化她的女主人公一样。她笔下的那些人物可以应对斯塔克顿的人物的某些辛辣智慧。

桑塔格说她仔细研究了布赖恩·福瑟吉尔这本内容详尽的传记。福瑟吉尔对传主那种当老乌龟的丑名十分反感,他为他平反昭雪。在他的笔下,威廉爵士是一流的美学家,一个身强力壮的绅士,心思扑在"通过讨论艺术的真正的、基本的原理来加速其进步"。和桑塔格一样,汉密尔顿也是个艺术资助人,"会不遗余力、不厌其烦地帮助"艺术家。他把外甥、最终的继承人查尔斯·格雷维尔当作一名年轻的"鉴赏家"来看待,完全就像桑塔格对待她儿子一样。桑塔格很高兴地发现理性的汉密尔顿也充满激情,便引为知音。她对记者艾琳·博格说:"我做不到镇定自若。我充满激情。"汉密尔顿在他那个年代身材算高了(他和桑塔格一样高——五英尺九英寸),长相英俊,鼻子是贵族的鹰钩鼻,完全合桑塔格的意。

　　或者她是这样想的。集中在汉密尔顿身上的麻烦在于,他这个人的形象并没有立体地出现。事实上,福瑟吉尔的传记是一本失败之作,因为他无法解释汉密尔顿为什么会对他妻子和她的情人着迷。福瑟吉尔无力解释这位谨慎的外交家和精明的收藏家怎么会一直痴迷于那一对人。福瑟吉尔很生气,因为他的传主与他所认为的俗气女人搞在一起,这个女人是个被包养的情妇、一个寡廉鲜耻向上爬的人,因此,作者便只好诉诸一些陈词滥调,来描写这个衰老、虚弱的男人糊涂、堕落的情感。

　　小说中,桑塔格令人信服地刻画了一个精力充沛的男人,他喜爱体育运动,不仅爱慕埃玛的绝色美貌,而且钦佩她的能说会道和审美感受力,这使得她因其种种"姿态"——对历史和艺术作品中名人的一种模仿——而闻名。桑塔格看到,埃玛·汉密尔顿不仅没有干扰,反而是推进了威廉爵士的审美计划和浪漫工程。他欣赏她,因为罗姆尼①画过她的肖像,还把她展示给其他画家,并让她为歌德和其他大艺术家表演。事实上,埃玛活脱脱就是关注形式美与自我创造可能性的桑塔格。她刚出生时叫艾米莉·莱昂,后来又用了一个听上去更有贵族味的名字埃玛·哈特,最后成为埃玛·汉密尔顿夫人,她是桑塔格塑造的一个完美典范——尽管历史上真有其人。桑塔格在一次访谈中赞扬埃玛,夸她"聪明绝顶,精力过人。她不是由这些人创造的,而是由他们相助而成"。接着,桑塔格又援引乔舒亚·雷诺兹爵士②对埃玛的评价:"她摆好造型,画作基本上就完成了。没有她的贡献,我无法再思考。"桑塔格对记者塞缪尔·R·德拉尼说得更直白:"我喜欢通过自己努力而取得成功的人,我觉得自己就是这样……去一个完全不同于你老家的地方闯荡——我认为埃玛特别了不起。人们因为她容颜老去而嘲笑她,你知道,那种做派是——是外貌治安员。"

对桑塔格来讲,汉密尔顿不只是一个新古典主义者,埃玛不只是个浪漫对象,纳尔逊也不只是一个海上英雄。这些人物身上都有着一种高贵感,而即使在纳尔逊看到他的英雄主义行为在他们毫无保留的奉献中得到证明的时候,他还是成了他们英雄崇拜的顶峰。桑塔格明白,他们是在合力追求荣耀。尽管桑塔格看似在不时地嘲笑纳尔逊——他的反动政治当然让她反感——但是,他对历史所采取的克己态度与她对文学的依恋是相似的。她在无数的场合都拒不接受她写作是要做自我表达这一观点。不,她更正记者说,她写作是为

① 英国肖像画家,作品具有新古典主义风格,以为汉密尔顿夫人所作多幅肖像画而闻名。
② 英国肖像画家。

了被吸收进文学主体中去,在那部经典中,正如纳尔逊努力去作为一名英雄占据其历史位置一样。像纳尔逊一样,桑塔格也在追寻永恒。还有什么比这一个人的追寻更浪漫呢?然而,对于这样的个人来讲,这似乎不是利己主义行为而是谦卑的标识,是自我向最高标准的投奔,不是自我表达的,而是屈从的新古典主义理想。

不过,纳尔逊是个有缺陷的人。他需要不断证明他的伟大——就像桑塔格所做的那样。一个又一个目击者都讲他从来都不厌烦有人恭维他,威廉爵士和埃玛夫人当然十分愿意帮他这个忙。在《火山情人》里,只有通过三角关系,每个角色才互相使对方完整。桑塔格承认:"它的艺术在于,他们都是真实的人物,但我把我自己的一些成分赋予他们每个人,由此将他们重新加以塑造。我觉得在情感上对他们投入很多。"

然而,创作伊始,三人组的重要性对作家而言并不明显。在第一部结束处,桑塔格的写作搁浅了。桑塔格现在说,是埃玛救了她。"埃玛劫持了这本书,"桑塔格对葆拉·斯潘说。第一部以忧郁的威廉爵士默念着他第一任妻子——凯瑟琳——之死而结束;凯瑟琳崇拜他,认同他的审美感受,但她并不能让他感到兴奋。正如桑塔格后来描述的那样,接下来,她构想出了小说由四部分组成的结构;这种结构模仿中世纪将人的气质分为四种的做法,即抑郁质、多血质(多血,埃玛和纳尔逊产生的激情)、黏液质(汉密尔顿垂死时的自言自语)和胆汁质(活跃的女性人物那些出色的独白)。

汉密尔顿和桑塔格表达的对美的占有欲将他们与世界联结起来,但也把他们与世界分离开去。《火山情人》充满了寓言式的段落,让人产生无法收藏世界、无法吸引其注意力的惆怅:"收藏品联结。

收藏品分离。它们联结热爱同样物品的人。(但是,没有人爱我爱的东西;这么说就够了。)它们将没有同样狂热爱好的人分离。(天哪,差不多每人都被分离。)"艺术家、美学家和收藏家努力将世界聚拢到一起,但他们却因此与世界分离了。在《火山情人》里,这一悖论带来的结果是,其中的叙述者对读者讲话,也同样地对她本人讲话。

安妮·莱博维茨试着在桑塔格一张收集贝壳的照片中捕捉她这个收集人,镜头中包括一个珠串似的滨螺、一个纽扣形状的贝壳、一个梯子海蜷①、一个条纹郁金香形贝壳、一个白扇贝和一个爱尔兰烤盘形状的贝壳,还有很多其他贝壳。桑塔格就像她的收藏家主人公一样,喜欢藏品代表的那种独享感、拥有的自豪感,以及炫耀藏品的欲望。桑塔格在写《火山情人》期间写信给戴维·坎贝尔说:"我拥有而且珍藏至少 60 种"人人文库"旧版书,所以,你可以想象,当我知道精装本正在重新上市我是多么开心啊!"

《火山情人》标志着作为小说家的桑塔格的功力大增,但与她的批评家地位相比,她作为小说家的地位还是低。弗雷·斯特劳斯·吉劳出版社斥资 75 000 美元来为《火山情人》做宣传,桑塔格则同意到 15 个城市为书造势——为卖她的一本书这样投入在她还是头一遭。这些活动把《火山情人》推上了畅销书榜。第一次印刷就非同寻常,高达 50 000 册。上市仅一个月后,第五次印刷,总印数超过105 000 册。每月读书俱乐部把它选为 1992 年 9 月的候选书目。桑塔格说《火山情人》感觉像是一个崭新的开始,好像她刚刚开始创作一样。

---

① ladder horn shell,一种贝壳,呈浓褐色或赤褐色,螺塔尖。

二十七、萨拉热窝（1993—1995）

> 问题是如何不去转移目光。如何不去屈服于停止注视的冲动。
>
> ——苏珊·桑塔格《看难以忍受的东西》

1993 年 4 月，苏珊·桑塔格访问萨拉热窝。是戴维促成此行的。当时，他在写一本书——《屠宰场：波斯尼亚与西方的失败》(1995)，这是关于那场战争的基本原始资料之一。萨拉热窝遭受塞尔维亚炮手的围攻已经一年，戴维发现他的朋友们已厌倦了他对巴尔干的分析。"我再也受不了我的任何朋友了，"他对母亲说，"他们只想听我讲十分钟有关波斯尼亚的故事。"他为她铺开地图，说："你知道，如果你来，大家会非常高兴的。"

桑塔格第一次去那里之前，对暴力、对西方的未加干预充满了"恐惧和愤慨"。这都是她的人民，是欧洲人；他们属于她的文化。但她能做什么？她不认为自己是记者，她没有想过为人道主义组织工作。4 月份在这个城市待了两周下来，桑塔格清楚了她能发挥的作用。当然，她看到人们受苦受难，但波斯尼亚人渴望他们那里成为一个国家，这一志向感动了她。萨拉热窝紧张而勇敢的气氛让她激动，这里的场面释放出人性最好和最糟的层面,并随之带来历史的回应和反响。她将波斯尼亚大屠杀归入她心目中 20 世纪欧洲暴行之列:1915 年亚美尼亚种族灭绝和 20 世纪三四十年代的纳粹对犹太人的大屠杀。桑塔格记得弗朗茨·斐迪南大公在萨拉热窝被加夫里洛·普林西普(波斯尼亚人)刺杀身亡而成为一战的导火线,她宣称这个城市"曾经揭开了 20 世纪的序幕,也将终结 20 世纪"。

在这个有着 350 000 人口的城市,每天有 10 到 15 人死去,也许还有两倍多的人受伤。桑塔格估计她自己的风险在千分之一。她抵达时身穿防弹背心,随后就脱掉了,以缩短她与新朋友之间的距离。她开一辆破旧的汽车,成了狙击手轻易就能发现的目标。她和一个在这座被围困的城市帮助发放食品的波斯尼亚人交上了朋友,此人后来移居纽约,当了她的司机。在萨拉热窝,哈桑具有某种第六感觉,为桑塔格留心着周围情况。有一次,她走近一个出入口通道,他叫她赶快往前走,别停下来;几秒钟后,一发炮弹在通道处爆炸。这样的事件成了她的战争故事。

除了波斯尼亚人的勇气,桑塔格还钦佩他们在枪林弹雨以及其他恐怖主义行径中顽强不懈地努力过上正常的生活。在萨拉热窝,塞尔维亚人、穆斯林和克罗地亚人以前一直和平地,甚至是幸福地生活在那里,相互通婚,极少考虑他们之间存在的宗教或种族差异,多元文化的萨拉热窝体现了桑塔格的国际主义理想,而欧洲和西方其他国家根本就没有勇气或者也没有想到去维护这一理想。桑塔格对这个地区的文学有所了解,但是对其历史所知不多,她才作出以上的判断。此前,她访问过在杜布罗夫尼克的作协,塞尔维亚人向克罗地亚发起进攻、开始轰炸该城时,她在那里结交的朋友给她打来电话。

1993 年 7 月，她宣称"更糟的还在后头。我认为波斯尼亚人将被彻底打败，萨拉热窝会被占领、割裂和摧毁……这场战争也预示着欧洲将彻底名誉扫地"。1995 年 7 月，她又补充说："联合国永远都无法从它在波斯尼亚的失败中恢复名誉，北约也永远无法从它拒绝采取行动中消除影响。"

桑塔格批评美国霸权，批评一个国家应当有这么多的权力这种观点，她呼吁美国干预："我的政府应当干预，因为她将自己视为一个超级大国。"她不认同超级大国这个观点，即使当她呼吁运用超级大国的力量时，亦复如此。桑塔格对左派的不作为深感遗憾。实际上，没有人加入到她在萨拉热窝的行列中来。"现在没有任何左派。这是个笑话，"她对《国家报》记者阿方索·阿马达说。在波斯尼亚的问题上，左派又一次分裂了，有些人赞成在波斯尼亚的干预，其他一些人则反对。《国家》杂志的维克多·纳瓦斯基发现他自己的撰稿人在这一问题上意见分歧。E·L·多克特罗讲下面这段话时，实际上代表了许多作家：

> 我没有上街抗议我们的政府不支持解禁（对武器的禁令使得波斯尼亚人难以自我武装）。有如此众多的评论者站出来，很专业地就此解释巴尔干半岛各国处于一种绝对无法解决的情形之中，大家都错了，他们全都身陷长期存在的敌意之中而难以自拔。人们对此已不抱希望。

多克特罗同意桑塔格的观点：左派理应有更多的作为。但提及桑塔格早些时候在市政厅的长篇演说，多克特罗猜想左派是否受到抨击并作鸟兽散了，所以，"那里没人跟在她身后向前闯了"。

在《哀悼波斯尼亚》(《国家》杂志，1995 年 12 月 25 日)里，桑塔格呈上了她对左派"起诉"的诉讼要点。左派已变得自鸣得意、舒舒服服、热衷于消费、有健康意识。她说，人们纳闷她儿子怎么能够和烟民在一起待上那么长时间。"哦，你回来啦！我还曾为你担心呢，"朋友们会说。但是桑塔格认为，这样的评论意味着他们并不希望了解她的经历。1995 年年底达成的代顿和平协议①让她感到不悦，因为它所制定的是一种非正义的和平。波斯尼亚被瓜分，这事情很大，因为它是那些"模范事件"之一——就如 20 世纪 30 年代的西班牙内战一样。她不想过多地替知识分子美言——他们有可能和其他老百姓一样循规蹈矩、胆小怕事——但至少有些作家还是奔赴西班牙，坚持了"异见的标准"的。她退一步说，知识分子在波斯尼亚差劲的表现也许可以归咎于"巴尔干半岛国家作为争端不断之地的坏名声"，归咎于对穆斯林的偏见，归咎于左派在 20 世纪 30 年代和 60 年代过于轻信共产主义这样的观点。可是不这样的话，情况则更糟糕："令人郁闷的是，被去政治化的知识分子……随时随地表现出玩世不恭，他们对娱乐着魔，他们不愿意为了任何事业让自己处于不便的状况之中，他们全身心地关注个人的安危。"最后，她哀叹"国际协作这一理念本身令人头晕目眩的腐败"。

《哀悼波斯尼亚》对某些令人不悦的真相避而不谈：许多作家在西班牙被愚弄了——或者更糟，像海明威和约瑟芬·赫布斯特那样，他们实际上对有些事情撒了谎。但桑塔格发现她处理不了这些问

---

① 1995 年 11 月在美国俄亥俄州代顿市由南斯拉夫、波黑和克罗地亚三方代表达成的，有关结束波黑内战、版图划分、交换战俘、重建波黑等若干协议。

题。正如她对记者艾琳·马尼恩和谢利·西蒙所言,她放弃了一篇讨论知识分子与革命或革命力量的思想之间的关系的论文:"这是个危险区!这是我生平第一次为读者的问题而烦恼……我为谁而写?我对帮助和安慰新保守主义分子不感兴趣。这是个折磨人的两难境地。我最后被它击败了。我花了一年半时间写出了几百页,终于还是放弃了。"结果,桑塔格从未像乔治·奥威尔和丽贝卡·韦斯特那样认真对待政治。很说明问题的是,这些大作家在桑塔格的经典中根本就没被提及。

桑塔格和陪她去过一次萨拉热窝的莱博维茨对在波斯尼亚的冒险经历激动不已。"没有围墙,没有人身安全,"莱博维茨说道。"每个人都完全知道他们是谁。所有的装饰都剥掉了,你看到生活的微观层面……你变得非常渺小。你因此有点像化为乌有了。"莱博维茨看到一个遭炮击的伤者(一个骑着自行车的男孩)在被送往医院的路上死在她车里后,她拍下了那个场景:包括那辆弃置一边的自行车和街面上男孩的血。评论家安德鲁·帕尔默认为这些照片"是献给摄影师刚正不阿的人格平凡的赞辞"。另一位评论家认为莱博维茨是"一如既往的温柔与残忍"。那里没有电,她只好靠自然光。她说:"我努力回到我的起点,像当初那样不依赖多少设备或器材去摄影。"不过,我们的摄影师明白她所做的不过是一些初步的努力。第二周,她就回到了洛杉矶拍摆出"思想者"姿势的西尔维斯特·斯泰龙。

那么,除了提供证据、拍照和组织民意赞成一个波斯尼亚国家,还能做什么呢?桑塔格很想写一本书,但她不想抢她儿子的风头,围困要求人们做出别的、更直接的行动。即使拍一部电影也需要时间,而且不会如她所愿直接而迅速地融入萨拉热窝人中间。她不仅希望为萨拉热窝观众做点事，而且希望让世人的注意力集中在她这样做的举动本身上面。这是维克多·雨果才可能树立的雄心壮志——当然，与雨果不同，桑塔格否认她是在试图利用自己的名人效应引来一批国际观众。

在《戈多来到萨拉热窝》（《纽约书评》1993年10月21日）中，桑塔格解释了她决定排演塞缪尔·贝克特的《等待戈多》，作为一种团结协作行为，作为对一个拒绝向"塞尔维亚法西斯主义"屈服的城市的"小小的贡献"。1993年4月，在与生于萨拉热窝的青年戏剧导演哈里斯·帕索维奇交谈时，桑塔格询问他是否欢迎她重返这座城市导演一出戏。"那当然，"他回答说。"你要导哪部戏?"桑塔格冲动地回答：《等待戈多》，说话时心里可能想着这部戏的开场白："无事可做。"这也是她发表在《纽约书评》的文章的开头。这出戏对萨拉热窝来讲似乎是完美的。贝克特笔下的人物在绝望中坚持，正如萨拉热窝人等待、等待着拯救——等待他们的戈多，等待西方，等待美国人炮轰塞尔维亚人，将他们赶回贝尔格莱德。这出戏最简单的舞台布景完全反映出一座围城被掠夺一空的情形。桑塔格相信："为数不少的人会因艺术确认并美化了他们对现实的看法而感觉更有力量，并受到抚慰。"

媒体和其他作家批评——甚至嘲讽——桑塔格。《卫报》一名作家注意到《名利场》杂志完全成为听任桑塔格摆布的宣传机器，他问道："桑塔格的用意尽管是好的，不过，这与雪儿①当年以自己特殊的

---

① 美国歌星、影星，亚美尼亚裔。因主演《月色撩人》而获得1988年奥斯卡最佳女主角奖。

亚美尼亚人身份,那个用热蜡除去比基尼线体毛的女人,到亚美尼亚搞慈善,真有那么不同吗?"《独立报》的戈登·科尔斯认为桑塔格是开始了一项"艺术久长"①的文化服务:"在交战中心地带上演20世纪经典戏剧作品之一(由专家选出的与你们的战争相关的),是一个不同凡响的事件,也是为振作军民士气所做出的一个独特贡献。"乔安娜·科尔斯在《卫报》上写道:"我们似乎陷入了一轮慈善挑战之中;最新一局是一些名流在其中就非常公开的慈善行为进行竞争。"语气稍微婉转的批评来自克罗地亚记者斯拉芬卡·德拉库利奇,《巴尔干快报:来自战争另一边的零讯》(1993)的作者:"现在出现了围绕萨拉热窝和波斯尼亚的越来越大的产业,悲哀的是,注意力对准的是参加者,而非公众。"德拉库利奇并不怀疑桑塔格所怀有的美好的出发点:"我要说的就是:如果仅仅关注和理解就能救萨拉热窝,那它老早就得救了。"《爱尔兰时报》的路克·克兰西报道说,《等待戈多》的制作"让该城许多人很光火",他援引戏剧导演杜布拉维科·比巴诺夫的话说:"她是为自己才这样干的,决不是为别人。它根本没有述及波斯尼亚或波斯尼亚文化。"

埃丽卡·芒克——一位采访过桑塔格并关注她在萨拉热窝的工作的耶鲁大学戏剧教授——发现,并非所有的艺术家和知识分子都相信"文化工作对保卫这座城市是必要的……他们问,我们干吗要制造一种正常生活的假象呢?收集柴火,运水,喂饥饿的人们,帮助受伤者,砌掩体,参军:别假装我们仍然拥有一个城市,也别为向外界假装我们还拥有一个城市的做法推波助澜了"。在这一连串火力密

---

① 指古罗马名言:"艺术久长,生命短暂。"(Ars Longa, Vita Brevis.)

集的批评面前,桑塔格爆发了。她告诉芒克:

> 我不明白他们怎么会如此愤怒。我分文未取。我的所有费用全部自理。我主动拿出我生命中的一个半月时间,那些演员也是义务劳动,所有演职人员全都这样,票是免费的,况且这是在萨拉热窝。他们怎么可能反对?这是非营利制作的一个非常极端的例子。我当然认为他们会感到自豪。我大胆地说一句,在这座被围困、满目疮痍的城市,听说过《等待戈多》的人要多于巴黎、伦敦和纽约。走在街上,孩子们拦住我,用波斯尼亚语对我说:"等待戈多!"——这在这座城市成了一个传奇。这出戏竟然在这里上演,是它的荣耀。

战地记者一个个都钦佩桑塔格。他们感激她在那里露面;她的勇敢和坚韧给他们留下了深刻印象。《伦敦时报》的贾宁·迪·乔瓦尼看着桑塔格冒着塞尔维亚狙击手的炮火,一路奔向剧院;当时,迫击炮正对该城狂轰滥炸,而迫击炮所在的位置离剧院只有 1 000 英尺。剧院的墙和窗都在摇晃。这位一支接一支抽着烟的导演坐在烛光里平静地讨论剧本,思考西方干预的前景。空袭意味着她不得不搬出假日旅馆和一个演员住一起。事实上,正如克里斯托弗·希钦斯所报道的,桑塔格"有几个晚上就睡在《解放报》社的地板上;这份波斯尼亚报纸即使在其编辑部化为一片瓦砾之后仍继续出版"。希钦斯解释说,狂轰滥炸变得"十分恐怖,'回家'极不安全"。

迪·乔瓦尼列举桑塔格战争期间的丰功伟绩:美国轰炸河内时

她现身河内;1973 年她在西奈半岛躲炮弹。桑塔格从假日旅馆带来
当早饭的面包卷,把它们分给她那些身体虚弱的演员吃;这些演员把
排练休息时间看作好机会,躺倒在舞台上休息。她的一个演员对记
者说:"前线在打仗,这里也是一种打仗,我们得告诉世人我们不是动
物,我们有文化,我们有思想,有梦想。"演员专注地看着桑塔格,她夸
他们的表演已经有进步时他们很高兴。有位演员引用戏中一句台词
说:"我们应当庆祝一番,但怎么庆祝?"《纽约时报》的约翰·彭斯报
道说:

> 对于萨拉热窝人来讲,桑塔格女士已成为一个象征,当
> 地报纸和电视经常采访她,各地集会都邀请她去发表演讲,
> 走在街上也有人请她签名。这个戏首场演出后,萨拉热窝
> 市长穆罕默德·克雷塞夫亚科维克走上舞台,授予她荣誉
> 市民的光荣称号;这是除新近离开的联合国部队司令官菲
> 利普·莫里隆少将以外获此殊荣的唯一一位外国人。

桑塔格为自己荣誉市民的身份而感到自豪,她对电视台记者查理·
罗斯讲:"一个独立的外国人想来这座城市工作一段时间,这对当地
的民众意义重大。"她要花一个月的时间导演这出戏,以后又九次回
到萨拉热窝,以此向许多波斯尼亚人证明,她这不是在沽名钓誉。她
和小学生待在一起,在电台做广播,出现在萨拉热窝 SAGA 电影制作
公司拍摄的纪录片里。

桑塔格发表在《纽约书评》上的自我辩护反驳了评论者对她的多
项指控。她指出,在一个有着轮演保留经典剧目传统的城市上演《等

待戈多》,这不是什么做作的或者不合适的事情。1993年,萨拉热窝五家剧院中,仍然有两家在演戏,演出像《阿尔克提斯》①和《埃阿斯》②这样的剧目。桑塔格写道,当然,萨拉热窝人也渴望看喜剧获得轻松,很多人会宁愿看一部哈里森·福特主演的电影,而不是贝克特的戏。桑塔格坦率地承认自己是个"古怪的美国作家",但她认为自己选择《等待戈多》一点也不古怪。从她对这出戏制作的叙述中可以看出,她是个全身心投入的、有决心也有天赋的导演。但无视其作为媒体明星的地位则会引起怀疑。正如埃丽卡·芒克所言:"当一位文化名流陷入一帮战地记者中间,结果就是在喜剧和滑稽剧之间了。"该怎么解释这位声称自己一直惊讶于"《等待戈多》受到国际媒体如此多的关注"的60岁女性呢?她待在假日旅馆,一个她如今不情愿地称之为"记者宿舍"的地方,但当时十来个人提出采访她,让她感到麻烦,她是在她的剧组人员肯定地对她说这一关注"对萨拉热窝有好处"之后,才同意接受采访的。

　　桑塔格希望录用尽量多的没了工作的好演员,所以,她决定制作一部"性别模糊的"作品,选用了一个人高马大的老年女演员来扮演波佐(一般情况下是戏中主要的男性角色),然后,选了三对男演员扮演弗拉迪米尔和埃斯特拉贡——"让那对男女的主题有三种变数";她也许可以补充说,这个主题贯穿于她在导演其他戏剧和电影方面所做出的全部努力之中。演员们来自穆斯林、塞尔维亚和克罗地亚家庭。为了让她的国际主义和普适性伦理统辖这一对对,桑塔格将

---

① 欧里庇得斯的作品。
② 索福克勒斯的作品。

一对设计成"拍档"的关系,将另一对设计成母女关系,剩下那一对设计成动辄争吵的夫妻伙伴关系。这三对坐在明显区分开的台上和台下区域,他们含蓄地互相评价,有时他们发挥的作用"还有点像希腊合唱队,也有点像观看主仆演戏的观众",桑塔格解释说。她意识到,观众坐在一个离炮火不远、光线昏暗的剧场从头到尾看完两幕戏,这对他们的耐力将是一种考验。她颇有道理地解释说:"第一幕的绝望对于萨拉热窝的观众来讲就足够了。"再一次等待戈多而又不让他出现,也许就难以忍受了。

评论家戴维·图尔认为,桑塔格使这出戏成为一个"集体作品"。弗拉迪米尔和埃斯特拉贡似乎不再那么孤独。萨拉热窝民众可以看到他们自己在舞台上得到体现,但是,"剧场里,个人生活的意义获得了一种世界本身没有获得的美学上的证明,"图尔最后说。埃丽卡·芒克推崇桑塔格所做的工作,这位充满同情心的目击者说道:"由于某种原因,《等待戈多》变得十分合适;很适宜。时事性和无幽默合力创造出一种哀婉动人的效果;剧终时,蜡烛被小心地吹灭,那一刻及其意义精心设计得极为明了,我在那里没有流泪。或许,一周后,我不会这样。"

芒克注意到,当地有个学者"表示不屑:'毕竟,那不是贝克特。'"当然,对桑塔格对他的戏的阐释,塞缪尔·贝克特肯定会大发雷霆。1984年,贝克特就曾通过其律师马丁·加伯斯,试图阻止罗伯特·布鲁斯坦的美国保留剧目剧院上演《终局》,因为戏的场景和舞台指示都被改动了。爱尔兰小说家、剧作家艾丹·希金斯在一封致《爱尔兰时报》的信(1993年10月30日)里抱怨说:"我尊重苏珊·桑塔格,但我能不能问一下:是谁全权委托她重新阐释这部现代经典中最朴实无华的戏的……她认为这出戏在萨拉热窝上演是合适的,而且是以一种她不懂的语言来阐释。贝克特曾经拒绝了一部由清一色女演员出演的荷兰版《等待戈多》,他肯定也不会同意这种大杂烩。"

仿佛是要回应这些反对意见,桑塔格在其发表在《纽约时报书评》上的文章里解释说,她将该剧本的塞尔维亚克罗地亚语译本抄在她的英文本剧本上,又把英文本抄到波斯尼亚语脚本上。她说她花了十天左右的时间,去"用我的演员所讲的语言背诵贝克特的这个剧本"。(她也有个翻译帮忙,而且,有几位演员懂英语。)她所做的其实没有那么异乎寻常。她指出,阿瑟·米勒就在中国导过《推销员之死》,"你瞧,我了解这些人,"桑塔格对记者约翰·庞弗雷特说。"我到过他们家,分享他们的部分生活。他们出错时我知道。我们关系亲近。我聆听台词中蕴含的情感。"像希金斯这样的评论家很可能觉得她这番话并不能令人信服。正如他强调指出的:"贝克特本人讨厌演员在舞台上做什么动作或摆什么姿势,也许,他将人物限定为五人是有他自己充足的理由的。真的,他肯定不会同意为了'更新'其思考方式便去对剧本大动干戈!"

《等待戈多》一周演四至五次,有时一天会演两场。演员们精力更加充沛,加快了速度。在 SAGA 拍摄的纪录片《萨拉热窝废墟》(关于这座围城的电影剪辑)中,有桑塔格简短的镜头,她在一场演出后向观众谢幕。她点头致意,然后用她惯常的姿势把头发向后一撩,看上去有点尴尬。

到 1995 年 4 月,桑塔格希望在萨拉热窝将小学教育搬到大公寓房里进行的计划落空了。她"心碎了",将自己的努力视为一"大失败"。然而,她继续访问萨拉热窝,共计 11 次——访问时间从几周到几个月不等——履行了她做出的诺言,即只要围困没有解除,她就会不断回来。1994 年 2 月,她因在萨拉热窝所做的工作而获得勃朗峰文化奖,她将 25 000 美元的奖金捐给了国际笔会波斯尼亚分会,称"这完全是一项颁给萨拉热窝的奖项。我不过是促成了此事罢了"。

二十八、结局与肇始(1991—1999)

桑塔格渴望在萨拉热窝将一出戏搬上舞台,这不仅反映了她要为被围困之城做点事情的努力,而且是其认真投身戏剧事业的一种表现,结果促使她写成了她第一部上演的剧本——《床上的爱丽斯》。该戏1991年9月在德国波恩首演,这是一部自传剧本,尽管桑塔格对一个德国记者矢口否认:"我不希望人人都认为剧本说的是关于我的事情。"床上的爱丽斯就是患哮喘的苏珊的替身——包括专横的护士像极了罗丝·麦克纳尔蒂,催促她的照看对象起床,面对世界。这个剧本主角爱丽斯·詹姆斯是威廉和亨利聪慧的妹妹,她在42岁那年被诊断出乳腺癌;同样是在这个年龄,医生递给桑塔格一张相当于是死刑判决书般的诊断书。

据桑塔格说,创作《床上的爱丽斯》的想法源自她导演的《你需要我的时候》。该剧女主角阿德里安娜·阿斯蒂请桑塔格为她写个戏,而在戏里,她要一直都不离开舞台。桑塔格开玩笑说那她就得把女演员放在床上了。这一议论反映出一种女权主义的观点,即女性极少获许主宰舞台,除非是作为受害者和男性想象的俘虏。《床上的爱丽斯》反映出桑塔格极少公开表露的对男人的愤怒。桑塔格在后来的采访中频频提及弗吉尼亚·伍尔夫,从《床上的爱丽斯》的作者题注中,我们得知她写这个剧本时脑子里想到了伍尔夫引人思考的著作——《一间自己的房间》,这并不令人感到有什么惊讶。在伍尔夫这本经典的女权主义册子里,她思忖,假设莎士比亚有个妹妹,她也不会有那种写作的"自信心"(桑塔格语)。桑塔格接着写道:"对女性的种种要求,诸如妩媚动人、耐心体贴、相夫教子、贤惠温顺、敏感多情、三从四德等等,所有这些必定是与为了把巨大的创造性天赋发挥出来所必需的自我中心、积极进取以及对个体的漠不关心相抵牾甚至格格不入的。"①这么多的顿号清楚地表明,对桑塔格来讲,社会给女性分派的角色苛刻得无法完成。

桑塔格少女时期,便有人向她提出上面列举的种种要求。即使这样,她还是在自己身上发现了理由、自我中心和进取精神去抗拒它们。不过,桑塔格有更直接的理由来写爱丽斯·詹姆斯。令人吃惊的是,桑塔格并未提及琼·申卡开拓性的剧本《生命的迹象》(1979)。该剧在让·斯特劳斯广受好评的传记《爱丽斯·詹姆斯传》出版前一年就写成并在美国地方剧院上演,而且那时因为她两个哥哥太有名而令她逊色,人们对她的困境尚未有多少关注。申卡和斯特劳斯全面恢复了爱丽斯的人性,其中包括她作为一个作家的感受力——而作家的角色,与任何其他主题相比,更是桑塔格痴迷的东西。

20世纪80年代中期某个时候(申卡记不得确切的时间了),一次聚会交谈时,桑塔格对申卡说:"我一直对爱丽斯·詹姆斯非常着迷。我想读一读你的剧本。"申卡遂送了她一本,但从未听到关于它

---

① 参见冯涛译《床上的爱丽斯》。为配合作者下文的叙述,译文略有改动。

的一个字。于是,她给桑塔格寄了封短信,要求把剧本还回来。桑塔格也从未回复。2000年11月14日,麦克尔·范戈尔德在《村声》上发文评论《床上的爱丽斯》,他注意到象征性的相似之处:"桑塔格杰出的批评散文能让一个个观点以令人激动且引人注目的方式舞动和发生碰撞,然而,作为一个虚构作品作家,她却无可救药地缺乏天赋。和她的长篇小说一样,她的其他作品也和其他人同一主题的更有趣的作品有点类似——这里要说的是琼·申卡的《生命的迹象》——早些时候关于爱丽斯·詹姆斯的梦幻般的一部戏。"申卡随后给《村声》写了一封信,说范戈尔德对她的剧本的赞美让她非常开心。申卡还说,她的作品"过去20年来不断地上演,并在课堂讲授"。至于其"中心一再重复的部分",申卡强调指出,《生命的迹象》的特色是一场茶会,到场的都是历史人物,"就像,很明显,桑塔格女士后来的一部作品一样。不用说,这是一种艺术'巧合',让作家们咬牙切齿到凌晨"。在说了桑塔格早些曾要求借过一本《生命的迹象》后,申卡得出结论:

> 我没读过她的剧本《床上的爱丽斯》,也没看过这部戏(容忍是有限度的),而且,由于这两部作品在其他方面明显不一样,对她的剧本的出处我不会发表任何意见(谁知道是哪一叉子下去打散了鸡蛋呢?)。但是,我还真有我自己需要坦白的。
>
> 我只是吃惊地注意到,在我最近出版的传记《真正的王尔德:多莉·王尔德令人不安的故事》,即奥斯卡·王尔德不同寻常的侄女,其中一章的标题就是……"床上的多莉"。

也许，我的这一辨认会激起来自桑塔格女士类似的辨

认，或者，也许，最终，她肯定会把我借给她的剧本还回来。

申卡再未收到桑塔格的信，于是她只好认为她被"合适地桑塔格
化了"。

　　桑塔格会觉得申卡的作品有吸引力，这一点也不令人惊讶。正
如批评家薇薇安·帕特拉卡指出的那样："申卡着迷于认识论，诸如
人们是怎么知道他们知道的东西的，他们为什么知道，以及他们怎么
处理这东西。"然而，与桑塔格不一样，申卡的对话极富戏剧性的吸引
力而且带有黑色幽默，毫无桑塔格那种傲慢无礼。《生命的迹象》的
推动力——用帕特拉卡的话来说，"激发我们认识到我们当前的文化
时刻产生于我们历史上的过去"——也适用于《床上的爱丽斯》。桑
塔格采用了同样的方法，包括申卡的场景结构。把这两部戏放在一
起比较，桑塔格的版本中缺失的是申卡的那种勃勃生气。此外，桑塔
格对亨利·詹姆斯多愁善感的描述也引人注目——这与申卡笔下愚
笨的大肚汉一点也不像；他从未真正懂他妹妹。而且，桑塔格的作品
中没有凯瑟琳·洛林(她与爱丽斯的浪漫恋情对斯洛珀博士和亨利
是一种公开的侮辱)；凯瑟琳想操纵、控制爱丽斯的生活。在申卡的
戏中引人注目的东西，到了桑塔格那里则变得弱化了，牵强附会地借
用了歌剧中的女性人物。桑塔格的戏中缺少的还有爱丽斯的大声疾
呼："我渴望看到我父亲和我所有的兄长的血从我们儿时的家的门厅
流过，流成一条红色的河流。"

　　2000年上演的《床上的爱丽斯》的可取之处是琼·麦金托什；范
戈尔德称她为"在世的最优秀的女演员之一，而且肯定是其中最顽强

好胜的",做"所有叫她做的事,还有没叫她做的。她存在于角色之中,准确地表达台词的意思,全力赋予它们活力。她咆哮、啜泣、呻吟,在一个很长的场景中,甚至唱了一两段。她以满怀的信念表演着"。范戈尔德补充说:"而这全都是白费力气,目的是要做一件肯定飞不起来的事情。"事实上,麦金托什的表演是心甘情愿做的事。正如她对桑塔格所说:"有时,我认为我会因为对你的激情而爆炸——我不是说只是性激情……而且,相信我,亲爱的苏珊,正如我在明尼阿波利斯说过的,我爱你,不是对你有点幻想……而且我想和你有关系而且我想在我俩之间有什么样的关系存在都行……我要你——这样说是件糟糕的事吗?"麦金托什在一封长达九页的手写信件中还是在继续说着这些。

剧本中,桑塔格思考的范围很广:从在詹姆斯这个名门望族中作为一个女人意味着什么,到语言的本质("时态的力量大得出奇,是不是?"),再到历史形态、阶级结构(爱丽斯与一个带有伦敦土腔的窃贼有一场谈话),以及爱丽斯本人的悖论,即她是个不下床的女人,却又宣称:"我的精神让我感到强壮。"但是,正如有位评论家所言,该戏的戏剧结构较弱。

桑塔格在哈佛制作的米兰·昆德拉根据狄德罗的小说改编的作品证明罗伯特·布鲁斯坦的观点是对的:"苏珊的戏剧想象力(就如作为戏剧人在许多方面和她很像的乔纳森·米勒一样)基本上是视觉的。"她缺乏指导演员并找到一种与他们交流的语言的天赋。在写作对话方面存在的类似弱点导致《床上的爱丽斯》的情节不自然。恰如另一位评论人所说,随笔作家"绝对战胜了剧作家"。

1994 年,桑塔格开始在加利福尼亚马利布的葛底学院研究演员海伦娜·莫杰斯卡的生平。这位波兰女演员于 1876 年移民加利福尼亚的阿纳海姆,定居在波兰流放者生活的一个小区域里的一个农场,并开始学英语,为她一直渴望用英语来出演的莎士比亚戏中的角色做准备。莫杰斯卡后来成为闻名世界的女演员,也是萨拉·伯恩哈特①的竞争对手——后者桑塔格在埃德加多·科萨林斯基的纪录片《萨拉》(1988)里,曾亲自为她配音。

在加利福尼亚,莫杰斯卡陷入与她丈夫卡罗尔·查波斯基和青年作家亨利克·显克维奇的感情纠葛之中;她丈夫是波兰古老的地主家庭的后代;显克维奇日后是诺奖得主。这个"三人组"——《在美国》开端"第零章"中的用语——重现了《火山情人》的动力。看得出来,叙述者是桑塔格,她不仅在讲述 19 世纪的故事,而且在讲述她如今在萨拉热窝的亲身经历、她的童年和她的(外)祖父母、她与菲利普·里夫的婚姻、她对波兰诗人切斯瓦夫·米沃什的喜爱,以及她与欧洲的亲和。她小说中被奥地利、普鲁士和俄国瓜分的波兰就是她深爱的将要被塞尔维亚和克罗地亚分割的波斯尼亚。叙事者开始叙述时,听到一些波兰人在一个房间里讲话;他们都是乌托邦主义者和理想主义者,他们对欧洲极为失望,然而仍旧怀抱着他们"受难的国家"将获得救赎的幻想。桑塔格甚至提及"我孩提时代心目中最杰出的巾帼英雄玛丽亚·斯克沃多夫斯卡,即后来的居里夫人"。

众多的男人被吸引到莫杰斯卡身边——在桑塔格的小说里也是这样:他们在她的主人公、演员玛琳娜及其"威严的目光"面前毕恭毕敬。他们跟随她一起来到加利福尼亚,在那里,她重新开始了她的

---

① 19 世纪末、20 世纪初最有名的法国戏剧女演员。

演艺生涯。叙述者说玛琳娜的故事吸引她,因为"我喜欢独自排忧解难的感觉,喜欢一门心思去面对生活难题的感觉。(或许正因为如此,我才六次前往被围困的萨拉热窝,虽然害怕得发抖,却又是兴奋不已、无比自在,自在得都令人惊呆了。)"

桑塔格显然很享受暂时摆脱掉受限制的评论家的角色;作为评论家,人们期待你对时事现象加以评论。1998年1月,桑塔格在华沙接受记者艾尔兹比塔·萨维卡采访时,她事先与记者约法三章,不讨论任何政治问题;她的定位明显改变了。她全身陶醉于纯粹表演的快乐之中了。"我自己就是个演员,一个隐蔽的演员,"她通过解释她关于莫杰斯卡的小说告诉萨维卡。"我一直想写一部关于女演员的小说。演戏那一套我全明白,我也清楚这个行当里的情况。"她在中学演过戏、真心喜爱表演,但她先前下过结论说"这不是我希望过的生活"。桑塔格坚持认为这部小说不是自传性的:"我是对关于移民和女演员的小说感兴趣。"就像在《火山情人》里那样,她避免使用历史人物的真实姓名,以便自己在塑造虚构事件时有点自由度。

萨维卡对桑塔格的波兰背景感到好奇,便想知道桑塔格自己祖上这一层关系是否体现在她对莫杰斯卡的情感之中。桑塔格回答说:"没有,根本没有。"萨维卡反问一句:"你祖上的家园难道对你一点意义都没有吗?你不动感情吗?"桑塔格坚持认为,这不是个感情问题。"我不是个自我中心主义者。关于我自身,关于我的根,我想得不多。"接着,桑塔格回忆起1980年她首次访问波兰的情景。一位波兰影评人带她去了华沙的一个犹太人墓地。他们绕着那为人所忽略的伤心之地走了一圈,边走边努力辨认墓碑上的名字。桑塔格注意到,其中有一半的名字均以"ski"或"icz"结尾,另一半读起来则像德国人的名字。"真有趣，"桑塔格评论道。"这么多波兰犹太人叫德国名字。"那个波兰陪同答道："就跟你一样。"桑塔格感到惊讶极了，这才意识到她还真从未想过自己的名字——或她自己的生平——是怎么回事。

1996年3月，当我们俩写信给桑塔格，告诉她我们已经从W·W·诺顿出版公司拿到了合同，要撰写她的传记；这件事似乎对她的文学生涯是令人惊骇的扰乱。我们提醒她某个时间，我们曾在华沙的一次文学研讨会上见过她。我们解释"现在是合适的时间来写一部你的传记"的原因。我们精心挑选她这个角色作为公共知识分子：她远离学院派的独立和自由，她里程碑式的批评散文和富有创新元素的小说，以及写一部全方位的传记的必要性。当时只有两本介绍性的书，根本不能公正地评判她不断发展的感受力，"这只有在传记中尝试去论述了"。我们向出版社提出这部传记的计划时，并没有指望她能配合，但我们知道，如果能和她见上一面，我们显然会从中获益，"不仅仅能收集一些信息，还能帮助我们评价我们从其他渠道获得的资料"。我们承认，一个尚在人世的人物的传记不可能盖棺定论，但我们补充说："又有哪部传记能够盖棺定论呢?"相反，我们想"打下基础，这样，其他传记作者和评论家就能够添砖加瓦"。我们引用赫伯特·巴特菲尔德的话来说明第一批传记的重要性，因为它们捕捉到了素材，否则的话，这些素材就淹没在历史的长河之中。我们还从卡尔撰写的诺曼·梅勒的传记①中引用了一句短语："有时一个

---

① 即本书作者卡尔·罗利森撰写的《诺曼·梅勒传》(*Norman Mailer: The Last Romantic*, 2008)。

人可以,用一支笔,买到未来。"在信的最后,我们提出送桑塔格几本我们出版的书,还说我们期待收到她的来信。

在桑塔格的经历或理解中,她根本没有准备取道这种途径,即来自熟人范围以外根本不认识的人。在她对文学的理解中,不允许——哪怕是丝毫的——承认传记是值得尊重的——更不用说是值得拥有的——文类。她拒绝了格雷格·约翰逊——乔伊斯·卡萝尔·欧茨授权的传记作者——的采访,在信中概括了她的观点:"这与你杰出的采访对象无关。只是因为我觉得没必要给还活在世上的作者写传;不喜欢八卦或把我知道的朋友或认识的人的私事弄得人尽皆知;而且,也不觉得我对同时代人的观点或评价多有趣。"

桑塔格没有回复我们的第一封信,这时,我们又写了一封短信给她,再附上我们原先的那封信,表示希望她能抽出时间回复我们。她没有。相反,1996年9月12日,她的经纪人安德鲁·怀利写信给我们说,她请他代表她给我们写信。他转告说他们对传记的想法"很有兴致",但是,因为她在创作一部新小说,她当时没有时间接受采访。他想知道关于我们的"途径"的更多内容,以便将来备查,比如:我们要用什么资料,计划写多长时间。他期待收到我们的回信。在咨询了我们的编辑后,我们回复:"和我们已经撰写的那些传主尚健在的传记一样,我们的途径、拟采用的资料,甚至我们完成这个计划所需的时间,都取决于采访对象的可获得性。"怀利对这一回复未作回应。但是,甚至在我们给桑塔格写第一封信之前,他就已经咨询过律师了。1996年1月7日,他写信给曼哈顿一家"白鞋公司"①——美邦

---

① white shoe firm,指行业(尤指法律)中的领军公司。

律师事务所①——的罗素·E·布鲁克斯，说一家独立的出版公司，诺顿出版公司资源有限。他怀疑，作为一家"相当传统"、"甚至有点古板的"出版公司，诺顿会"希望避免一场艰难的法律纠纷。如果你同意，我希望他们感觉到他们将面临这一可能"。情况变得很明显，我们，还有诺顿出版公司（他们已投保买了诽谤保险），并未被桑塔格不合作的沉默吓倒；1997年1月10日，诺顿出版公司董事长唐纳德·S·拉姆收到美邦律师事务所罗素·E·布鲁克斯的来函，声明说我们"对桑塔格女士不了解"，而且她"毫无理由"相信我们"有资格写这样一部传记"。他表达了他的担忧：桑塔格和她朋友的隐私会在一本旨在"引发争议"的书中遭到触犯。这封信"警告"出版公司，他们的书会被仔细检查，而且桑塔格的权利会得到"精心的保护"。1月29日，诺顿一位副总裁回复说："我们和作者打算非常负责任地做好出版这本书的事情。"

桑塔格继续阻挠我们，比如，笔会从她任主席期间的议事录不让我们接触——即使这样，结果是，很大一部分内容在普林斯顿大学的档案馆已能查阅到。笔会的前主席托马斯·弗莱明对桑塔格的行为表示吃惊："我们是一个代表自由写作、自由获取信息的组织。而且，我们是第一修正案的拥护者。我们努力与审查制度作斗争。原则是显而易见的。"与此同时，桑塔格继续（通过代理）给诺顿公司加压，强烈要求把我们的书稿寄给她。1999年12月，第一修正案法专家、著名律师马丁·加伯斯打电话给诺顿出版公司，要一部书稿。诺顿

---

① Millbank, Tweed, Hadley & McCloy，国际著名律师事务所，成立于1866年，总部在纽约。

拒绝了,但承诺加伯斯,他们在把毛条校样分送给事涉的法院指定的视察员的时候,他同时也会收到一份。加伯斯随后给我们的经纪人加压,却没能阻止他们。然后,罗杰·斯特劳斯打电话给斯塔林·劳伦斯;劳伦斯是弗雷·斯特劳斯·吉劳出版社签约的一个小说家,诺顿出版公司一名编辑。后来一篇《纽约客》上关于斯特劳斯的人物传略中报道说他已告诉劳伦斯——关于我们的桑塔格传——"杀了那个混蛋"。当劳伦斯没这么做时,斯特劳斯立刻在弗雷·斯特劳斯·吉劳出版社的表单上取消了他即将出版的那部小说,而且——据鲍里斯·卡奇卡说——还强烈要求安德鲁·怀利舍弃劳伦斯这个客户。

关于这一冲突的故事——强调了阻止我们这部传记的努力——在《纽约观察家》《纽约时报》《新标准》等刊都有报道,造成进展中断。在此期间,我们继续创作,而桑塔格则对我们的工作进展非常愤怒。她对诗人约翰·霍兰德吐露:"他们甚至给(十年前!)给我打扫公寓的一个很不错的年轻人写了两封信,他在电话里把他们的第二封信念给我听了。"作为丽贝卡·维斯特传记的作者,卡尔①曾采访过维斯特的美发师,他相信要和任何一个与他的写作对象有交流互动的人交谈。桑塔格对安德鲁·怀利表示,她对那些传记作者未获得她的同意就写她的传记深表遗憾——任何一个自重、独立的传记作家都不会希望这样做的。但在桑塔格看来,我们是"无赖传记作家……专门未获授权就写传记(从玛丽莲·梦露、穆罕默德·阿里,一直到很多其他作家,一个个都这样)。"虽然阿里不是卡尔的写作对

---

① 即本书作者之一卡尔·罗利森。

象,她把她的声明又对作家奇普·德拉尼说了一遍;德拉尼曾描述过他与卡尔的一次遭遇。桑塔格回应说:"你曾认为他过去人很好。也许他现在人很好,或过去(对你而言)很好。"和她的其他朋友不一样,德拉尼没有立刻默认,只是重复了他的印象,说卡尔是"一个很智慧的人,谈吐不俗,相当真诚",而且还非常认真地研究过桑塔格的作品。事实上,卡尔和德拉尼有大量的通信往来,对传记的一些方面还有不同意见——但是,两人对这次桑塔格的恼怒的看法可真是英雄所见略同。

桑塔格的圈子紧密合作,斯蒂芬·科赫向桑塔格保证说卡尔以前的作品都是"毫无价值的"。克里斯托弗·希钦斯很有乐趣地在他的信后附上一句"罗利森和帕多克,原来不是狄更斯小说中的律师"。① 经她允许,他很愿意谈谈一些事情——比如萨拉热窝——不过,他补充说:"当然,我会对'这个圈子'闭口不谈。"桑塔格催促希钦斯读一读《纽约时报》最近刊登的一篇文章,是关于未经授权就给在世的人写传记的作家,其中就包括我们俩:"一定要看完哦。我看到了这对夫妻的未来就是离婚。也许我这里是浪漫了(就像我一直是这样?)。"等后来希钦斯自己想写桑塔格传略时,他写信去保证他会得到允许才说,还加了一句:"你知道的,我不是罗利森,也没打算成为罗利森。"

由此似乎展开了一场"谁能写出最具安慰性的信件"的竞赛,而与此同时也开始了对桑塔格传记作者的大肆攻击:

---

① 作者回复说,希钦斯是说他和帕多克的名字像狄更斯小说中的律师的名字,是要将作者夫妇变成滑稽人物。

我相信，毫无疑问我决不会与那些破烂王（拾垃圾者）有任何关系；他们提议写你的一部"传记"。[特德·穆尼]

我告诉他[卡尔]我和你从十来岁开始就认识并断断续续来往了，但我告诉他我没有你的允许不能和他谈这些——他这个讨厌的家伙！这让我想到他甚至都不打算试着得到你的配合而只是想挖掘丑闻。[内德·波尔斯基]

这些讨厌的人暗示，如果我和他们合作，他们就会给我一篇极好的评论文章。[约翰·理查森]

当然，专业的传记作家不会像波尔斯基汇报的那样做，而且，毕加索的传记作家理查森就明白事理，不至于认为能这样信守承诺，更不会主动做出这种承诺了。

《伦敦书评》(2005年3月17日)上特里·卡索的回忆录对桑塔格圈内情况提供了最坦率的见解。卡索描述了一个对自己完全失去了正常认识的人，忍不住扮演"苏珊·桑塔格"。卡索20世纪90年代加入桑塔格公司①，在桑塔格生命的最后阶段，幻想彻底破灭，她记得最后一次去纽约时，桑塔格如何"N次"跟她讲述萨拉热窝：

不停落下的炸弹，还有琼·贝兹极度恐惧，不敢从她旅

---

① Sontag & Co.，作者指有着共同利益、排外的桑塔格的圈子。疑有讽刺意味。

馆的房间出来,多可怜哦。桑塔格摆动着双臂,一脸鄙视地甩了甩一头男人般的短发——不可避免地被媒体描述为"一头浓密的头发"。那个女人就是个骗子!她第二天就忍不住飞回加州了!我在那儿待了几个月。当然,特里,经历了所有的轰炸。然后,她反复回忆。我遇见过贝兹吗?她是个未出柜的同性恋吗?我承认我有一次排队排在那个民歌手后面等着从自动取款机上取钱(贝兹住在斯坦福附近),然后利用这次机会看到了她脖子后面的头发。桑塔格感觉到了一个竞争对手,把这不是事情的事情考虑了一阵子,不过,进一步了解后,便消除了疑虑;我不过是她来自旧金山的一个40来岁的小跟班,和"钻石与铁锈"①女士比起来,我还是更喜欢她。

不过,一开始,卡索被迷住了。当桑塔格写了一封短信表扬卡索的一篇文章时,这就像是"雅典娜本尊现身,给我递上一杯玉液琼浆(哦!伟大的苏珊!最令人敬畏的知识女神!)"。然而,最后,卡索意识到苏珊是个狄更斯作品中的喜剧人物,一身"标志性的"首席女主角的打扮,"宽松的黑上衣加上宽松的黑丝绸便裤,配上一些具有异国情调的、飘逸的围巾",在帕洛阿尔托的一条街上边走边作左躲右闪状,表演她曾在萨拉热窝躲避狙击手的袭击。

在卡索看来,桑塔格在自己的性取向这个问题上,她的做法依然

---

① 《钻石与铁锈》(*Diamonds & Rust*)是民谣歌手琼·贝兹1975年为鲍勃·迪伦写的一首歌,以纪念他们那段亦师亦友、无疾而终的感情。

是犹抱琵琶半遮面。

　　我不得不说,我在这个问题上从来就没搞明白她——尽管我们的确谈过。她通常的行事方式(愤慨而且委屈)是她不相信"贴标签这种事",如果非要说,还不如说她是双性恋。一对已婚夫妇从一个城市到另一个城市一路一直跟着她,随后要在 2000 年出版一本对她全面曝光的传记,这令她勃然大怒。足以令她感到毛骨悚然的是,她已知道,这一对令人鄙视的夫妻正打算把她与一个个女名流伴侣的合影收录在内。显然,这两个人都应该下但丁的地狱,同未受洗礼的婴儿、放高利贷者和发假誓言者一起,永远被架在火上烧烤。在这怒吼中,我奋力保持一脸的淡定,却禁不住想,但丁也应该为这些作恶之人——桑塔格圈外的人——专门设计整个一层地狱。

然而,桑塔格最爱的还是"女同性恋八卦……什么时候有人吐露关于尤朵拉·韦尔蒂和伊丽莎白·鲍恩的事情"。最后,桑塔格厌倦了卡索,也许感觉到她的诌媚者对她们共同度过的纽约之夜的热情已在减弱。桑塔格开始在自己的书中介绍卡索为一名英语教授,明摆着是一种奚落。

　　纪录片《关于苏珊·桑塔格》(2014)里面不仅有卡索,还有桑塔格的其他朋友,他们的回忆都支持了卡索的观点。加里·印第安那——桑塔格的另一个朋友——的回忆录《除了爱,我什么也给不了你》提到,只有在桑塔格去世后,朋友们才愿意说说她的性格,印第安那使用了非常精准的一个词"仇富"来描述。他简洁的判断总结了他们对桑塔格的看法："她从来不会设身处地站在别人的角度质疑一下她自己的动机,或者考虑一下别人的观点或他们的感觉。"他强调指出,即使是她的慷慨也给人"压抑感"。很多朋友觉得和她在一起很开心,而印第安那则解释了她为什么那么讨厌:"苏珊从一件热衷的事情跳到另一件,仿佛一艘飘摇在风暴中的船只呼唤着每一个海港的显现。她希望你看到,她欣赏事物比你更加热诚、更加有洞察力、更加……感人。"桑塔格把朋友和情人一个个搞得精疲力竭,然后还因为他们跟不上她的节奏而认为他们配不上她;印第安那是少数对她这么说的朋友中的一个。

终于,桑塔格被子宫癌拖垮了。她 1998 年夏天诊断出了病,7 月 13 日动了手术。安妮·莱博维茨到医院看望桑塔格,度过了紧张忙碌的 9 月份,给她痛苦地躺在医院病床上,继而坐在家里接受化疗的情人拍照,后者看上去快乐得让人惊讶。桑塔格体重减少了,头发掉了。化疗导致严重的神经损伤、肌肉萎缩,而且疼痛让她无法走动,甚至无法保持身体平衡。不过,她接受了一个理疗计划,而且描述她的精神"很好"。桑塔格对卡索描述她痊愈的可能性"不大",但她有精神准备。到 1998 年 12 月的时候,她已经"差不多"恢复了。癌症确诊时,她还有不到 50 页就能完成《在美国》了。"我为我的小说哭泣,"她对卡索承认。即使精力不济,桑塔格依然继续工作。她还找到一个复制了她标志性发型的假发套,还有好多顶奇异的帽子。她想长命百岁:"我倒要看看一切能变得有多坏。"

桑塔格的确完成了她的长篇小说,而且还继续露面。人文学院一个同事在格特鲁德·斯泰因研讨会上见到她,他发现桑塔格脸色煞白,裹着头巾。但是,她仍然积极参加讨论,得知斯泰因与法国境内的纳粹占领者关系的密切程度后,她感到惊愕。他喜欢桑塔格对这一震惊所做的诚实而直接的表达。几天后,1998 年 10 月 19 日,她出现在 92 街 Y 的舞台上,看上去就和她本来的样子一样,她来是为了协助《纽约书评》举办的 35 周年庆典。

1999 年 2 月 8 日,桑塔格开始接受为期六星期的放疗。1999 年 2 月 24 日,根据安排,她将在哥伦比亚米勒剧院露面,作为一项致力于东欧写作的活动的一部分。她会到场吗？就在最近,在最后一刻,她取消了在国家艺术俱乐部一个活动中的露面。那次是要参加《三便士评论》的庆典,杂志编辑温迪·莱塞宣布桑塔格病了,不过不太严重。但桑塔格如约来到米勒剧院,她看上去比哪一次都更精神,也更投入。她舒适地坐在座位上,但动个不停,因其对文学与人生的热情,她几乎要弹跳起来。她对摄影师南希·克兰普顿说,她恢复了大部分元气。确实如此,这还是同一个苏珊·桑塔格,只是有过之而无不及。现在,这位女士年纪更大了一些,她已扔掉了她的假发套,出现在人们面前是很短的一头白发。她似乎又要重新来过——正如《火山情人》获得成功后她声称的那样。她手术后已过去了六个多月,至此癌症都没有复发。她认为,如果再过一年不复发,她就会被视为治愈了。桑塔格在一篇自传性文章——《单一性》——里,重新抒发了这一情感,宣称:"我的生命总是感觉处于变化之中……我非常喜欢重新开始。新手的脑子是最灵光的。"

二十九、痊愈与排斥（1999—2003）

1999年秋，安妮·莱博维茨出版了摄影集《女性》，桑塔格撰写导言。桑塔格指出，该书是对过去十年间女性角色变化的一个采样调查，不过，从任何意义上——除了在数量上——她依然将她们视为少数派。因此，莱博维茨拍摄投身于"成就新领域"、却依然受制于有辱人格的成见的女性。桑塔格指出，女性构成了一个独特的主题，一部尚未完工的作品，而男性则不是以这种方式进行。仅仅出现在这些照片中，女性就成了成功、自尊、受害者、优雅老去的典范。女性被展示的这些角色，是男性已经创造了的他们自己的角色，于是，女性成为质问对象，这种对象不会在一本献给男性的书中引起兴趣。她还特别提到，语言本身就含有根深蒂固的束缚女性的观点——其实，所有的语言没有一种用"她"这个代词来指整个人类。

在摄影史上，女性被展现的往往是她们的美丽，而男性则是他们的性格："男性过去看上去并不伤感。理想中的女性看上去也不是健壮有力。"即使当女性——比如茱莉娅·玛格丽特·卡梅隆——成为摄影师的时候，她们也是采用男性对女性的视角。卡梅隆拍摄了"尊贵的"女性气质的肖像。桑塔格表示，作为美人的女性的主题深深积淀在人们的意识中，一本没有漂亮女性的影集会被视为厌女的。在桑塔格的目录里,收入的女性一般都是因为她们的体形作为漂亮的种类而被拍摄下来的,唯一一个例外是对女神和其他神话人物的描绘。不过,女神是雕塑和绘画、而非摄影的主题,摄影则往往将女性置于家庭范围之内。

桑塔格注意到,在美国新型经济的现实中,女性必须工作,仅仅这一现实情况本身就已经改变了人们对女性的看法以及她们对自己的看法。女性主义也许已帮助人们改变了对女性的看法,但是,他们谋生的方法与对女性传统意义上的定义就截然不同了。桑塔格强调,即便如此,强调照片中女强人的女性味似乎仍然是必需的。对女性而言,顺从自己的丈夫依然被视为一种美德,就像电影《一个明星的诞生》中那句著名的台词一样,薇姬·莱斯特(1954年的版本中由朱迪·嘉兰出演)对悼念她自杀身亡的丈夫的一位来客自我介绍时说"我是诺曼·梅因夫人",是她丈夫当初发现了她并助其成为明星。

在莱博维茨的照片中,桑塔格第一次看到了作为自身显现的女性,做着自己的工作,而非迎合支配着有魅力的女性面对照相机应该摆什么姿势的一条条清规戒律。更赞的是,在《女性》中,有"众多的模特"。对女性没有规定的程式显然令桑塔格高兴。她对照片不做任何特定的评论,希望这本书保留"开放的结局"。

彼得·斯蒂芬森在《纽约观察家》杂志(1999年11月8日)上撰写了一篇关于《女性》的分析最为透彻的书评,将此问题理解为桑塔格显然不愿意阐释莱博维茨的照片:

> 莱博维茨这样结束她的致谢:"我特别感谢安娜·温特和沃格。"恰恰是桑塔格女士写过一篇文章,迎头而上解决

了莱博维茨女士的财政和艺术共生与"现今非常复杂的时尚和摄影体系"之间的问题。她对这张照片又作何解释？照片采取仰视角度，四个基尔戈学院的女子舞蹈啦啦队队员，一字马式高踢腿，红内裤及其裆部尽现，但看不到她们的脸。这是评论——男性体育运动体制利用女性，让她们穿着打扮成啦啦队员——还是欣赏呢？这张照片怎么可能与桑塔格女士的叙述相符呢？她声称这是一本关于女性"抱负"的书，女性们已"受过教育要在内心压抑"这种抱负。

斯蒂芬森也许不很公允，因为桑塔格的确说了其中有些照片表明女性还没有取得很大的进步。一篇更具体的批评文章也许会问哪些照片是属于那些——也许那才是斯蒂芬森的要点。

在对摄影的研究中，桑塔格经常将她对照片的阐释置于涉及摄影师的生平——或至少是其职业生涯——的语境中进行。她没有这样对待莱博维茨，这引发了一个未予答复的问题。桑塔格与摄影师的私人关系是不是她决定不去分析这些照片的一个因素？这么做会将莱博维茨与桑塔格自己重要的文化时刻，以及她在——斯蒂芬森在他的评论文章中提及的——摄影的商业和美学两方面的参与联系起来。

莱博维茨对她而言到底意味着什么，这对桑塔格是个非常敏感的话题，而这个情况未能充分如实地描述。《纽约时报》记者乔伊斯·瓦德勒在撰写一篇关于莱博维茨女士的报道时，发邮件给桑塔格问她："我们现在理解你是莱博维茨女士的前任伴侣。这对吗？"桑塔格当天就回复了:"不对。"几个月后,瓦德勒又努力尝试了一次:"我们把你称为莱博维茨的伴侣?"一天后,桑塔格回复说她知道这些流言,不过,此"消息不实"。她的回应不只是回避新闻界的事情。桑塔格的儿子当初跟他母亲提到莱博维茨时也不知道如何称呼。他称之为"你和安妮的联盟(我知道你拒绝任何更过分的说辞)"。直到桑塔格去世后,莱博维茨才承认"情人"这个词是"准确的"。

撇开桑塔格对莱博维茨的个人感觉,她从来不评论莱博维茨的工作,要不就是非常委婉而为之。蒂宾根大学的于尔根·韦特海默教授在桑塔格到访期间,提议举办一场莱博维茨摄影展,她立马暴怒,说她虽然是这位摄影师的朋友,但两人毫无"特殊关系"。她补充说,她和莱博维茨的友谊并不意味着"与一位专业摄影师的大项目有任何密切关系——因为任何了解我自己的感受力和理念的人都应该明白"。桑塔格经常写些关于她的朋友和情人的作品的文章——这些人包括露辛达·蔡尔兹、玛丽亚·艾琳·福恩斯和约瑟夫·布罗茨基,因此她对莱博维茨保持沉默的做法惹人注目。让她在一个商品化的世界里应对她自身的位置,她真是不情不愿啊。她可以装着不是其中的一部分,只要这么做能适合她,正如她断然回绝韦特海默时所声称的那样,莱博维茨曾"非常友好地多次为我的书衣给我拍照片"。马娅·赫尔曼·塞库利奇记得,她发表桑塔格采访稿时曾被严格地告诫要用某一张莱博维茨拍的桑塔格照片。一家出版社希望用莱博维茨给她拍的照片当封面,桑塔格向她的经纪人安德鲁·怀利抱怨说:"我觉得这样粗俗不堪,而且令人尴尬。我肯定汉泽尔出版社的人会认为这样太商业化了。卖书。也许本来就是商业化的。'嗨,她是一个偶像,对吧?'还有,'哇哦,70岁的人了看上去还不错哦'……我觉得所有我的书都用我的大头照来当封面这个想法简直无法忍受：这是向名人文化而非文学文化致敬。"

2000年11月，《在美国》获得美国国家图书奖，虽然对很多批评家而言，这部小说的质量存在问题。一位批评家在《经济学家》杂志（2000年2月19日）上撰写了一篇对该小说褒贬参半的书评，称赞对玛琳娜的描写，对其他人物展开不够则表示遗憾，对小说"美国式的对冒险精神毫无批判的颂扬"感到悲哀，但也称赞这本书是"一场令人兴奋的通往过去的旅程，充满了炫目的细节，是一部永远在追根究底、充满历史想象的作品"。在《纽约时报书评》（2000年3月12日）上，萨拉·克尔称赞《在美国》，同时也表示其理念滞后于人物和场景，似乎莫名其妙地被简化了。《纽约时报》的评论家米希科·考库特尼曾对《火山情人》大加赞美，这时也在2月29日表达了她的失望之情，宣称《在美国》是一个"平庸、令人一头雾水的故事，通过信件、日记以及粗野、全知的旁白，按时间顺序记载了一个个人物的丰功伟绩。'他在一个黑暗的地方'，桑塔格这么写一个人物，'那里只有创伤'"。约翰·萨瑟兰在《卫报》（2000年6月9日）上则更加直言不讳："让我们直面它：如果这是文坛无名小卒的小说处女作，那么，能够付印出版真是幸运。"

这些批评家没有一位注意到必须无条件地相信玛琳娜作为女演员的才华。除了艾德温·布斯对她舞台作品的评论，我们对她作为一名女演员到底了解多少呢？我们知道她演的戏，但这些戏是怎么演的以及关于玛琳娜他们说了些什么，这些都未作解释。她从未真正在舞台上生动起来，毕竟，这才是她真正找到自我的地方啊——正如玛琳娜首先要承认的那样。然而，玛琳娜只是代表了歌剧女主角的概念，她是某种抽象物，即使她是从真正的女演员发展而来。正如亚当·贝格利在《纽约观察家》杂志（2000年2月28日）上总结的那样，桑塔格从未让这个故事"起到作用"。

该小说似乎被简化了——克尔的这一评论现在回想起来是有预见性的。在2000年5月27日的《纽约时报》上，多琳·卡瓦哈尔发表了《那它们是谁的话呢?》。她在文章中描述了埃伦·李发现《在美国》中有12章是从四本关于海伦娜·莫杰斯卡的书中挑选内容集聚而得。全部都是未致鸣谢说明就直接挪用。一些原始资料的借用换成了桑塔格的语气，但有些事例的描写，桑塔格"几乎一字不差地"照搬了素材。桑塔格争辩说她已经把素材彻底改头换面了。因为她在用着别人的语言，这怎么可能啊? 卡瓦哈尔引用《裂云者》（一部颇受欢迎的关于约翰·布朗的小说）作者罗素·班克斯的话："如果我从别处挪用语言，我觉得我必须注明。"另一位历史小说家托马斯·马伦持相同的观点："小说家应该从学者身上获得材料而非获得语言。"但是桑塔格声称，学者不是作家，因而就是小说家的"合法的猎物"。小说家托马斯·迪施在他每周一次的纽约公共广播"简短的讲道"中，则采取了更加嘲讽的观点："她［桑塔格］很低调，没有像通常被逮着的剽窃者那样声称他/她把他/她的笔记与他/她的创作作品搞混了。那做法总被人认为是蹩脚的托辞，那么还烦什么呢? 最好就是厚着脸皮，就像桑塔格那样。这奏效了。她已经获得了'年度最佳小说奖'。"但是，在写给编辑的文章和信件中，争议依然在继续。

桑塔格告诉卡瓦哈尔，像李这样的历史学家应该感到激动，因为她把一名默默无闻的女演员变成了一个"了不起的人物。真实的莫杰斯卡原本是个糟糕的种族主义者"。正如马戈·杰弗逊在《既然真相出局,那就让艺术的灰色地带存在吧》(《纽约时报》2000年6月12日)一文中评论说:"我宁可读这样一位女性的故事,她有才华、有魅力——其实就是一个了不起的人——她还是一个有着强烈信念的女性。我想要感觉和理解所有这一切。我不希望事情以文学提升的名义得到美化和简单化。"

桑塔格不屑理睬对她的剽窃指控,这似乎对她的声望也毫无影响。2001年5月,她接受了耶路撒冷文学奖,加入了其他17位曾获此殊荣的作家行列,他们包括格雷厄姆·格林、豪尔赫·路易斯·博尔赫斯、米兰·昆德拉、V·S·奈保尔等。她的朋友爱德华·萨义德这位为巴勒斯坦理想而奋斗的活跃分子,反对"我们时代的一位极其重要的作家"要用她"超凡魅力的存在",来做出"极需的帮助促进"以色列"可怜的国际身份"的确认,这样就成为"一种象征,即最有天赋的伟人最终支持以色列在做的事情"。并不是萨义德一个人这么认为。很多以色列和平积极分子都力劝桑塔格拒绝这个奖。她回复萨义德说,拒绝这个奖将会"哗众取宠"。那么有什么别的选择吗?写一篇专栏文章,还是开一场记者招待会?亲临现场公开表达自己的想法会不会更妥当?她就是这么做的。她对她所称的对巴勒斯坦人的"集体惩罚"表示抗议,她还呼吁在被占地区拆掉移居点作为和平的序幕。

桑塔格对9·11最初的反应发表在2001年9月24日的《纽约客》杂志上,文章似乎恢复到她从前的行文风格,回到她60年代的谴责性言辞。她表示是美国让这一切得以发生。这个国家遭遇了一个"无比丑恶的现实"。其实,她的第一反应是要谴责美国的无知、政府官员的言辞,还有媒体,他们说这是一次对"文明""怯懦的"袭击,而不敢承认这是"袭击自我标榜的世界超级大国,且袭击是由于美国的某些结盟和行动的后果而发动的"。她开口骂人并用绰号联系上了一位"机器人总统"及其"掩盖现实的辞令"。她在第二篇文章中承认,她第一反应写出的那篇文章中缺少的是对突如其来的、毁灭性的死亡的感觉。相反,她蔑视媒体的"塑造自信的语言"和"心理疗法",这些遮掩了袭击的根本原因。

戴维·里夫对他母亲的文章表示反感,里夫表示,细细消化布什的言辞就会认识到总统是对的。他争辩说,本·拉登和针对萨尔曼·拉什迪的追杀令是一致的,都是袭击现代性本身的一部分。那应该是她的立场吗?他在恐怖袭击一周后这么问道。桑塔格一天后回复,承认她草率了,而且不满意她写的那篇东西。她应该就里夫给她的信中提出的几个问题发表演讲的。桑塔格当时在柏林,从电视上看到世界贸易中心双子塔的坍塌。她在文章《数周后》中写到,一星期后,她回到纽约,尽她可能地近距离靠近废墟。下面的话是她最贴近地反思她对袭击做出第一反应所写的那篇文章:"我最初注意力集中在围绕着这一事件的言辞上,但在我回到纽约的头几天,那毁灭的现实和死亡人数之多,使我最初的关注点显得不那么重要。"当她早些的反应中表明她知道现实是什么,而很多美国人却不知道时,她显然没有意识到使用"那毁灭的现实"这些字眼的讽刺意味。现在她不以谈论一种"无比丑恶的现实"击中一个健忘的国家,而是以"骇人听闻的罪行"来做开场白。在对她第一反应写下的那篇文章的很特别的观点反转中,她拒绝认同那种"美国自己带来了这场恐怖"的观点。

自《土星照命》后,桑塔格的第一本文集 2001 年秋出版。《重点所在》是一本杂集，缺少《反对阐释》和《激进意志的样式》的辩证构思。桑塔格把她为他人作品所写的序和前言，还有一些独立的文章——它们从未打算在同一册占一席之地——集结成册。结果，文集的结构——尽管不咋地——是功能性的，一个个标题通常是含含糊糊描述性的："阅读"、"视觉"、"感觉"、"彼处与此处"。像大多数汇编一样，这本文集篇幅参差不齐，话题重复——这些对提升桑塔格作为一名随笔作家的声誉没有起到任何作用。

桑塔格回到英雄——比如罗兰·巴特——话题，巴特的座右铭也是她自己的座右铭："品味的运用……通常意味着去赞美。"她发现巴特永远都是别出心裁，她热切地为他使用夸张语句而辩护，她的随笔也可以被看成是她自己倾向于夸大她对艺术作品的喜爱的一种认可。她指出巴特喜欢格言式（这又是她自己的一个癖好）、碎片化以及列表式写作（想想她自己的《关于"坎普"的札记》吧）。巴特愿意为别人的书作序，这一点当然也从桑塔格的习惯中反映出来。请注意，她在此处赞美他"那些论作家的精彩的随笔文章"，而这些文章"一定要被视为他对作家职业出色辩护的不同版本"。

《反对阐释》那个傲慢的作者有了多大的改变，这一点在《对欧洲的认识（又一首挽歌）》中可见一斑，桑塔格尖锐地表达了对掩盖在消费文化下的当代欧洲的悲叹。她很失望，对她而言一直是文化宝库的欧陆如今却似乎执意于政治统一，"总是压抑并抹煞着文化差异，造成国家权力的集中和扩张"。她表示成功和自由现在与私利相等同。在《对一份调查问卷的回答》这篇文章更严厉的评价中，她得出结论说，在 20 世纪最后的 20 年里资本主义国家怀疑"理想主义、利他主义本身"这个想法。作为对此犬儒主义的一个纠正，她提出她自己在萨拉热窝的角色,这是西方知识分子应该从事的事业。

《重点所在》这本文集中桑塔格最后的两篇是《约瑟夫·布罗茨基》和《论被翻译》。这两篇随笔其实做出了她最后的努力,通过她自身的所作所为,通过她对诸如这位俄罗斯流亡诗人这样的人物的宣传,来强调她作为世界文学的献身者和促进者的角色;正如布罗茨基所言,他写作,是为了给他的前辈,而非同时代的人留下印象。像桑塔格一样,布罗茨基献身文学给她所谓的"跨国资本主义世界文化"提供了一贴解药。

2002年初,桑塔格出版了一本观点较为一致的文集《关于他人的痛苦》。第一篇以分析弗吉尼亚·伍尔夫对一些照片的反应开始,照片记录的是西班牙内战期间犯下的暴行。和平主义者伍尔夫在《三几尼》中,指出照片中展示的对平民的杀戮唤醒了人们对战争最深刻的排斥。但是,对桑塔格而言,照片或许也能引起人们加强对被围困的西班牙共和派的支援。伍尔夫对照片的解读否认了了解西班牙历史知识后的政治反应的可能性。这个判断毫无疑问是由桑塔格自己在萨拉热窝被围困期间的经历获得的,也表明作为一名作家她改变了多少,后来,在她的非小说和小说中包括了深远的历史意识;同时也表明它是如何形成了我们的认知。

新世纪的桑塔格确定了一种现实,该现实"独立于通过照片削弱其权威的企图而存在",这些照片构成的同时也忽略至关重要的细节。照片确实使世界碎片化。《论摄影》中的这个观点桑塔格依然相信,她重复着,不过,世界本身、历史,保持完整。换句话说,我们不会仅仅通过像电视这样的媒介来看待世界,不管这样的媒介有多强大。其实,她拒绝认为世界现在被比如说作为"别致的言辞"的媒介中庸了。"说到现实变为一种景观是令人吃惊的地方主义，"她断言说，"它会使小部分受过教育、生活在世界富裕地方的人的视觉习惯普遍化，这些地方的新闻都转变成娱乐了。"这个世界包含真正的苦难和后果，它们均无法被下面这些遮盖

> 在富裕国家的那些地区，那里的人拥有令人生疑的特权，对他人的痛苦充当看客，或拒绝充当看客，就仿佛根据那些新闻消费者的心态对其他人的苦难有所反应的能力来进行概述是荒唐的一样，这些消费者对第一印象的战争和大量的不公与恐怖一无所知。有数亿的电视观众，他们根本不习惯他们从电视上看到的东西。他们没有惠顾现实的奢侈。

和《论摄影》一样，《关于他人的痛苦》受到的评论褒贬参半。评论者对桑塔格的观点之严肃表示敬意，即使他们不能确定她是否正确。桑塔格作品最善解人意的批评家之一菲利普·洛佩特总结说，和《论摄影》相比，《关于他人的痛苦》"总的说来是一本更加慎重、冷静、合格、开放性的书"。他感到，尽管桑塔格愿意改正她早期的一些观点，但她仍然是一个对照片光学强烈的怀疑论者——其概念就是通过看，我们也可以知道被看的东西。

桑塔格永远也无法对莱博维茨的高度浪漫的商业化风格感到自在，除了可以被当作书衣照片的价值，她的摄影观的严肃性也许是一个原因。桑塔格加深了莱博维茨对摄影的理解，而莱博维茨最终会用桑塔格本人作为对象，来进行摄影师自己严肃的——甚至冷酷

的——研究,对去世后的桑塔格进行拍摄,这件事始于桑塔格允许莱博维茨在她化疗期间对她的拍摄。桑塔格被困在癌症治疗护理的器械中,她是个病人,耐心地接受摄影师的服侍照料。等到桑塔格奇迹般地从她的子宫癌中康复过来时,她出乎意料地充满喜悦,并且积极参与了莱博维茨人到中年要当妈妈的决定。

桑塔格对新的开始充满信心,她一开始对莱博维茨在 51 岁时生孩子的决定感到非常兴奋。艾莉森·艾斯特布鲁克拍下了分娩的那一刻,照片上桑塔格像个护士,身穿护士长袍,头戴浴帽,戴着医用口罩,抱着新生儿。后来,莱博维茨回到她伦敦排楼公寓的家中,拍摄了桑塔格窝起右手掌托着孩子的头,护着睡着的宝宝的特写镜头。桑塔格在给女演员琼·麦金托什的信中说,"[2001 年]10 月 16 日,小宝贝,又叫萨拉·卡梅隆·莱博维茨,通过剖腹产到来了。(非常顺利,就像安妮整个孕期一样。)6 磅 15.5 盎司。特别漂亮……简而言之,安妮就在天堂。她还想再生一个。马上。"这个"看上去安安静静"的萨拉令桑塔格着迷,她怀着极大的乐趣看着那个充满喜悦的莱博维茨消失在"宝宝世界"。

三个月后,情况彻底不同了。桑塔格感觉被抛弃、没人要、没人爱了,她儿子写信安慰伤心的妈妈,指出新妈妈们关注孩子是非常正常的现象——尤其是安妮,因为她等这个孩子的到来等得太久了。里夫坚持认为,莱博维茨并不是在排斥桑塔格,他还肯定他妈妈错了:安妮并没有外遇。他信中说:"她的的确确真的爱你,虽然她有局限性,而且会固执己见。"戴维也和安妮谈过他妈妈伤心苦恼,虽然莱博维茨一开始做了辩解,但最终他觉得她的反应还是"相当感人"。里夫表示,如果莱博维茨看似不搭理桑塔格,可能是因为她感觉到了她不开心,但又无法解决。

桑塔格描述她自己孤单、缺少关爱。她悲叹说:"安妮的新生活里真没我的一席之地。"桑塔格觉得自己在莱博维茨家里像个访客,和其他人在一起,感觉像个食客,既沮丧又羞愧:"我对自己说,我不应该还想要接近这个已经变得相当野蛮、专横霸道的人。"就在同一天(2002年5月22日),桑塔格写信给琼·麦金托什讲述莱博维茨的"帝国"(两个厨师、两个保姆、一个管家外加几个勤杂工),讲述她打过去的一个个电话每次通常如何被莱博维茨"粗俗、恶毒、愚蠢无比的尖叫般的呵斥"打断后挂机。两人之间的关系持续紧张着,不过她们仍然会继续见面。桑塔格无法离开宝贝孩子萨拉。正如桑塔格承认的那样,莱博维茨对她俩之间发生的事情有了一种完全不同的阐释,这表明桑塔格简直无法理解莱博维茨与其他人的关系。

怎样把莱博维茨与她周围的一切分开?有一阵子,莱博维茨开始用电子邮件,一个解决办法似乎即将出现。"一种全新的生活就在召唤,如果你想要的话,"桑塔格写道。也许她是在考虑电子邮件如何能产生这样激动的反应,一种差不多是体温测量的效果。颇感高兴的桑塔格向莱博维茨保证,电子邮件好玩得令人上瘾。当桑塔格写下这些临别的话语:"你是一位了不起的母亲。你拥有一个真正杰出的孩子。保重,多睡觉,找乐子,如果想,保持联系。代我好好亲吻萨拉。"带着她所有的爱意署上她的名字,这时,她们之间关系的不确定性是显而易见的。

如果莱博维茨与桑塔格有过大量的电子邮件往来,这些邮件现在也不在桑塔格的数字档案里了。不过,莱博维茨待在希腊一座岛上时的确发过一封令人愉悦的日记式的电子邮件。她告诉桑塔格萨拉是个快乐的孩子,喜欢识别鸟叫声,睡觉很踏实。莱博维茨只用了几行字来表达她对桑塔格的情感:"我真的想念打字机的叮当、叮当、咔哒、咔哒声。你打错了字母,总能通过按键声知道……这儿如此寂静……太寂静了。"2002 年 12 月,莱博维茨和桑塔格同游巴哈马群岛,莱博维茨在岛上拍下了桑塔格和宝宝萨拉带着沙滩桶在海滨玩耍的照片。她们还一起去了巴黎,在格兰斯奥古斯丁①,莱博维茨拍下了一个忧郁的桑塔格。

但是,什么也没改变。2003 年 9 月 28 日,桑塔格的好友莎伦·德拉诺通过电子邮件给她发了《关于受虐狂的一则札记》,里面说:"上帝啊!你真是苏珊·桑塔格。"德拉诺提醒她,外交部长们低三下四地要和获得过国际奖项的桑塔格共同进餐,她还补充说:"在你和安妮的关系处理上,你也不是没有错。你的不耐烦和爱挑剔显而易见。虽然如此,一个人是不是还会要往前走呢?是的,他会。你又在做什么呢?"纠缠在"安妮的痴迷-强迫性的行为"中是毫无意义的。

但是,什么也没改变。

---

① 　地处巴黎中心位置的自助式公寓。

三十、终结(2004)

世上如果有什么人能够决定不死,那一定是苏珊·桑塔格……简直不能想象她会死;很长时间以来她就是那个长生不死的人。

——凯蒂·罗芙,《紫色时刻》①(2016)

自从苏珊·桑塔格第二次罹患癌症以来,各种扫描和血液检查就成为她日常生活的一部分。三月底的时候,她告诉儿子戴维,她可能第三次患上癌症了。有一阵子——也许有一年的时间——有些症状她一直没在意,比如她很容易就会出现淤伤。她的身体似乎是令人慢慢衰竭的疾病的合适场所,包括一次严重的胸膜炎导致部分肺萎陷。他儿子不理解为什么母亲等了那么长时间才去看医生,不过她的行为真的符合一种模式。写《在美国》时,她就知道,出了很严重的问题了。她出现肿胀而且尿血,她确信这些是子宫癌的症状,几个月后得到了确诊。

桑塔格在等待进一步检查结果时,似乎还比较乐观,回忆以前一些虚惊一场的事情。但是在专家的办公室,她儿子在身旁陪着,她接受了明确的结论:骨髓增生异常综合征(MDS),一种致死的血癌。

骨髓活检不可能有其他解释。桑塔格再也不能产生成熟的血细胞了。没得治，也没有希望缓解，姑息疗法和药物治疗可以延长她的生命六个月左右。骨髓移植不大可能有助于一个 71 岁的老太太，医生这么说。很快，MDS 就会转成 AML，即急性髓系白血病。到了那个阶段，体内缺少健康的血细胞，人就垮了。

桑塔格保持镇定，认真地领会着医生的诊断。戴维看到她说："这么说，你是在告诉我，事实上是没治了。"她停顿片刻又加了一句："我没什么可做了。"医生没有回她。在回家的路上，她只会说"唉"。戴维非常了解母亲，他明白她无法接受死亡的必然性。正如他指出的那样，她"根本无法接受人总有一死"。她对生命的渴望只是随着年龄的增加而越发热切。她想要吸收这个世界，却不希望这个世界把她给收了。尽管得到了这样的诊断，但她从来不讨论自己的死，只是奋力求生。

桑塔格曾两次打败过癌症，虽然又一次得到致命的判决，但她坚持认为她会再一次战胜命运。但是，对这次的病而言几乎没有可能。哪怕是一次满怀希望能有什么巨大科学突破救活她的短期化疗，她都不可能撑下来。和她亲近的人——包括她儿子——都无法跟她说她要死了，这一点也许是桑塔格生命的最后一年中最可怕的情况。当然，很多家庭和朋友都会像桑塔格母子这样做，选择闭口不谈那不可避免之事。但正如莎伦·德拉诺所言，这可是苏珊·桑塔格呀。她和任何人都不一样哎——除了一点，她和任何人都一样：她也会死。虽然她的确说到"我的死刑"，但这一说法表明她依然对在最后

---

① 一本讲述六位著名作家弥留之际的书，第一位即桑塔格。

一刻获得缓刑心存侥幸,会有判决的翻转。

　　一如往常,桑塔格把她的寓所变成了一个研究室,这次专攻MDS 和 AML,但除了坏消息,这些狂热的研究并没有带来任何结果。然而,里夫和其他人用假数据骗她——仿佛此数据描述的命运没有她的医生描述的那么可怕。里夫安慰绝望的母亲,他指出她的病还没有从 MDS 转变成 AML。在她成年后的日子里,她似乎第一次头脑混乱,敏锐的记忆力靠不住了。

　　有些日子,桑塔格非常亢奋、活跃;其他时候,她又沉默寡言。她从来不乏同伴去缓解她的焦虑。她当然还有比如安妮·莱博维茨这样的大靠山。她是桑塔格的最后一个情人,但在里夫的回忆录里却被三言两语一笔带过。莱博维茨火气很大地指出了这一事实。不过,她日后会用镜头记录她的情人极其痛苦的生命的最后时光,而桑塔格也希望她陪伴左右,希望她拍摄自己。一旦莱博维茨或其他桑塔格亲近的人不在身边,连医生开给她的安定药也无法消除她的焦虑。所以,朋友们来了,给她提供岩石和水晶疗法,尤其给她准备食物,用正能量的想法包裹她,甚至还为她这个无神论者祈祷。有时,他们谈论政治和文学,只是为了分散她的注意力。

　　最终,桑塔格知道她的白血病是她得了子宫癌后接受化疗造成的后果。不管她之前做什么——包括早一点检查出她得了MDS——对她致命的预后都没有一丁点区别。状态最好的那些天,她接医生或其他人的电话,老老实实地记笔记。在这种时候,她似乎和平常一样思维敏捷,即使在她记下坏消息的时候。但是,通完电话——某种生命线,她无精打采地瞪着两眼,有时一脸疯狂、绝望的表情。在她情绪最低沉、最坦率的时候,她承认:"这次,这辈子第一次,我觉得自己没有什么与众不同。"她屈服于无端恐惧症,晚上醒来,发出尖叫。桑塔格的管家苏克希·钦克汉坐在床边,一边搂着她,一边祈祷。

安妮·莱博维茨安排了私人飞机把桑塔格送到西雅图接受骨髓移植,并"向她保证她身边一定会有她熟悉的人陪着她,还保证我们建立起来的支援系统在起作用了"。桑塔格依然相信她这次能活下来,而且她还希望儿子支持她这一信念。虽然他明白,跟她讲她爱听的,他是在激起她渴望的想法,但他安慰自己,认为"她有她死的权利"。那就意味着遭受折磨人的苦难,她的免疫系统因为骨髓移植遭到破坏。其后果就是无法改变的极度痛苦状态。她躺在床上没人帮忙连翻身都无法做到。溃烂让她浑身每一处都痛。口腔溃疡令她无法吞咽食物,有时甚至都不能开口说话。必然破坏其免疫系统的放疗让她容易一场病接一场病地生,一次又一次地感染,而免疫系统通过移植才可能重新建立。她开始大小便失禁、神志不清、浑身疮疤。安妮·莱博维茨拍摄了一个已经萎缩的桑塔格躺在棺材架上的一张张令人痛心的照片,这些照片清清楚楚地显示了她曾遭受的折磨。

当负责她病情治疗的医疗小组的六位医生聚在她的病房告诉她移植失败时,她尖叫道:"但这就意味着我要死了!"有个医生回应她说:"你也许希望用这段时间想想你的精神价值。"这根本无法安慰桑塔格,她回答道:"我没有精神价值。"医生又试着说:"你也许希望和你的朋友们一起度过这段时光。"甚至连这个建议桑塔格也拒绝,她大叫:"我没有朋友!"不过,第二天,安妮·莱博维茨从佛罗里达赶了过来,她在那里陪她临终的父亲。她一进桑塔格的病房,根本没有费心按医嘱探望者要戴手套、戴口罩、穿长袍,因为桑塔格易受感染,莱博维茨直接就爬上床,拥抱桑塔格。

莱博维茨安排了一架私人飞机把桑塔格接回斯隆-凯特琳。那些目睹过治疗临终病人的医护人员知道总可以采取一些措施——提供某种手术、治疗步骤或治疗处理——即使幸存的可能性微乎其微。如果病人愿意,就会有专家继续尝试治疗。而对苏珊·桑塔格来说,任何折磨都不算事。实际上,折磨越大,她求生的渴望就越大,她就更加坚信她能活下来。移植失败后,即使她一次次问,但没有一个医生告诉她她活不了了,她儿子认为她不希望听到真实的回答,而且如果直截了当地告诉她她要死了,那她就会悲痛欲绝的。于是,她接受了另一种试验性药物治疗。

继续昏睡、继续疼痛。除此之外——阅读、条理清楚的交谈,甚至听,这些事在最后几星期都做不到了。最后,仅仅有让她取得胜利的愿望是不够了。桑塔格最后和她妹妹交谈时说:"你要告诉我,我怎么就得罪你了啊。"朱迪丝承认,因为桑塔格没有去参加她的婚礼而伤害了她,但更重要的是,苏珊从未公开说过她的性取向。"最主要的是,我讨厌她这辈子大多数时候对我都不诚实,"朱迪丝这么说。"不过我认为我真的深深感动了。她承认她错了……她说对这件事的看法我是对的。"

临终前不久,桑塔格最后对一位护士说:"我要死了。"她哭泣起来。但是没有任何临终遗言。弥留之际她只开口说了这么一句:"我要告诉你……"在最后那一刻,2004 年 12 月 28 日上午 7: 10,她深深地吸了最后一口气,几分钟后,曲终人散。

尾 声

桑塔格去世时,莱博维茨在佛罗里达陪她父亲,但她设法赶回来,在午时殡仪馆工作人员来运走桑塔格遗体之前,独自一人陪坐在她身边。

恍惚中,莱博维茨为桑塔格拍摄了最后几张照片,桑塔格因为浮肿变形已难以辨认。"真是丢脸……你丢了你的性命;"莱博维茨这样写道,是指桑塔格被严重毁坏的身体。莱博维茨为桑塔格挑选了入殓的衣服:米兰买的上装、威尼斯的围巾、桑塔格去剧院看戏时喜欢穿的黑天鹅绒的邓姚莉外套。桑塔格没有留下任何关于安葬的遗嘱。戴维·里夫清楚的就是,她母亲害怕火葬。他记得她喜欢拜谒大文豪的墓地,这其中当然包括巴黎的蒙帕纳斯公墓。于是,他在这个曾是桑塔格第二家园的城市选择了蒙帕纳斯。她在这里加入了让-保罗·萨特、西蒙娜·德·波伏瓦、塞缪尔·贝克特、埃米尔·齐奥兰、雷蒙德·阿伦和波德莱尔的队列。里夫指出,这些墓不难找到,公墓入口处有示意图。

打造偶像，还是打破偶像？

——《苏珊·桑塔格全传》内外

（代译后记）

2016年底，收到人民文学出版社郭娟女士从北京寄来的一本新书——丁玲儿子蒋祖林的《丁玲传》。郭老师在书后所附的照片上发现了桑塔格，遂转拍后发给我。我指出图片所配文字说明上的小错误，并表示对这本书感兴趣，要上亚马逊购买。她说暂时还买不到，她马上寄一本给我先睹为快。不日，书就到了。时隔不久，另一本书《苏珊·桑塔格全传》从美国快递过来，寄书者为书的作者之一，即卡尔·罗利森。他们寄书给我，都是因为同一个人——苏珊·桑塔格。

2004年，我在美国访学时在宾夕法尼亚大学图书馆看到《铸就偶像——苏珊·桑塔格传》(2000)这本书，一口气读下来，觉得文字生动，笔触冷静客观，不捧不杀。随后，我开始查阅作者的相关资料，发现卡尔·罗利森和莉萨·帕多克原来是一对夫妇，他们伉俪或联袂或独立撰写了十数本名人传记，传主包括美国女演员梦露，美国女诗人艾米莉·狄金森、艾米·洛厄尔，美国演员达纳·安德鲁斯、沃尔特·布伦南、山姆·戈德温等，因为多年撰写人物传记，对传记文学多有研究和感受，他(们)因此还专门撰写过《传记：使用指南》，并写过《美国著名小说家》《著名剧作家》《戏剧批评调查》等，可谓笔耕不辍，著作颇丰。如今，卡尔·罗利森还与时俱进地建立了个人网站，介绍他已出版和正在撰写的作品，读者可以在上面与他互动，可以通过他的网站购买他的作品，不想买也可以借阅。

我当时刚刚译完桑塔格的长篇小说开山之作《恩主》，对她的生平和创作都产生了浓厚的兴趣。回国后不久，上海译文社有意在引进桑塔格作品的同时出版关于桑塔格的作品，《铸就偶像——苏珊·桑塔格传》被列入选题。当他们联系我翻译时，我毫不犹豫就答应下来，甚至推迟了其他原定的研究计划，全心投入其中。翻译过程中，我通过电子邮件联系上了罗利森夫妇，请他们答疑之外，希望他们为中文版写篇序。可能这个要求有点贸然，卡尔回邮件说，序是可以写的，但得付费。我当时有点不快，心里想："把你的书译入中国，这是在为你扬名，况且你也应该有版权费收入了，不说谢谢我，还开口要价，真够小气的，锱铢必较啊。"我于是给他回信，告诉他："我译过桑塔格的书，也请桑塔格为我的译著专门写了中文版序，桑本人根本没提钱的事……"同时我对他说，出版社不可能付钱，若他坚持，请他开价，我个人付费给他。我一直认为，一本译著，一定要附件齐全，译文序跋一样也不能少，如果能有原作者专门写序则尤佳。

很快，他就回了邮件，表示不再要价，一定抽时间帮我写中文版序。真是不打不成交，我们从此开始了邮件交往，他耐心、认真地回答了我翻译中遇到的每个问题，而且，我们的友谊因此持续下来，只要他出了新书，一定会签名寄一本给我，而每年的圣诞节前，我都会给他寄去圣诞贺卡或一个小礼物。

然而,《铸就偶像——苏珊·桑塔格传》只写到1999年。我2006年翻译时就多次和卡尔提过,传主桑塔格已于2004年辞世,她生命的最后阶段是她人生又一个辉煌的阶段,最后这五年,她的创作、她的社会活动、她对美国时事和世界事件的看法及评论、她与病魔作斗争的经历、她对生命的不舍,都是她传记中不可或缺的章节。她的离去也是一个华丽而凄美的谢幕!卡尔告诉我,他一定会把这本传记增订为一本全传,给桑塔格的研究者和爱好者一个完整的传主。

不久,他就在邮件里告诉我,他已经在着手修订和更新《铸就偶像——苏珊·桑塔格传》了。

2015年12月21日,卡尔发来邮件,说他终于完成《铸就偶像——苏珊·桑塔格传》的修订和更新工作,并告诉我,他还写了一本薄薄的普及型研究专著——《理解桑塔格》,这两本书都将在2016年秋季出版。之所以说"终于",是因为卡尔的妻子莉萨一直身体不太好,动过几次手术。每次他给我写邮件来总会说"如果不是因为莉萨的身体,我们一切都很好"。但他一边照顾着生病的妻子,一边还在写作,真是令人感动。

也是在这一封邮件里,他把全传的序发给我,同意我先译出来发表,让中国读者先睹为快。修订《铸就偶像——苏珊·桑塔格传》的原则与他们撰写桑塔格传的初衷一样:是要把桑塔格写成一个人——是人就有缺陷,没人能摆脱这一点,桑塔格这样一个偶像人物也概莫能外。尽管当初他们曾经试图采访桑塔格本人,但因为可以想见的原因而未果。他们查阅了几家档案,特别是弗雷·斯特劳斯·吉劳出版社存放在纽约公共图书馆的档案,还采访了她生活中的关键人物,其中许多如今已离世,这是他们特别得意的地方,因为其他传记作家永远都不可能采访到他们了。卡尔当时就断言:有足够的证据显示桑塔格的文学地位的上升,够他们写一本偶像传记——她的第一本传,即不管在她去世后有多少种传记出来,这一本都会是引人注目的。事实证明他是对的。《铸就偶像——苏珊·桑塔格传》是一本在传主尚在世时就出版的传记,叙事实事求是,有一说一,该点赞时就点赞,不吝笔墨,该批评处就批评,绝不欲言又止。卡尔多次在邮件里非常自豪地强调,增订版全传增加了很多新材料,他们接触到了桑塔格的书信和日记,于是有机会优化他们叙事的质感,加入一种直接性;这一直接性主要是因为不仅更加接近桑塔格本人的声音,而且更加接近她的朋友们的声音——包括在她曾经的同性恋人哈丽雅特·兹沃林的日记和故事里听到的声音。

《苏珊·桑塔格全传》继续坚持传记创作的原则,实事求是地讲述了一个偶像成功打造的过程,但是作者也一次次地努力,试图用语言和事实来打破这个偶像,让传主回归普通人的行列。

原传共 28 章,从 1933 年写到 1999 年。增订版书前增加了"序",后面内容补充了两章,从 1999 年开始到 2004 年桑塔格去世,分别以"痊愈与排斥"和"终结"为题;此外,还增加了"尾声",与"序"前后呼应,终于如作者在给我的中文版序中所言"提供一个完整的故事"。

除了对前 28 章部分内容进行修订,删除了一些涉及私人的或主观性较强的评论,令全传更加客观,还对行文作了修改和完善,令全传语句更加优美、更具可读性;用作者给我的邮件里的话来说是"一字一句的重写"。此外,全传更新了第28章大部分内容,详细地讲述了他写此传初版时与桑塔格本人之间发生的恩恩怨怨。在篇幅并不长的全新的最后两章里,卡尔补充了桑塔格小说《在美国》获美国国家图书奖后的"剽窃"风波、讲述了桑塔格在9·11事件后连续两天发表两次不同的评论的前因后果、桑塔格与胞妹朱迪丝的关系修复,等等,可能更令中国读者意想不到的是她与著名摄影师安妮·莱博维茨之间那剪不断、理还乱的关系。我们知道,桑塔格去世后,她儿子戴维·里夫写过一本书《死海搏击:母亲桑塔格最后的岁月》来纪念他的母亲,书中他这样定义母亲与莱博维茨之间的关系:"她(桑塔格)多年来断断续续的同伴安妮·莱博维茨"。戴维在这本不厚的回忆录中仅两次提到莱博维茨,均是一笔带过,语气并不恭敬,甚至谈不上尊重。一次是提到他妈妈病重期间有友人来看望她,来访者告辞时她会感到焦虑,莱博维茨则是来访者之一。另一次,他则不无情绪地说莱博维茨"以拍摄名人之死的杂耍照片"来"纪念"/"羞辱"他的母亲。这样的描写会让我们读者以为,她俩的关系真的非常一般,只是普通朋友而已,甚至连朋友都没得做,因为在桑塔格去世后,莱博维茨的举动冒犯了高雅趣味的准则。

然而,这次我在《苏珊·桑塔格全传》里读到了卡尔不同的描述。首先,从桑塔格接受化疗开始,她就允许莱博维茨对她进行拍摄,莱博维茨因为桑塔格而对摄影的理解更为深刻,她因此将去世后的桑塔格作为拍摄对象来进行她这个摄影师自己严肃甚至残酷的研究。卡尔得出与戴维完全不同的结论,认为莱博维茨是在打破桑塔格这个偶像,表明她的独立,并因此维护了传记要求的尊严。在这一点上,作者对摄影师的做法是持支持态度的,也许是因为,他们这时都站在创作者这个立场上了。

其实,当桑塔格前一次从子宫癌康复后,她就非常积极地参与到莱博维茨的"妈妈计划"当中。51岁的莱博维茨生下孩子的那一刻,桑塔格像个护士,身穿护士长袍,头戴浴帽,戴着口罩,抱着新生儿萨拉。艾莉森·艾斯特布鲁克医生拍下了这个画面。三个月后,画风发生了根本性的变化,桑塔格感觉被抛弃、没人要、没人爱了,因为莱博维茨全身心地扑在照顾女儿上面。戴维一方面安慰妈妈,说新妈妈们关注孩子是非常正常的现象,加上安妮等这个孩子的到来等得太久了,另一方面,他还和莱博维茨说到他妈妈的伤心,显然希望莱博维茨对他妈妈好一些。虽然莱博维茨做了辩解,但桑塔格在莱博维茨的家里,身处两个厨师、两个保姆、一个管家外加几个勤杂工当中,她觉得自己孤单、缺少爱,像是个访客、食客,她因此感到沮丧、羞愧。尽管这样,桑塔格也十分喜欢萨拉,她和莱博维茨曾一起带着孩子到巴哈马群岛游玩,莱博维茨为桑塔格和孩子拍摄了在沙滩玩耍的照片。她们还一同去了巴黎。但正如戴维所言,她俩的关系时好时坏,断断续续。不过,尽管在戴维的书中,莱博维茨这个桑塔格的最后的恋人只是一笔带过,事实上,她在桑塔格身边用镜头记录了她极其痛苦折磨的生命的最后时光,而桑塔格也希望她陪伴左右,希望她拍摄自己。一旦她或其他她亲近的人不在身边,安定药也无法消除其焦虑。我们从卡尔的书中了解到、而戴维书中没说的是:是安妮·莱博维茨安排的私人飞机把桑塔格送到西雅图接受骨髓移植,并向她保证她身边一定会有她熟悉的人陪着她。然而,移植失败了。当负责她治疗的医疗小组的六位医生聚在她的病房向她宣布时,这个女斗士崩溃了,她尖叫"但这就意味着我要死了!"有一个医生对她说："你也许希望用这段时间想想你的精神价值。"这根本无法安慰桑塔格，她回答道："我没有精神价值。"医生又试着说："你也许希望和你的朋友们一起度过这段时光。"桑塔格大叫："我没有朋友！"

同样，我们在戴维的书中没有读到以下的内容：在宣布移植失败的第二天，莱博维茨丢下她病危的父亲从佛罗里达赶了过来。她一进桑塔格的病房，根本没有考虑要按医嘱戴手套、戴口罩、穿长袍，直接就爬上床拥抱桑塔格。随后，她又一次安排私人飞机把桑塔格接回纽约斯隆-凯特琳纪念癌症中心做最后的努力。桑塔格去世时，莱博维茨不在跟前，但她又一次从佛罗里达飞过来，赶在午时殡仪馆工作人员来运送桑塔格之前，精心为桑塔格安排了最后的服装，米兰的上装、威尼斯的围巾、桑塔格去剧院时喜欢穿的黑天鹅绒的邓姚莉外套，恍惚中，她还为桑塔格拍摄了最后几张照片，心疼她因为浮肿而变形得已难以辨认的身体……情深意切，一切都在行动中。不知道为什么身为儿子的戴维未被感动，在书中只字未提。难道仅仅是因为拍了她母亲最后不够光鲜却真实的照片吗？

多年前，桑塔格不愿接受罗利森夫妇的采访，不愿意向人袒露自己的隐私，作者表示可以理解，这是一个人（哪怕他/她是伟人，是偶像）正常的反应，如果这个隐私不被人接受，会被视为不正常，那他/她更会尽力来阻止。而我们的传主桑塔格正是这样的一个人。

但传记作者不然。人们常说，传记有两种，一种是与传主无关的人写的，那么很可能不为传主及其亲属所肯定；另一种是传主或其亲属钦定的，那大概会是对传主的优点大加赞美，对其缺点避重就轻，一带而过。其实这两种说法也不全面。桑塔格去世后，她的儿子戴维·里夫一直在物色人选，为他的妈妈写传，几经周折，选定了本杰明·莫瑟这位年轻的传记作家。但是,即便是他钦定的人选,戴维在给我的邮件中也明确表示,他并不是百分百满意。其实也没有人会令他百分百满意,因为这个传记作家肯定要涉及他妈妈的一些隐私,这必然会引起他的不满。2016年年底,莫瑟来邮件告诉我,他终于要完稿了。其实这句话他已说了两年,因为一年前就曾经这样对我说过。他总是说,桑塔格这个传主太过复杂,要补充的东西太多,总感觉还没写完,还没尽兴。相信这一次他说要完稿了是真的,因为他说他要去威尼斯过冬,而且,从此他再没给我写过邮件。

真正合格的传记作家必须坚持传记写作的职业操守,尽可能全面、公正地还原传主的真实全貌,《苏珊·桑塔格全传》的作者做到了。《全传》英文版已经面世(勤奋的卡尔又开始了另一本传记《威廉·福克纳传》的撰写,衷心希望他一切顺利);莫瑟的《桑塔格传》虽然还没问世(莫瑟在完稿后曾对我说过,再有多少内容,总有个完稿的时候,我这儿的任务就算是完成了,下面就看出版社的了),但译林出版社已买下中文版版权;上海译文社2018年已出版《苏珊·桑塔格全集》(布面精装,全16卷)。我们完全有理由相信,这些著作的推出必将会掀起新一轮桑塔格热潮。

译　者

图书在版编目(CIP)数据

苏珊·桑塔格全传/(美)卡尔·罗利森
(Carl Rollyson),(美)莉萨·帕多克(Lisa Paddock)
著;姚君伟译.—上海:上海译文出版社,2018.12
书名原文:Susan Sontag:The Making of an Icon
ISBN 978－7－5327－7920－8

Ⅰ.①苏…　Ⅱ.①卡…②莉…③姚…　Ⅲ.①苏珊·
桑塔格(1933—2004)－传记　Ⅳ.①K837.125.6

中国版本图书馆 CIP 数据核字(2018)第 145671 号

SUSAN SONTAG:The Making of an Icon
By Carl Rollyson and Lisa Paddock
Copyright ⓒ 2016 by Carl Rollyson and Lisa Paddock
Simplified Chinese edition copyright:
2018 Shanghai Translation Publishing House(STPH)
All rights reserved.

图字:09－2006－073 号

苏珊·桑塔格全传
〔美〕卡尔·罗利森　莉萨·帕多克/著　姚君伟/译
责任编辑/管舒宁　装帧设计/张志全工作室
上海译文出版社有限公司出版、发行
网址:www.yiwen.com.cn
200001　上海福建中路 193 号　www.ewen.co
上海市崇明县裕安印刷厂印刷

开本 889×1194　1/32　印张 14.25　插页 6　字数 278,000
2018 年 12 月第 1 版　2018 年 12 月第 1 次印刷
印数:0,001—8,000 册

ISBN 978－7－5327－7920－8/I·4878
定价:65.00 元